W0061569

Zu diesem Buch

Der «stumme Zwang der ökonomischen Verhältnisse» lastet in mannigfacher Weise auf den menschlichen Beziehungen unseres Alltagslebens: als Konkurrenzdruck, als Arbeitsplatzangst, als Leistungsstreß im Erwerbsleben, als «Konsumzwang» in der Freizeit oder auch als Hilflosigkeit in der Kindererziehung. Das Scheitern von Sozialbeziehungen und Freundschaften schreiben wir oftmals nicht ihm, sondern persönlichem Versagen oder einer unveränderlichen «menschlichen Natur» zu. Dieses Buch versucht, die Formung des alltäglichen menschlichen Verhaltens durch die Ökonomie der gegenwärtigen kapitalistischen Gesellschaft in einer allgemein verständlichen Weise nachzuzeichnen und so zu einer bewußten und solidarischen Bewältigung der Konflikte beizutragen. Damit führt es zugleich in verschiedene neue Ansätze einer marxistischen Sozialpsychologie ein, die wegen ihrer wissenschaftlichen Sprache vielen Lesern sonst nur schwer zugänglich sind.

Klaus Ottomeyer, geb. 1949, studierte Soziologie, Ethnologie und Psychologie in Frankfurt am Main, Freiburg und Bremen; Promotion in Bremen. Wissenschaftlicher Angesteller am Institut für Soziologie und Ethnologie der Universität Heidelberg. Zur Zeit Assistenzprofessor im Bereich Sozialisation am Psychologischen Institut der FU Berlin. Arbeitsschwerpunkt: Sozialpsychologie, vergleichende Gesellschaftstheorie.

sachbuch

Politische Erziehung

Arbeitsgruppe Sport
Schulsport im Abseits. Analysen zur
Bewegungslosigkeit [6892]

Wendula Dahle
Deutschunterricht und Arbeitswelt:
Modelle kritischen Lernens
Materialien für Lehrer und Schüler
[6785]

Johannes Beck /
Heiner Boehncke (Hg.)
Jahrbuch für Lehrer 1977
Hilfen für die Unterrichtsarbeit [6988]

Hamburger Lehrerkollektiv
Jahrbuch für Junglehrer 1975
Perspektiven für die Berufspraxis
[6884]

Friedrich Barabas, Thomas Blanke,
Christoph Sachße, Ulrich Stascheit
Jahrbuch der Sozialarbeit 1976
Projekte, Konflikte, Recht [6914]

Johannes Beck, Klaus Bergmann,
Heiner Boehncke (Hg.)
Das B.-Traven-Buch [6986]

Heinrich Bast u. a.
Gewalt gegen Kinder
Kindesmißhandlungen und ihre
Ursachen [6934]

Aïda Vasquez, Fernand Oury u. a.
Vorschläge für die Arbeit im
Klassenzimmer
Die Freinet-Pädagogik [6957]

Johannes Beck
Lernen in der Klassenschule
Untersuchungen für die Praxis [6820]

Dieter Richter / Jochen Vogt (Hg.)
Die heimlichen Erzieher
Kinderbücher und politisches Lernen
[6843]

Heiner Boehncke (Hg.)
«Vorwärts und nicht vergessen»
Ein Lesebuch
Klassenkämpfe in der Weimarer
Republik [6805]

Götz Dahlmüller, Wulf D. Hund,
Helmut Kommer
Politische Fernsehfibel
Materialien zur
Klassenkommunikation [6849]

Projektgruppe Arbeitslehre Marburg
Schule, Produktion, Gewerkschaften
Ansätze für eine Arbeitslehre im
Interesse der Lohnabhängigen [6908]

Gerhard Vinnai
Sozialpsychologie der Arbeiterklasse
Identitätszerstörung im Erziehungs-
prozeß [6812]

Christiane Gerhards, Malte Rauch,
Samuel Schirmbeck
Volkserziehung in Portugal
Berichte, Analysen, Dokumente
[6984]

Wohnste sozial, haste die Qual
Mühsamer Weg zur Solidarisierung
[6912]

Christian Marzahn u. a.
Konflikt im Jugendhaus
Fortbildung für Sozialarbeiter,
Sozialpädagogen, Lehrer [6921]

Erika Stückrath-Taubert (Hg.)
Erziehung zur Befreiung
Volkspädagogik in Südamerika
[6877]

Elin-Birgit Berndt u. a.
Erziehung der Erzieher: Das Bremer
Reformmodell [6782]

Klaus-Jürgen Bruder u. a.
Kritik der Pädagogischen
Psychologie [6948]

Analysen, Modelle, Materialien
für Schüler, Lehrlinge, Studenten, Lehrer

sachbuch rororo Erziehung und Schule

Ivan Illich
Entschulung der Gesellschaft
Entwurf eines demokratischen
Erziehungssystems [6828]

Ivan Illich
Schulen helfen nicht
Über das mythenbildende Ritual der
Industriegesellschaft [6812]

Everett Reimer
Schafft die Schule ab! Befreiung aus
der Lernmaschine [6795]

Hans-G. Rolff u. a.
Strategisches Lernen in der Gesamt-
schule. Gesellschaftliche Perspektiven der Schulreform [6854]

Helmut Klein
Bildung in der DDR. Grundlagen,
Entwicklungen, Probleme [6861]

Autorengruppe ASP/MV
Abenteuerspielplatz – Wo verbieten
verboten ist. Experiment und Erfahrung, Berlin Märkisches Viertel [6814]

Paulo Freire
Pädagogik der Unterdrückten
Bildung als Praxis der Freiheit [6830]

Lutz Schwäbisch, Martin Siems
Anleitung zum sozialen Lernen für
Paare, Gruppen und Erzieher
Kommunikations- und Verhaltens-
training [6846]

Erhard Meueler (Hg.)
Unterentwicklung. Arbeitsmaterial für
Schüler, Lehrer und Aktionsgruppen
[2 Bde., 6906, 6907]

Christoph Lindenberg
Waldorfschulen: angstfrei lernen,
selbstbewußt handeln. Praxis eines
verkannten Schulmodells [6904]

Sönke Bai u. a.
Die Rudolf Steiner Schule Ruhrgebiet
Leben, lehren, lernen in einer
Waldorf-Schule [6985]

Michael Charlton u. a.
Innovation im Schulalltag. Arbeitsbuch
für Lehrende und Lernende [6917]

Elke Nyssen (Hg.)
Unterrichtspraxis in der Hauptschule
Situationsanalysen und Unterrichts-
modelle [6938]

Wolfram Frommlet u. a.
Eltern Spielen Kinder Lernen
Handbuch für Spielaktionen [6896]

Heinrich Dauber / Etienne Verne (Hg.)
Freiheit zum Lernen. Alternativen
zur lebenslänglichen Verschulung
[6959]

Regine Lorenz / Rainer Molzahn /
Frauke Teegen
Verhaltensänderung in der Schule:
Systematisches Anleitungs-
programm für Lehrer [6983]

Modelle emanzipierter Erziehungspraxis

Klaus Ottomeyer

Ökonomische Zwänge und menschliche Beziehungen

Soziales Verhalten im Kapitalismus

Rowohlt

Die mit dem Aufdruck «Politische Erziehung» versehenen Bände
veröffentlichen im Rahmen des rororo-Sachbuch-Programms
für Schüler, Lehrlinge, Studenten, Sozialarbeiter und Lehrer:
- Projektberichte aus Schul-, Hochschul-, Stadtteil-, Betriebs-
  und Sozialarbeit,
  Berichte und Analysen wichtiger Erziehungskonzeptionen,
  auch aus anderen Ländern,
  Erfahrungen und Perspektiven der Organisation aller
  im Ausbildungsbereich Tätigen;
- Vorschläge, Modelle und Materialien für eine veränderte
  Praxis in den genannten Bereichen, insbesondere Vorschläge
  zum Unterricht für Lehrer und Schüler;
- Untersuchungen des Zusammenhangs von Produktion,
  Ausbildung und Bewußtseinsbildung, die Voraussetzungen
  sind für eine politische Erziehung.
Herausgeber: Johannes Beck, Heiner Boehncke, Gerhard Vinnai

ERSTAUSGABE
Redaktion Kerstin Lorenzen
Umschlagentwurf Jürgen Wulff

Veröffentlicht im Rowohlt Taschenbuch Verlag GmbH,
Reinbek bei Hamburg, Februar 1977
Alle Rechte vorbehalten
© Rowohlt Taschenbuch Verlag GmbH,
Reinbek bei Hamburg, 1977
Satz Aldus (Linotron 505 C)
Gesamtherstellung Clausen & Bosse, Leck/Schleswig
Printed in Germany
780-ISBN 3 499 17055 8

Inhalt

Einleitende Bemerkungen

Daß unsere zwischenmenschlichen Beziehungen gegenwärtig ein großes und ungeklärtes Problem darstellen, ist eine Aussage, von der man wahrscheinlich nicht mehr viele Leute überzeugen muß. Fast alle fühlen sich irgendwie einsam, ängstlich und mißtrauisch gegenüber anderen, versuchen jeder auf seine Weise mit dem beruflichen Stress und den zwischenmenschlichen Belastungen am Arbeitsplatz fertigzuwerden und finden im Privat- und Familienleben dennoch kaum die Entspannung und zwischenmenschliche Geborgenheit, die sie sich von dort erhofft hatten. Körperliche Krankheiten, die durch soziale und berufliche Belastungen bedingt sind, wie etwa Herzinfarkt oder Herzkranzaderleiden, haben in den letzten Jahren einen rapiden Anstieg erfahren; die Zahl der seelisch erkrankten und behandlungsbedürftigen Menschen beträgt in der BRD etwa ein Sechstel der Bevölkerung; die Ehe- und Familienberatungsstellen klagen über eine wachsende Arbeitsüberlastung. Verbindliche Erziehungsziele für die heranwachsenden Kinder werden nur noch nach dem Zufallsprinzip und mit großer Unsicherheit vermittelt. Die Unsinnigkeit des Schulstress, die Einübung der Kinder in selbstzerstörerische Konkurrenz und zwischenmenschliche Isolation ist in aller Munde. In Westberlin haben etwa 40 Prozent der Schulabgänger keinen Hauptschulabschluß. Das Problem der Arbeitslosigkeit und die eingeengte, immer zufälliger werdende Berufswahl zerstört für viele Jugendliche schon früh den Aufbau einer sinnvollen Zukunftsperspektive und Lebensplanung. Die Aufzählung der Themen ließe sich noch beliebig fortsetzen.

Es gibt verschiedene Möglichkeiten, die wachsende zwischenmenschliche Verunsicherung und Perspektivelosigkeit zu verarbeiten. Eine Möglichkeit ist die *verleugnende Abwehr*; eine trotzige Flucht in das private Glück, das doch allseits in Frage gestellt ist, wobei diese Flucht offensichtlich zunehmend zusammen mit der Rückwendung auf konservative politische Strömungen auftritt. Eine andere Möglichkeit ist die *Psychologisierung* der eigenen Lebensprobleme, die Hinwendung zu den modernen Verhaltenswissenschaften in ihren mannigfachen Ausprägungen und zu den verschiedenen psychotherapeutischen Ansätzen, die wie Pilze aus dem Boden schießen. Volkshochschulveranstaltungen mit psychologischen Themen sind überall die bestbesuchten, während zum Beispiel die über politische Bildung einen zunehmenden Besucherschwund aufweisen. Die neue populärwissenschaftliche Zeitschrift «Psychologie heute» spiegelt diese verbreitete Suchbewegung wie folgt: «Noch nie waren die Menschen so kompliziert wie heute . . . Kein Wunder, denn Verstand und Unverstand werden in unserem hektischen Dasein pausenlos attackiert, strapaziert und stimuliert. Daraus erwachsen Wünsche und Ziele, Träume und Sehnsüchte. Wir werden glücklich und unglücklich. Wir sind engagiert, verwirrt und distanziert . . . Damit wir uns und unsere Mitmenschen besser verstehen lernen, gibt es *Psychologie heute.*»

Die Werbetexter von «Psychologie heute» haben hier die Stimmung breiter Schichten sicher sehr sensibel eingefangen; aber es ist durchaus die Frage, ob die Ursachen für die Verschärfung und Vervielfältigung der zwischenmenschlichen Problematik im Bereich der Psychologie, im Innenleben der Individuen und in ihren unmittelbaren zwischenmenschlichen Beziehungen selbst zu suchen sind. Die Gegenthese, die in diesem Buch ausführlich entwickelt wird, ist die, daß die Zwischenmenschlichkeit der Individuen sich zwar wirklich in einem sehr zerstörten und entfremdeten Zustand befindet, daß dieser Zustand aber in seinen mannigfachen Ausprägungen und Schattierungen ganz wesentlich durch den unerbittlichen und objektiven «stummen Zwang der ökonomischen Verhältnisse» (Marx) unserer kapitalistischen Gesellschaftsordnung bedingt und geprägt ist. Erst wenn dieses Bedingungs- und Prägungsverhältnis deutlich vor Augen steht, ist ein zielbewußter und erfolgreicher Kampf für die Aufhebung der allseits beklagten zwischenmenschlichen Misere möglich. Es geht dann nicht mehr bloß um die Änderung des zwischenmenschlichen *Verhaltens*, sondern vor allem um eine Änderung der objektiven *Verhältnisse*, die dieses Verhalten beständig formen und verstümmeln.

Der Nachweis, daß es letztlich die kapitalistische Ökonomie unserer gegenwärtigen Gesellschaft ist, die die verschiedenen und äußerlich zusammenhanglosen Problemlagen bedingt und prägt, soll sich in folgenden Schritten vollziehen:

Zunächst wird herausgearbeitet, was eigentlich zwischenmenschliche Beziehungen sind und was ihre grundlegende Besonderheit gegenüber tierischen Sozialbeziehungen ausmacht. Nachdem dann im zweiten Kapitel die ökonomischen Grundmechanismen der kapitalistischen Produktionsweise und Gesellschaftsordnung eingeführt worden sind, wird nachgezeichnet, wie diese ökonomischen Mechanismen auf dem zwischenmenschlichen Alltagsleben der erwachsenen Individuen lasten, es prägen, formen und verunsichern. Diese Frage wird erst für den Marktbereich, dann die Arbeitswelt und schließlich den Konsum- und Freizeitbereich untersucht, weil das Alltagsleben sich gewissermaßen kreislaufartig durch diese drei ökonomischen Bereiche hindurch erhält und vollzieht. Nach einem Kapitel, in welchem die ökonomische Bedingtheit des Rechts beziehungsweise des Rechtsbruchs und seine prägende Wirkung auf das zwischenmenschliche Alltagsleben der Erwachsenen diskutiert wird, wendet sich die Betrachtung vom Erwachsenen-Alltagsleben ab und den Erziehungs- und Entwicklungsprozessen zu, durch welche die Kinder und Jugendlichen auf das kreislaufartige Erwachsenenleben vorbereitet und in es hineingeführt werden. Dabei wird zunächst das Problem angerissen, wieweit es in der heutigen kapitalistischen Gesellschaft überhaupt noch sinnvolle zwischenmenschliche Lernziele geben kann und wo die zentralen Gründe für die Lernziel-Unsicherheit vieler Eltern und Erzieher liegen. Dann werden entlang des tatsächlichen lebensgeschichtlichen Formungs- und Entwicklungsprozesses die Erziehungseinrichtungen der Familie, des Kindergartens und schließlich der Schule unter dem Gesichtspunkt ihrer Bedingtheit durch die kapitalistische Ökonomie und der in ihnen herrschenden zwischenmenschlichen Grundprobleme untersucht. Es folgt dann noch ein Kapitel über den lebensgeschichtlichen Eintritt in den Alltagstrott der Erwachsenenwelt, die Probleme der Entwicklungslosigkeit, der Langeweile und der zwischenmenschlichen Erstarrung in diesem Alltagstrott und über den Prozeß des Alterns. Im letzten Kapitel finden sich eine kurze Zusammenfassung, die Erörterung der Frage nach der Persönlichkeit des einzelnen innerhalb der zuvor aufgezeigten Verhaltenszumutungen und schließlich noch Überlegungen zu den Schwierigkeiten und Möglichkeiten eines solidarischen Kampfes der Menschen gegen ihre Entfremdung durch das Kapitalverhältnis.

Es ist wichtig, die einzelnen Bereiche und Entwicklungsphasen des menschlichen Soziallebens im Kapitalismus einerseits auseinanderzuhalten, sie andrerseits jedoch wieder in ihrem Zusammenhang zu begreifen. Ein Hauptmangel der meisten gegenwärtigen Ansätze zu einer marxistischen Theorie der zwischenmenschlichen Beziehungen besteht meines Erachtens darin, daß sie sich immer nur auf einzelne Bereiche und Phasen – etwa das Marktverhalten, die Arbeitswelt, die Familie oder die kindliche Entwicklung und Erziehung – konzentrieren und darüber vergessen, daß das Leben eines Menschen ein *einheitlicher Prozeß* ist. Dieser einheitliche Prozeß vollzieht sich sowohl *innerhalb des aktuellen Alltagskreislaufs* als auch während der *lebensgeschichtlichen Entwicklung* durch verschiedene und widersprüchliche soziale Bereiche oder «Lebenswelten» hindurch. Wenn man nicht den Zusammenhang zwischen den unterschiedlichen formenden Einflüssen auf die kapitalistische Zwischenmenschlichkeit herzustellen versucht, verdoppelt man gewissermaßen die kapitalistische Zerrissenheit und scheinbare Zusammenhanglosigkeit des sozialen Lebens.

In meinem Versuch, einen zusammenhängenden Überblick über die kapitalistische Formung und Entfremdung der zwischenmenschlichen Beziehungen zu geben, beanspruche ich für die meisten Themenbereiche durchaus keine Originalität und stütze mich natürlich auf eine Vielzahl von marxistischen und nichtmarxistischen Vorarbeiten, die es hier bereits gibt. Dabei halte ich die «Kritische Psychologie», die von Klaus Holzkamp, Ute Osterkamp und anderen am Psychologischen Institut der

FU Berlin vertreten wird – obwohl sie bisher die zwischenmenschlichen Beziehungen als eigenständiges Problem nicht ausführlich behandelt hat –, für den gegenwärtig bedeutendsten und entwicklungsfähigsten marxistischen Ansatz. Auf die wichtigste Literatur wird in Anmerkungen verwiesen. Es ist auch klar, daß ich nicht für alle Themen und Lebensbereiche gleichermaßen über ein gründliches Fachwissen verfüge. Viele Passagen haben deshalb einen eher skizzenhaften, vorläufigen Charakter und können leichter kritisiert werden als andere, zu denen ich selbst gründlichere Vorarbeiten geleistet habe. Diese Kritik scheue ich aber nicht, weil es mir vor allem darum geht, die Notwendigkeit einer *zusammenhängenden* Diskussion der Beziehung zwischen kapitalistischer Ökonomie und entfremdeter Zwischenmenschlichkeit deutlich zu machen.

Das Hauptanliegen war mir eine möglichst breite Verständlichkeit und Anschaulichkeit des Textes auch für Leute, die nicht das zweifelhafte Glück gehabt haben, eine sozialwissenschaftliche Ausbildung zu durchlaufen. Es ist deshalb, soweit es irgend möglich war, auf Fachterminologie und Soziologen- und Psychologen-Chinesisch verzichtet worden. Trotzdem gibt es noch einige theoretische Durststrecken, die die Geduld mancher Leser strapazieren werden. Dazu gehören leider schon große Teile der beiden Eingangskapitel, in denen wichtige Voraussetzungen hinsichtlich des Menschenbildes und der Gesellschaftstheorie geklärt werden.

Auf eine ausführliche Auseinandersetzung mit anderen sozialwissenschaftlichen Theorien ist ebenfalls weitgehend verzichtet worden. Für interessierte Leser sei auf meine beiden Bücher «Soziales Verhalten und Ökonomie im Kapitalismus»[1] und «Anthropologieproblem und marxistische Handlungstheorie»[2] hingewiesen, in denen sich eine solche ausführliche Auseinandersetzung findet. Es handelt sich hier vor allem um die Theorien von Jürgen Habermas, Alfred Lorenzer, Lucien Sève, Dieter Duhm und Michael Schneider und um die Sozialpsychologie des hierzulande immer wichtiger werdenden «Symbolischen Interaktionismus». In den beiden genannten Arbeiten habe ich auch bereits viele der im folgenden dargelegten zwischenmenschlichen Probleme in einer Form diskutiert und theoretisch hergeleitet, die eher den Regeln und der Fachsprache des universitären Wissenschaftsbetriebs entspricht.

Ich hoffe, daß die nachfolgenden Kapitel Diskussionen in Gang setzen und daß die Leser für die Bewältigung ihrer eigenen praktischen Lebensprobleme mit ihnen etwas anfangen können. Dazu muß ich noch auf eine Mißverstehens-Möglichkeit aufmerksam machen, die dem Text anhaftet: Die vorliegende Darstellung der kapitalistischen Zwischenmenschlichkeit unterstellt nämlich zunächst das Bild eines Menschen, der sich als weitgehend unpolitischer und egoistischer Privatmensch in die Zwänge der herrschenden Ökonomie einfügt. Diese Unterstellung ist für die

14

meisten Menschen in unserer gegenwärtigen Gesellschaft leider realistisch, stellt aber dennoch nur die halbe Wahrheit dar, weil ein solidarischer Kampf gegen die ökonomischen Verhältnisse prinzipiell nötig und möglich ist. Wenn deutlich wird, wie zerstörerisch das resignierte Sich-Einpassen in die Verhältnisse sich auf die zwischenmenschlichen Beziehungen und eine sinnvolle Lebensperspektive auswirkt, dann soll das dazu beitragen, die Einsicht in und die Empörung über diese Zerstörung gemeinsam und gezielt in eine aktive Veränderung dieser Verhältnisse zu wenden.

Zum Schluß dieser einleitenden Bemerkungen möchte ich noch Birgit Hanemann für ihre Hilfe bei den umfangreichen Schreibarbeiten danken.

Anmerkungen

1 Soziales Verhalten und Ökonomie im Kapitalismus. Vorüberlegungen zur systematischen Vermittlung von Interaktionstheorie und Kritik der Politischen Ökonomie, 1. Aufl. Gaiganz/Erlangen 1974; 2. Aufl. Gießen (Focus-Verlag) 1976.
2 Anthropologieproblem und marxistische Handlungstheorie. Kritisches und Systematisches zu Sève, Duhm, Schneider und zur Interaktionstheorie im Kapitalismus, Gießen (Focus-Verlag) 1976.

I. Menschen als soziale Wesen

1. Ein notwendiger Bezugspunkt

In diesem Buch soll untersucht werden, wie die kapitalistische Ökonomie die zwischenmenschlichen Beziehungen formt und prägt. Wenn man von Formung und Prägung spricht, dann muß man zumindest eine ungefähre Vorstellung davon haben, was da eigentlich geformt und geprägt wird. Dasselbe gilt von dem heute oftmals ganz modisch-unbedacht gebrauchten Begriff Entfremdung. Wenn man von einer Entfremdung zwischen Menschen spricht, dann muß man eine begründbare Vorstellung davon haben, von was – von welchen vorhandenen Möglichkeiten menschlicher Lebenspraxis – die Menschen eigentlich entfremdet sind.

Es geht also nicht ganz ohne ein allgemeines Menschenbild. Viele Mißverständnisse in der neueren Diskussion um eine marxistische Sozialpsychologie oder Persönlichkeitstheorie hängen damit zusammen, daß man die Frage des Menschenbildes – aus welchen Gründen auch immer – für tabu erklärt, sie dann aber doch, gewissermaßen unter dem Tisch, abhandelt und dabei laufend mit den Fragen der besonderen geschichtlichen Ausprägung von Zwischenmenschlichkeit im Kapitalismus vermengt.[1] Man sollte solche «anthropologischen Vorstellungen», vor deren Hintergrund die Begriffe Formung, Entfremdung oder Verstümmelung erst sinnvoll werden, nicht endlos auspinseln und darf darüber niemals die Untersuchung der besonderen kapitalistischen Ausprägung des Sozialverhaltens – die «historische Konkretion» – vergessen; aber es ist trotzdem wichtig, sich zunächst vor Augen zu halten und später immer im Hinterkopf zu haben, daß unser Untersuchungsgegenstand zwischen*menschliche* Beziehungen sind und nicht Beziehungen zwischen Plattwürmern, Ratten oder Schimpansen.

In sozialer und zwischenmenschlicher Hinsicht zeichnet sich zum Beispiel unter allen geschichtlichen Epochen und besonderen Gesellschaftsformen die Lebenstätigkeit menschlicher Individuen zweifellos darin aus, daß sie in einer höchst differenzierten und dauerhaften Weise auf den anderen eingehen und sich ineinander hineinversetzen können. Man wird vergeblich nach Angehörigen einer anderen Gattung von Lebewesen suchen, die stundenlang auf einem Fleck zusammensitzen, sich aufeinander konzentrieren, mit Hilfe eines Systems komplizierter überlieferter Lautgebilde individuelle Erfahrungen austauschen, die zum Teil Monate oder Jahre zurückliegen und dabei gemeinsame Handlungspläne aufstellen, welche vielleicht ebensoweit in die Zukunft reichen. Für Menschen ist ein solches Verhalten – ein ernsthaftes und mehr oder weniger konstruktives Gespräch – selbstverständlich und normal. Wenn man ihnen die Möglichkeit dazu nimmt, wie das bei der in der BRD angeblich aus Sicherheitsgründen zunehmend eingeführten Isolationshaft von Gefangenen der Fall ist, dann ist das im Wortsinne als unmenschlich zu kennzeichnen. Eine solche Kennzeichnung ist nicht nur eine subjektiv-moralische Stellungnahme, sondern von einer wissenschaftlichen Anthropologie her begründbar.

2. Aspekte der Menschwerdung

Eine vergleichende naturgeschichtliche Betrachtung zeigt, daß der Mensch ein auf extreme und besondere Weise gesellschaftliches Tier ist. Die prinzipielle Gesellschaftlichkeit gehört zu seiner Natur, und es hat auf einer grundsätzlichen Ebene überhaupt keinen Sinn, die natürlichen und die gesellschaftlichen Merkmale seines Lebensprozesses einander gegenüberzustellen. Beide bilden vielmehr eine unzertrennliche Einheit.

Die prinzipielle Gesellschaftlichkeit gehört zur menschlichen Natur wie der aufrechte Gang, die bewegliche Hand, die Tatsache, daß die biologische Reifung mindestens 15 oder 16 Jahre dauert, das hochfunktionsfähige Hirn und die Fähigkeit zur Arbeit.

Die enge und lebenslange Verstrickung und Verwobenheit der Entwicklung des Einzellebewesens mit dem sozialen Bezug zu seinem Gattungsgenossen ist ein naturgeschichtliches Produkt und im Prinzip – allerdings ohne die Fähigkeit zur gemeinsamen Arbeit – zum Beispiel auch bei den verschiedenen Affenarten, die ebenso wie wir zur zoologischen Gruppe der Primaten gehören, stark ausgeprägt.[2] Die leider auch unter besonders kritischen Marxisten verbreitete Alternative zwischen natürlichen und sozialen Verhaltensbestimmungen zeugt also bereits von zoologischer Unkenntnis. Das ist vor allem durch neuere Freilandbeobachtungen von Verhaltensforschern ausführlich belegt. Entgegen einem weit verbreiteten Vorurteil sind die sozialen Verhaltensweisen von Affen nicht durchweg instinktreguliert. Soziales Lernen und auch die Bildung von Traditionen, die Weitergabe gelernter Verhaltensweisen von Generation zu Generation ist für viele höherentwickelte Affenarten bereits kennzeichnend. So müssen junge Hulman-Affen[3] oder Gorilla-Kinder[4] von ihren Müttern nicht nur lernen, welche Verhaltensregeln und Rangordnungen in der Sozialgruppe herrschen, sondern auch, welche Blätter und Früchte eßbar und welche gefährlich sind. Und die jungen Schimpansen in der von Lawick-Goodall beobachteten Schimpansen-Gruppe[5] eigneten sich in jeder Generation neu bestimmte Techniken des primitiven Werkzeuggebrauchs und sogar der Werkzeugherstellung an (Trinkschwämme und Stöcke zum Termitenangeln), indem sie als Jungtiere diese den Erwachsenen abschauten und langsam einübten. Allerdings bewegen sich solche Traditionsbildungen, verglichen mit den gewaltigen menschlichen Traditionssystemen, deren Aneignung einen lebenslangen Prozeß darstellen kann, in einem ganz bescheidenen Rahmen. Die Werkzeuge werden nicht tradiert, sie haben keine Dauer, werden bald nach dem Gebrauch weggeworfen und können nicht als fester Bezugspunkt für die Anhäufung von immer gründlicherem Arbeitswissen dienen, wie das für menschliche Naturbewältigung kennzeichnend ist. Ebenso hat keine Affenart eine so differenzierte und zur Verständigung zwischen den Individuen geeignete Lautsprache wie die menschliche entwickelt. Schon die Kehlkopfbeschaffenheit der nichtmenschlichen Primaten scheint dem im Wege zu stehen.[6] All das erschwert hier die Herausbildung entwicklungsfähiger Kooperationsbeziehungen.

Es kann heute dennoch keinen Zweifel mehr geben, daß der Mensch von affenähnlichen Vorfahren abstammt, die – wahrscheinlich in Folge von Klimaveränderungen – unter dem Zwang standen, sich vom Leben in den Bäumen an das Bodenleben in der Steppe oder Savanne anzupassen.[7] Der aufrechte Gang – den ja auch schon die Menschenaffen ansatzweise beherrschen – vergrößerte in dieser Umgebung das Wahrnehmungsfeld und verbesserte entschieden die Flucht- und Abwehrmöglichkeiten gegenüber Raubfeinden – wobei die Benutzung von Knüppeln in stehender und laufender Haltung wahrscheinlich eine wichtige Rolle spielte.

Das bewirkte das endgültige Freiwerden der Hände von der Fortbewegung. Diese können sich auf das immer erfolgreichere Manipulieren von nahrhaften und interessanteren Umweltgegenständen spezialisieren. Von ihren baumbewohnenden Ahnen hatten diese Lebewesen eine vorzügliche Grund-Fähigkeit zur räumlichen Wahrnehmung[8] und zur präzisen und schnellen Koordination von Greifhand und Auge mitgebracht, welche bei der Fortbewegung von Ast zu Ast, wie man sich leicht vorstellen kann, eine Überlebensnotwendigkeit darstellt.[9] Diese Entwicklungsbedingungen begünstigten nun – zusammen mit der schon beträchtlichen Funktionsfähigkeit des Hirns – den immer stärker werdenden Einsatz und schließlich die gezielte Herstellung von Werkzeug und Waffen zum Zwecke der kollektiven Lebenserhaltung.[10] Über die sozialen Lebensformen dieser vormenschlichen Lebewesen weiß man natürlich nichts Genaues. Es ist aber anzunehmen, daß sie angesichts der fehlenden Möglichkeit, auf Bäume zu flüchten, und hierin den heute unter ähnlichen Umweltbedingungen lebenden Pavianen vergleichbar, ein ziemlich zuverlässiges kollektives Verteidigungs- und Schutzverhalten gegenüber den zahlreichen Raubtieren ausgebildet hatten.[11] Interessanterweise haben schon die frühesten hominiden Schädel kaum noch große vorstehende Eckzähne aufzuweisen, wie sie etwa für Paviane, aber auch für die uns nahestehenden Menschenaffen typisch sind. Das deutet darauf hin, daß beim Verteidigungsverhalten die natürlichen Organe bereits sehr früh von den «verlängerten Organen» (Marx), das heißt von wirksamen Werkzeugen, abgelöst wurden.

Die allerersten Stadien der Menschwerdung (die in der Vormenschenforschung mit den Artbezeichnungen «Ramapithecus» und «Oreopithecus» verbunden werden) liegen in fast völligem Dunkel. Über den Affenmenschen «Australopithecus», der vor mehr als 2 Millionen Jahren in Afrika auftaucht, weiß man schon mehr. Er konnte aufrecht laufen, seine Gehirngröße war beträchtlich kleiner als die unsere, die Stirn noch sehr flach, der Kiefer stark vorspringend und mit fliehendem Kinn, aber er benutzte nicht nur Werkzeuge aus Stein, sondern stellte sie nachweislich auch her, indem er in mühsamer Kleinarbeit Schneidekanten abschlug. Neben Pflanzen verzehrte er, wie die Funde zeigen, auch kleinere Tiere. Größere Säugetiere hat er vermutlich nur in Form von Aas zu sich genommen. Ein relativ stabiles Sozialsystem muß man bei den Australopithecinen aus den oben genannten Gründen bereits voraussetzen.

Diese affenähnlichen Vorformen des Menschen wurden vor etwa dreiviertel Million Jahren von den ersten echten Menschen abgelöst. Sie tragen deshalb heute auch nicht mehr den Bestandteil Pithecus – das griechische Wort für Menschenaffe – in ihren wissenschaftlichen Namen, sondern werden unter der Bezeichnung Homo erectus (aufrechtgehender Mensch) zusammengefaßt. Ihr bekanntester Typ ist der sogenannte Peking-Mensch. Er konnte besser laufen als Australopithecus, hatte ein beträchtlich größeres Gehirn welches aber immer noch um fast ein Viertel kleiner als das unsere war, kannte bereits den Gebrauch des Feuers und war wahrscheinlich ein sehr erfolgreicher Jäger. Seine Werkzeuge – Hackmesser und Faustkeil, aber wohl auch Holzgegenstände, Leder und Tiersehnen – waren sehr viel wirksamer als die seines Vorgängers und ermöglichten das Jagen und Zerlegen großer Tiere bis hin zu Nashörnern und Elefanten.

Auf die Homo–erectus-Menschen folgten die sogenannten Neandertaler. Sie verfeinerten die Arbeitswerkzeuge und Jagdwaffen wiederum ganz erheblich, schmückten ihre Körper mit Knochenperlen und machten sich offenbar, wie man aus den Grabfunden schließen kann, bereits Gedanken um den Sinn von Leben und Tod. Vor etwa fünfzigtausend Jahren verschwinden sie dann zugunsten eines Typus von Menschen, deren Körper, wie der Archäologe Childe sagt, «in einer heutigen Leichenhalle zu keiner Erörterung Anlaß geben würde».[12]

An den Südrändern der gewaltigen Eisdecke über Nordeuropa entwickelten diese ersten Vertreter des eigentlichen Homo sapiens die blühenden Großwildjägerkulturen des Aurignacién, Magdalénién und von Předmost. Sie jagten Bisons, Mammute, Wildpferde, Rentiere und Hirsche. Viele dieser Tiere kann man heute noch auf den eindrucksvollen eiszeitlichen Höhlenbildern in Südfrankreich und Nordspanien bewundern. Diese Menschen hatten schon sehr differenzierte Techniken der

Bearbeitung von Stein und anderen Materialien entwickelt, die von Generation zu Generation tradiert und dabei sukzessive verbessert wurden.[13] Die Menschen als biologisch-organismische Lebewesen haben sich seitdem nicht mehr entwickelt. Die materiellen Träger der gewaltigen Evolution, deren vorläufiges Endprodukt uns heute in Gestalt unserer technisierten und industrialisierten Umwelt gegenübersteht, waren die von Generation zu Generation tradierten gegenständlichen Produktionsmittel und das System der sozialen Beziehungen *zwischen* jenen menschlichen Organismen. Dieses «außerorganismische Entwicklungsprinzip» ist eine entscheidende Neuerung in der Naturgeschichte.

Die Großwildjagd, die während einiger hunderttausend Jahre für die Lebensreproduktion der umherstreifenden Menschengruppen prägend war, kann nur ein hochkooperativer Akt gewesen sein und hat eine tiefgreifende Neu- und Durchstrukturierung der Sozialbeziehungen zur Folge gehabt.[14] Wenn man zum Beispiel eine Wildpferdherde zu einem bestimmten Felsabsturz treiben und dort hinunterjagen will, dann erfordert das nicht nur Mut und Ausdauer, sondern auch einen gemeinsamen Plan in den Köpfen aller Beteiligten und die Fähigkeit, den eigenen Handlungsvollzug diesem Plan unterzuordnen und dabei den momentanen (möglicherweise unsichtbaren) Standpunkt des anderen, seine Laufgeschwindigkeit, aber auch bestimmte psychische Reaktionen ständig mitzudenken.[15] In solchen Situationen – oder wenn man plötzlich einem riesigen Mammut oder einem Bären gegenübersteht – sind ein hohes Maß an wechselseitiger Zuverlässigkeit und eine eingespielte Kommunikation zwischen den Individuen eine wichtige Garantie für das gemeinsame Überleben. Die entwicklungsgeschichtliche Errungenschaft des «kooperativen Jagens» hat wahrscheinlich die menschliche Fähigkeit zur dauerhaften, zielbewußten Übernahme und flexiblen Berücksichtigung der Perspektive des anderen aus sich hervorgetrieben. Schimpansen, wie auch die anderen Menschenaffen, sind trotz ihrer beträchtlichen Intelligenz in ihrem Sozialverhalten zu einer vergleichbaren zuverlässigen Perspektivenverschränkung nicht in der Lage.[16] Die Fähigkeit zur Perspektivenverschränkung – das Vermögen, sich in den anderen hineinzuversetzen und sich selbst im Lichte gemeinsamer Interessen «mit den Augen anderer» zu sehen – ist den menschlichen Individuen nicht einfach fertig angeboren, sondern muß von jedem einzelnen im Verlauf eines langwierigen Aneignungsprozesses (unter anderem vermittelt über den Spracherwerb) erst mühsam erworben werden. Aber sie ist ganz eindeutig bis auf den heutigen Tag eine spezifisch-menschliche Fähigkeit, die in der Tierwelt ihresgleichen sucht.

Die hochkooperativen Formen der Naturbewältigung, die spätestens mit dem Übergang zur Großwildjagd zur Überlebensnotwendigkeit wurden, hatten wahrscheinlich auch die ersten Ansätze eines Sozialgewissens und «altruistischer» Verhaltensweisen zur Folge.[17] Die längerfristige

Pflege nicht nur der Kinder, sondern auch von verletzten, gebrechlichen und kranken Gattungsgenossen und die Fähigkeit zum Mitleid ist für alle menschlichen Vergesellschaftungsformen kennzeichnend. Schimpansen finden erwachsene kranke Gruppenmitglieder bedrohlich und meiden sie.[18] Die Entstehung von vorübergehend festen Lagern um den Feuerplatz herum war wohl die entscheidende Vorbedingung für solches Verhalten. Die Verletzten konnten dort hingebracht werden und waren nicht mehr zwangsläufig in dem Moment zum Tode verurteilt, in welchem sie auf den Wanderungen und Beutezügen der Gruppe nicht mehr mithalten konnten (wie das etwa bei Pavianen der Fall ist).[19] Interessanterweise sind auch die einzigen Lebewesen, die außer uns wahrnehmbare Ansätze von Schuld- und Schamreaktionen gegenüber Mitgliedern der Sozialgruppe zeigen, nicht etwa unter den Menschenaffen, sondern unter den Caniden, den Wölfen, Schakalen, Hunden zu finden, die – hierin beschränkt vergleichbar mit unseren Vorfahren – sich ebenfalls auf dem Wege der kooperativen Jagd als «soziale Carnivoren» ernähren.[20]

An dieser Stelle eine kurze Bemerkung zu der populären, auf den Verhaltensforscher Konrad Lorenz zurückgeführten These, der Mensch habe einen so unbändigen, angeborenen Aggressionstrieb, daß sein soziales Leben ohne Konkurrenz und Kampf nicht denkbar sei.[21] Die Verfechter der Aggressionstriebthese begründen sie unter anderem damit, daß die Vorfahren der heutigen Menschen Raubtiere mit einer jägerischen Lebensweise waren. Dem läßt sich – gerade wenn man naturgeschichtlich argumentiert – einiges entgegensetzen. Man braucht gar nicht die pauschale Gegenbehauptung aufzustellen, daß die menschliche Aggressivität nur an Klassen- oder Konkurrenzgesellschaften gebunden sei. Man kann vielmehr darauf hinweisen, daß sich in demselben Entwicklungsprozeß, in dem sich der angeblich unbewältigbare Aggressionstrieb herausgebildet haben soll, offensichtlich eine extreme Solidarisierungsfähigkeit und Fähigkeit zur gemeinsamen produktiven Umweltbewältigung der Menschen herausgebildet hat. Der ideologische Charakter der obengenannten Argumentation besteht darin, daß sie die aggressiven *Momente* im Verhalten mit Hilfe der irreführenden Bezeichnung Trieb aus dem Gesamt der Lebensfunktionen herausreißt[22] und als Beweis dafür nimmt, daß Menschen zu produktiv-solidarischen Formen der Lebenserhaltung (wie etwa im Sozialismus) nicht in der Lage sind.

Mit Hilfe neuerer Ergebnisse der bürgerlichen Forschung läßt sich also zeigen, daß die Menschwerdung sich ganz wesentlich als Entwicklung der Fähigkeit zu produktiver und solidarischer Lebenspraxis vollzogen hat.

Daß dort, wo die Menschen diese ihre Fähigkeit unter eigener Kontrolle anwenden können, die notwendige Produktionstätigkeit bei aller Anstrengung und Arbeitsmühe manchmal sogar Spaß machen kann, hat man im kapitalistischen Alltag schon fast vergessen. Die Erfahrung unentfremdeter Arbeit solidarischer und selbstorganisierter Produzenten hat es aber in weiten Teilen der heutigen dritten Welt bis vor relativ kurzer Zeit noch gegeben. Die Kolonialherren der kapitalistischen Länder hatten durchaus Mühe, ihre Vorstellungen von der Arbeit als einer bloßen Last und äußerlichen Pflicht den Unterworfenen näherzubringen. Ein relativ aufgeklärter ehemaliger französischer Kolonialbeamter schreibt etwa über die Feldarbeit der Afrikaner folgendes:

«Die Rodung, die Bearbeitung der Erde mit der Hacke, die Aussaat und die Ernte, dies alles wird im Gruppenverband geleistet unter Scherzen bei Tanz und Gesang. Dadurch gewinnt die Verrichtung der Arbeit den Charakter eines feierlich-fröhlichen Rituals eher als denjenigen einer wirtschaftlichen und ethisch fundierten Pflichterfüllung, wie es im christlichen Europa der Fall war. Aber die von der Kolonialverwaltung angeordneten Arbeiten fielen aus dem Rahmen . . .»[23]

Mit der Entwicklung der Klassengesellschaft und insbesondere im Kapitalismus wird die Bereitschaft zu freiwilliger und kollektiver Arbeit der Menschen durch zahlreiche politische und ökonomische Zwänge unterdrückt, verstümmelt und – am groteskesten wohl im Faschismus – zu dumpfen, lebensverneinenden Formen der Kollektivität pervertiert. Das bedeutet jedoch nicht, daß sie ganz ausgelöscht wäre. Nicht nur im zähen und solidarischen Widerstandskampf und in den Aufbauleistungen vieler sich gegen den Imperialismus wehrender Völker – etwa des chinesischen oder vietnamesischen[24] –, sondern auch im westlich-kapitalistischen Alltag entwickeln die Menschen, sozusagen in den Poren des ihnen entfremdeten Prozesses der Lebensreproduktion und in bruchstückhaften Formen, das Bedürfnis und die Fähigkeit nach einer produktiv-solidarischen Lebenspraxis. Diese zunächst nach bloßem Optimismus klingende Behauptung wird in der nachfolgenden Untersuchung der kapitalistisch-zerstörten Zwischenmenschlichkeit noch ausführlich erhärtet werden.

3. Marxscher Praxisbegriff und allgemeine Merkmale menschlichen Sozialverhaltens

Wenn nun im folgenden ausgehend vom Marxschen Begriff der Praxis und der menschlichen Natur einige allgemeine Merkmale menschlichen Sozialverhaltens herausgehoben und zusammengestellt werden, sehe ich schon einige marxistische Kritiker auf den Barrikaden stehen und mir entgegenhalten, daß dies ein völlig unmarxistisches Vorgehen sei, weil der Mensch ein Wesen sei, dessen Natur nicht feststehe, sondern sich mit den jeweiligen gesellschaftlichen Verhältnissen ganz und gar wandle. Die Rede von der «menschlichen Natur» sei eine Jugendsünde des noch unreifen Marx und im ökonomischen Hauptwerk ganz aufgegeben.[25] So beliebt diese verbal-radikale Auffassung ist, so falsch ist sie bei genauerem Hinsehen. Zum einen ist sie «philologisch», das heißt von einer vergleichenden Untersuchung der Marx-Texte her falsch. Zum anderen beruht sie auf einer ganz irreführenden Alternative zwischen geschichtlich bedingten und allgemein menschlichen Qualitäten menschlichen Handelns. Die Abhängigkeit und Geformtheit der Persönlichkeit und menschlichen Weltsicht von der jeweiligen Kultur ist von der Völkerkunde inzwischen ausreichend belegt. Wollte man daraus aber folgern, es gäbe überhaupt keine Gemeinsamkeiten zwischen uns und den Menschen einer fernliegenden historischen oder geographischen Region, würde die Sache schlicht unlogisch. Denn der völkerkundliche oder historische Forscher, der die Andersartigkeit der anderen untersucht und belegt, tut das, indem er uns in ihre andersartige Weltsicht hineinführt, sie uns zumindest teilweise übersetzt. Das heißt, es gibt eine gemeinsame *Verstehensgrundlage*, die mich überhaupt erst instand setzt, fundiert von der Andersartigkeit der Menschen in anderen Kulturen und Epochen zu sprechen.[26] Diese Verstehensgrundlage und ein damit zusammenhängendes allgemeines Menschenbild sind eine Voraussetzung für Solidarisierung und müssen gerade auch marxistisches Denken kennzeichnen, wenn es nicht rassistischen und kolonialistischen Argumentationen in die Hände arbeiten will; Argumentationen, die zum Beispiel behaupten, daß Indios oder Afrikaner, die nur für ein paar Pesos und unter den Schlägen ihrer Aufseher in den Bergwerken oder Plantagen arbeiten, eben «ganz anders» als wir und auf ihre Art vielleicht sogar glücklich seien. Nicht umsonst sahen sich die Spanier zu Beginn ihrer südamerikanischen Eroberungen zu der Theorie genötigt, die Indianer stünden außerhalb der uns bekannten Menschengattung. Aus Gründen *der Moral und der Logik* kann also auch eine auf die geschichtliche Besonderheit gerichtete Untersuchung menschlichen Sozialverhaltens auf ein allgemeines Menschenbild, auf einen wissenschaftlichen Begriff der menschlichen Natur nicht verzichten. Das marxistische Denken ist von einem geschichtlichen und kulturellen Relativismus gleichermaßen entfernt wie von einem unhistorischen Standpunkt.

Marx hat das Vermögen der Menschen zur produktiven und solidarischen Naturbewältigung als ihr – vom Kapitalismus zwar ausgenutztes und entwickeltes, aber ihnen weitgehend unerfahrbar gemachtes – menschliches Gattungsvermögen bezeichnet, welches sie von den tierischen Formen der Lebensreproduktion grundlegend abhebt. Daß diese These keine Spekulation, sondern wissenschaftlich begründbar ist, zeigen unter anderem die oben skizzierten neueren Forschungen über den Prozeß der Menschwerdung.

Um noch etwas genauer in den Griff zu bekommen, was eigentlich die allgemeinen Besonderheiten zwischenmenschlicher Beziehungen sind, soll jetzt der Marxsche Begriff allgemein-menschlicher Praxis dargestellt und dann noch um einige Punkte ergänzt werden, die zwar mit ihm zusammenhängen, aber bei Marx selbst nicht weiter ausgeführt sind. Diese Punkte betreffen unter anderem die Sprache, die sozialen Normen, den Erziehungsprozeß und die Sexualität.

Für Marx ist der Mensch als Angehöriger der Gattung Homo sapiens ein sinnlich-bedürftiges Naturwesen aus Fleisch und Blut, ein durchaus beschränkter, sterblicher Organismus «wie auch das Tier und die Pflanze» – freilich zugleich eine besondere Art Naturwesen, ein «reflektierender Organismus» (F. Engels), der mit Bewußtsein und Fähigkeit zur langfristigen Handlungsplanung herumläuft. Menschen können nicht nur über die Probleme ihrer Umwelt, sondern auch über sich selbst nachdenken: «Das Tier ist eins mit seiner Lebenstätigkeit. Es ist sie. Der Mensch macht seine Lebenstätigkeit selbst zum Gegenstand seines Wollens und seines Bewußtseins. Er hat bewußte Lebenstätigkeit.»[27]

Man sieht: auch die spätere Unterscheidung zwischen der Instinktgebundenheit tierischen Verhaltens und der Instinktentbundenheit menschlichen Handelns ist bei Marx prinzipiell schon vorformuliert. Menschliches Handeln ist an im Kopf vorweggenommenen Lebenssituationen und an einer Fülle vorgestellter Möglichkeiten orientiert, die in die momentane Situation hineinspielen. Es ist zukunftsgerichtet und hat Sinn. Die Bewußtheit und Sinnhaftigkeit der Lebenstätigkeit, welche für so viele Philosophen und Denker zu dem Ansatzpunkt geworden ist, an dem sie den Menschen nur noch als Geistwesen unterstellen und in ihren Gedanken von den Problemen der wirklichen Welt abheben[28], hängt nun für Marx mehr oder weniger direkt mit den allerhandfestesten Formen der Wirklichkeitsbewältigung zusammen; sie hängt zusammen mit der Lebenserhaltung durch Arbeit. Auch Kühe eignen sich ihre Umwelt an, sie machen – wie Hegel sagt – das Gras auf der Wiese zu einem Teil ihrer selbst, verneinen seine Eigenständigkeit, indem sie es auffressen und verdauen.[29] Der Mensch allein aber eignet sich die äußere Natur dadurch an, daß er sie in Arbeitsprodukten und dauerhaften Produktionsmitteln vergegenständlicht. Für den Menschen ist ein produktives Wechselspiel, eine Dialektik von Vergegenständlichung und Aneignung kennzeichnend. Seine Art und Weise der Lebenserhaltung und Lebenserweiterung, sein «Gattungsleben» bewährt sich als «Erzeugen einer gegenständlichen Welt, als Bearbeitung der unorganischen (das heißt äußeren, Anmerkung des Autors) Natur».[30]

Der Mensch eignet sich für seine Bedürfnisse nicht nur die Produkte an, die er selbst hergestellt hat, sondern auch und vor allem diejenigen, die von anderen Gesellschaftsmitgliedern produziert sind; und sogar solche Produktionsmittel und solches Wissen, das von den vorangegangenen Generationen an die seine weitergegeben wurde. Die damit verbundene gezielte Aufhäufung menschlicher Erfahrung und die Verallgemeinerung von Wissen erweitert die Entwicklungsmöglichkeiten und die Entwicklungsgeschwindigkeit der Gesellschaft verglichen mit den vormenschlichen Stufen der Naturgeschichte ganz enorm. Nur in der geschichtlichen und aktuellen Bedingtheit und Vermitteltheit durch die Gesellschaft bildet sich das einzelne Individuum heran. Das menschliche Wesen ist, wie Marx sagt, «das Ensemble der gesellschaftlichen Verhältnisse».[31]

Das Wechselspiel, die Dialektik von Vergegenständlichung und Aneignung, ist immer zugleich gesellschaftliches Handeln. Der zwischenmenschliche Bezug ist für Marx mit der Produktionstätigkeit untrennbar verwoben. Arbeit ist zugleich Teilhabe am anderen. Das geht aus folgendem, etwas bruchstückhaften Text des jungen Marx hervor:

«Gesetzt, wir hätten als Menschen produziert: jeder von uns hätte in seiner Produktion sich selbst und den anderen doppelt bejaht. Ich hätte 1. in meiner Produktion meine Individualität, ihre Eigentümlichkeit vergegenständlicht und daher sowohl während der Tätigkeit eine individuelle Lebensäußerung genossen, als im Anschauen des Gegenstandes die individuelle Freude, meine Persönlichkeit als gegenständliche, sinnlich anschaubare und darum über alle Zweifel erhabene Macht zu wissen, 2. in deinem Genuß und deinem Gebrauch meines Produkts hätte ich unmittelbar den Genuß, sowohl des Bewußtseins, in meiner Arbeit ein menschliches Bedürfnis befriedigt, also das menschliche Wesen vergegenständlicht und daher dem Bedürfnis eines anderen menschlichen Wesens seinen entsprechenden Gegenstand verschafft zu haben, 3. für dich der Mittler zwischen dir und der Gattung gewesen zu sein, also von dir selbst als eine Ergänzung deines eigenen Wesens und als notwendiger Teil deiner selbst gewußt und empfunden zu werden, also sowohl in deinem Denken wie in deiner Liebe mich bestätigt zu wissen, 4. in meiner individuellen Lebensäußerung unmittelbar deine Lebensäußerung geschaffen zu haben, also in meiner individuellen Tätigkeit mein wahres Wesen, mein menschliches, mein Gemeinwesen bestätigt und verwirklicht zu haben.

Unsere Produktionen wären ebensoviele Spiegel, woraus unser Wesen sich entgegenleuchtete.

Das Verhältnis wird dabei wechselseitig, von deiner Seite geschehe, was von meiner geschieht.»[32]

Was ist hier gemeint? – Ich will versuchen, es in unsere Alltagserfahrung zu übersetzen. Marx hat hier eine unentfremdete Produktions- und Sozialbeziehung vor Augen, die in unserer Ausbeutungs- und Konkurrenzgesellschaft gerade unterdrückt wird. Aber das heißt nicht, daß wir nicht in bestimmten Ecken und Winkeln der Alltagserfahrung und eingeengten Bereichen von der Möglichkeit einer solchen sinnvoll fundierten Zwischenmenschlichkeit wüßten. Nur weil es solche Erfahrung, zwar unterdrückt, aber doch real, gibt, sind die Marxschen Vorstellungen mehr als ein bloßer Traum oder eine unverantwortliche Spinnerei.

Zu Beginn der Passage geht es darum, daß wir nur darüber, daß wir uns vergegenständlichen, ein Gefühl und Bewußtsein unserer Individualität erlangen können. Man stelle sich den relativ günstigen Fall eines Lehrlings vor, der ein bestimmtes, ihn interessierendes Werkstück herstellt, einen Studenten, der ein Referat anfertigt, oder eine Hausfrau, die ein Gericht nach einem neuen Rezept kocht. Die Arbeitstätigkeit ist etwas, bei dem man sich in der Auseinandersetzung mit dem widerborstigen Arbeitsmaterial selber spürt und erfährt und deren Fortgang und Gelingen trotz aller Arbeitsmühe ein positives Lebensgefühl, einen Genuß vermitteln kann. Im Vergleich von vorgestelltem und tatsächlichen Produkt erfährt der Produzierende, was er kann, was er nicht kann, ob er sich über sich selbst Illusionen gemacht hat, in welcher Hinsicht er dazulernen muß. Die Selbstzweifel des Studenten darüber, ob er es schafft, der wissenschaftlichen Problematik eine einigermaßen verständliche Form zu geben, können sich beruhigen, wenn der zusammenhängende Referatstext vorliegt. Manchmal ist man auch angesichts eines neuen Produkts von seinen eigenen Fähigkeiten angenehm überrascht. Die Frage danach, wer man ist, braucht nicht im luftleeren Raum beantwortet zu werden, sondern findet im Produkt gewissermaßen einen festen Anhaltspunkt; in diesem Sinne weiß man in seinen Produkten seine Persönlichkeit – man könnte auch sagen, seine Identität – als eine über alle Zweifel erhabene Macht.

Diese Produkte sind nun aber im allgemeinen Produkte für andere Menschen. Auf ihre Anerkennung bin ich letztlich bei der Bildung meines Produzenten-Selbstbewußtseins oder -Selbstgefühls angewiesen. Darum geht es in den nachfolgenden Sätzen des Marx-Zitats. Für den Studenten bekommt das angefertigte Referat erst dann einen wirklichen Sinn, wenn er merkt, daß seine Kommilitonen im Seminar etwas damit anfangen können, daß es sie in einem Lernprozeß weiterbringt. Für den Lehrling ist es (wahrscheinlich auch noch im Kapitalismus) ein befriedigendes Gefühl, wenn er sieht, daß sein Werkstück den Kollegen in der Werkstatt die Arbeit erleichtert und sie ihm das mitteilen. Für die Hausfrau ist es eine entscheidende Frage – an der in der bürgerlichen Gesellschaft leider oft ihr ganzes Selbstgefühl hängt –, ob der von der Arbeit zurückgekehrte Ehemann und die Kinder über das nach dem neuen Rezept gekochte Essen ein anerkennendes Wort fallenlassen, es achtlos in sich hineinmümmeln oder vielleicht sogar ganz stehenlassen. Über sein Produkt oder seinen Anteil an einem Produkt gebraucht und anerkannt zu werden – das ist ein Gefühl, ohne das man kaum leben kann. Dies wird einem in unserer Gesellschaft zum Beispiel durch die Situation der älteren Menschen drastisch vor Augen geführt, die man ohne jede Aufgabe für andere in ein Altersheim abgeschoben hat. Sie sind zwar von den Wohnungs- und Nahrungsbedingungen her meist ausreichend versorgt, sie können, wenn sie wollen, auch rastlos kommunizieren (oder über ihre Situation auch Metakommunikation im Sinne der Sozialpsychologie von

Jürgen Habermas betreiben) – trotzdem empfinden sie ihr Leben als sinnentleert, weil sie nicht einmal mehr für kleine Hilfsarbeiten oder zum Hüten der Enkel gebraucht werden. Ähnliches zeigen auch die rapiden seelischen Verfallserscheinungen, die – ziemlich unabhängig von der Höhe der finanziellen Unterstützung – bei plötzlich arbeitslos gewordenen Leuten zu beobachten sind.[33]

Die produktvermittelte Wechselseitigkeit oder «Dialektik der Anerkennung» (Hegel), die Marx hier meint, ist fundamental verschieden von der Wechselseitigkeit von Käufer und Verkäufer beim Warentausch, bei welcher der eine dem anderen letztlich gleichgültig bleibt und – bei Strafe des eigenen ökonomischen Untergangs in der Konkurrenz – auch bleiben muß. Die wechselseitige Teilhabe an der Perspektive des Handlungspartners ist ein bewußtseinsmäßiges und gefühlsmäßiges Phänomen, das nicht nur Mittel für einen privat-egoistischen Zweck ist, sondern auch in sich Befriedigung bedeutet. Die Teilhabe am anderen wird gemäß den Marxschen Formulierungen «gewußt» und «empfunden». Die Bestätigung der eigenen Persönlichkeit erfolgt sowohl im «Denken», als auch in der «Liebe» der anderen. Indem die Individuen diesen ihren produktvermittelten Zusammenhang herstellen, bewußt kontrollieren und empfinden, verwirklichen sie ihr «menschliches Gemeinwesen», die besonderen Möglichkeiten und Befriedigungsweisen, die in ihrem «Gattungswesen» als Homo sapiens angelegt sind.

Wenn Marx hier sowohl die Produktvermitteltheit des zwischenmenschlichen Handelns als auch die enge Verknüpfung von bewußtseinsmäßigen (kognitiven) und gefühlsmäßigen (emotionalen) Kräften auf seiten der Handlungspartner darstellt, dann bewegt sich sein Denken auf der Höhe eines Problembewußtseins, welches die modernen bürgerlichen Sozialpsychologien und Interaktionstheorien bis heute nicht wieder erreicht haben. Indem sie den Produktbezug und den zwischenmenschlichen Bezug ebenso wie die kognitiven und emotionalen Seiten des Handelns auseinanderreißen, verfehlen sie von vorneherein die grundlegenden Besonderheiten menschlichen Handelns. Ein Beispiel hierfür ist die verbreitete Interaktionstheorie von Jürgen Habermas, der davon ausgeht, daß man das Wechselspiel der zwischenmenschlichen Beziehungen (Interaktion) und die Arbeitsprozesse (instrumentelles Handeln) getrennt betrachten soll und zudem noch bei der Untersuchung von Interaktion die sinnlich-emotionale, naturhafte Beschaffenheit der «reflektierenden Organismen» fast durchweg vernachlässigt.[34]

Zum Schluß dieses Abschnitts noch eine kurze vorgreifende und vorläufige Bemerkung über das, was für Marx nun eigentlich kapitalistische «Entfremdung» heißt. Der grundlegende Skandal der Lebenstätigkeit im Kapitalismus besteht darin, daß in der Lohnarbeit das, was den Menschen vom Tier unterscheidet, die Fähigkeit zu produktiver und solidarischer Lebenspraxis, zu etwas Äußerlichem, zum bloßen Mittel wird, um mit

Hilfe des individuellen Lohns eine isoliert-private Existenz außerhalb des Produktionszusammenhangs zu fristen. Der Produktionszusammenhang und die Produkte lösen sich von der engagierten Beteiligung und bewußten Kontrolle der Produzenten ab und beginnen ein Eigenleben zu führen. Mit dieser «Instrumentalisierung des Gattungslebens» durch die Menschen verwandelt sich für Marx «ihr Vorzug vor dem Tier» in einen «Nachteil».[35] Erst nach der Abschaffung des Kapitalismus und seines Lohnsystems, in einer sozialistischen Gesellschaft, wo die «assoziierten Produzenten» ihren Stoffwechsel mit der äußeren Natur bewußt kontrollieren und «unter den ihrer menschlichen Natur würdigsten und adäquatesten Bedingungen vollziehen»[36], kann es wieder auf verallgemeinerter Stufe zu einer Form produktiver Wechselseitigkeit kommen, «worin die freie Entfaltung eines jeden die Bedingung für die freie Entwicklung aller ist.»[37] Hier erst bekäme die wechselseitige Anerkennung und Spiegelung der Individuen im Rahmen der elementaren «Norm der Wechselseitigkeit», welche die Interaktionstheorie so sehr bewegt,[38] eine wirkliche, gegenständliche und entwicklungsfähige Fundierung.

Wenn wir bei der Darstellung des Menschwerdungsprozesses und bei den Überlegungen zum Marxschen Praxisbegriff die entscheidende Rolle der Produktionstätigkeit für die Sozialbeziehungen betont haben, dann darf das jedoch nicht zu dem Fehlschluß führen, daß Sozialleben sich nur im Rahmen von Arbeit, von direkter Produktionstätigkeit abspielt. Es gibt noch andere wichtige «Sphären» des Lebensprozesses und bisher nicht behandelte Merkmale menschlicher Gesellschaftlichkeit.

4. Produktion, Verteilung und Konsumtion

An einer Stelle hat Marx festgehalten, daß die Produktion innerhalb des gesamtgesellschaftlichen Produktionsprozesses (oder Lebenserhaltungsprozesses) zwar das Bestimmende, «Übergreifende» ist, daß diese aber auch immer durch die Phasen oder «Sphären» der *Verteilung* und der *Konsumtion* (des Verzehrs) der produzierten Güter hindurch muß.[39] In allen drei Sphären haben die zwischenmenschlichen Beziehungen ihre besondere Ausprägung und sind auf je unterschiedliche Weise mit der Beziehung zu den von den Menschen hergestellten gegenständlichen Produkten verwoben. Die drei Sphären lassen sich auch als Zeitabschnitte innerhalb des Tagesablaufs darstellen. Nehmen wir als Beispiel eine Gruppe Jäger und Sammler, sagen wir Pygmäen.[40] Frühmorgens, noch vor Sonnenaufgang, stehen die Männer und Frauen auf und begeben sich, nachdem sie gefrühstückt und sich die Körper bemalt haben, in den Wald. Die Jäger ziehen für den Tag auf die gemeinsame Jagd und die Frauen beginnen, Knollen, Kleintiere und so weiter zu sammeln. Manchmal kommt es auch zu einer großen Treibjagd mit Netzen, an der Männer und Frauen gemeinsam teilnehmen. Das heißt, es wird – im Rahmen jener aneignenden Wirtschaftsformen – *produziert*. Wenn sich die Sonne senkt, kehren Männer und Frauen mit ihrer Beute zurück, das Feuer wird mit neuem Holz versorgt und die erbeuteten Gegenstände werden mit Hilfe bestimmter, festgelegter Verteilungsregeln an alle Gruppenmitglieder *verteilt*. Diese Verteilung ist im Falle solcher Vorklassengesellschaften weitgehend egalitär, das heißt gleichberechtigt. Derjenige, der das Okapi oder die Antilope getötet hat, darf sich zwar das beste Stück aussuchen, aber ansonsten bekommen alle Gruppenmitglieder (auch wenn sie nicht mitgejagt haben) denselben Anteil. Die Aufbewahrung der Jagdbeute bis zu diesem Zeitpunkt und die geregelte Rücksichtnahme auf die Bedürfnisse aller Gruppenmitglieder stellen – einschließlich der damit verbundenen Selbstkontrolle des einzelnen – eine soziale Errungenschaft dar, die bei Tieren weitgehend fehlt. Schimpansen nehmen sich häufig die besten Nahrungsbrocken gegenseitig einfach weg, und ein rangniederes Tier muß schon lange betteln, bis es von einem ranghöheren ausnahmsweise einmal etwas abbekommt.[41] Hunde ziehen sich bekanntlich mit den einzelnen Fetzen ihrer Beute, auch wenn sie gemeinschaftlich erlegt ist, in einem gehörigen Abstand voneinander zurück und verzehren sie unter beständigem Knurren.

Nachdem nun die Beute verteilt ist, beginnt bei den Pygmäen der Tagesabschnitt, den man unter die Rubrik *Konsumtion* fassen kann: ein ausgedehntes und gemütliches Abendessen, im allgemeinen noch gefolgt von Musik und Tanz.[42] Dann sinken sie zu Bett oder auf ihr hartes Lager, und am nächsten Morgen beginnt der Kreislauf: Produktion, Verteilung, Konsumtion wieder von neuem.

Ebenso wie die Verteilung ist die Konsumtion, der eigentliche Verzehr der Produkte, durch welchen objektiv die verbrauchte körperliche und geistige Arbeitskraft wiederhergestellt wird, beim Menschen ein hochsozialer und kommunikativer Akt, der in der rücksichtsvollen Verschränkung mit der Perspektive der anderen, begleitet von Gesprächen, stattfindet. Auch im Kapitalismus gibt es nur wenige Leute, denen das Essen schmeckt, wenn sie allein zu Tische sitzen.

Nicht nur in der Sphäre der Produktion, sondern auch in der Sphäre der Verteilung und der Konsumtion sind die Menschen also soziale Wesen, die sich unter Berücksichtigung der Perspektive ihrer Handlungspartner untereinander einigen, hängt die Ausprägung ihrer zwischenmenschlichen Beziehungen von der Art und Weise ab, in der ihnen ihre gegenständlichen Produkte gegenübertreten. Bei unserer späteren Untersuchung der kapitalistischen Zwischenmenschlichkeit werden wir zunächst dieser Dreiteilung des gesellschaftlichen Lebensprozesses, in die Produktion, die Verteilung (welche im Kapitalismus wesentlich über den anonymen Markt läuft) und die Konsumtion folgen.

5. Sexualität

Zur spezifisch-menschlichen Weise der Konsumtion, des Genießens, muß noch etwas Wichtiges angemerkt werden. Die oben erwähnten Pygmäen sind nämlich nach dem abendlichen Tanz nicht alle gleich eingeschlafen, sondern zumindest einige von ihnen haben wahrscheinlich vorher noch miteinander geschlafen. Auch die menschliche Sexualität hat – bei aller kulturellen und geschichtlichen Wandelbarkeit der Sexualnormen – einige allgemeine Merkmale, die man festhalten muß. In diesem Punkt muß ich auch der marxistischen Psychologin Ute Osterkamp widersprechen, nach deren Auffassung sich das Sexualverhalten im Verlauf der Evolution des Menschen aus dem Tierreich – verglichen mit der Produktion – kaum verändert habe und deshalb bei einer Untersuchung spezifisch menschlicher Motivation weitgehend zu vernachlässigen sei.[43]

Eine grundlegende Besonderheit menschlicher Sexualität besteht schon darin, daß sie nicht auf zyklisch wiederkehrende Brunstzeiten der Weibchen eingegrenzt ist, wie das bei Kühen, Hunden und fast allen Tierarten der Fall ist. Die Regelmäßigkeit des Brunstzyklus lockert sich zwar bereits auf den höheren Stufen der Evolution;[44] bei den Schimpansen zum Beispiel ist das Sexualverhalten durchaus noch an (ganz unregelmäßige, oft jahrelang ausbleibende) Brunstzeiten gebunden. Zu diesen Zeiten haben die Tiere nicht viel anderes im Sinn, als sich möglichst oft zu paaren – worüber die dadurch etwas vernachlässigten Kinder der betreffenden Schimpansenmütter offenbar ziemlich unglücklich sind.[45]

Menschliche Sexualität zeichnet sich demgegenüber durch einen zeitlich nicht eingegrenzten, permanenten Charakter aus. Sie strahlt gewissermaßen noch in die entferntesten sozialen Lebensbereiche und Alltagssituationen hinein aus und sorgt zum Beispiel dafür, daß man in zunächst ganz neutralen Momenten, in denen man selbst gar nicht damit rechnet, plötzlich doch rot oder schüchtern werden kann. Die Mythen und Riten der «primitiven» Völker zeigen ziemlich offen, wie eng hier das erotische Interesse mit dem Interesse an scheinbar so sachlichen Themen wie Werkzeugherstellung und Pflanzenanbau, aber auch den Fragen der Erklärung der geltenden Welt- und Sozialordnung verknüpft ist.[46] Die «Diffusion» der menschlichen Sexualität ist aber wahrscheinlich auch ein Faktor, der die Herausbildung der engen emotionalen Bindung des einzelnen an die Sozialgruppe und Kooperationseinheit gefördert hat.[47]

Es ist ein Verdienst der von Sigmund Freud begründeten Psychoanalyse, auf die – sehr häufig verdrängten und unbewußt gewordenen – starken sexuellen Triebkräfte im sozialen Handeln der Menschen, ebenso wie auf die frühkindliche Sexualität und auf den Umstand hingewiesen zu haben, daß die menschliche Sexualität keineswegs auf Genitalität begrenzt, sondern im Prinzip mit einem an alle Körperzonen gehefteten starken Zärtlichkeitsbedürfnis verwoben ist. (Eine Verwobenheit, die vor allem im Zuge der Hysterieforschungen nachgewiesen wurde.)

Der Psychoanalytiker Michael Barlint hat darauf hingewiesen, daß der diffus-permanente Charakter der menschlichen Sexualität sehr differenzierte Einigungsformen zwischen den Partnern hervortreibt: «Wenn das männliche und das weibliche Tier heiß sind, wollen beide auch den sexuellen Akt und irgendeine Eroberung ist nicht notwendig. Im Gegensatz dazu ist der Mensch potenziell auch immer imstande, einen sich ihm antragenden Partner abzulehnen, und die Bedingung dauerhafter Harmonie ist von überragender Bedeutung.»[48]

Jane van Lawick-Goodall betont bei der Beschreibung des Sexualverhaltens der Schimpansen, daß diese zu einer Rücksichtnahme auf die Empfindungen und Reaktionen des Partners und zu einer dauerhaften Sexualbeziehung nicht in der Lage sind.[49] Die Wahrnehmung und Berücksichtigung der Perspektive des Anderen, die Fähigkeit zur Einfühlung in den Handlungspartner, die wir schon im Zusammenhang mit den Kooperationsbeziehungen erwähnt hatten, scheint auch der menschlichen Sexualität eine ganz besondere Färbung zu geben. Darauf weist übrigens auch der Umstand hin, daß Menschen so ziemlich die einzigen Wirbeltiere sind, die – schon begünstigt durch bestimmte anatomische Veränderungen – einen für beide Teile befriedigenden Geschlechtsverkehr meistens bäuchlings und von Angesicht zu Angesicht ausüben.[50]

Entgegen einer beliebten Wunschvorstellung unterliegt übrigens in allen bisherigen bekannten Gesellschaften – auch den «primitiven» und sexuell oft sehr freizügigen Vorklassengesellschaften – die menschliche Sexualität mit ihrer Tendenz zur Diffusion und Permanenz einer gewissen sozialen Regelung und Einschränkung. Überall ist zum Beispiel der Inzest, der Geschlechtsverkehr mit Blutsverwandten, insbesondere innerhalb der engeren Familie, den normalen Sterblichen streng verboten. Der Ursprung und Sinn der nach Meinung der Anthropologen und Völkerkundler aller Schulrichtungen für die menschliche Vergesellschaftung spezifischen Inzestnormen, die wohl *auch* eine biologische Grundlage haben, liegt noch weitgehend im dunkeln.[51] Es ist wahrscheinlich, daß der damit verbundene Zwang zur Heirat nach außen – weg von der direkten Verwandtschaftsgruppe – die Umwandlung umherstreifender Primatenhorden in größere, durch wechselseitige Verpflichtungen und Verwandtschaftsbande zusammengehaltene Kooperationseinheiten[52] begünstigt hat. Es könnte zudem sein, daß die beim Menschen extrem verlängerte und komplizierte Pflege- und Erziehungsbindung zwischen Kindern und Erwachsenen eine genitale Betätigung auf Grund der damit verbundenen Leidenschaften, Risiken und Abhängigkeiten ausschließt.[53] Auch ernstzunehmende marxistische Anthropologen vertreten die Auffassung, daß die Herausbildung selbständiger und kooperationsfähiger menschlicher Individuen auf die vermittelnde und bedürfniskanalisie-

rende Wirkung des Inzesttabus angewiesen ist.[54] Obwohl hier eine endgültige Aussage schwierig ist, erwähne ich dieses Problem ausdrücklich,
weil unter vielen linken Gesellschaftskritikern die voreilige und völker-
kundlich widerlegbare Annahme verbreitet ist, als sei das Inzestverbot als
solches bloß ein Ausdruck der entfremdeten Klassengesellschaft oder des
patriarchalischen Ödipuskomplexes.[55]

Zum Schluß noch ein Hinweis auf Marx: auch er hat den wichtigen
Stellenwert und die Besonderheit der menschlichen Sexualität durchaus
im Auge gehabt. Für ihn war die sexuelle Entfremdung zwischen den
Sexualpartnern immer ein Hinweis auf die Entfremdung des gesamten
«Gattungswesens», gleichsam ein untrüglicher Indikator für die Zerstörung des gesamtgesellschaftlichen Produktions- und Kooperationszusammenhangs. Wir werden auf diesen Gesichtspunkt bei der Untersuchung der kapitalistischen Zwischenmenschlichkeit zurückkommen.

6. Sprache, Perspektivenwechsel und sinnhafte Gerichtetheit

Die menschliche Fähigkeit zum Perspektivenwechsel – die Fähigkeit, sich
längerfristig in den Anderen hineinzuversetzen und sich selbst im Lichte
gemeinsamer Interessen mit den Augen anderer zu sehen – ist bis jetzt
schon mehrfach hervorgehoben worden.[56] Diese Fähigkeit, die das gesamte menschliche Sozialverhalten in den Sphären der Produktion
ebenso wie in den Sphären der Verteilung und der Konsumtion wie ein
roter Faden durchzieht – und offenbar auch noch bei einem so scheinbar
natürlichen Vermögen wie der entwickelten räumlichen Wahrnehmung
mitspielt,[57] wird nun ganz wesentlich durch die Sprache organisiert. Fast
alle unsere Gespräche verlaufen nach dem Grundmuster des «an deiner
Stelle würde ich . . .». Marx hat den bedeutsamen Stellenwert der Sprache für das Handeln der Individuen im Prinzip gewußt. Er zeigt ziemlich
deutlich, daß ich nur über den Nachvollzug der Beziehung, die jemand
anders zu mir hat, eine Beziehung zu mir selbst, ein Bewußtsein meiner
selbst haben kann; und er sagt auch, daß das Medium solcher Bewußtseinsbildung die Sprache ist: «Die Sprache ist so alt wie das Bewußtsein –
die Sprache ist das praktische, auch für andere Menschen existierende,
auch für mich selbst erst existierende wirkliche Bewußtsein, und die
Sprache entsteht wie das Bewußtsein erst aus der Notdurft, dem Bedürfnis des Verkehrs mit anderen Menschen».[58]

Indem ich mich in einem gesprochenen Wort, einem sprachlichen
Lautgebilde, vergegenständliche, mache ich zugleich die Annahme, daß
der Gesprächspartner mit diesem Wort dieselbe (intersubjektive) Bedeutung oder zumindest eine ähnliche Bedeutung wie ich selbst verbindet.

Dadurch, daß ich seine Reaktionsweise und Perspektive auf den gemeinten Gegenstand oder eine bestimmte Situation mitdenke, ist das Wort – meinetwegen «Bär», «Haus» oder «Gefahr» – ein Symbol. Mit Hilfe solcher Symbole vermag ich nun mit ihm eine Situation – bei der Bärenjagd oder beim Häuserbau – auch unabhängig von ihrer momentanen Anwesenheit und unserer direkten Wahrnehmung erinnernd oder planend durchzuspielen. Das verbessert die Möglichkeiten der Situationsbewältigung und der Koordination von praktischen Handlungen natürlich ganz enorm.

Das Selbstbewußtsein oder Ichbewußtsein des einzelnen, welches wie oben hervorgehoben, immer auch mit seiner materiellen Produktionstätigkeit verbunden ist, wird andererseits durch Sprache erst ermöglicht. Indem ich mit Hilfe sprachlicher Symbole die Perspektive der anderen auf mich selbst nachvollziehe – und mich auch ohne ihre aktuelle Anwesenheit mit den Augen anderer sehe – vermag ich mich selbst zu identifizieren und über mich selbst nachzudenken. Auch das Selbstbewußtsein ist also, entgegen der verbreiteten bürgerlichen Wahnvorstellung von der völligen Unabhängigkeit des einzelnen Ich, ein durch und durch gesellschaftliches Phänomen. Und es bezeichnet, wie die allgemeine Verbreitung eines persönlichen Namens, mit dessen Hilfe ich jederzeit von anderen und auch von mir selbst identifiziert und zum Gegenstand von Überlegungen und Planungen gemacht werden kann, ein spezifisch menschliches Phänomen, zu dem es selbst bei den klügsten Menschenaffen wahrscheinlich nur ganz schwache Ansätze gibt.[59]

Die von G. H. Mead begründete Sozialpsychologie des sogenannten symbolischen Interaktionismus hat sich auf die komplizierten Phänomene des sprachvermittelten Perspektivewechsels zwischen den menschlichen Individuen konzentriert. Sie faßt sie mit den Begriffen der Rollenübernahme (taking-the-role-of-the-other) oder der Empathie (Einfühlung).[60] Dem symbolischen Interaktionismus gebühren in diesem Zusammenhang sicher einige Verdienste. Aber diese zur Zeit sehr populäre theoretische Richtung ist überhaupt nicht in der Lage, den Prozeß des Perspektivewechsels mit dem gegenständlichen Bezug des sozialen Handelns in den Bereichen der Produktion, Verteilung und Konsumtion und den sinnlich-konkreten Bedürfnissen der Individuen, etwa im Bereich der Sexualität, zusammenzubringen.

Die wechselseitige Verständigung zwischen den Individuen – bis hin zur tatsächlich spezifisch menschlichen Fähigkeit, über den Kommunikationsverlauf selbst noch einmal zu kommunizieren, Mißverständnisse aufzuklären und so weiter («Metakommunikation»)[61] – erscheint somit weitgehend als Selbstzweck und bleibt abgelöst von den Inhalten und Problemen ihrer wirklichen Lebenspraxis. Der symbolische Interaktionismus hat damit 1. ein vereinseitigt-unwirkliches Menschenbild und ist 2. nicht in der Lage, die besondere geschichtliche Ausprägung der produktvermittelten Zwischenmenschlichkeit in der kapitalistischen Gesellschaft, in der wir leben, zu erfassen. Auch im vorliegenden Buch wird es immer wieder um die Prozesse des Perspektivewechsels und der «Empathie» zwischen den handelnden Individuen gehen. Diese werden dabei aber – ganz im Sinne des oben schon entwickelten Marxschen Praxisbegriffs – konsequent auf das gegenständliche und sinnlich-bedürftige Handeln der Individuen in der kapitalistischen Produktion, Verteilungs- und Konsumtionssphäre bezogen.

Auf Grund seiner Einbindung in ein kompliziertes Gefüge sprachlicher Symbole schöpft das Handeln des Individuums beständig aus einem von Generation zu Generation in Sprache aufgehäuften Wissensvorrat und unterliegt der Deutung und Interpretation durch gesellschaftlich hervorgebrachte «Weltbilder».[62] Das Handeln ist dadurch «sinnvoll»; es hat eine «sinnhafte Gerichtetheit» auf eine Fülle im Kopf vorweggenommener und irgendwie geordneter Tätigkeitsziele.[62a] Diese sprachvermittelte, sinnhafte Gerichtetheit hat das Handeln nicht nur in dem einfachen Sinne, daß beispielsweise die einzelnen Pygmäen bei der Treibjagd ihren eigenen Handlungsvollzug «im Licht» des gemeinsamen Jagdziels, der erlegten Antilopen und der damit verbundenen Zwischenziele betrachten und organisieren; oder daß ein Student ein bestimmtes Buch «im Licht» seines Examens, seiner Berufsvorstellungen, liest, wodurch seine Tätigkeit eine ganz bestimmte Ausprägung erhält;[63] sondern auch in dem Sinne, daß sich die handelnden Menschen nach den weiter übergreifenden Zielen ihres Alltagshandelns und möglicherweise sogar nach dem Zweck und Sinn ihrer gesamten Lebenstätigkeit fragen. Auf Grund der extremen symbol- und sprachvermittelten Antizipationsfähigkeit, die sich wahrscheinlich im Zusammenhang mit der Lebensreproduktion durch planvolle Arbeit herausgebildet hat, können Menschen sehr weit vorausliegende Lebensabschnitte und sogar ihren eigenen Tod in ihrer Bedeutung für die momentane Situation antizipieren und in gemeinsamen Handlungsperspektiven berücksichtigen. Dieser antizipatorisch-sinnhafte Charakter gibt den menschlichen Ängsten und Hoffnungen eine ganz spezifische Qualität.[64] Wie Begräbnisriten und Höhlenbilder zeigen, haben sich offensichtlich schon die allerfrühesten Menschen solche übergreifenden Fragen nach dem Sinn von Leben und Tod gestellt. Ich will hier nicht in tiefgründiges Spekulieren verfallen, sondern mir nur noch den vorgreifenden Hinweis erlauben, daß der Kapitalismus sich dadurch auszeichnet, daß er auf die Frage nach dem Gesamtsinn der ihm unterworfenen menschlichen Lebenspraxis – abgesehen vom Versprechen der beständigen warenförmig-privaten Wohlstandsvermehrung – nur äußerst unzusammenhängende, widersprüchliche und schwachsinnige Antworten zu geben vermag. Das bringt eine tiefgreifende Desorientierung und Verunsicherung des individuellen Handelns mit sich.

7. Normen

Die Fähigkeit zum Perspektivenwechsel und die Sprache erlauben es den menschlichen Handlungspartnern, sich im Verlaufe ihrer produktiven und gesellschaftlichen Lebenspraxis auf sehr differenzierte Weise zu *einigen*. Die Handlungsweisen, auf die man sich einigt, sind zwar weitgehend durch die Beschaffenheit der gegenständlichen Produkte vorgegeben – eine Doppelhandsäge legt einem zum Beispiel nahe, daß zum Zwecke des Sägens der eine hier, der andere dort anfaßt und daß man in dem Moment zieht, wo der andere schiebt. Das heißt, die zwischenmenschlichen Einigungsprozesse hängen nicht in der Luft, sondern sind abhängig von einem Dritten, vom realen «Aufforderungscharakter» der materiellen Gegenstände, der «objektiven Gegenstandbedeutung», die die Produzenten des Gegenstandes, der Doppelhandsäge oder eines Fischnetzes, in diesen *hineingearbeitet* haben.[65] Aber das heißt nicht, daß die Einigungsprozesse deshalb schon ganz automatisch und konfliktlos ablaufen würden. Wann, wo und mit wem man sägt, geht aus der Dingbeschaffenheit der Säge nicht mit Eindeutigkeit hervor. Es kann zum Beispiel sein, daß der eine in Frage kommende Kooperationspartner morgens lieber früh aufsteht, der andere aber lieber lange schläft und erst gegen Mittag die Sägearbeiten in Angriff nehmen möchte. Auf solche Fragen müssen sich die Kooperierenden besonders einigen. Die Regelungen und die damit verbundenen wechselseitigen Erwartungen (Perspektiveverschränkungen) werden nun aber nicht jedesmal mühsam aufs neue ausgehandelt, sondern sind im allgemeinen – etwa als eine einigermaßen verbindliche Arbeitszeit – auf eine gewisse Dauer gestellt und so kalkulierbar. Solche verfestigten institutionalisierten und verbindlichen Einigungen – die es sowohl im Bereich der Produktion als auch in den Bereichen der Verteilung und Konsumtion gibt – heißen *Normen*. Normen vereinfachen die menschlichen Einigungsprozesse; sie «reduzieren Komplexität»[66] – wie das die moderne soziologische Systemtheorie ausdrücken würde. Unser Alltagsverhalten ist immer an einer Fülle von mehr oder weniger sinnvollen Normen orientiert: etwa an der Norm, Leute, die man kennt, mit bestimmten Gesten zu grüßen, der geschichtlich noch nicht sehr alten Norm, das Ausschnauben des Nasenschleims verdeckt und mit Hilfe eines Taschentuchs vorzunehmen, der Norm, zumindest Freunde und Kollegen nicht laufend anzulügen, der im Kapitalismus besonders wichtigen Norm, sich kein fremdes Privateigentum anzueignen, den Normen des Leistungs- und Konkurrenzstrebens. Normorientiertes Handeln ist uns oftmals als solches gar nicht bewußt, weil es im Verlauf des Erziehungsprozesses so verinnerlicht oder auch eingebleut worden ist, daß es nun wie etwas Natürliches erscheint, das nur aus uns selbst kommt.[67] Normen erkennt man im Zweifelsfalle daran, daß ein Verhalten, welches sie in einer für andere wahrnehmbaren Weise verletzt, bei diesen für mich negative Reaktionen oder Sanktionen hervor-ruft, die von sanfter Mißbilligung (etwa beim Schnupfen ohne Taschen-tuch) bis zu strenger Bestrafung (Diebstahl von Privateigentum) reichen. Eine solche Sanktion kann aber auch mit einer solidarischen Kritik ver-bunden und zu einer Verbesserung der Kooperation beitragen.

Im Kapitalismus sind die den Normen zugrundeliegenden Einigungs-prozesse oftmals eine höchst einseitige und repressive Angelegenheit (man denke hier an die Arbeitszeitnormen), und die grundlegenden Normen treten hier den Individuen in der von außen übergestülpten Form des staatlichen Gesetzes gegenüber. Aber man darf sich davon nicht zu dem – leider auch unter manchen modernen Marxisten verbreiteten – Trugschluß verleiten lassen, die Normenreguliertheit von Handeln sei als solche mit Entfremdung gleichzusetzen. Menschliche Vergesellschaf-tung ohne Normen ist bisher noch nicht angetroffen worden; auch und gerade im Sozialismus werden sich die Normen einer zuverlässigen und demokratisch abgestimmten Kooperation, die «einfachen Regeln jedes menschlichen Zusammenlebens» (Lenin) entwickeln können.[68]

Abgelöst vom gegenständlich-praktischen Bezug der Handlungspart-ner und von ihrer geschichtlich besonderen Ausprägung sind die Normen (zusammen mit der Kommunikation) das Lieblingsthema der bürgerli-chen Sozialwissenschaften geworden. Auch eine marxistische Theorie des sozialen Verhaltens muß den wichtigen Stellenwert der normativen Einigungsprozesse zwischen den Individuen anerkennen, dabei aber im-mer ihre Bindung an die gegenständliche Tätigkeit dieser Individuen und ihre Formung durch die jeweils herrschenden ökonomischen Verhältnis-se untersuchen.

8. Entwicklung und Erziehung

Die bisher skizzierten Grundqualitäten menschlichen Sozialverhaltens – die Fähigkeit zur Teilhabe am gesellschaftlichen Produktions-, Vertei-lungs- und Konsumtionsprozeß, zu differenzierten Formen von Zärtlich-keit und Sexualität, zum Perspektivewechsel, zum Sprachgebrauch, zum sinnhaft gerichteten und normorientierten Handeln – sind nun dem einzelnen keineswegs angeboren, sondern müssen in einem sehr lang-wierigen Erziehungs- und Lernprozeß vom heranwachsenden Individu-um jedes Mal neu *angeeignet* werden. Der kleine Mensch, der als eine Art biologische Frühgeburt zur Welt kommt, welche nur über ein paar angeborene Verhaltensreflexe verfügt und noch jahrelang selbst für die einfachsten Akte der Lebenserhaltung auf die Unterstützungstätigkeit seiner Pflegepersonen angewiesen ist – diese langsam heranwachsende kleine Kreatur eignet sich erst in der Auseinandersetzung mit dem aufgehäuften Wissen der jeweiligen geschichtlichen Epoche ihr «menschliches Wesen» an. Das «menschliche Wesen», schrieb Marx, «ist kein dem einzelnen Individuum innewohnendes Abstraktum. In seiner Wirklichkeit ist es das Ensemble der gesellschaftlichen Verhältnisse».[69] Diese These kann hinsichtlich der Persönlichkeitsentwicklung – unter anderem mit Hilfe der zahlreichen völkerkundlich-vergleichenden Untersuchungen – mittlerweile als gut belegt angesehen werden.

Der menschliche Einzelorganismus ist nun (im Gegensatz zu bestimmten Auffassungen der amerikanischen Kulturanthropologie) nicht bloß ein passives, gesellschaftlich formbares Objekt – gewissermaßen ein leerer Kasten, in den das jeweilige «menschliche Wesen» eingefüllt wird –, er ist vielmehr ein durchaus lebendiger Organismus, der sich die ihn umgebenden Sozialbeziehungen und Gegenstände, angetrieben von ziemlich drängenden Bedürfnissen, *tätig aneignet*. Diese Bedürfnisse sind auch nicht irgendwelche, sondern zumindest in groben Umrissen angebbar.

Die Psychoanalyse hat gezeigt, wie sehr die seelische Gesundheit und Persönlichkeitsentwicklung von Kindern von der Befriedigung des Bedürfnisses nach sozial-emotionalem Kontakt abhängt. Wenn kleinen Kindern zuverlässige zwischenmenschliche Beziehungen fehlen, beginnen sie – auch bei guter Nahrungsversorgung und Hygiene – nachweislich erst seelisch und dann auch körperlich zu verkümmern.[70] Die direkte Teilhabe am Anderen im Rahmen der frühkindlichen Pflegebeziehung und das dort entwickelte soziale Urvertrauen sind elementare Voraussetzungen, um die wichtige menschliche Fähigkeit zur Perspektivenverschränkung und planvollen Berücksichtigung des Handlungspartners zu erlernen. Emotional schwer vernachlässigte Kinder entwickeln Angst davor, sich auf den anderen einzulassen, eine «Identifikationsabwehr»,[71] die ihnen sozial verantwortliches und kooperatives Handeln erschwert.

Wenn die Psychoanalyse die drängende Angewiesenheit und Gerichtetheit der kindlichen Lebensaktivität auf die Pflege- und Bezugspersonen als einen «Trieb» bezeichnet und sich hierauf konzentriert, dann muß man ihr vorwerfen, daß sie einen anderen für die kindliche Entwicklung mindestens ebenso wichtigen «Trieb» weitgehend vernachlässigt: die bei menschlichen Kindern extrem ausgeprägte Tendenz zur intensiven und beständigen Erkundung, Untersuchung und Manipulation ihrer *gegenständlichen* Umwelt. Dieses aktive kindliche Explorationsverhalten, das spätestens beim dreimonatigen Säugling mit der Fähigkeit zum gezielten Handgebrauch erwacht und schon im Krabbelalter fast die gesamte Tagesaktivität eines gesunden Kindes ausmacht, hat – wie stöhnende Eltern wissen – einen durchaus dranghaften Charakter. Das Kind, das sich fortzubewegen gelernt hat, «ist berauscht von einer neu gefundenen Welt; es verschlingt sie mit jedem Sinnesorgan. Es staunt über das bißchen Staub, den es mit seinen Fingern aufnimmt. Ein Stück Zellophan, ein Seidenband erfüllt es mit Begeisterung. Es schwelgt im Küchenschrank, stöbert verborgene Schätze aus Schubladen, Papierkörben und Mülleimern auf. Dieser Drang nach Entdeckungen ist wie ein unersättlicher Hunger, der es unbarmherzig immer weitertreibt.»[72] Im Streben nach Befriedigung dieses «Reizhungers» beginnt das Kind zunächst ganz handfest-unmittelbar und später mit Hilfe der Übernahme und selbständigen Verknüpfung der Sprachsymbole, Wissenssysteme und Verhaltensregeln der Erwachsenen seine Umwelt zu *begreifen* und sie sich auf immer angemesseneren Stufen *tätig anzueignen*.[73]

Man darf nicht, wie das leider auch in manchen marxistischen Ansätzen die Tendenz ist, die zwischenmenschlich-emotionale Seite der Entwicklung der Persönlichkeit und die Seite ihres Erkundungsverhaltens in irgendeiner Form gegeneinander ausspielen und ihre Untersuchung als theoretische Alternativen betrachten. Das gegenstandsbezogene Neugier- und Lernverhalten kann sich nämlich außerhalb gesicherter emotionaler Beziehungen zu den Pflegepersonen nicht entwickeln. Ein Kind wagt sich nur dann in die neue und ungewisse Welt hinein, wenn es weiß, daß es eine Art ruhenden Pol in Gestalt von Menschen gibt, zu denen es im Falle einer kleinen Schürfwunde, einer Beule oder anderer Enttäuschungen jederzeit zurückkehren und bei denen es Trost erhalten kann. Die durch eine enge Gefühlsbindung und durch einen Wissensvorsprung gekennzeichnete *Unterstützungstätigkeit* der Erwachsenen ist für die Entwicklung der kindlichen Aneignungstätigkeit unentbehrlich!

Das Wechselverhältnis zwischen einerseits einem verstärkten kindlichen Neugier- und Lernverhalten und andererseits der zeitlichen Ausdehnung der sozialen Pflegebeziehung, des «entspannten Feldes», in dem das Kind langsam und spielerisch Erfahrungen für den späteren Ernst des Lebens sammeln kann, – dieses Wechselverhältnis, welches für den Menschen kennzeichnend ist, hat sich naturgeschichtlich herausgebildet. Es ist bei niederen und weniger lernfähigen Tieren fast gar nicht, bei den Affen hingegen schon sehr stark ausgeprägt.[74]

Auch der Entwicklungs- und Erziehungsprozeß, der Prozeß der Aneignung des menschlichen Wesens vollzieht sich in der unauflöslichen *Einheit von zwischenmenschlichem und gegenständlichem Bezug*, welche wir oben als Merkmal des Marxschen Praxisbegriffs hervorgehoben haben. Er bereitet insofern auf die produktvermittelte Kooperationstätigkeit, das Arbeitsleben der Erwachsenen vor. Die spielerische Vergegenständlichung – von den ersten Lall-Monologen des Säuglings, über die einfachen Bewegungsspiele und das Kuchenbacken bis hin zu den komplizierten Regel- und Rollenspielen, die oftmals direkt die Kooperationstätigkeit von Erwachsenen imitieren und in diese übergehen – diese Vergegenständlichung ermöglicht dem Kind eine immer adäquatere Aneignung der gegenständlichen Welt und der sozialen Normen, aber auch eine immer mehr zunehmende *Selbstaneignung*, die Aneignung der eigenen Ängste, Bedürfnisse und Phantasien.[75] Außerdem lernen Kinder im Spiel – man denke etwa an die Rollenumkehrung im Mutter-und-Kind-Spiel – solche wichtigen zwischenmenschlichen Grundfähigkeiten wie die zum dauerhaften und flexiblen Perspektivewechsel.[76] Das elementare Wechselspiel, das Grundmuster der gesellschaftlich vermittelten Dialektik von Vergegenständlichung und Aneignung, zeigt sich also auch im Spiel und wird in ihm eingeübt und *in diesem Sinne* kann man es ein «Kind der Arbeit»[77] nennen. Andererseits steht es aber auch im Gegensatz zur Arbeit und ist nicht einfach ihr Abbild; schon deswegen, weil ihm oftmals der verbindliche Ernstcharakter fehlt und es dem Kind auch zur real-phantastischen Bewältigung ganz persönlicher Eindrücke und Konfliktlagen dient.

Das Hineingeführtwerden in die Erwachsenen-Alltagswelt und die Verinnerlichung der in ihr herrschenden Normen und Verhaltensanforderungen erfolgt schrittweise und in nicht umkehrbaren Stufen. Dieser für die Kinder spannende Prozeß ist wahrscheinlich in allen Gesellschaften auch mit einem Minimum von schmerzhaften Konflikterfahrungen, wie etwa auch die Initiationsriten außerhalb unserer Zivilisation lebender Völker besonders kraß zeigen[78], verbunden gewesen. Im Kapitalismus ist er allerdings von besonders sinnlosen Konfliktlagen und einer stufenweisen Einübung in die zwischenmenschliche Abstumpfung und Entfremdung des Alltagslebens der privaten Warenbesitzer gekennzeichnet. Diese kapitalistische «Sozialisierung», die den einzelnen zugleich zutiefst asozial macht, werden wir, gesondert für den familiären, den vorschulischen und den schulischen Bereich, noch ausführlich untersuchen.

Anmerkungen

1 Das gilt, wie ich in meiner Arbeit, Anthropologieproblem und marxistische Handlungstheorie, Gießen 1976, ausführlich untersucht habe, für die Theorien von L. Sêve, Marxismus und Theorie der Persönlichkeit, Frankfurt/M. 1972; Dieter Duhm, Warenstruktur und zerstörte Zwischenmenschlichkeit, Köln 1973; M. Schneider, Neurose und Klassenkampf, Reinbek bei Hamburg 1973; aber auch für den völlig ungeklärten Begriff der menschlichen Identität in G. Vinnais Vorstellung einer kapitalistischen «Identitätszerstörung im Erziehungsprozeß», Sozialpsychologie der Arbeiterklasse, Reinbek bei Hamburg 1973. Ähnliche Vermengungen finden sich in der Psychologie-Auffassung der sogenannten «Kritischen Theorie» und der Theorie A. Lorenzers. Fast die einzige Konzeption, die sich um ein systematisches Auseinanderhalten und In-Beziehung-Setzen beider Ebenen bemüht, ist die «Kritische Psychologie» von Holzkamp, Osterkamp u. a., die am Psychologischen Institut der FU Berlin vertreten wird. Vgl. die im folgenden zitierten Arbeiten.
2 Vgl. hierzu ausführlich Ute Holzkamp-Osterkamp, Grundlagen der psychologischen Motivationsforschung, Bd. 1, Frankfurt/M. 1975, S. 49–191.
3 Vgl. S. Eimerl/J. De Vore, Die Primaten, Reinbek bei Hamburg 1976, S. 97ff.
4 G. B. Schaller, The Mountain Gorilla. Ecology and Behavior, Chicago 1963.
5 J. van Lawick-Goodall, Wilde Schimpansen, Reinbek bei Hamburg 1971.
6 Vgl. L. S. Wygotski, Denken und Sprechen, Frankfurt/M. 1971, S. 74–103.

7 Vgl. B. G. Campbell, Entwicklung zum Menschen, Stuttgart 1972, S. 69 ff und S. 341 ff.

8 Vgl. K. Holzkamp, Sinnliche Erkenntnis. Historischer Ursprung und gesellschaftliche Funktion der Wahrnehmung, Frankfurt/M. 1973, S. 107 ff.

9 Campbell, a. a. O., S. 59 und 71 ff.

10 Vgl. die Thesen bei Friedrich Engels, Marx-Engels-Werke, Berlin (im folgenden Zit. als MEW), Bd. 20, S. 505–568.

11 S. L. Washburn/V. Avis, Die Evolution menschlichen Verhaltens, in: A. Roe/G. G. Simpson, Evolution u. Verhalten, Frankfurt/M. 1969; Campbell, a. a. O., S. 279 ff und S. 345 ff.

12 V. G. Childe, Der Mensch schafft sich selbst, Berlin 1958, S. 62.

13 Vgl. Holzkamp, a. a. O., S. 113.

14 Vgl. Childe, a. a. O., S. 65 f, Campbell, a. a. O., S. 348 ff.

15 Vgl. auch das Jäger-Treiber-Beispiel bei A. N. Leontjew, Probleme der Entwicklung des Psychischen, Frankfurt/M. 1973, S. 203 ff.

16 Vgl. Lawick-Goodall, a. a. O., S. 163 und 193.

17 Campbell, a. a. O., S. 328 ff.

18 Lawick-Goodall, a. a. O., S. 179 ff.

19 Vgl. Eimerl/De Vore, a. a. O., S. 172.

20 A. Kortland, Comment on the essential morphological basis for human culture, in: Current Anthropology, Bd. 6, S. 320–325.

21 Vgl. vor allem K. Lorenz, Das sogenannte Böse, Wien 1963.

22 Vgl. die Kritik bei A. Goldau u. a., Biologische Argumente gegen das Aggressions-Konzept von Lorenz, in: Das Argument 88, S. 819–826.

23 P. Bertaux, Afrika, Frankfurt/M. 1966, S. 223.

24 Zum Verhältnis von traditioneller Solidarität und bewußtem antiimperialistischen Kampf vgl. J. Chesneaux, Vietnam. Geschichte und Ideologie des Widerstands, Frankfurt/M. 1968; G. Chaliand, The Peasants of North Vietnam, Harmondsworth 1969, insbes. S. 21 ff.

25 Eine Interpretation, die sich bei dem französischen Philosophen Althusser, Lire Le Capital, Paris 1965, und seiner «strukturalistischen Schule», aber – etwas abgewandelt – auch bei L. Sève (a. a. O.) findet. Zur ausführlichen Kritik vgl. K. Ottomeyer, Anthropologieproblem, a. a. O., Kapitel I.

26 Vgl. A. Schaff, Marxismus und das menschliche Individuum, Reinbek bei Hamburg, 1970, S. 46 ff.

27 Marx/Engels-Studienausgabe Bd. 2, Frankfurt/M. 1966, S. 81.

28 Das gilt auch für den Sinnbegriff in der sogenannten phänomenologischen und interaktionistischen Soziologie, der in letzter Zeit in den Sozialwissenschaften sehr modern geworden ist.

29 G. W. F. Hegel, Phänomenologie des Geistes, Berlin 1971, Vorrede.

30 Marx/Engels-Studienausgabe Bd. 2, a. a. O., S. 81.

31 6. These über Feuerbach, MEW 3, S. 6.

32 MEW Ergänzungsband I, S. 462/63.

33 Vgl. den Abschnitt über Arbeitslosigkeit im dritten Kapitel dieses Buches.

34 Vgl. J. Habermas, Arbeit und Interaktion, in: ders., Technik und Wissenschaft als Ideologie, Frankfurt/M. 1968. Zur Kritik an den Habermasschen Trennungen: K. Ottomeyer, Soziales Verhalten und Ökonomie im Kapitalismus, Gießen 1976, Teil I.

35 Marx/Engels-Studienausgabe Bd. 2, S. 82.

36 MEW 25, S. 828.
37 MEW 4, S. 482.
38 Vgl. A. M. Gouldner, The Norm of Reciprocity, in: American Sociological Review 25, 1960, S. 161–178.
39 Vgl. Grundrisse der Kritik der Politischen Ökonomie, Frankfurt o. J., S. 11 ff.
40 Ich lehne mich hier an P. Schebesta, Bambuti, Die Zwerge vom Kongo, Leipzig 1932.
41 Nach Lawick-Goodall, a. a. O.
42 Schebesta nennt die Pygmäen eines der «tanzfreudigsten Völker der Erde» (a. a. O.). Darüber hinaus scheint sich das Tanzbedürfnis in allen menschlichen Gesellschaften zu entwickeln.
43 Holzkamp-Osterkamp, a. a. O.
44 Vgl. Campbell, a. a. O., S. 259 ff.
45 Lawick-Goodall, a. a. O., S. 70 ff.
46 Vgl. etwa A. E. Jensen, Mythos und Kult bei den Naturvölkern, Wiesbaden 1960; H. Straube, Der frühe Feldbau. Wirtschaft und Weltbild, in: Völkerkunde, München 1960. Man denke aber auch an den offen erotischen Charakter der griechischen Mythologie und Kosmologie.
47 Das heißt jedoch nicht, daß man die menschliche Fähigkeit zur kollektiven Arbeit allein aus der Verdrängung und «Sublimation» der sexuellen Bindung erklären könnte, wie das in der klassischen Psychoanalyse der Fall ist.
48 M. Balint, Die Urformen der Liebe und die Technik der Psychoanalyse, Frankfurt/M. 1961, S. 126/27.
49 Lawick-Goodall, a. a. O., S. 163.
50 Vgl. Campbell, a. a. O., S. 264 ff.
51 Die These, daß das Inzestverbot sich durchgesetzt hat, weil es eine Verbesserung der Erbmasse mit sich brachte, ist umstritten. (Vgl. Campbell, a. a. O., S. 289 ff.) Wenn dem so wäre, schlösse das die im folgenden erwähnten sozialwissenschaftlichen Erklärungsansätze aber keineswegs aus, sondern würde sie nur ergänzen. Ansätze zu einer Inzesthemmung finden sich bei sehr vielen Tieren, wie bei Bibern, einzelnen Gänsearten, Gibbonaffen und noch einigen weiteren familienartig lebenden Tieren. Vgl. hierzu: F. Aberle u. a., The Incest Taboo and The Mating Behavior of Animals, in: American Anthropologist LXV, 2, 1963.
52 C. Lévi-Strauss, Les structures élémentaires de la parenté, Paris 1949.
53 B. Malinowski, Geschlecht und Verdrängung in primitiven Gesellschaften, Reinbek bei Hamburg 1962.
54 G. Thomson, Die ersten Philosophen, Berlin 1961, S. 27 ff.
55 Ein Mißverständnis, dem etwa auch Schneider (a. a. O.) und E. Bornemann, Das Patriarchat, Frankfurt/M. 1975, Vorschub leisten. Zur Kritik solcher Auffassungen vgl. u. a. K. Ottomeyer, Zur Diskussion um das Patriarchat, in: Das Argument 97, 1976.
56 Daß der Erwerb dieser Fähigkeit sich zusammen mit der Intelligenzentwicklung, das heißt wesentlich einer allseitigen, «multiperspektivischen» und damit objektiven Analyse der gegenständlichen Umwelt vollzieht, ist eine wichtige Feststellung, die sich findet bei J. Piaget, Psychologie der Intelligenz, Olten 1971, S. 178 ff.
57 Vgl. J. Piaget, Wie Kinder mathematische Begriffe bilden, in: Pädagogische Psychologie. Grundlagentexte 1, Frankfurt 1973, S. 57 f.

58 Marx/Engels-Studienausgabe Bd. I, S. 95.

59 R. A. Gardner/B. T. Gardner, Teaching sign language to a chimpanzee, in: Science, 165, 1969, S. 664–672.

60 Vgl. G. H. Mead, Sozialpsychologie, Neuwied/Berlin 1969, insbesondere S. 272 ff und den Überblick bei L. Krappmann, Soziologische Dimensionen der Identität, Stuttgart 1969, S. 144 ff.

61 Zur menschlichen Besonderheit der Metakommunikation vgl. P. Watzlawick u. a., Menschliche Kommunikation, Bern 1969, S. 53 ff und S. 79 ff.

62 Ein Aspekt, der sich – abgehoben von jeder gegenständlich-produktiven Tätigkeit der Menschen – u. a. ausführlich diskutiert findet bei P. L. Berger/T. Luckmann, Die gesellschaftliche Konstruktion der Wirklichkeit, Frankfurt/M. 1973.

62a M. Hakelberg/H. G. Schmidt, Die Zukunftsperspektive des Individuums unter besonderer Berücksichtigung ihrer gesellschaftlichen Determinanten, 1975, unveröffentlichte Vordiplomarbeit am PI der FU Berlin.

63 Vgl. Leontjew, a. a. O., S. 222 f und S. 405 ff.

64 Ernst Bloch bezeichnet Angst und Hoffnung des Menschen als seine spezifischen «Erwartungsaffekte»: Das antizipatorische Bewußtsein, Frankfurt/M. 1972; Prinzip Hoffnung Teil II. Die fehlende Aufnahme von Blochs Gedanken zur Motiviertheit menschlichen Handelns in eine aktuelle kritisch-marxistische Psychologie ist ein beklagenswerter Mangel.

65 Zum wichtigen Konzept der Gegenstandsbedeutungen vgl. ausführlich Holzkamp, a. a. O.

66 Ein Begriff, der von N. Luhmann stammt. Vgl. etwa seinen Aufsatz, Sinn als Grundbegriff der Soziologie, in: J. Habermas/N. Luhmann, Theorie der Gesellschaft oder Sozialtechnologie, Frankfurt/M. 1971.

67 Vgl. den Begriff der «introjektiven Verkehrung» gesellschaftlicher Bedingungen und Normen bei Holzkamp/Schurig, Einführung zu A. N. Leontjew, a. a. O.

68 W. I. Lenin, Staat und Revolution, in: Ausgewählte Werke, Bd. 2, Berlin 1954, S. 236.

69 Vgl. Anmerkung 27 zu diesem Kapitel.

70 Die klassischen Untersuchungen zum sogenannten «Hospitalismus» vernachlässigter Kinder finden sich bei René Spitz, Vom Säugling zum Kleinkind, Stuttgart 1967.

71 F. Redl/D. Wineman, Children Who Hate, New York 1951.

72 S. Fraiberg, Die magischen Jahre in der Persönlichkeitsentwicklung des Vorschulkindes, Reinbek bei Hamburg 1972, S. 45/46.

73 I. L. Boshowitsch spricht von einem fundamentalen «Bedürfnis nach neuen Eindrücken» als Ausgangspunkt für die kindliche Entwicklung: Die Persönlichkeit und ihre Entwicklung im Schulalter, Berlin 1970, S. 133 ff.

74 Vgl. Ute Holzkamp-Osterkamp, a. a. O., S. 69 ff und S. 214 ff.

75 Ein Sachverhalt, den die psychoanalytische Spieltheorie zu Recht festgestellt, aber – auf Kosten der Gegenstandsaneignung – überbetont hat. Vgl. als Überblick über die psychoanalytische Spieltheorie: L. Peller, Modelle des Kinderspiels (1952), in: A. Flitner (Hg.), Das Kinderspiel, München 1968.

76 Vgl. Mead, a. a. O., S. 280 ff.

77 Leontjew, a. a. O., 375 ff.

78 Vgl. die Aufsätze in V. Popp (Hg.), Initiation, Frankfurt/M. 1969.

II. Grundbedingungen der menschlichen Vergesellschaftung im Kapitalismus

1. Warenwelt

Was ist eigentlich die grundlegende Beschaffenheit der Gesellschaft, in der wir heute leben, und wie sieht die besondere Ausprägung der in ihr herrschenden zwischenmenschlichen Beziehungen aus?

Um der Antwort auf diese Frage näher zu kommen, möchte ich den Leser bitten, etwas zunächst überhaupt nicht Zwischenmenschliches zu tun: er soll einmal den Blick über alle für ihn gerade sichtbaren Gegenstände gleiten lassen. Er sitzt wahrscheinlich gerade mit diesem Buch vor der Nase auf einem Sitzmöbel, um ihn herum Häuserwände, Tapeten, weitere Möbelstücke, die irgendwie aufeinander abgestimmt sind, eine Lampe, Gardinen, ein Fenster. Wenn er aus dem Fenster blickt, sieht er mit einer gewissen Wahrscheinlichkeit mehr oder weniger graue Straßenzüge mit Häusern, parkenden und fahrenden Autos, vielleicht ein paar Grünanlagen, Reklameschilder, elektrische Leitungen. Wenn er an sich selbst herunterschaut, ein Hemd, eine Bluse, eine Hose, ganz unten Strümpfe, Schuhe und so weiter. Obwohl ich natürlich nicht weiß, welche Gegenstände die einzelnen Leser gerade im Blickfeld haben, kann ich über sie – wenn wir einmal vom Himmel, den Gestirnen und den bei uns selten gewordenen Flecken einer unberührten Landschaft absehen – mit an Sicherheit grenzender Wahrscheinlichkeit folgende Aussagen machen:

So gut wie alle diese Gegenstände sind durch einen oder mehrere *Tauschvorgänge* hindurchgegangen. Das heißt, sie sind irgendwann einmal auf einem Markt gegen klingende Münze eingetauscht, für Geld von einem Warenbesitzer verkauft und von einem anderen gekauft worden. Das gilt für die einzelnen Bestandteile des Hauses auf der anderen Straßenseite, für die Bäume am Straßenrand, die vermutlich vom städtischen Gartenbauamt bei einer Baumschule gekauft worden sind, für die wesentlich als Holz-Monokulturen angepflanzten Wälder, in die wir unsere Wochenendausflüge machen, für den Stuhl oder Sessel, auf dem wir sitzen, und für die Kleider auf dem Leibe. Selbst wenn ein Leser gerade einen Pullover anhat, der nicht gekauft, sondern von seiner Frau oder einer freundlichen Tante ihm persönlich gestrickt oder geschenkt worden ist, dann bin ich trotzdem ganz sicher, daß zumindest die Wolle, aus der er ist, einen längeren Weg durch verschiedene Tauschakte oder Märkte hinter sich hat. Fast alle brauchbaren Gegenstände, die wir in der gegenwärtigen Gesellschaft wahrnehmen, sind einmal als Waren gekauft worden oder sind Waren, die – etwa als Gegenstände hinter den Schaufenstern – noch verkauft werden sollen. «Der Reichtum der Gesellschaften», schreibt Marx, «in welchen kapitalistische Produktionsweise herrscht, erscheint als eine ‹ungeheure Warensammlung›, die einzelne Ware als Elementarform. Unsere Untersuchung beginnt daher mit der Analyse der Ware».[1]

Wir können die Marxsche Warenanalyse hier nicht nachzeichnen, sondern nur grob skizzieren, welche geschichtlich einzigartigen Besonderheiten menschlicher Vergesellschaftung aus dem Umstand folgen, daß der gesamte Reichtum unserer Gesellschaft, die Gesamtheit der für Menschen nützlichen Gegenstände – direkt oder indirekt – durch die Warenform hindurchgeht. Der vorherrschende Zweck der Verteilung und Herstellung einer Ware ist nicht ihr konkreter Nutzen für die menschliche Bedürfnisbefriedigung, ihr *Gebrauchswert*, sondern vielmehr ihr allgemeiner *Tauschwert*, der sich in klingender Münze zeigt. Das wird zum Beispiel deutlich, wenn in einer heutigen Wirtschaftskrise nützliche Gegenstände, Kohle, Autos, Hemden, Schuhe, Butter zwar zuhauf auf der Halde liegen und auch viele Menschen unbefriedigte Bedürfnisse nach solchen Dingen haben, aber kein Eigentümer auf den Gedanken käme, sie ohne Erhalt der Geldsumme wegzugeben, von der er hofft, daß er sie unter normalen Wirtschaftsverhältnissen wieder erlangen kann. Lieber läßt man die Gebrauchswerte verrotten. Ein anderes Beispiel ist das groteske Nebeneinander der Nahrungsmittelüberproduktion und Nahrungsmittelvernichtung in den westlichen Industrienationen und dem massenhaften unbefriedigten Hunger großer Bevölkerungsteile in der dritten Welt. In der freien Marktwirtschaft schüttet man Getreide eher ins Meer, als daß man es unter dem als angemessen erachteten Marktpreis abgibt.

Man kann nicht den Tauschwert einer Ware in Geld erhalten, wenn man nicht auch ihren Gebrauchswert berücksichtigt; ohne konkreten Nutzen findet man keinen Käufer. Aber der Tauschwert ist der vorherrschende Zweck der Produktion und der konkrete Gebrauchswert vom Verkäuferstandpunkt aus nur ein notwendiges Übel, das vom Interesse an der Tauschwertmaximierung gewissermaßen nur hinterhergeschleift wird. Kurz nach dem letzten Weltkrieg wurden bekanntlich Nylonstrümpfe erfunden, die fast absolut reiß- und maschenfest waren. Die Strumpfhersteller haben sie schleunigst wieder eingestampft, weil sie zwar einen Fortschritt im Sinne der menschlichen Gebrauchswertproduktion, aber gleichzeitig eine große Gefahr für die künftigen Absatzchancen und die Durchsetzung der Tauschwertinteressen dieser Branche bedeuteten. An solchen Punkten wird der der Ware innewohnende Widerspruch zwischen Gebrauchswert und Tauschwert ziemlich deutlich. Vielen Waren kann man es schon fast ansehen, daß ihr treibender

Herstellungszweck allein die rast- und rücksichtslose Vermehrung von Tauschwert ist. Vor kurzer Zeit kam zum Beispiel eine besondere Art unglaublich grüner Äpfel auf den Markt, deren Schale völlig makellos und ohne jeden Insektenstich oder Wurmbiß war. Der Genuß dieser Äpfel führte bei einer ganzen Reihe von Leuten zu Erkrankungen, und es stellte sich heraus, daß man die Apfeloberfläche zum Zwecke der Verkaufsförderung mit einer hochgiftigen Arsenlösung behandelt hatte. Nach Bekanntwerden dieser Tatsache wurden die Äpfel nicht etwa vom Markt zurückgezogen und die zuständigen Apfelimporteure mit Strafe bedroht, sondern es wurde lediglich über Funk und Presse die Bevölkerung aufgefordert, jene Äpfel vor Genuß doch auf jeden Fall zu schälen.

Die Autos, die wir bei dem Blick hinaus auf die Straße, der am Anfang unserer Überlegungen stand, wahrscheinlich sehen, und die für unsere Gesellschaft so kennzeichnend sind, sind nicht nach den obersten Lenkungsprinzipien der Verkehrssicherheit, Langlebigkeit und praktischen Handhabbarkeit gebaut; sondern sie werden vielmehr unter den Prinzipien der Verkaufsförderung gestaltet: mit viel zu hohen, nachweislich unfallfördernden Beschleunigungsmöglichkeiten, mit nur notdürftigen Unfallschutz- und Vergiftungsschutzvorrichtungen, die überhaupt erst unter dem Druck der amerikanischen Konkurrenz und staatlicher Gesetze zustandegekommen sind; außerdem mit einer lockend-lackierten Oberfläche, die von vielen Autobesitzern wie ihr Augapfel gehütet und gepflegt wird, die aber gegen äußere Stoß- und Kratzeinflüsse in unsinniger Weise empfindlich ist und so das wirkliche oder eingebildete Veralten dieses kostspieligen Konsumguts und damit neue Absatzchancen fördert.

Es ist ebenso bekannt, daß in vielen Branchen der finanzielle Aufwand für die aufwendige Verpackung und Verkaufsförderung der Waren, die Herstellung eines mehr oder weniger betrügerischen Gebrauchswertversprechens im Sinne der Tauschwertmaximierung, die Kosten für die Herstellung des eigentlich nützlichen Gebrauchswerts zu übersteigen beginnt.

Es ließen sich noch eine ganze Reihe Beispiele finden, die beweisen, daß die Waren, welche die uns umgebende und prägende gegenständliche Welt bestücken, den *Doppelcharakter* aufweisen, zugleich Gebrauchswert und Tauschwert zu sein, wobei die Tauschwertseite in diesem Doppelcharakter die Gebrauchswertseite beherrscht und steuert.

Woraus bestehen aber letztlich Gebrauchswert und Tauschwert einer Ware? – Der Gebrauchswert ist die Gesamtheit der für die menschliche Bedürfnisbefriedigung nützlichen Eigenschaften einer Ware. Man kann ihn im allgemeinen ziemlich direkt schmecken, fühlen oder ausprobieren. Er ist durch eine ganz bestimmte, konkrete Art menschlicher Arbeit – Tischlerarbeit, Schneiderarbeit, Bauarbeit – in den Gegenstand hineingearbeitet worden. Mit dem Tauschwert ist es schon schwieriger. Er ist an der Sache, die sein Träger ist, nicht direkt wahrnehmbar, man kann ihn nicht fühlen oder schmecken, und trotzdem denken wir ihn bei der Wahrnehmung der Waren – gleichsam als wäre er eine ihrer Natureigenschaften – automatisch mit. So, wenn wir feststellen, daß vor dem Haus ein teures Auto parkt oder sich an unseren Füßen gerade ein billiges Paar Schuhe befindet. Hinsichtlich ihres Gebrauchswerts sind Auto und Schuhe etwas ganz Unterschiedliches und gar nicht zu vergleichen. Hinsichtlich ihres Tauschwerts sind sie offensichtlich zu vergleichen. Ich könnte mir überlegen, wieviel Paar Schuhe ich brauche, um sie gegen ein Auto einzutauschen. Wenn man nun aber sagt, der Tauschwert einer Sache sei eben die Geldmenge, der Preis in Geld, den man für sie geben muß, verschiebt das nur die Frage nach dem, was der Tauschwert eigentlich ist. Ich kann nämlich dann immer noch nicht erklären, warum Schuhe im Durchschnitt nur den Bruchteil eines Autos kosten und warum Autos – verglichen mit anderen Konsumgütern – im Verlauf der letzten 60 Jahre durchschnittlich billiger und für viele Leute erschwinglich geworden sind. Marx war der Auffassung, daß es das Maß der nach dem jeweiligen technischen Entwicklungsstand durchschnittlich in einen Gegenstand hineinzusteckenden Arbeitszeit ist, welches seinen Tauschwert ausmacht. Über ein solches Maß – allgemein menschliche Arbeit, die in ihnen steckt – sind die Waren in der Tat vergleichbar. Es ist einleuchtend, daß die Arbeitsmenge, die in meinen Schuhen steckt, quantitativ geringer ist als diejenige, welche in einem Auto steckt, und es ist auch einleuchtend, daß die Arbeitszeit, die man vor 60 Jahren zur Herstellung eines Autos benötigte, sehr viel länger war als die, welche innerhalb der modernen Massenproduktionsverfahren heute auf ein einzelnes Auto entfällt.

Die Orientierung an der abstrakten, allgemeinen Arbeitsmenge, der *Arbeitszeit*, setzt sich unter den Warenbesitzern über den Mechanismus der gnadenlosen *Konkurrenz* durch. Sobald ein Schuhmacher für die Herstellung seiner Schuhe – etwa wegen mangelnder technischer Ausstattung oder seines fortgeschrittenen Alters – mehr Zeit aufwendet als das in der gesamtgesellschaftlichen Schuhproduktion der Fall ist, und diese auch im Preis berechnet, wird er die Schuhe nicht verkaufen können und geht dem Bankrott unweigerlich entgegen. Berechnet er aber im Preis nicht seinen wirklichen individuellen Mehraufwand, sondern den gesamtgesellschaftlich durchschnittlichen Aufwand, so wird er die Schuhe zwar los, aber für so wenig Geld, daß er seine wirtschaftliche Existenz ebenfalls ruiniert. Wer in der Warenbesitzergesellschaft wirtschaftlich überleben will, der muß also beständig mithalten in der endlosen Jagd nach dem Erhalt und wenn möglich der Erhöhung des Tauschwerts, im Streben nach abstrakter und meßbarer «Leistung». In der Vorherrschaft der Tauschwertherstellung über die Gebrauchswertherstellung und im Konkurrenzmechanismus, der diese Vorherrschaft aufzwingt – nicht etwa einfach in der Technisierung oder Industrialisierung des Lebens –,

liegen die wirklichen Ursachen für die allseitig beklagten Streßphänome-
ne, die Gefühle des Gehetztseins, die auf dem Leben der privaten Warenbesitzer, das wir in der einen oder anderen Form alle führen, so unent-
rinnbar lasten.

Die Gegenstände in unserem Wahrnehmungsfeld, von denen wir aus-
gegangen waren und deren Warencharakter wir entdeckt hatten, sind
also allesamt zum einen durch eine bestimmte konkrete Art menschlicher
Arbeit (wie Schusterarbeit) hervorgebracht worden, zum anderen aber
steckt in allen eine meßbare Menge Arbeitszeit, ein bestimmtes Quan-
tum allgemein-menschlicher Arbeit. Im Tauschakt nun werden sie auf
diesen letzteren abstrakten Aspekt reduziert, die sinnlich-konkrete Seite
bleibt dem Verkäufer gleichgültig, von ihr wird *abgesehen, abstrahiert*.
Nur insofern als dieser Abstraktionsprozeß im Tausch vollzogen wird,
was man im allgemeinen daran merkt, ob man ein bestimmtes Geldquan-
tum für seine Ware erhält oder auf ihr sitzenbleibt, geht der Gegenstand
in den gesamtgesellschaftlichen Produktions- und Reproduktionsprozeß
ein und ist die Teilhabe des privaten Warenbesitzers an diesem Prozeß
gesichert. Die Schuhe des Schusters, die im Schaufenster verrotten, weil
keiner für sie Geld gibt, nehmen nicht am gesellschaftlichen Reproduktionsprozeß teil und der Schuster kann sich nur dann ausreichend Le-
bensmittel kaufen und bleibt auf die Dauer nur dann anerkanntes Mitglied der Gesellschaft , wenn er seine Schuhe verkauft und dafür Geld
bekommt.

Nur indem der einzelne Warenbesitzer sein privat-egoistisches
Tauschwertinteresse konsequent verfolgt, hat er Anschluß an die Gesellschaft. Nur über seine Privatheit und seinen Egoismus verwirklicht er
seine Gesellschaftlichkeit. Das ist eine Paradoxie, die die zwischenmenschlichen Beziehungen der warenproduzierenden kapitalistischen
Gesellschaft ganz grundlegend prägt. Man kann sich ihr nicht einfach
entziehen. Sie steckt in den Anforderungen einer «Charaktermaske»[2],
denen die Menschen bei Strafe ihres ökonomischen Untergangs nach-
kommen müssen. Wenn, sagen wir, der Lebensmittelhändler an der Ecke
aus Menschlichkeit oder Mitleid mit armen und alten Leuten, die sein
Geschäft mit großen, hungrigen Augen betreten, diesen die Waren billiger als anderen oder vielleicht ganz umsonst abgeben würde, fiele er bald
hinter die Konkurrenten zurück und schließlich selber der Armenpflege
zur Last.

Diesen Zwang zur Unpersönlichkeit und Gleichgültigkeit im zwischenmenschlichen Verhalten, welcher die kapitalistische Gesellschaftlichkeit erst ermöglicht, hat etwa Max Weber, der Begründer der bürgerlichen Soziologie und alles andere als ein einseitiger Linksradikaler, ganz
offen hervorgehoben: «Die Marktgemeinschaft als solche ist die unpersönlichste praktische Lebensbeziehung, in welche Menschen miteinander
treten können.»[3]

Die Gesellschaftlichkeit im Verhalten der individuellen Warenbesitzer zueinander ist subjektiv kaum noch erfahrbar und spürbar. Sie stellt sich ihnen wesentlich nicht als zwischenmenschliche Beziehung, sondern als Beziehung zu *Sachen*, zum Tauschwert der Ware und zum Gelde dar. Nur indem der Warenbesitzer diesen abstrakten Dingbezug beschränkt und egoistisch organisiert, indem er beständig darauf achtet, daß sich die Dicke seiner Geldbörse oder seines Bankkontos erhält und möglichst sogar vermehrt, hat er einen gesellschaftlichen Zusammenhalt. «Die Macht, die jedes Individuum über die Tätigkeit der anderen oder die gesellschaftlichen Reichtümer ausübt, besteht in ihm als dem Eigner von Tauschwerten. Er trägt seine gesellschaftliche Macht, wie seinen Zusammenhang mit der Gesellschaft, in der Tasche mit sich».[4]

Wesentliche Merkmale der Gesellschaftlichkeit unseres gegenwärtigen vom Tauschwert beherrschten Lebensprozesses als Warenbesitzer sind also einerseits die abstrakte Versachlichung und Verdinglichung des gesellschaftlichen Bandes zwischen den Individuen und andererseits die tiefgehende Gleichgültigkeit und Entpersönlichung der zwischenmenschlichen Beziehung. Die Gesellschaftlichkeit des Warenbesitzers ist eine gebrochene und entfremdete. Die Richtung der gesamtgesellschaftlichen Entwicklung stellt sich nicht über einen gemeinsamen Plan ihrer menschlichen Träger her, sondern über die unkontrollierbaren Bewegungen des Warenmarktes, sozusagen hinter dem Rücken der Gesellschaftsmitglieder, als «unbeabsichtigte Nebenfolge» (Max Weber) der Verfolgung ihrer bloß privaten ökonomischen Interessen.

Hinter den Dingen bleiben die gesellschaftlichen Arbeits- und Lebensbeziehungen der Menschen, die sie hervorgebracht haben, unsichtbar. Diese Beziehungen brauchen den einzelnen Warenbesitzer, der zum Zwecke seiner individuellen Lebenserhaltung mit den Dingen hantiert und sich ihrer Eigengesetzlichkeit unterwirft, auch gar nicht zu interessieren. Die Individuen bewegen sich in der von ihnen selbst produzierten Warenwelt wie in einer fremden Landschaft. «Das Geheimnisvolle der Warenform besteht einfach darin, daß sie den Menschen die gesellschaftlichen Charaktere ihrer eigenen Arbeit als gegenständliche Charaktere der Arbeitsprodukte selbst, als gesellschaftliche Natureigenschaften dieser Dinge zurückspiegelt, daher auch das gesellschaftliche Verhältnis der Produzenten zur Gesamtarbeit als ein außer ihnen existierendes gesellschaftliches Verhältnis von Gegenständen. Hier scheinen die Produkte mit eigenem Leben begabte, untereinander und mit den Menschen in Verbindung stehende Gestalten.»[5] Die Verselbständigung und Eigenbewegung der menschlichen Produkte und dinglich gesellschaftlichen Verhältnisse unter der Warenform bezeichnet Marx als den «Fetischcharakter» der Ware. Das heißt: die Menschen der Warenbesitzergesellschaft werden von den Waren, obwohl sie sie ja selbst produziert haben, in ähnlicher Weise beherrscht und unterworfen, wie die Menschen in einer abergläubischen Gemeinschaft von ihrem Götzen oder Fetisch, welchen sie als geheimnisvoll-eigenständiges Lebewesen verehren, obwohl sie ihn doch letztlich selbst errichtet und mit seinen besonderen Eigenschaften ausgestattet haben. Man kann dieses Phänomen auch eine Verkehrung von Subjekt und Objekt nennen. Die eigentlich produktiven und schaffenden Subjekte, die den gesellschaftlichen Reichtum in Warenform hergestellt haben, geraten in das subjektartige Eigenleben einer ihnen fremden Dingwelt hinein, in welcher sie selbst nur noch Objekte sind und gewissermaßen als Anhängsel ihrer eigenen Produkte mitgeschleift werden. Die Tätigkeitsgegenstände oder Objekte werden zu «Subjekten» und die Tätigkeitssubjekte werden zu unselbständigen «Objekten».

2. Geld und Kapital

Die Verkehrung, diese Unterordnung der handelnden Individuen unter ihre eigenen Produkte, findet ihren sinnfälligsten Ausdruck im Verhältnis zum Gelde, das eine besondere Ware ist, deren Besitz einem den Eintausch aller anderen Waren ermöglicht. Der verbreitete Spruch «Geld regiert die Welt» ist vielleicht etwas platt, trifft aber einen ganz wesentlichen Aspekt unserer gesellschaftlichen Wirklichkeit. Die von der Konkurrenz- und Existenzangst der isolierten Marktteilnehmer verursachte Jagd nach dem Besitz einer möglichst großen Geldmenge kennt im Gegensatz zum Verlangen nach bestimmten Gebrauchswerten keine Sättigungsgrenzen, die in der Sache selbst liegen, sondern ist prinzipiell unendlich und bewirkt bei vielen Individuen eine Art Besessenheit oder «Bereicherungssucht» (Marx), von der sie kaum noch loskommen. Der die Tauschwerte begierig-sinnlos häufende, zwischenmenschlich isolierte und ansonsten kaum noch befriedigungsfähige Geizhals ist eine für den Kapitalismus typische groteske Figur, die ihn seit seinen Ursprüngen begleitet.

Im Kapitalismus tragen die Menschen nicht nur ihren Zusammenhalt mit der Gesellschaft, ihr Band zu den anderen Menschen in versachlichter Form als Geld in der Tasche mit sich umher. Sondern es hält sich darüber hinaus hartnäckig der Schein, daß das Geld ein geheimnisvolles Lebewesen ist, das sich – wenn man es nur richtig hütet und sich seiner Eigengesetzlichkeit konsequent unterwirft – aus sich selbst heraus vermehrt und wächst. In meiner Bankfiliale findet sich zum Beispiel neben der Abbildung eines glücklich lachenden, gefräßigen Goldhamsters mit dicken, geldgefüllten Taschen die schriftliche Aufforderung «Lassen Sie Ihr Geld für sich arbeiten». Noch nie hat jemand einen Haufen Geld arbeiten sehen, und dieser Satz erscheint bei einigem Nachdenken auch völlig unsinnig. Trotzdem existiert die Vorstellung in den Köpfen vieler Menschen dieser Gemeinschaft und stellt für manche sogar eine zentrale und offensichtlich irgendwie realistische Orientierungsmarke in ihrem Handeln dar. Die damit über die gesellschaftliche Wirklichkeit getroffene Feststellung ist in merkwürdiger Weise falsch und richtig zugleich.

Der Wachstumsprozeß der Kapitale scheint irgendwie zur Seele und Triebkraft des gesamtgesellschaftlichen Prozesses der Lebenserhaltung geworden zu sein. Wenn man diese Seele oder besser: dieses «beseelte Ungeheuer» (Marx) nicht ausreichend hegt und pflegt, wenn die Gewinnerwartung der Unternehmer matt wird, dann gerät der Organismus der Gesamtgesellschaft in schwere Zuckungen; es drohen Krise, Arbeitslosigkeit und Massenelend. Wie sehr das rastlose wirtschaftliche Wachstum der privaten Kapitale zum zentralen Götzen der gegenwärtigen Gesellschaft geworden ist, dessen Wohlbefinden als unhinterfragbarer Sachzwang die Schranken für alle Reformen und Verbesserungen der Lebensqualität abgibt, geht in dankenswerter Offenheit etwa aus den Äußerungen unseres gegenwärtigen Bundeskanzlers Helmut Schmidt hervor.

Tatsächlich ist das Vorhandensein jener geheimnisvollen Geldmengen und aufgehäuften Tauschwerte, die sich aus sich selbst heraus zu vermehren scheinen, das Vorhandensein von Kapital also, ein zentrales Merkmal unserer Gesellschaft. Wie aber ist diese gleichzeitig so mächtige und anfällige Selbstverwertungstendenz des Kapitals, an der teilzuhaben mich meine Bankfiliale so freundlich einlädt, letztlich zu erklären?

Marx zerstört und erklärt den geheimnisvollen Schein der Eigenvermehrung und Selbständigkeit des Kapitals, des «mehrwerteckenden Werts» durch folgende Überlegung, welche uns noch wesentlich tiefer in die geschichtlichen Besonderheiten der gegenwärtigen Vergesellschaftungsform hineinführt als das in den bisherigen Überlegungen über die Warenproduktion in den vorangegangenen Abschnitten dieses Kapitels der Fall war:

3. Mehrwertproduktion und Doppelcharakter des Produktionsprozesses

Unter den vielen Waren, die auf dem Warenmarkt erscheinen, gibt es eine ganz besondere Ware, die mit einer einzigartigen Fähigkeit zur Reichtumsvergrößerung ausgestattet ist: die Ware Arbeitskraft. Die Verkäufer dieser Ware Arbeitskraft sind Leute, die selbst keinerlei Produktionsmittel in ihrem Besitz haben, an denen eine menschliche Arbeitskraft ja erst produktive Anwendung finden kann. Diese Privateigentümer der Ware Arbeitskraft oder Lohnarbeiter müssen, um leben zu können, ihre besondere Ware an eine andere Gruppe von Privateigentümern, die Besitzer der Produktionsmittel, die Kapitalisten, verkaufen. Das sieht auf den ersten Blick wie ein gleicher Tausch zwischen zwei freien Warenbesitzern aus. Die einen stellen ihre Ware Arbeitskraft denen, die sie nicht haben, aber brauchen, zur Verfügung; diese anderen geben dafür eine Menge Geldes, den Arbeitslohn, und lassen die Lohnarbeiter an den ihnen fehlenden Produktionsmitteln arbeiten.

Dieser schöne Schein von der Gleichheit und Freiheit des Tauschs, der heute hauptsächlich in den Ideologien von der Sozialpartnerschaft zwischen Unternehmern und Arbeitern gepflegt wird, geht aber bei genauerem Nachdenken ziemlich heftig in die Brüche. Der Kapitalist kauft dem Arbeiter seine Ware Arbeitskraft ganz sicher nicht aus Mildtätigkeit ab, sondern weil er sich von ihrer Benutzung eine Vermehrung seiner Geldmenge, seines Kapitals erwartet. Wir hatten oben festgestellt, daß sich der Tauschwert einer Ware an ihren (durchschnittlichen) Herstellungskosten, und das heißt letztlich an der Menge der in ihr steckenden menschlichen Arbeitszeit, mißt. Diese Aussage gilt auch für die Ware Arbeitskraft. Auch die Ware Arbeitskraft muß hergestellt: das heißt großgezogen, genährt, gepflegt, ausgebildet werden, und all dies bedarf einer gewissen Menge Arbeitszeit. Nun können Menschen aber noch ganz beträchtlich über die Arbeitszeit, die zu ihrer eigenen Lebensherstellung und Lebenserhaltung notwendig ist, hinausarbeiten. Das zeigt etwa schon das Beispiel der mittelalterlichen Fronbauern, die außer der Selbsterhaltungsarbeit auf ihrem kleinen Hof wöchentlich noch einige Tage unentgeltlich auf dem Besitz des Feudalherren, als dessen persönliche Knechte sie galten, arbeiten mußten. Diese Fähigkeit zur unentgeltlichen Arbeit hat auch der heutige Lohnarbeiter; und nur dies ist der Grund, warum der Kapitalist seine Arbeitskraft kauft. Der Lohn, den er erhält, entspricht nur den Herstellungs- und Erhaltungskosten seiner Ware Arbeitskraft; die Zeit, die der Tauschwertmenge (sichtbar in Geld) entspricht, die er zu ihrer Herstellung, genauer Wiederherstellung braucht, umfaßt nur einige Stunden seiner Gesamtarbeitszeit. In der restlichen Zeit schafft er einen unentgeltlichen *Mehrwert* für den Kapitalisten, den dieser seinem Kapital, seinem aufgehäuften abstrakten Tauschwertreichtum hinzufügt. Hier liegt das Geheimnis der beständigen Selbstvergrößerung des Kapitals begründet. Der Lohnarbeiter wird im Prinzip genauso ausgebeutet wie der oben erwähnte mittelalterliche Fronbauer, nur mit dem Unterschied, daß dieser Zustand auf einem «freiwilligen», durch seine völlige Produktionsmittellosigkeit erzwungenen Selbstverkauf seiner Arbeitszeit beruht und daß ihm das Verhältnis von notwendiger Arbeitskraft im Sinne seiner eigenen Lebenserhaltung einerseits und Mehrarbeit für die Ausbeuter andererseits nicht so räumlich und anschaulich, nach Orten und Tagen getrennt, gegenübertritt, wie das beim Fronbauer der Fall ist. Da er seine *ganze Arbeitszeit* im kapitalistischen Betrieb arbeitet, kann er niemals feststellen, wann genau die «notwendige Arbeit» endet und die «Mehrarbeit» beginnt. In der Geldmenge, im Lohn, den er vom Kapitalisten erhält, erscheint dieses Ausbeutungsverhältnis übertüncht und ausgelöscht. Es sieht auf der Oberfläche so aus, als sei der Lohn der – mehr oder weniger gerechte – Gegenwert für seine Arbeit als Ganzes. Man spricht davon, daß diese Arbeit schlecht und jene gut bezahlt wird, oder auch vom Wert einer Arbeit. Aber einen Wert der Arbeit kann es nicht geben, weil sich ja letztlich jeder Wert, der als Tauschwert erscheint, in Arbeit auflöst und somit die Wertbestimmung der Arbeit ein kreisförmiges Vorgehen wäre. Jedoch sind solche von der einheitlichen Form des Lohnes geförderten Floskeln gängig;[6] hinter ihnen bleibt verborgen, daß dem Arbeiter letztlich immer nur die Kosten der *Arbeitskraft* bezahlt werden und daß auch eine «gutbezahlte Arbeit» von Lohnarbeitern immer noch durch die unsichtbare Trennung von notwendiger und Mehrarbeit und das heißt durch Ausbeutung gekennzeichnet ist. Wäre dem nicht so, hätte der Kapitalist die Arbeitskraft nicht gekauft.

Was für den Kapitalisten zählt, ist primär die Tatsache, daß die menschliche Arbeitskraft ihm mehr Tauschwerte schafft als sie zu ihrer eigenen Erhaltung braucht. Wenn er in der Konkurrenz bestehen und sein Kapital vergrößern will, muß er versuchen, eine möglichst große Menge an Mehrarbeitszeit aus den Arbeitern herauszupressen. Es kommt ihm also nicht auf die konkrete, stofflich-qualitative Weise der Arbeit an, welche in den Waren steckt, sondern allein auf die abstrakte, die mengenmäßige, quantitative Seite des Produktionsprozesses, auf den *Verwertungsprozeß*, dem der konkrete *Arbeitsprozeß* nur als Mittel untergeordnet ist. So wie die Ware selbst einen Doppelcharakter, ein widersprüchliches Zueinander von Gebrauchswert und beherrschendem Tauschwert in sich trägt, so hat auch der kapitalistische Produktionsprozeß, der diese Waren hervorbringt, einen grundlegenden Doppelcharakter, ein widersprüchliches Zueinander von vorherrschendem *Verwertungsprozeß* und «mitgeschleiftem» konkreten Arbeitsprozeß aufzuweisen. Den Widerspruch zwischen Tauschwertseite und Gebrauchswertseite gibt es sowohl bei den fertigen Produkten, den Waren, die auf dem Markt erscheinen und getauscht werden, als auch im Produktionsprozeß selbst, in welchem die fertigen Produkte geschaffen worden sind. In beiden Bereichen gibt die Tauschwertseite das unerbittlich vorherrschende Steuerungsprinzip für das Verhalten der Individuen ab, die mit ihren gegenständlichen Produkten umgehen, und in beiden Bereichen bringt das konfliktreiche Zueinander der beiden Seiten äußerst widersprüchliche und schwer zu bewältigende Verhaltensanforderungen für die handelnden Individuen mit sich. Diese Anforderungen werden bezogen auf die Ausprägung der zwischenmenschlichen Beziehungen, die in den folgenden Kapiteln noch ausführlich untersucht werden.

4. Zweifache Brechung der menschlichen Gesellschaftlichkeit und «Instrumentalisierung des Gattungslebens»

Die merkwürdige Eigenbewegung des Kapitals, des «arbeitenden Geldes», beruht also letztlich immer auf der fremdbestimmten Arbeitsverausgabung der lohnabhängigen Arbeiter, auf der fortschreitenden Aufhäufung des von ihnen produzierten Mehrwerts in einer ihnen äußerlichen, privaten Form. Nach wie vor sind es also die Menschen, die die umgebende gegenständliche Welt, die Produktivkräfte, die gewaltigen technischen und baulichen Gebilde ihrer Umgebung durch ihre produktive und gesellschaftliche Lebenstätigkeit hervorbringen. Nur sind offensichtlich die geschichtlichen *Formen*, in denen sie ihre produktive und gesellschaftliche Lebenstätigkeit vollziehen – das meint vor allem die Warenförmigkeit des gesellschaftlichen Reichtums und das kapitalistische Ausbeutungsverhältnis –, so beschaffen, daß ihnen ihre Produkte und ihre eigene Produktionstätigkeit als eine fremde Macht gegenübertreten, in deren verselbständigte Eigenbewegung man sich nur noch zum Zwecke der individuellen Lebenserhaltung und bestenfalls noch der privaten Wohlstandsvermehrung einpassen kann.

Die «Verkehrung von Subjekt und Objekt», die wir schon im Zusammenhang mit der Herrschaft der Ware und des Geldes angesprochen haben, findet sich im Verhältnis von Lohnarbeit und Kapital auf die Spitze getrieben. Obwohl es letztlich immer nur die wirklichen, lebendigen und arbeitenden Individuen sein können, die die Schöpfer und Subjekte des gesellschaftlichen Reichtums und der geschichtlichen Bewegung sind, drängt sich jedoch immer wieder mit realer Gewalt der Anschein auf, daß das Kapital der Schöpfer des gesellschaftlichen Reichtums und das Subjekt der geschichtlichen Bewegung sei, dem die in seinen Zusammenhang eingefügten Individuen ohnmächtig unterworfen sind. Man denke an die Inflation, die sich scheinbar wie ein Naturphänomen gegen die wohlmeinenden Absichtserklärungen aller Beteiligten durchsetzt, wie das unvorhersehbare Aufkommen von Massenarbeitslosigkeit mit seinen verheerenden Konsequenzen.

Unter der Herrschaft der Ware und des Kapitalverhältnisses wird dem Menschen, der sich ja wesentlich als ein produktiv-gesellschaftliches Wesen aus dem Tierreich entwickelt hat und dies in bestimmten abgedrängten Erfahrungsbereichen, Hoffnungen und Erinnerungen auch heute noch ist, seine eigene Gesellschaftlichkeit, sein Zusammenhang mit dem gesellschaftlichen Lebensprozeß auf doppelte Weise gebrochen und äußerlich gegenübergestellt.

Die erste Brechung erfolgt schon durch den oben ausführlich erörterten Umstand, daß die Produktion private Tauschwertproduktion ist und daß sich die Warenbesitzer bei der Verteilung oder *Zirkulation* ihrer Produkte über den Markt in extrem gleichgültiger, unpersönlicher und unter dem Druck der Konkurrenz – sogar feindlich-asozialer Weise gegenüberstehen. Die zweite Brechung erfolgt im Zusammenhang mit dem direkten Produktionsverhalten der Arbeiter. Objektiv gesehen ist die Produktion im Kapitalismus ein äußerst gesellschaftlicher und durchorganisierter Vorgang. In den Fabriken sind größere Massen von Arbeitern zusammengefaßt und kompliziert-arbeitsteilig miteinander verbunden, als das in irgendeiner vorhergegangenen Menschheitsepoche der Fall war. Aber hinsichtlich seiner subjektiven Erfahrung ist dem einzelnen Arbeiter dieser gesellschaftlich-produktive Charakter seiner Tätigkeit extrem äußerlich. Er wird nach fremdem Belieben eingestellt und entlassen; er kann über Zweck und Sinn der Produktionstätigkeit ebensowenig mitbestimmen wie über die grundlegenden Sozialbeziehungen am Arbeitsplatz. So wird ihm die produktive und gesellschaftliche Seite seiner Lebenstätigkeit, die den größten Teil seiner Tagesaktivität und darüber hinaus seinen besonderen Gattungscharakter als Mensch ausmacht, zum *bloßen Mittel*, um sein Leben ganz isoliert und privat außerhalb des Produktionsprozesses zu fristen und dort die bloß individuellen (bestenfalls noch familialen) Konsumtionsmöglichkeiten zu verbessern. Der Sinn des Lebens wird von den gesellschaftlich-zentralen und geschichtlich folgenreichen Produktionsverrichtungen abgezogen und in den privaten Konsumtionsbereich verlagert. Mit Marx kann man hier, wie im vorigen Kapiel schon kurz erwähnt, von einer gleichgültigen «Instrumentalisierung des Gattungslebens» durch den Arbeiter sprechen.

An die völlige Trennung der Produzenten von den Produktionsmitteln, an welchen sie arbeiten und über welche sie allein ihren Zusammenhang mit der Gesellschaft herstellen, haben wir uns schon bis zu einem gewissen Grade gewöhnt. Wenn wir von «Arbeit» oder «Arbeiter» sprechen, denken wir diese Trennung wie eine Natureigenschaft immer schon mit. Dabei ist die kapitalistische Klassengesellschaft und die durch sie hervorgebrachte extreme Gleichgültigkeitserfahrung in der Arbeit überhaupt nichts Selbstverständliches und geschichtlich gesehen noch gar nicht sehr alt.

5. Zur Entwicklung der kapitalistischen Produktionsweise

In großen Teilen der Welt hat es bis vor kurzem – bis zu ihrer Auslöschung durch den Kolonialismus und Imperialismus – durchaus noch menschliche Gesellschaften ganz ohne Klassenspaltung, das heißt ohne die private Aneignung des gesellschaftlichen Mehrprodukts durch privilegierte Gruppen gegeben.[7]

Und in Europa hat die kapitalistische Produktionsweise erst im letzten Jahrhundert eine andere vorkapitalistische Klassengesellschaft: das feudalistische Gesellschaftssystem, endgültig abgelöst. Dieser auf deutschem Boden besonders verzögerte und schmerzhafte[8] Prozeß der Entstehung der kapitalistischen Produktionsweise vollzog sich im wesentlichen dadurch, daß die Masse der kleinen vorkapitalistischen Produzenten, das heißt vor allem die Landbevölkerung, von ihren angestammten Produktionsmitteln, von Haus und Hof auf gewaltsame Weise getrennt wurden. Zwar wurden auch die mittelalterlichen Bauern von den herrschenden Gruppen: vom Adel, der Kirche und auch vom reichen Bürgertum der Städte ausgebeutet – aber diese Art der Ausbeutung war fast nie mit einer völligen Trennung der Ausgebeuteten von ihren Produktionsmitteln verbunden. Viele Bauern (und zu Beginn des Mittelalters auch Handwerker) waren zwar persönlich unfrei und an ganz bestimmte Herrenfamilien gebunden, welche sie mit ihren Abgaben, sei es in Form von Naturalien, Geld oder Fronarbeit, ernähren mußten.[9] Aber die Bindung ihrer Person an die Scholle des Feudalherrn hatte auch die Kehrseite, daß es auch gewohnheitsrechtliche persönliche Fürsorgpflichten der Ausbeuter gegenüber den Ausgebeuteten gab und daß in einem beschränkten Rahmen die Arbeit auf dem von Generation zu Generation vererbten Hof und innerhalb der Familie selbständig eingeteilt und reguliert werden konnte. Darüber hinaus gab es in den Dörfern trotz der feudalen Ausbeutung noch eine Fülle von gemeinwirtschaftlichen und verwaltungstechnischen Aufgaben, die die Bauern in kollektiver Eigenverantwortung erledigten.[10] Für die in Zünften organisierten Handwerker der Städte gab es die Möglichkeit zur traditionell-gemeinschaftlichen Selbstregulierung des Produktionsprozesses in noch größerem Maße. Die meisten dieser Menschen hätten – ganz ähnlich wie man das heue noch bei den Bevölkerungsgruppen der dritten Welt beobachten kann[11], welche in den kapitalistischen Industrialisierungsprozeß neu hineingepreßt werden sollen – die kapitalistische Fabrikarbeit mit ihrer gleichgültig-präzisen Automatik, Einseitigkeit und fremdgesetzten Disziplin kaum ausgehalten. Die Handwerker waren stolz auf ihr fachliches Können und durchaus nicht gewohnt, sich den Arbeitstakt und die Pausenregelung von außen vorschreiben zu lassen. Es gab damals eine uns heute unvorstellbare Vielzahl von kirchlich geschützten Feiertagen, an denen man nicht arbeitete, sondern im Rahmen der eigenen dörflichen und städtischen Nachbarschafts- und Sozialbeziehungen ausruhte und feierte. Als sich die kapitalistische Klassengesellschaft etabliert hatte, sahen ihre Vertreter es als eine ihrer wichtigsten Aufgaben an, diesen Schlendrian und diese «überflüssigen» Feiertage zugunsten der neuen, äußerlich strengen Arbeitsmoral abzuschaffen.

«Die meisten Menschen von damals befiel ein Unbehagen angesichts eines streng geordneten, womöglich arbeitsteiligen und auf Zeitersparnis bedachten Betriebs. Das noch tief eingewurzelte, ländlichen wie städtischen Menschen eigene Gefühl der Unvereinbarkeit der persönlichen Freiheit mit der Unterordnung unter einen streng beaufsichtigten und durchrationalisierten Arbeitsprozeß, (. . .) mußte erst ausgemerzt werden.»[12]

Marx hat den geschichtlichen Trennungs- und Teilungsprozeß der Gesellschaft in eine Masse eigentumsloser Lohnarbeiter einerseits und kapitalistischer Eigentümer der Produktionsmittel andererseits, als die «ursprüngliche Akkumulation des Kapitals» beschrieben.[13] Er hat sich dabei besonders auf die englische Entwicklung konzentriert. In England gab es bereits im 16. und 17. Jahrhundert große Kapitale in privater Hand. Diese waren aber zunächst keine industriellen, an die Fabrikarbeit gebundenen Kapitale, wie sie heute zum Kernstück des gesamtgesellschaftlichen Gebäudes geworden sind, sondern Handels- und Raubkapitale, die sich im Gefolge der Entdeckung Amerikas, der gewaltigen überseeischen Plünderungen, des Sklavenhandels zwischen Afrika und Amerika[14] und anderen neuzeitlichen Abenteuern gebildet hatten. Da es in Holland – einem Land, in dem die herrschende Klasse ebenfalls durch den weltweiten Raubhandel reich geworden war – bereits Tuch- und Textilfabriken gab, die einen lohnenden Absatzmarkt für Rohwolle boten, begannen viele jener reichen Engländer ihre aufgehäuften Kapitale in großflächige Schafzuchten zu stecken. Diese für den Markt produzierenden, gewinnorientierten Landwirtschaftsbetriebe, für welche man auch nur ein Minimum von Arbeitskräften benötigte, waren mit den kleinen, teils freien, teils feudal-abhängigen und weitgehend selbstversorgerischen Bauernwirtschaften, welche aus dem Mittelalter überkommen waren, völlig unvereinbar.[15] Mit rechtlichen Tricks, Drohungen und nackter Gewalt verstanden es die neuen unternehmerischen Gruppen (in die sich ein Teil des alten Adels rechtzeitig eingepaßt hatte), die Bauern ihrer angestammten Rechte und des traditionellen Eigentums an Produktionsmitteln zu berauben. Dieser Prozeß, der sich zunächst gegen den Widerstand des Königshauses und des Staates, schließlich aber mit deren offener Unterstützung vollzog, führte, wie man den Schilderungen der verschiedenen Chronisten übereinstimmend entnehmen kann, zu unbeschreiblichen Formen des Massenelends. Man kann dieses Elend durchaus mit den uns bekannten Jammerbildern aus weiten Teilen der heutigen dritten Welt vergleichen, in denen ebenfalls das Eindringen kapitalistischer Wirtschaftsformen die traditionelle Landwirtschaft samt ihrer Einrichtungen der sozialen Sicherung zerstört hat und heute noch zerstört.[16] «Die Schafe», schrieb schon zu Beginn des 16. Jahrhunderts der englische Staatsmann Thomas Morus, «fressen die Menschen.» Es entstand ein immer größeres Heer von produktionsmittellosen und damit jeder Existenzsicherung beraubten Bettler und Vagabunden. Da es noch kaum kapitalistische Industriebetriebe beziehungsweise Manufakturen gab, in denen diese Menschen hätten arbeiten können – auch hierin liegt wieder eine Ähnlichkeit mit der heutigen Situation in der «dritten Welt» –, stand die Gesellschaft vor fast unlösbaren Problemen. Die Herrschenden wußten sich nicht anders zu helfen, als die arbeitslos gemachten Massen für ihre fremdverschuldete Arbeitslosigkeit auch noch zu bestrafen, sie zu verfolgen, ja schließlich massenhaft hinzurichten. Heinrich VIII. ließ während seiner Regierungszeit 72 000 Personen, die des Vagabundentums angeklagt waren, einfach aufhängen. Unter Edward VI. bekam derjenige, der einen Arbeitslosen oder Vagabunden anzeigte, diesen als persönlichen Sklaven zugesprochen. Königin Elisabeth ordnete 1572 an, daß solche Personen durch das Zerschneiden eines Ohres zu bestrafen und zu kennzeichnen seien.

«Die Väter der jetzigen Arbeiterklasse wurden zunächst gezüchtigt für die ihnen angetane Verwandlung in Vagabunden und Paupers (das sind Arme, Anmerkung des Autors). Die Gesetzgebung behandelte sie als freiwillige Verbrecher und unterstellte, daß es von ihrem guten Willen abhinge, in den nicht mehr existierenden alten Verhältnissen fortzuarbeiten.»[17]

Von der bloßen terroristischen «Blutgesetzgebung» ging man jedoch vom 17. Jahrhundert an immer stärker dazu über, Besitzlose, Vagabunden, Waisen und Kranke in Arbeitshäusern zwangsweise unterzubringen und sie in den aufkommenden frühkapitalistischen Manufakturbetrieben systematisch auszubeuten. Hier liegen die Anfänge der kapitalistischen Fabrikdisziplin.[18]

Im Verlauf der bürgerlichen Revolution und des fortschreitenden Industrialisierungsprozesses traten solche Zwangsmaßnahmen immer mehr zurück zugunsten neuer Formen des freiwilligen Zwangs zum regelmäßigen Verkauf der Ware Arbeitskraft, den die Lohnarbeiter gegen sich selber zu wenden lernten und den sie den heranwachsenden Lohnarbeitergenerationen schon frühzeitig einpflanzten. Unter dem Druck der Produktionsmittellosigkeit und der übermächtigen ökonomischen Verhältnisse vollzog sich die «Instrumentalisierung des Gattungslebens» für die egoistisch-private Lebenserhaltung immer weniger als eine von äußeren Personen oder der wahrnehmbaren Peitsche eines Sklavenaufsehers erzwungene Fremdinstrumentalisierung, sondern immer mehr als eine anscheinend freiwillige, der Einsicht in die Sachnotwendigkeit folgende Selbstinstrumentalisierung. In dieser Selbstinstrumentalisierung wurde die Peitsche des Aufsehers sozusagen Schritt für Schritt nach innen genommen.[19] Bei der Entstehung dieser inneren Peitsche, der neuen kapitalistischen Arbeitsmoral, hat in großen Teilen Europas die Verbreitung der protestantischen Religion mit ihrer Betonung der rastlosen Arbeitsmühe als Mittel der Gottgefälligkeit und des

Seelenheils und mit ihrer Betonung des individuellen Gewissens sehr wichtige Dienste geleistet.[20] Das einzelne Individuum, das um seine isolierte Lebenserhaltung ringt, und die ökonomischen Verhältnisse treten sich auf diese Weise immer direkter, das heißt, ohne die Zwischenschaltung persönlicher Abhängigkeiten und rechtlicher Verpflichtungen, wie sie für vorkapitalistische Ausbeutungsverhältnisse typisch sind, gegenüber. Die Anpassung an die Gesetze der kapitalistischen Produktionsweise nimmt zunehmend den Charakter einer Anpassung an Naturgesetzlichkeiten an.

«Im Fortgang der kapitalistischen Produktion entwickelt sich eine Arbeiterklasse, die aus Erziehung, Tradition, Gewohnheit die Anforderungen jener Produktionsweise als selbstverständliche Naturgesetze anerkennt. Die Organisation des ausgebildeten kapitalistischen Produktionsprozesses bricht jeden Widerstand, die beständige Erneuerung einer relativen Überbevölkerung hält das Gesetz der Zufuhr von und Nachfrage nach der Arbeit und daher den Arbeitslohn in einem den Verwertungsbedürfnissen des Kapitals entsprechenden Gleise, der stumme Zwang der ökonomischen Verhältnisse besiegelt die Herrschaft des Kapitalisten über den Arbeiter. Außerökonomische, unmittelbare Gewalt wird zwar immer noch angewandt, aber nur ausnahmsweise. Für den gewöhnlichen Gang der Dinge kann der Arbeiter den «Naturgesetzen der Produktion» überlassen bleiben, das heißt seiner aus den Produktionsbedingungen selbst entspringenden, durch sie garantierten und verewigten Abhängigkeit vom Kapital.»[21]

Das entscheidende Charakteristikum der kapitalistischen Klassengesellschaft ist die extreme Sachlichkeit und Unpersönlichkeit, die Marx als «stummen Zwang der ökonomischen Verhältnisse» anspricht. Das Anpassungsverhalten der Individuen vollzieht sich ganz wesentlich unter diesem «stummen Zwang» – nicht auf Grund von persönlichen Verpflichtungen und Beziehungen gegenüber einem bestimmten Ausbeuter, wie das etwa bei einem ausgebeuteten Fronbauern der Fall war, sondern als Unterordnung unter die aus der eigenen Produktionsmittellosigkeit folgenden Sachzwänge. Der moderne Lohnarbeiter ist im Gegensatz zum Sklaven oder Leibeigenen politisch und rechtlich frei und steht als Privatperson außerhalb aller persönlichen Hörigkeitsverhältnisse. Die Kehrseite seiner Freiheit ist aber eine andere: die Freiheit von den Produktionsmitteln, den Verwirklichungsbedingungen seiner Arbeitskraft.

Illustrativ ist in diesem Zusammenhang der Unterschied zwischen Stand und Klasse. In einer Ständegesellschaft sind die ökonomischen Ausbeutungsbeziehungen und Klassenverhältnisse sozusagen verunreinigt durch persönliche Beziehungen. Zwischen einem Meister und einem Gesellen im Mittelalter, die in einem Haus wohnten und an einem Tisch aßen, muß man solche persönlichen Beziehungen voraussetzen, zwischen einem heutigen Unternehmer und einem Arbeiter nicht. Einem Stand gehörte man nur auf Grund eines bestimmten Lebensstils, eines Ehrenkodex und fast immer einer bestimmten Abkunft an.[22] Bei sittlichem Fehlverhalten war ein Ausschluß aus der Ständegemeinschaft möglich. Solche Bindungen sind in der unpersönlichen und ökonomisch «reinen» Klassengesellschaft unserer Tage für die Klassenzugehörigkeit ganz unwesentlich geworden; das Privatleben eines Unternehmers – ob er das Leben eines Playboys führt, seinen Hund schlägt, ein Pantoffelheld ist – ist für seine Stellung innerhalb der ökonomischen Besitzverhältnisse ganz unerheblich. Kein Unternehmerverband könnte ihn deswegen aus dem Kreise der Kapitalisten ausschließen. Privatperson und ökonomische Person fallen in der kapitalistischen Gesellschaft in extremer Weise auseinander, und die Individuen erfahren in sich eine merkwürdige Spaltung in einen eigentlichen Menschen mit einer bestimmten einzigartigen Lebensgeschichte, vielleicht auch bestimmten höheren Werten und Hoffnungen, und eine «ökonomische Charaktermaske», die bei Strafe des ökonomischen Untergangs in den allseitigen Konkurrenz-Sachzwängen die Gesetze des Kapitalismus ausführen muß. Viele Menschen haben gegenüber dieser Charaktermaske einen mehr oder weniger bewußten Haß, distanzieren sich bei Gelegenheit von ihr auch mehr oder weniger deutlich; sie müssen sie aber um ihrer privaten Reproduktion willen *leben*. Diese äußerlich-unpersönliche Art und Weise, in der den Individuen ihre eigene Teilhabe am materiellen Reproduktionsprozeß der Gesellschaft gegenübertritt, dürfte, verbunden mit dem hartnäckigen Glauben an die private Freiheit *außerhalb* der Teilhabe an der Gesellschaft, etwas für das Leben in der kapitalistischen Klassengesellschaft ganz Spezifisches sein.

«Der Unterschied des persönlichen Individuums gegen das Klassenindividuum, die Zufälligkeit der Lebensbedingungen für das Individuum tritt erst mit dem Auftreten der Klasse ein, die selbst ein Produkt der Bourgeoisie ist. Die Konkurrenz und der Kampf der Individuen untereinander erzeugen und entwickeln erst diese Zufälligkeit als solche. In der Vorstellung sind daher die Individuen unter der Bourgeoisieherrschaft freier als früher, weil ihnen ihre Lebensbedingungen zufällig sind; in der Wirklichkeit sind sie natürlich unfreier, weil mehr unter sachlicher Gewalt subsumiert.»[23]

6. Gibt es noch Kapitalismus?

Es sind nun einige Grundzüge der kapitalistischen Gesellschaft: die Herrschaft der Ware mit ihrem Doppelcharakter und des Geldes, die scheinhafte Eigenbewegung des Kapitals, der kapitalistische Ausbeutungsmechanismus, die Besonderheiten des kapitalistischen Klassenverhältnisses gegenüber den vorkapitalistischen Klassengesellschaften, dargelegt worden. Bevor wir uns der Frage nach der Ausprägung der alltäglich-zwischenmenschlichen Beziehungen innerhalb dieses gesellschaftlichen Gebäudes zuwenden, muß noch ein Einwand erörtert werden. Der Einwand nämlich, der Kapitalismus sei ja in der Tat ein unschönes und nicht gerade menschenfreundliches System, doch schon seit Jahrzehnten zugunsten neuer Formen der «sozialen Marktwirtschaft» verschwunden, und insofern werde hier ein Popanz aufgebaut. Viel drängender als die Probleme der normalen Lohnarbeiter seien die Probleme derjenigen Gruppen, die gerade nicht als normale Lohnarbeiter in die Gesellschaft integriert sind: der Rentner, der Behinderten, Kranken. Solche Vorstellungen einer nachkapitalistischen Gesellschaft mit einer ganz «neuen sozialen Frage» weiß etwa der Generalsekretär der CDU, Biedenkopf, geschickt zu verbreiten. Wie läßt sich diesen Einwänden begegnen?

Zunächst muß man natürlich zugeben, daß die Zeiten, in denen hohlwangige Kinder 12 und mehr Stunden am Tag für den unternehmerischen Profit arbeiten mußten, große Teile des Proletariats am Hungertuche nagten, eine soziale Sicherung der Lohnarbeiter völlig fehlte und die Gewerkschaften polizeilich verfolgt wurden, in den westlichen Industrienationen (nicht etwa in den überseeischen Randzonen des gegenwärtigen Kapitalismus!) vorbei sind. Aber man muß auch festhalten, daß die staatlich geschützten sozialen Errungenschaften den herrschenden Klassen in wirklichen oder drohenden Arbeiterkämpfen *abgetrotzt* werden mußten. Das gilt für die Verkürzung des Arbeitstages von ursprünglich 12 und mehr Stunden auf nunmehr 8 Stunden, die von der Arbeiterbewegung nach dem Ersten Weltkrieg durchgesetzt wurden; für die Bismarcksche Sozialgesetzgebung, die – fast gleichzeitig mit dem Verbot der Sozialisten – als eine offenkundige Beruhigungspille für die unruhigen Arbeiter gedacht war; und zum Beispiel auch für die Lohnfortzahlung im Krankheitsfalle, die sich zunächst die schleswig-holsteinischen Metallarbeiter 1956 erstreikt hatten und die 1969 auf alle Arbeiter gesetzlich ausgedehnt wurde. Das gilt aber etwa auch für die als spezifisch «bürgerliche» Freiheitsrechte ausgegebenen Rechte der freien und gleichen Wahl in England und Deutschland.

Außerdem muß man festhalten, daß der moderne Staat mit seiner Sozialgesetzgebung die einzelnen Kapitalisten gewissermaßen zu ihrem eigenen Glücke hat zwingen müssen. So weiß man, daß etwa die in wirtschaftlichen Prosperitätsphasen zwangsweise zurückgelegten Arbeitslosengelder zwar einerseits den Arbeitslosen einen gewissen Schutz bieten, andererseits aber auch als Krisenpolster, als Reservetopf für eine gewisse zahlungsfähige Nachfrage und damit kapitalistische Absatzsicherung auch noch in Krisenzeiten unentbehrlich sind. Auch die gesetzliche Verkürzung der Arbeitszeit oder die Kinderschutzgesetze liegen – obwohl die einzelnen Kapitale in ihrem kurzfristig-beschränkten Ver-

wertungsinteresse bei der Einführung solcher Neuerungen jedesmal auf-
geschrien haben[25] – durchaus im langfristigen Interesse einer Fortsetzung der kapitalistischen Produktionsweise. Denn mit einer völlig über-
arbeiteten und schon im Kindesalter schwer geschädigten Lohnarbeiterschaft läßt sich kein dauerhafter Profit machen.

Daß sich im Bereich der heutzutage propagierten Verbesserung von
Lebensqualität im Durchschnitt nur solche staatlichen Maßnahmen
durchsetzen können, die *auch* den kapitalistischen Interessen nach gesicherter Tauschwertmaximierung dienen, zeigt etwa die Umweltschutz-
politik. Nicht solche Lösungen haben Vorrang, die breiten und vorsor-
genden Schutz der Bevölkerung bedeuten, sondern solche, die wiederum
die Form einer verkäuflichen Ware annehmen: teure, *reaktiv* eingesetzte
Reinigungs- und Filteranlagen bis hin zu einer ganz neuen Umwelt-
schutzindustrie, und wenn es nach dem Kapital ginge, sogar bis zur «Luft
in Tüten».[26] Ebenso sind im Bildungsbereich staatliche Ausgaben, die
gleichzeitig Absatzchancen für bestimmte Kapitale dienen – etwa Bauin-
vestitionen, Geräteausstattung –, sehr viel leichter zu erhalten, als etwa
eine – pädagogisch gesehen besonders wichtige – Personalaufstockung,
an welcher kein Kapitalist direkt Geld verdienen kann.[27]

Der Wohlstand der meisten Lohnarbeiterfamilien ist in den letzten
Jahrzehnten sicher gestiegen. Aber erstens ist dieser Prozeß von einer
zunehmenden Verarmung der Bevölkerung in der dritten Welt begleitet
gewesen.[28] Und zweitens hat auch Marx nie behauptet, daß die Ausbeutung und Verelendung der Lohnarbeiterschaft ein absolutes Sinken oder
Gleichbleiben des Einkommens und Lebensstandards bedeutet. Die Verelendung ist vielmehr eine *relative*: es sinkt der Anteil des Lohnarbeiter-
einkommens am gesellschaftlichen Reichtum.[29] Da dieser Reichtum infolge der ständigen Technisierung – und damit erhöhten Arbeitsproduk-
tivität der Lohnarbeiter selbst – gewaltig angewachsen ist, kann es in
bestimmten Phasen zu absoluten Lohnerhöhungen bei gleichzeitiger
Vergrößerung des an die Unternehmerklasse fallenden Mehrprodukts
kommen. Das ist – wie die Entwicklung der sogenannten Lohnquote
zeigt[30] – in der Nachkriegsgeschichte der BRD lange Zeit der Fall gewesen. Daß damit der Widerspruch zwischen Lohnarbeit und Kapital keineswegs aufgehoben wird, zeigt sich auch in der Entwicklung der Sozialstruktur und der Produktivvermögen. Ganz im Sinne der Marxschen
Voraussage hat sich in den letzten Jahrzehnten das Privateigentum an
Produktionsmitteln zu immer größeren Kapitalien in den Händen von
immer weniger Leuten aufgehäuft[31], während auf der anderen Seite der
Lohnabhängigenanteil an der gesamten Erwerbsbevölkerung auf heute
etwa 85 % gestiegen ist.[32] Dabei stieg innerhalb des Lohnarbeiteranteils
vor allem der Anteil der Angestellten auf etwa 35 % der Lohnarbeiterschaft an.[33] Der Anstieg des Angestelltenanteils – derjenigen Lohnarbeiter, die nicht im direkten Produktionsprozeß stehen, sondern Arbeitsver-

richtungen «vor, hinter und neben dem eigentlichen Produktionsprozeß»[34] mit einem größeren Kopfarbeitsanteil ausführen – ist eine wichtige Besonderheit spätkapitalistischer Gesellschaften. Außerdem gleicht sich die soziale Lage der angestellten Lohnarbeiter in letzter Zeit derjenigen der «Handarbeiter» immer stärker an. Eine Büroschreibkraft im Angestelltenverhältnis hat heute unter Umständen eine nervenzerreibendere und schlechter bezahlte Arbeit zu verrichten als ein qualifizierter Produktionsarbeiter.[35]

Wenn wir die oben erwähnten Grundmerkmale kapitalistischer Vergesellschaftung – die Herrschaft der Ware, des Geldes, des Kapitals über die Lebensprozesse der Menschen und die gesamtgesellschaftliche Entwicklung, den durch die Produktionsmittellosigkeit der Massen und den Zwang zum Verkauf der eigenen Ware Arbeitskraft vermittelten Ausbeutungsmechanismus und den unpersönlichverdinglichten Charakter des Klassenverhältnisses – wenn man diese Grundmerkmale noch einmal durchgeht, muß man feststellen, daß sie auch noch in unserer «sozialen Marktwirtschaft», den spätkapitalistischen-westlichen Systemen, unerbittlich herrschen und dem wechselseitigen Verhalten der Individuen ihren Stempel aufdrücken.

Natürlich haben die modernen kapitalistischen Systeme, in denen wir leben, wichtige Besonderheiten, die wir bei der geplanten Detailuntersuchung der zwischenmenschlichen Beziehungen, ohne daß wir sie freilich an dieser Stelle selbst theoretisch herleiten könnten, berücksichtigen müssen. Dazu gehören: die fortschreitende Kapitalkonzentration im Zusammenhang mit einer beständigen Technisierung und Rationalisierung der Produktionsprozesse, die gewaltige Ausdehnung der Warenproduktion und des massenhaften Warenkonsums bis in die intimsten Bereiche hinein, der Zerfall des traditionellen Familiensystems, die zunehmende Verflechtung von Staat und privatkapitalistisch verfaßter Wirtschaft, die in Krisenzeiten durchaus ungesicherten Netze der sozialen Sicherung, die Ausdehnung einer formalisiert-bürokratischen staatlichen Erziehung und, last not least, die Entwicklung einer tiefen weltanschaulichen und wertmäßigen Desorientierung bei den diesem System unterworfenen Bevölkerungsmassen, welche sich den herrschenden Gruppen als eine beständige «Legitimationskrise» darstellt.[36] Auf diese Punkte werden wir in den folgenden Kapiteln noch zurückkommen und ihre Bedeutung für die moderne kapitalistische Zwischenmenschlichkeit noch etwas systematischer entwickeln.

7. Ein systematischer Zugang zur Zwischenmenschlichkeit

Wie kann man nun zur Ausprägung der zwischenmenschlichen Beziehungen innerhalb des komplizierten ökonomischen Systems des Kapitalismus und Spätkapitalismus systematisch Zugang finden? Im vorangegangenen Kapitel hatten wir im Zusammenhang mit der Pygmäengruppe schon einmal festgestellt, daß man den sozialen Lebensprozeß einer jeden menschlichen Gesellschaft in die Abschnitte oder Bereiche der gegenständlichen *Produktion*, der *Verteilung*, und der *Konsumtion* unterteilen kann, welche in einem Kreislaufverhältnis zueinander stehen.

Diese allgemeine Überlegung soll nun auf den Kapitalismus angewendet werden. Man stelle sich einen beliebigen Lohnabhängigen, den Betriebsschlosser Peter Meier oder den Büroangestellten Fritz Schulze vor. Der Einfachheit des Modells wegen wollen wir ihn allerdings vorläufig als Junggesellen, der seinen Haushalt selber führt, unterstellen. Fangen wir morgens, sagen wir um 6.00 Uhr, mit der Vorstellung an: Nachdem ihn der abends zuvor von ihm selbst gestellte Wecker aus dem Bett geschreckt hat, nach kurzem Frühstück und einer mehr oder weniger nervenraubenden Anfahrt mit dem Auto oder einem öffentlichen Verkehrsmittel finden wir ihn ab 7.30 Uhr fast jeden Tag für 8 oder mehr Stunden an seinem Arbeitsplatz beschäftigt. Er unterliegt den streng geregelten Anforderungen der Arbeitswelt, in welcher er zusammen mit seinen Kollegen zur Produktion des gesellschaftlichen Reichtums im Rahmen des kapitalistischen Verwertungsprozesses beiträgt; er unterliegt den Anforderungen der gesellschaftlichen *Produktionssphäre*. Diese Anforderungen geben seinen zwischenmenschlichen Beziehungen zweifellos eine ganz bestimmte, noch zu untersuchende Ausformung.

Um 16.00 oder 16.30 Uhr jedoch, wenn er das Betriebstor verlassen hat, betritt er eine andere Welt. Nun schränkt niemand mehr seine Freizügigkeit als Privatperson ein; er faßt sich in die Tasche und schaut nach, wieviel Geld er noch von der letzten Lohnzahlung übrig hat, und geht, bevor um 18.00 Uhr die Geschäfte schließen, schnell noch einkaufen, was er für seinen Lebensunterhalt braucht: Milch, Eier, ein Schnitzel, Bier, manchmal auch etwas Größeres, vielleicht einen Anzug oder einen gebrauchten Fernsehapparat. Wenn er vorher an der Produktion des gesellschaftlichen Reichtums teilhatte, so hat er nun an der Verteilung der in gesellschaftlicher Arbeit hergestellten fertigen Produkte an die einzelnen Gesellschaftsglieder teil. Diese Verteilung ist über Tauschakte vermittelt, die er nach eigenem Gutdünken mit Hilfe seines Geldes, seiner Lohnsumme, vollzieht. Die gesellschaftliche Verteilung der Produkte vollzieht sich in der kapitalistischen Gesellschaft im Umlauf oder der Zirkulation von Waren auf dem Markt. Unser Lohnabhängiger unterliegt den Verhaltensanforderungen der Warenwelt oder *Zirkulationssphäre*. Dadurch haben die zwischenmenschlichen Beziehungen, die er hier eingeht, wiederum eine ganz besondere Ausprägung. Er hat hier nicht mit Vorgesetzten oder Kollegen zu tun, sondern mit privaten Warenbesitzern (meistens mit deren Angestellten), deren vorherrschendes Interesse der Erhalt des Tauschwerts ihrer feilgebotenen Waren in Geld sein muß.

Nach solchen Verrichtungen in der Zirkulationssphäre, die nicht unbedingt jeden Tag, aber doch ziemlich regelmäßig stattfinden müssen, beginnt für die meisten Lohnarbeiter erst die eigentliche Freizeit, in welcher die gesellschaftlich produzierten und über den Markt dann verteilten Waren konsumiert werden. Nach kurzem Verschnaufen verarbeitet der Lohnabhängige, dessen Tagesablauf wir verfolgen, seine Eier und sein Schnitzel mit einer gewissen Wahrscheinlichkeit zu einem Abendessen, setzt sich vor den Fernseher, trinkt eine, zwei Flaschen Bier. Möglicherweise kriegt er an diesem Abend Besuch von Freunden oder seiner Freundin. Auf diese angenehmen Stunden in der Freizeit oder *Konsumtionssphäre*, die er unbedingt braucht, um seine von der Arbeit beanspruchten Körper- und Nervenkräfte, seine Arbeitskraft wiederherzustellen, hat er sich den ganzen Arbeitstag lang gefreut. Hier endlich hat er das Gefühl, «Mensch zu sein». Durch ihre Einbettung in die – vom Arbeits- und Tauschgeschehen abgetrennten – Freizeit- und Konsumfunktionen erhalten auch die sogenannten privaten, zwischenmenschlichen Beziehungen eine ganz besondere Färbung, die sie von der Zwischenmenschlichkeit in der Produktions- und Zirkulationssphäre unterscheidet und die es ebenfalls zu untersuchen gilt.

Dieser Kreislauf durch die Produktions-, Zirkulations- und Konsumtionssphäre oder anders ausgedrückt durch die Arbeitswelt, den Warenmarkt und die Welt der privaten Freizeit beginnt jeden Morgen aufs neue und wiederholt sich für die erwachsenen Lohnarbeiter viele tausend Male in ihrem Leben. Es ist einleuchtend, daß die Grundbeschaffenheit der zwischenmenschlichen Beziehungen, denen sie bei diesem Kreislauf immer wieder begegnen, sie selbst als soziale Lebewesen und Individuen zutiefst prägt.

Nicht nur die Individuen müssen ihr Leben in jenem endlosen Kreislauf reproduzieren, sondern auch das Kapital kann sich nur im steten Durchlauf durch die genannten Bereiche oder Stationen der produzierten Güter und des gesellschaftlichen Reichtums erhalten. Die kapitalistischen Waren werden zunächst in der kapitalistischen Produktionssphäre mit dem oben erwähnen Doppelcharakter des Produktionsprozesses und dem Grundmechanismus der Mehrwertproduktion hergestellt. Der Tauschwert der Waren muß dann auf dem Markt, in der Zirkulationssphäre, gegen Geld getauscht werden, welches der Kapitalist dann seinem Kapital hinzufügen und wieder in die Produktionserweiterung investieren kann. Und der Gebrauchswertkörper der Waren, ihre konkret-nützliche Seite als Nahrungsmittel und Kleidung muß in der Konsumtionssphäre verbraucht, aufgezehrt werden, damit sie überhaupt gekauft werden, neue Nachfrage den weiteren Kapitalkreislauf anreizt und sich außerdem – gesamtgesellschaftlich gesehen – die verschlissenen Arbeitskräfte der lohnabhängigen Mehrwertproduzenten immer wieder neu herstellen und erhalten. In jeder dieser drei Phasen formt das Kapital über seine Produkte und seinen «stummen Zwang der ökonomischen Verhältnisse» das wechselseitige Verhalten der Individuen auf seine Weise.

Die Trennung und das widersprüchliche Zueinander der Produktions-, Zirkulations- und Konsumtionsbereiche ist nicht nur in zeitlicher, sondern auch in räumlicher Hinsicht offensichtlich ein grundlegendes Aufbauprinzip des gesellschaftlichen Lebensprozesses. Man kann es bei einem Gang durch die Stadt einem Gebäude oder einer Räumlichkeit ziemlich deutlich ansehen, ob es eine Produktionsstätte, ein Geschäft oder Laden zum Zwecke der Warenzirkulation oder aber eine Wohnung zum Zwecke des privaten, im Familienrahmen vollzogenen Konsums ist. In unserer kapitalistischen Gesellschaft werden die Produktions-, Zirkulations- und Konsumtionsräume als Gewerbegebiete, Einkaufszentren und Schlafstädte in immer unsinnigerer Weise gegeneinander isoliert und auseinandergerissen. In den großen Städten braucht man viel Zeit und fast unbedingt ein Auto, um zwischen diesen Welten hin und her zu gelangen. Ebenso schwierig wie die räumliche Zusammenfassung dieser Lebensbereiche aber dürfte die Zusammenfassung der jeweils in ihnen geltenden zwischenmenschlichen Verhaltenszwänge in der Persönlichkeit des einzelnen sein. Das heute so verbreitete Gefühl der Zerrissenheit des eigenen Selbst dürfte hierin einen seiner wesentlichen Ursprünge haben.

Im folgenden werden wir uns beim Aufbau eines wirklichkeitsgetreuen Bildes von der zwischenmenschlichen Alltagswelt der erwachsenen Individuen in der kapitalistischen Gesellschaft an die genannte Dreiteilung des gesellschaftlichen Lebensprozesses halten. Dabei wird es uns zentral um die verschiedenen Formen der zwischenmenschlichen *Perspektivenverschränkung* gehen, die der ökonomische Prozeß, der «stumme Zwang der ökonomischen Verhältnisse», seinen menschlichen Trägern in den Bereichen der Produktion, Zirkulation und Konsumtion abverlangt. Die allgemeine Fähigkeit zur Perspektivenverschränkung ist ja im ersten Kapitel schon als eine Besonderheit menschlichen Sozialverhaltens hervorgehoben und diskutiert worden. Entsprechend den dort angestellten Überlegungen wird diese Perspektivenverschränkung immer in ihrer Bedingtheit und Vermitteltheit durch den gegenständlich-materiellen Lebensprozeß – und das heißt nun wesentlich durch die gegenständlichen Produkte der kapitalistischen Ökonomie – nachgezeichnet.

Allerdings gibt es einige zwischenmenschliche Probleme, die in der oben gemachten Phaseneinteilung nicht aufgehen, sondern gewissermaßen quer dazu liegen. Einige dieser Probleme hängen mit einer Ungenauigkeit der oben gemachten Ausführungen über die Einteilung des gesellschaftlichen Lebensprozesses in Produktion, Zirkulation und Konsumtion zusammen. Wir haben dort die Begriffe Verteilung (Distribution) und Zirkulation nur im Sinne der Verteilung der fertigen toten Arbeitsprodukte über den Markt gebraucht. Marx gebraucht aber den Begriff Verteilung noch in einem zweiten, viel grundlegenderen Sinne: im Sinne der Verteilung der Produktionsbedingungen selbst, des Eigentums an Produktionsmitteln und der Arbeitskräfte. Vor allem die Verteilung der Ware Arbeitskraft über den Arbeitsmarkt und die dort herrschende Konkurrenz prägen die zwischenmenschlichen Beziehungen der Lohnarbeiter, die uns hier vor allem interessieren, ganz erheblich. Der Verkauf oder Neuverkauf der eigenen Ware Arbeitskraft an einen Unternehmer vollzieht sich zwar in jedem Lohnarbeiterleben nur einige wenige Male, aber die mit dem Zwang zum Verkauf der Ware Arbeitskraft verbundenen zwischenmenschlichen Ängste und Zwänge ragen gewissermaßen in alle Lebensbereiche hinein und prägen fast alle Formen der Perspektivenverschränkung zwischen den Handelnden. Wir werden den Verkauf der Ware Arbeitskraft in seiner Bedeutung für die zwischenmenschlichen Beziehungen schwerpunktmäßig in dem Kapitel über das Marktverhalten erörtern, aber später noch öfters darauf zu sprechen kommen. Der genannte Ausstrahlungseffekt gilt insbesondere auch für die Erfahrung der Arbeitslosigkeit und das Gefühl des Bedrohtseins durch Arbeitslosigkeit.

Als Brennpunkt des Interesses sind also die unterschiedlichen Gestalten der zwischenmenschlichen Perspektivenverschränkung festgehalten worden, die der ökonomische Prozeß des Kapitals den erwachsenen Individuen aufzwingt und aufprägt. In den damit verbundenen Einigungsprozessen spielen, wie es auch im ersten Kapitel steht, immer auch Normen eine wichtige Rolle. Um dieses Thema geht es mehrfach in den nachfolgenden drei Kapiteln über die Zwischenmenschlichkeit in der kapitalistischen Zirkulations-, Produktions- und Konsumtionssphäre. Es folgt dann noch ein Kapitel über die Disziplinierung des zwischenmenschlichen Handelns durch das vom kapitalistischen Staat gesetzte und beaufsichtigte Recht und die Probleme der Abweichung von den rechtlichen Normen durch die Kriminalität oder das «Ausflippen» einzelner. Damit ist dann die Zwischenmenschlichkeit des Erwachsenenalltags im Kapitalismus einigermaßen umrissen.

Die Menschen kommen aber nicht als Erwachsene, sondern als Kinder auf die Welt. Sie müssen sich die jeweilige gesellschaftliche Wirklichkeit – einschließlich der Anforderungen des zwischenmenschlichen Verhaltens – in langwierigen Entwicklungs- und Formungsprozessen *aneignen*, bis sie es gelernt haben, sich im Kreislauf des kapitalistischen Erwachsenen-Alltagstrotts selbst zu erhalten, zu reproduzieren. Nach 40 oder 50 Jahren dieses Alltagstrotts, im Alter, werden sie dann unter den gegenwärtigen Verhältnissen ganz von der Produktionstätigkeit ausgeschlossen und gehen mit mehr oder weniger raschen Schritten dem Ende ihrer individuellen Lebensgeschichte, dem Tode, entgegen. Um diese lebensgeschichtliche Entwicklung der zwischenmenschlichen Perspektiveverschränkung von der Geburt bis zum Tode geht es im letzten Kapitel dieses Buches. Wir verfolgen auf diese Weise gewissermaßen zwei Achsen im Leben der Individuen unter dem Gesichtspunkt ihres Sozialverhaltens. Die erste liegt sozusagen waagerecht, entlang der Wiederkehr des Immergleichen im Alltagsleben der Erwerbstätigen, im beständig wiederholten Durchgang durch die Zirkulations-, Produktions- und Konsumtionssphäre. Die zweite steht sozusagen senkrecht dazu, entlang des individuellen lebensgeschichtlichen Entwicklungs-, das heißt oft Verkümmerungsprozesses.

Wir wenden uns nun zunächst der Betrachtung der Zwischenmenschlichkeit in der ersten, waagerechten Achse zu. Dabei beginnen wir mit der Betrachtung der Zwischenmenschlichkeit in der Zirkulationssphäre, wenden uns dann der Produktionssphäre und schließlich der Konsumtionssphäre zu. Da es sich um einen Kreislauf im Lebensprozeß der Individuen handelt, könnte man eigentlich auch eine andere Reihenfolge wählen. Ich habe mich gerade für diese Reihenfolge entschieden, weil sie in etwa der Reihenfolge der Argumentation im ersten Band des Marxschen «Kapital», an dem ich mich wesentlich orientiere, entspricht.

Anmerkungen

1 Karl Marx, MEW 23, S. 49.
2 Vgl. MEW 23, S. 16, 100 und 591.
3 Max Weber, Wirtschaft und Gesellschaft, Tübingen 1956, S. 490.
4 Karl Marx, Grundrisse der Kritik der Politischen Ökonomie, Frankfurt/M. o. J., S. 74 f.
5 Marx, MEW 23, S. 86.
6 «Auf dieser *Erscheinungsform*, die das wirkliche Verhältnis unsichtbar macht und gerade sein Gegenteil zeigt, beruhen alle Rechtsvorstellungen des Arbeiters wie des Kapitalisten, alle Mystifikationen der kapitalistischen Produktionsweise, all ihre Freiheitsillusionen, alle apologetischen Flausen der Vulgärökonomie», Marx, MEW 23, S. 636/37.
7 Vgl. die Beispiele bei Rosa Luxemburg, Einführung in die Nationalökonomie, Berlin 1923, ebenso die Darstellung zur altaustralischen, eskimoischen, papuanischen, athapaskischen und algonkinischen Gesellschaft bei I. Sellnow, Grundprinzipien einer Periodisierung der Urgeschichte, Berlin 1961.
8 Vgl. hierzu ausführlich H. Mottek, Wirtschaftsgeschichte Deutschlands Bd.

II, 2. Aufl., Berlin 1973.

9 Zur abgestuften Unfreiheit der Bauernschaft und zur Entwicklung der Abga-
be- und Ausbeutungsformen vgl. Mottek Bd. I, a. a. O., S. 119 ff.

10 Vgl. Rosa Luxemburg, a. a. O.; Mottek, a. a. O., Bd. I, S. 102 ff.

11 Deshalb sahen sich die kapitalistischen Eindringlinge fast überall genötigt,
Zwangsarbeitssysteme für die eingeborene Bevölkerung einzuführen. Vgl.
etwa J. Suret-Canale, Schwarzafrika Bd. II, Berlin 1966. Zwangsarbeit gab es
bis in die jüngste Zeit auch noch in den portugiesischen Afrika-Kolonien. Vgl.
A. Boavida, Angola, Frankfurt/M. 1970, S. 44 f.

12 L. Kofler, Zur Geschichte der bürgerlichen Gesellschaft, Neuwied/Berlin
1966, S. 304.

13 Vgl. MEW 23, Kap. 24.

14 Vgl. hierzu ausführlich Karl Marx, MEW 23, S. 777 ff.

15 Zur Kapitalisierung der englischen Landwirtschaft vgl. auch die neuere Arbeit
von M. Dobb, Entwicklung des Kapitalismus, Köln 1972, S. 181 ff.

16 Vgl. E. Mandel, Die Marxsche Theorie der ursprünglichen Akkumulation und
die Industrialisierung der Dritten Welt, in: Folgen einer Theorie, Frankfurt/
M. 1967.

17 Karl Marx, MEW 23, S. 761/62.

18 Die Arbeitshäuser waren zugleich Gefängnisse, Erziehungsanstalten, Sie-
chen- und Irrenanstalten. Die kapitalistische Fabrik, das Gefängnis, die Für-
sorgeanstalt und das Irrenhaus haben bis heute eine gewisse Ähnlichkeit
bewahrt; soziologisch gesehen fallen sie alle unter die Rubrik «totale Institution». Zur gemeinsamen Geschichte vgl. u. a.: R. Alheim u. a., Gefesselte
Jugend. Fürsorgeerziehung im Kapitalismus, Frankfurt/M. 1971, S. 18 ff.

19 Vgl. hierzu ausführlich M. Vester, Die Entstehung des Proletariats als Lernprozeß, Frankfurt/M. 1970.

20 Ein Gesichtspunkt, den Max Weber ausführlich untersucht hat. Er hat eine
relative Selbständigkeit gegenüber der ökonomischen Erklärung der Entstehung des Kapitalismus betont, kann aber keineswegs *gegen* diese Erklärung
benutzt werden. Das hat Max Weber selbst gesehen. Vgl. ders., Die protestan-
tische Ethik I, Hamburg 1975, S. 20 ff.

21 Karl Marx, MEW 23, S. 765.

22 Vgl. Max Weber, Wirtschaft und Gesellschaft, Tübingen 1956, 554 ff; Marx,
MEW 3, S. 75 f.

23 MEW 3, S. 76.

25 Vgl. die Zitate aus dem Kapitalistenlager bei K. Marx, MEW 23, S. 94 ff.

26 Vgl. u. a. C. F. Doran u. a., Umweltschutz, Politik des peripheren Eingriffs,
Darmstadt/Neuwied 1974.

27 E. Altvater, F. Huisken (Hg.), Materialien zur Politischen Ökonomie des
Ausbildungssektors, 2. Aufl. 1971, insbesondere S. 241 f.

28 Vgl. das erdrückende Zahlenmaterial bei P. Jalée, Die Dritte Welt in der
Weltwirtschaft, Frankfurt/M. 1969.

29 Vgl. W. Hofmann, Verelendung, in: Folgen einer Theorie, a. a. O.

30 Die Lohnquote bezeichnet den Anteil der «Bruttoeinkommen aus unselbstän-
diger Arbeit» am Volkseinkommen. Auf den ersten Blick scheint sie nach den
offiziellen Angaben gestiegen: von 1950 58,5 % auf 1971 69,0 %. Nimmt man
jedoch das – meist unterschlagene – Wachstum des Unselbständigenanteils an
der Erwerbsbevölkerung in demselben Zeitraum von 68,5 % auf 82,4 %

hinzu, kommt man auf ein *Sinken* der «rechnerischen Lohnquote» von 58,6 %
auf 56,1 %. Vgl. H. Conert, Einführung in die politische Ökonomie der BRD,
Frankfurt/M. 1972, S. 82/83 (statistischer Anhang).

31 Bekannt sind die Zahlen von 1966, nach denen 1,7 % der BRD-Haushalte über
74 % des Produktivvermögens (und 31 % des Gesamtvermögens) verfügen.
Vgl. J. Siebke, Die Vermögensbildung der privaten Haushalte in der BRD,
zitiert nach Frankfurter Rundschau vom 6. 8. 1971; und ausführlich J. Huff-
schmidt, Die Politik des Kapitals. Konzentration und Wirtschaftspolitik in der
BRD, Frankfurt/M. 1969.

32 1970 lag der Anteil der abhängig Beschäftigten bei 83,4 %. Davon 56,2 %
Arbeiter, 35,1 % Angestellte und 8,7 % Beamte.

33 Vgl. die Statistiken bei H. Jung, Zur Diskussion um den Inhalt des Begriffs
«Arbeiterklasse», in: Das Argument 61, 1970.

34 Eine Wendung, die Marx in den «Grundrissen» benutzt.

35 Vgl. A. Brock u. a., Industriearbeit und Herrschaft, Frankfurt/M. 1969, S.
26 ff; und ausführlich H. Steiner, Soziale Strukturveränderungen im modernen Kapitalismus. Zur Klassenanalyse der Angestellten in Westdeutschland,
Berlin 1967.

36 Ein Aspekt, der sich ausführlich diskutiert findet bei J. Habermas, Legitimationsprobleme im Spätkapitalismus, Frankfurt/M. 1973.

III. Zwischenmenschlichkeit und Warenmarkt

1. Gleichgültigkeit und wechselseitige Instrumentalisierung

Es soll im folgenden um die grundlegenden zwischenmenschlichen Verhaltensweisen gehen, die die kapitalistische Ökonomie den Individuen auf dem Warenmarkt, im Bereich der Zirkulation der produzierten Güter abverlangt. Nehmen wir zunächst ein ziemlich alltägliches Beispiel: ich habe mich entschlossen, für einen Teil meiner Lohn- oder Gehaltssumme einen Anzug einzutauschen. Es soll, sagen wir, ein dunkelgrüner Cordanzug sein, gut passen, aus haltbarem Material gefertigt sein, dabei aber möglichst wenig kosten. Er interessiert mich also als *Gebrauchswert*. Ich gehe in das einschlägige Verkaufsviertel, sehe mir erst einmal die Schaufenster an und betrete schließlich ein Geschäft. Ein gepflegter Herr, von dem ich der Einfachheit halber einmal annehmen will, daß er der Besitzer ist, tritt interessiert auf mich zu, fragt nach meinen Wünschen, und nach einer längeren Anprobier- und Beratungsszene trete ich – um einen hoffentlich brauchbaren Cordanzug reicher und um fast 200,– DM ärmer – wieder auf die Straße und gehe nach Hause.

Welcher Art war nun die Sozialbeziehung zwischen mir und jenem gepflegten Herrn aus dem Textilwarengeschäft? – Was hat mich mit ihm während der Minuten meines Anzugskaufs zusammengeführt und zusammengehalten?

Auf einer grundlegenden Ebene ist zu sagen: Unser Zusammenhang beruhte auf einem zufälligen und unpersönlichen Austausch akt zwischen zwei freien und gleichberechtigten Warenbesitzern. Zufällig und unpersönlich insofern, als ich genausogut in ein anderes Geschäft hätte gehen können, und insofern, als der Anzugverkäufer den Cordanzug ganz sicher auch jedem anderen verkauft hätte, solange er nur den veranschlagten Preis zahlt. Unsere Sozialbeziehung ist weitgehend anonym; kaum ein Anzugverkäufer käme auf den Gedanken, mich nach meinem persönlichen Namen oder der Anzahl meiner Kinder zu fragen. Hierin unterscheidet sich der kapitalistische Tausch fundamental vom Tausch in altertümlich-vorkapitalistischen Gesellschaften, in denen der Tausch und der Tauschgegenstand meist eine höchstpersönliche Angelegenheit waren und im Rahmen von längerfristig verpflichtenden Bekanntschaften standen. Unser zufällig-unpersönliches Verhalten beruhte weiterhin auf einem beiderseitig freiwilligen Akt und einem wenn auch nicht schriftlichen, so doch stillschweigenden *Vertrag*. Die vertragliche Verpflichtung meines Gegenübers kann ich, falls sich an dem Anzug grobe und beim

Verkauf selbst nicht wahrnehmbare Mängel herausstellen, bei einem Gericht einklagen. Dasselbe kann der Verkäufer tun, wenn ich zwar den Anzug nehme, ihm aber gar keine oder nur einen Teil der auf dem Preisschild ausgeschriebenen Kaufsumme aushändige. Für Käufer und Verkäufer gilt:

«Sie müssen sich daher wechselseitig als Privateigentümer anerkennen. Dies Rechtsverhältnis, dessen Form der Vertrag ist, ob nun legal entwickelt oder nicht, ist ein Willensverhältnis, worin sich das ökonomische Verhältnis widerspiegelt. Der Inhalt dieses Rechts- oder Willensverhältnisses ist durch das ökonomische Verhältnis selbst gegeben. Die Personen existieren für einander nur als Repräsentanten von Ware und daher als Warenbesitzer».[1]

Käufer und Verkäufer sind für einander nicht nur gleich gültig im Sinne gleicher Geltung und förmlicher Ebenbürtigkeit vor dem bürgerlichen Recht, sondern sie sind einander auch zutiefst gleichgültig in dem Sinne, daß sie den anderen in egoistisch-unpersönlicher Weise als bloßes Mittel für die Durchsetzung ihres eigenen Interesses an den Tauschgegenständen benutzen müssen. Als Charaktermaske – das heißt bei Strafe seines ökonomischen Untergangs in der Konkurrenz – muß es dem Verkäufer des Cordanzugs im obigen Beispiel letztlich primär immer um das Geld in meiner Tasche, den klingenden Tauschwert für seine Waren gehen. Zu diesem Zweck – und nicht etwa, weil er möglichst viele Menschen mit brauchbaren, strapazierfähigen und schönen Cordanzügen versorgen möchte – läßt er sich mit mir ein. Dagegen geht es mir vor allem um den Gebrauchswert des Cordanzugs; seinen Tauschwert in Geld zahle ich nur notgedrungen, als Mittel zum Erhalt des Gebrauchswerts. Während für mich der Tauschwert des Anzugs (ausgedrückt in Geld) das Mittel für den Erhalt des begehrten Gebrauchswerts ist, ist für mein Gegenüber umgekehrt gerade der Gebrauchswert nur ein zu berücksichtigendes Mittel für den Erhalt des Tauschwerts. Dabei kann es ihm im Grunde völlig gleichgültig sein, ob ich mir für die 200,– DM lauter Wintersocken, einen Haufen geschmackloser Krawatten oder eben den Cordanzug kaufe. Zwar führt unser Tun zu einer Art wechselseitiger Befriedigung unserer unterschiedlichen Bedürfnisse, doch diese ist «als solche jedem der beiden Subjekte des Austauschs gleichgültig».[2] Und je besser es einem von uns gelingt, seine Bedürfnisse im Tauschakt durchzusetzen – etwa wenn ich es schaffe, den mich interessierenden Anzug wegen eines kleinen Webfehlers um 30,– oder 40,– DM herunterzuhandeln, oder wenn der Anzugverkäufer es schafft, mir einen eigentlich schlecht sitzenden Anzug aufzuschwatzen, desto mehr geht es auf Kosten des jeweils fremden Interesses am Produkt. Tauschwertstandpunkt und Gebrauchswertstandpunkt stehen beim Tauschvorgang in einem unversöhnlichen Widerspruch zueinander, dem sich die Handlungspartner nicht entwinden können.

2. Gleichgültigkeit und liebenswürdiger Schein

Die Sache ist aber noch viel komplizierter. Der Witz ist nämlich der, daß ich dem Verkäufer des Anzugs als konkreter Mensch und bestimmte Persönlichkeit zwar gleichgültig bin und sein muß, er aber trotzdem unter dem Zwang steht, meine persönlichen Bedürfnisse, Schwächen und Hoffnungen möglichst geschickt auszukundschaften und dieses Wissen für die Durchsetzung seines Verkaufserfolgs, seiner Tauschwertrealisierung einzusetzen.

Sagen wir zum Beispiel, der Kunde, der das Bekleidungsgeschäft betritt, hat eine etwas kräftige Figur. Dann ist es für einen guten Anzugverkäufer wichtig (das gilt, wie wir sehen werden, vermittelt auch für einen angestellten Verkäufer), erstens diesen Umstand als solchen zur Kenntnis zu nehmen, zweitens aber auch die Art und Weise zu erforschen, wie der Kunde diesen Umstand selbst einschätzt und interpretiert, ob er ihm relativ gleichgültig ist, ob er in diesem Punkt verletzlich ist, ihn lieber überdecken möchte und so weiter. Die verkaufsfördernde Menschenkenntnis des Verkäufers besteht unter anderem darin, daß er solche Fragen nicht allzu direkt stellt, sondern sie tastend angeht. Er darf nicht etwa sagen: «Ach, Sie sind aber ziemlich dick, was können wir denn machen, daß Sie einen passenden Anzug kriegen und ich mein Geld bekomme?», sondern er muß die Probleme und verborgenen Wünsche eines Kunden möglichst diskret in ein einfühlsam-hilfsbereites Verhalten seinerseits eingehen lassen. Erfolgreiche Verkäufer wissen, daß König Kunde ein oftmals heikles und in zwischenmenschlicher Hinsicht gar nicht leicht kalkulierbares Wesen ist. In diesem Sinne hat Marx von einem «liebenswürdigen Schein» im Verhalten des von der Konkurrenz getriebenen Warenanbieters gesprochen. Dieser muß sich noch innerhalb der gleichgültig-instrumentellen Tauschwertbeziehung, die er zum anderen hat, so weit in ihn einfühlen, daß er «jedes wirkliche oder mögliche Bedürfnis als eine Schwachheit, die die Fliege an die Leimstange heranführt, wahrnimmt», daß er «sich seinen verworfensten Einfällen fügt, den Kuppler zwischen ihm und seinen Bedürfnissen spielt, krankhafte Gelüste in ihm erregt, jede Schwachheit ihm abläuert.»[3]

Neben dem zuerst genannten Verhaltenszwang der instrumentellen Gleichgültigkeit gibt es also noch den Zwang zum zwischenmenschlich-einfühlsamen «liebenswürdigen Schein» im Warenbesitzer-Verhalten, den jeder erfolgreiche Warenanbieter gleichsam als Köder für sein Gegenüber auslegt und mit dessen Hilfe er die auf den Handlungspartner richtig zugeschnittenen «Gebrauchswertversprechen»[4] auskundschaftet. (Eine Funktion, die, wie wir sehen werden, heute zum großen Teil auf Werbefachleute übergegangen ist.)

Dieses Nebeneinander von Gleichgültigkeit und «liebenswürdigem Schein» – wobei die Gleichgültigkeit die letztlich immer vorherrschende

Verhaltensbestimmung ist – prägt der zwischenmenschlichen Perspektivenverschränkung in der Zirkulationssphäre, dem wechselseitigen Sich-Verstehen der Warenbesitzer einen grundlegenden Stempel auf.

Man könnte einwenden, das Beispiel aus dem Bekleidungsgeschäft sei ein unrealistischer Extremfall. Dasselbe Nebeneinander von Gleichgültigkeit und «liebenswürdigem Schein» findet sich – in unterschiedlicher Ausprägung – aber in allen Sozialbeziehungen des kapitalistischen Marktgeschehens. Ein anderes auffallendes Beispiel sind etwa Versicherungsvertreter.[5] Auch diese müssen sich in einer sehr eindringlichen Weise und mit scheinhaft-persönlicher Hilfsbereitschaft auf die Perspektive ihrer Kunden einlassen, über deren Familiensituation sprechen, ihre zum Teil irrationalen Sicherheitsängste wahrnehmen und hervorholen, dürfen dabei aber nie das egoistische Interesse an der Unterschrift unter dem Vertrag aus dem Auge verlieren, welche ihnen erst ihre Provisionssumme und damit den Lebensunterhalt sichert. Im Prinzip muß aber nicht nur jeder Kolonialwarenhändler oder Werbefachmann, jeder, der einen Gebrauchtwagen verkaufen oder eine Wohnung mieten will, sondern auch jeder, der als Lohnabhängiger seine Ware Arbeitskraft erfolgreich verkaufen will, über eine solcherart listig-instrumentelle Weise der zwischenmenschlichen Einfühlung verfügen.

3. Doppeldeutigkeit des Verhaltens, wechselseitiges Mißtrauen und Identitätsbedrohung

Das Nebeneinander von Gleichgültigkeit und liebenswürdigem Schein, das letztlich aus dem Doppelcharakter der Ware, sowohl Tauschwert als auch Gebrauchswert zu sein, entspringt, schlägt sich als eine tiefe Doppeldeutigkeit, Unglaubwürdigkeit und damit Unsicherheit der zwischenmenschlichen Beziehungen unter Warenbesitzern nieder. Wenn ein Tauschpartner zu mir besonders freundlich ist, muß ich immer argwöhnen, daß es nur ein verkaufsförderndes Rollenverhalten im Sinne seiner Tauschwertinteressen ist. Wenn der obengenannte Anzugsverkäufer etwa mir allzu lebhafte Argumente über den Sitz des gerade anprobierten Anzugs macht, kann es sein, daß ich eher mißtrauisch werde und nach dem Muster reagiere: «Man merkt die Absicht und man ist verstimmt.» Das heißt, weil ich, ebenso wie der Verkäufer, über die zwischenmenschliche Grundfähigkeit verfüge, die Perspektive des anderen zu übernehmen und kritische Vermutungen über die hinter seinem Auftritt liegenden wirklichen Absichten anzustellen, muß ein geschickter Verkäufer sich nicht nur in meine unmittelbaren Bekleidungsprobleme und meine damit zusammenhängenden Befürchtungen und Hoffnungen einfühlen können, sondern auch mein mögliches Mißtrauen gegenüber seiner eigenen liebenswürdig-scheinhaften Einfühlsamkeit in seinem eigenen Handlungsplan berücksichtigen und vorwegnehmen können. Viele Menschen haben im ökonomischen Dschungel der kapitalistischen Zirkulationssphären gegenüber allzu aufdringlich-liebenswürdigem Vertreter- und Werbeverhalten bereits ein «gesundes Mißtrauen» entwickelt, das sich dann nur wieder durch den betonten Anschein der Seriosität und Zurückhaltung, der Nichtangewiesenheit auf die Tauschwertrealisierung auffangen läßt. Aber auch gegenüber solcher «Vornehmen Zurückhaltung» kann man dann wieder ein Mißtrauen entwickeln und so kann es theoretisch endlos weitergehen.[6]

Leute, die die Fähigkeit zum beharrlichen mißtrauischen Hinterfragen der rollenhaften Auftritte ihrer Tauschpartner nicht genügend ausgebildet haben, können in ihrer ökonomischen Existenz sehr schnell vor die Hunde gehen. Ein Beispiel hierfür sind ältere Leute, die angesichts der Liebenswürdigkeit von Firmenvertretern die Fußangeln im kleingedruckten Vertragstext übersehen.

Auch innerhalb der unpersönlich-gleichgültigen Welt des kapitalistischen Warentauschs sind die meisten Menschen nicht zu völlig unmenschlichen Einzelwesen geworden, sondern tragen immer auch ihre drängenden Bedürfnisse nach persönlichem Kontakt und freundlicher Kommunikation mit sich herum. Aber gerade dies kann ihnen zum Verhängnis werden. Viele in der Konkurrenz erfolgreiche Tauschpartner verstehen es, die menschlichen Bedürfnisse nach einem freundlich-harmlosen Alltagskontakt in ihre – ihnen teilweise selbst unbewußten – Überlistungsstrategien einzubauen. Durch ein persönliches und inoffiziell-privates Gespräch kann man Gefühle der Verpflichtung beim Gegenüber erzeugen, die es diesem sehr erschweren, von einem eingeleiteten Kaufakt zurückzutreten. Wer den Überlistungsstrategien oft genug zum Opfer gefallen ist, der bildet unter Umständen ein so tiefes Mißtrauen aus, daß er nun auch hinter jeder ausnahmsweise einmal aufrichtig gemeinten Freundlichkeit und jedem persönlichen Interesse eines anderen gleichgültig-egoistische Absichten vermutet und – von seinem Mißtrauen verfolgt – kaum noch so etwas wie soziale Sicherheit oder zwischenmenschliche Geborgenheit finden kann.

Das sogenannte gesunde Mißtrauen der Warenbesitzer ist unter psychologischem Aspekt alles andere als gesund. Wir hatten schon im Anfangskapitel über menschliches Sozialverhalten festgestellt, daß sich das Selbstbewußtsein und Identitätsgefühl des Einzelmenschen einerseits über seine Bezüge zu den gegenständlichen Produkten, andererseits aber über den Nachvollzug der mehr oder weniger beständigen Perspektiven herstellt, welche seine Handlungspartner ihm gegenüber entwickeln. Die vermuteten Perspektiven der anderen, über die ich meine Identität bilde, stimmen natürlich nie völlig mit ihren wirklichen Perspektiven überein, sondern die Übereinstimmung muß immer wieder neu überprüft und abgetastet werden. Trotzdem können und müssen wir diese Übereinstimmung in vielen praktischen Situationen, etwa bei kooperativer Arbeit, sinnvollerweise mit einem gewissen Vertrauensvorschuß einfach voraussetzen; hier gibt es dann auch ziemlich eindeutige Maßstäbe dafür, ob diese Voraussetzung falsch war und korrigiert werden muß. Der Zwang zum Mißtrauen gegenüber der Inszeniertheit und Rollenhaftigkeit des fremden Verhaltens jedoch, der vom Widerspruch zwischen Gebrauchswert- und Tauschwertstandpunkt in die Zwischenmenschlichkeit der Tauschpartner hineingetragen wird, macht aus diesem Vorgang des Abtastens gewissermaßen eine endlose Spirale oder ein Faß ohne Boden, in dem ein stabiles Gefühl dafür, wer ich eigentlich bin und wie die anderen zu mir stehen, beständig zu versinken droht. Jede Identität, die mir von dem anderen zurückgespiegelt wird, muß ich als Täuschungsmanöver hinterfragen. Aus psychiatrischen Untersuchungen weiß man, daß das Fehlen von Sozialbeziehungen, in denen ich die Übereinstimmung zwischen meiner Perspektive und der der anderen oder den von mir bei ihnen vermuteten und ihren wirklichen Perspektiven auf meine Person erfahren kann, die Gefahr eines Persönlichkeitszerfalls oder einer Identitätsauflösung mit sich bringt und daß der innere Kampf gegen diesen Zerfall ein hohes Maß an seelischer Kraft aufzehren kann.[7] Interessant ist übrigens, daß psychiatrische Krankheitsbilder, die mit einer als gefährlich empfundenen Identitätsauflösung und der krampfhaften Suche nach einem stabilen Selbstbild, welches man gleichsam als Besitz festhalten möchte, zusammenhängen, in den westlich-kapitalistischen Ländern viel häufiger sind als in traditionellen Gesellschaften Asiens oder Afrikas.[8] Auch innerhalb der psychoanalytischen Theorie der Neurosen drängt sich in letzter Zeit das Problem des Narzißmus, das heißt der zwischenmenschlichen Befriedigungsunfähigkeit infolge einer angstvoll-krampfhaften Liebe zu sich selbst und des gewissermaßen kurzschlüssigen Versuchs, ein gesichertes Selbstbild aufrechtzuerhalten, immer stärker in den Vordergrund.[9] Solche narzißtischen Kontaktstörungen und Abkapselungen der Persönlichkeit dürften unter der Lebensform der privaten, mißtrauisch-egoistischen Warenbesitzer eine systematische Verbreitung und Verankerung erfahren haben.

4. Der Lohnarbeiter als Privateigentümer und der Verkauf der Ware Arbeitskraft

Was es für den einzelnen Lohnarbeiter so schwer macht, Klassenbewußtsein, die Bereitschaft zum solidarischen Kampf aller Ausgebeuteten gegen die kapitalistische Privateigentümerherrschaft zu entwickeln, was sein Bewußtsein vor allem «mystifiziert» und an den oberflächlichen

Freiheits- und Gleichheitsschein der bürgerlichen Warenbesitzergesellschaft bannt, ist die Tatsache, daß er ja nicht nur Arbeitender und Ausgebeuteter ist, sondern *auch* Privateigentümer einer Ware, die er sorgsam-egoistisch hüten und möglichst günstig an den Mann bringen muß[10]. Er ist Privateigentümer der Ware Arbeitskraft, so wie ein Kapitalist Privateigentümer von Kapital und Produktionsmitteln und ein Grundbesitzer Privateigentümer von Grund und Boden ist. Wir wissen zwar, daß die letztlich entscheidende Quelle des gesellschaftlichen Reichtums, auf die die Herstellung der Produktionsmittel und des Kapitals ebenso wie die Nutzbarmachung und Nutzung jenes Grund und Bodens zurückführbar ist, die gesellschaftliche Arbeitskraft der Menschen ist; aber an der Oberfläche der bürgerlichen Gesellschaft und unter den alltäglichen Zwängen der praktischen Existenzerhaltung sieht es auch für den Arbeiter so aus, als ob es eben natürlicherweise verschiedene Dinge oder Produktionsfaktoren in der Hand verschiedener gleichberechtigter Privateigentümergruppen – Lohnarbeiter, Kapitalisten, Grundeigentümer – gibt, die dem jeweiligen Eigentümer bei geschicktem ökonomischen Einsatz ein Einkommen abwerfen. Eine dieser Einkommensquellen ist die Ware Arbeitskraft. Auch der Arbeiter muß sich zu seiner ihn ernährenden Ware Arbeitskraft, also zu einem Teil seiner selbst, wie zu einem in seinem Privatbesitz befindlichen Goldesel verhalten, mit dem er so umgehen, den er so geschickt anbieten und vermieten muß, daß es für ihn dabei zu einem möglichst hohen und langfristigen Dukatenausstoß kommt.

Das heißt vor allem: er muß auf dem Markt um einen für ihn selbst möglichst günstigen Verkauf seiner Ware Arbeitskraft ringen. Wenn er erst einmal eingestellt ist oder einen bestimmten angestrebten Posten bekommen hat, gibt es für ihn die Möglichkeit, in der gewerkschaftlichen Aktion dem eigenen Privateigentümer-Egoismus und dem Gegeneinander-Ausgespieltwerden in der Konkurrenz um den Arbeitsplatz entgegenzutreten. Aber solange er einen existenzsichernden Arbeitsplatz noch sucht oder einen ganz bestimmten lohnenden Posten haben will, findet er sich immer wieder als ganz vereinzelter Privateigentümer auf die Gunst und Kaufbereitschaft von kapitalbesitzenden Privateigentümern (oder auch staatlichen Dienstherren) angewiesen. Die demütigende, einschüchternde und korrumpierende Wirkung der Situationen, in denen es um den Verkauf der eigenen Ware Arbeitskraft geht, ist – obwohl man sich nicht gerne an unbeantwortete Bewerbungsschreiben, ängstliches Warten in den Vorzimmern und kaum kontrollierbare Ablehnungsbescheide erinnert – allen Lohnabhängigen bekannt und geht prägend in ihre Persönlichkeitsbildung ein. Es geht dabei wesentlich um einen gekonnten Auftritt, in dem ich versuchen muß, die Perspektiven derjenigen, die über den Verkauf meiner Ware Arbeitskraft befinden, den unerbittlich-abschätzenden Richterblick der Personalchefs, Abteilungsleiter und so weiter vorwegzunehmen und ihre vermuteten Beurteilungsmaßstäbe in meinem Verhalten in einer mich begünstigenden Weise zu berücksichtigen.

Auch Leute, denen dererlei Dinge sonst ziemlich gleichgültig sind, suchen sich am Morgen vor den über die Einstellung entscheidenden Gesprächen die Kleidung ziemlich sorgfältig aus und fahren sich, bevor sie das Chefzimmer betreten, noch einmal hastig übers Haar. Für den Verkauf der Ware Arbeitskraft gelten zunächst dieselben zwischenmenschlichen Verhaltenszwänge, wie sie soeben für den Verkauf jeder anderen Ware auch herausgearbeitet worden sind: liebenswürdig-einfühlsamer Schein auf der Grundlage von Gleichgültigkeit und Unpersönlichkeit, eine oberflächliche Rollenhaftigkeit des Verhaltens, ein daraus resultierendes wechselseitiges Mißtrauen, Verunsicherung des eigenen Identitätsgefühls und bei alledem noch der Zwang, auf keinen Fall weich zu werden und das eigene privat-instrumentelle Tauschinteresse aus dem Auge zu verlieren.

Wer seine Ware Arbeitskraft erfolgreich verkaufen will, muß lernen, sich selbst in den Augen seines Gegenüber in zweierlei Hinsicht als brauchbar zu präsentieren, ihm gegenüber eine bestimmte Rolle zu spielen. Diese beiden Seiten haben mit dem im letzten Kapitel dargelegten Doppelcharakter des kapitalistischen Produktionsprozesses zu tun. Zum einen unterliegt der Betreffende einem Zwang zur vorwegnehmenden Selbstpräsentation hinsichtlich der erforderlichen konkreten fachlichen Fähigkeiten und Fertigkeiten in dem jeweils besonderen *Arbeitsprozeß*, sagen wir als Maschinenschlosser, Automatenwart oder auch Betriebspsychologe. (Bei Berufsgruppen, denen innerhalb des durchrationalisierten Produktionsprozesses so gut wie keine konkret-fachlichen Qualifikationen mehr abverlangt werden, tritt diese Seite der Verhaltensanforderungen stark zurück.) Zum anderen muß jeder Lohnabhängige in seinem Selbstpräsentationsverhalten die Erwartungen des Unternehmers hinsichtlich seiner Ausbeutbarkeit und allgemeinen Unterordnungsbereitschaft im *kapitalistischen Verwertungsprozeß*, wo es um die Herauspressung einer möglichst großen Mehrwertmenge – etwa über die Bereitschaft zu Überstunden – geht, einfühlsam vorwegnehmen. Nach dieser Seite ist das richtige, also zum erfolgreichen Selbstverkauf führende Verhalten besonders schwer kalkulierbar.[11] Im allgemeinen ist es wahrscheinlich verkaufsfördernd, diszipliniert, pünktlich, gehorsam und bieder zu wirken. Eine dick aufgetragene Unterwürfigkeit und Unselbständigkeit kann nun aber auch wieder das Gegenteil des erwünschten Zwecks bewirken; entweder weil sie mit der in vielen Arbeitsbereichen doch begrenzt erforderlichen Eigeninitiative und Flexibilität in Konflikt gerät oder weil der betreffende Unternehmer oder Personalchef den Verdacht schöpft, daß es sich nur um ein kurzfristiges Verkaufsförderungsmanöver handelt.

Wahrscheinlich hat – jedenfalls bei der Jagd nach den besseren und verantwortlicheren Stellen – noch der die besten Chancen, der die doppelten Anforderungen des kapitalistischen Produktionsprozesses frühzeitig nach innen genommen hat und sich deshalb in seinem Verhalten in einer für ihn und andere besonders glaubhaften, wenig gespielten Weise als verwertbar anpreisen kann. Die Verinnerlichung der vorweggenommenen kapitalistischen Perspektive fördert zunächst das eigene ökonomische Überleben. Besonders für Lohnabhängige, die beständig in direkter Wahrnehmung und persönlichem Kontakt mit dem Unternehmer und seinen Vertretern arbeiten müssen – wie das etwa bei Verkäufern, Sekretärinnen, Chauffeuren der Fall ist –, dürfte es auf die Dauer sehr schwer sein, sich eine tiefergehende Übernahme der Unternehmerperspektive vom Leibe zu halten. Schon deswegen, weil sie nicht auf die demütigenden Umgangssituationen mit dem Vorgesetzten so ohne weiteres die für andere Lohnabhängige typischen Distanzierungen und Respektlosigkeiten im Gespräch mit Kollegen, etwa nach dem Muster «Den Alten habe ich aber heute wieder ganz schön verschaukelt» folgen lassen können.

Bei alledem muß man sich vor Augen halten, daß die sozialen Verhaltenszwänge und Perspektivenverschränkungen, die mit dem möglichst günstigen und dauerhaften Verkauf der eigenen Ware Arbeitskraft zusammenhängen, weit über die direkte Verkaufssituation hinauswirken. Auch wenn man schon eingestellt ist, kann – besonders in Zeiten größerer Arbeitslosigkeit – ein bestimmter Eindruck der Unzuverlässigkeit, den man erweckt, immer wieder dazu führen, daß man als nicht verwertbar eingestuft und entlassen wird. Und wer sich, etwa als Angestellter, Hoffnungen auf eine langsame Beförderung innerhalb desselben Betriebes macht, auf einen Verkauf seiner Ware Arbeitskraft zu zunehmend besseren Bedingungen an denselben Kapitalisten, der unterliegt während seiner Arbeitstätigkeit fast ununterbrochen den genannten Verhaltenszwängen der zweiseitigen verkaufsfördernden Selbstdarstellung.

Der marxistische Philosoph Georg Lukács hat die Art und Weise des mit solchem Selbstverkaufs- und Karriereverhaltens verbundenen Verhältnisses des Menschen zu sich selbst für das Beispiel eines Journalisten einmal anschaulich skizziert:

«Der spezialistische Virtuose, der Verkäufer seiner objektivierten und versachlichten geistigen Fähigkeiten, wird aber nicht nur Zuschauer dem gesellschaftlichen Geschehen gegenüber, (. . .) sondern gerät auch in eine kontemplative Attitüde zu dem Funktionieren seiner eigenen objektivierten und versachlichten Fähigkeiten. Am groteskesten zeigt sich diese Struktur im Journalismus, wo gerade die Subjektivität selbst, das Wissen, das Temperament, die Ausdrucksfähigkeit zu einem abstrakten, sowohl von der Persönlichkeit des Besitzers wie von dem materiell-konkreten Wesen der behandelten Gegenstände unabhängigen und eigengesetzlich in Gang gebrachten Mechanismus wird. Die ‹Gesinnungslosigkeit› der

Journalisten, die Prostitution ihrer Erlebnisse und Überzeugungen, ist nur als Gipfelpunkt der kapitalistischen Verdinglichung begreifbar.»[12]

Wir haben im Anfangskapitel die Fähigkeit, sich bewußt und steuernd auf sich selbst, sich reflexiv auf sein eigenes Verhalten zu beziehen, als eine spezifisch menschliche Fähigkeit hervorgehoben. Und wir haben hervorgehoben, daß dieses Sich-Zu-Sich-Selbst-Verhalten immer von der Art und Weise abhängig ist, in der ich das Verhalten und die Perspektive meiner Handlungspartner mir gegenüber in meinem Verhalten – teilweise unbewußt – nachvollziehe und vorwegnehme. Wenn wir beide Momente zusammengenommen als die «soziale Reflexivität» der Menschen bezeichnen, dann kann man sagen, daß unter dem Zwang zum Verkauf der eigenen Arbeitskraft, bei welchem ich mich ja auf mich selbst als Ware und zu verkaufendes Ding beziehen muß, systematisch eine extrem entfremdete und *verdinglichte Form sozialer Reflexivität* hervorgetrieben wird, die – statt ein Weg des zwischenmenschlichen Verstehens zu sein – die Menschen gegeneinander isoliert und zutiefst mißtrauisch macht.

Man muß schließlich noch einen Punkt festhalten, der die Verhaltenszwänge, die mit dem Verkauf der Ware Arbeitskraft zusammenhängen, folgenschwer in der Persönlichkeitsentwicklung des Individuums eingehen läßt. Die Verhaltensanforderungen sind zwar durch und durch sozialer Natur und verweisen letztlich objektiv auf den ökonomischen Aufbau der Gesamtgesellschaft mit seinem Doppelcharakter der Ware, der Mehrwertproduktion etc. Dem einzelnen, dessen Ware Arbeitskraft ja immer nur einzeln vom Kapital angekauft wird, erscheint jedoch sein mehr oder weniger erfolgreicher Kampf um den Arbeitsplatz als Ergebnis seiner eigenen, ganz privaten Geschicklichkeit und Beharrlichkeit in den entscheidenden Situationen – womit er ja in einem beschränkten Sinne auch recht hat. Hat er es geschafft, den begehrten Posten erklommen, dann werden die Demütigungen und die Wut, die aus der eigenen Angewiesenheit und Abhängigkeit resultieren, oftmals schnell verdrängt, und der Stolz, sich ganz alleine durchgekämpft und es geschafft zu haben, wird zum brüchigen Fundament des eigenen Selbstbewußtseins. Über solche individualistischen Deutungen der zentralen gesellschaftlichen Mechanismen, über solche *Individualisierungen*[13], in denen der einzelne als seines Glückes Schmied erscheint, findet die Ideologie der kapitalistisch-privaten Warenproduktion auch noch Eingang in die Persönlichkeitsentwicklung derjenigen, die als Ausgebeutete unter ihr am meisten zu leiden haben.

5. Konkurrenz, Angst und Aggression

Bei den bisherigen Überlegungen zum zwischenmenschlichen Geschehen der kapitalistischen Marktsphäre – bei der Untersuchung der aus dem Doppelcharakter der Ware folgenden Doppeldeutigkeit des Verhaltens und ihrer Folgeprobleme oder der verdinglichten sozialen Reflexivität der Verkäufer der Ware Arbeitskraft – haben wir das Bestehen der ökonomischen Konkurrenz unter den Warenbesitzern immer schon vorausgesetzt und sozusagen beständig mitgedacht. Denn nur über den gnadenlosen Zwang der objektiven Konkurrenzbeziehungen – bei «Strafe ihres ökonomischen Untergangs» in der Konkurrenz – setzen sich die festgestellten Merkmale der Warenbesitzer-Charaktermaske überhaupt im Verhalten der Individuen fest. Ohne die Konkurrenz kann man am Sozialverhalten der Menschen im Kapitalismus so gut wie nichts verstehen. Dabei ist Konkurrenz zunächst gar keine subjektiv-persönliche «Einstellung» oder ein unschöner «Verhaltensstil», den man durch guten Willen abbauen könnte, sondern sozusagen das allerobjektivste und zwingendste gesellschaftliche Faktum, das es im Kapitalismus gibt. So hängt die neuerliche Verschärfung von Konkurrenzbeziehungen auf Grund von Krise und Arbeitslosigkeit mit gewaltsam sich durchsetzenden Veränderungen auf dem kapitalistischen Weltmarkt zusammen, die in so gut wie niemandes Kontrolle oder auch nur Voraussehbarkeit stehen. Insofern kann es zunächst nicht darum gehen, «den *einzelnen* verantwortlich zu machen für Verhältnisse, deren Geschöpf er sozial bleibt, so sehr er sich auch subjektiv über sie erheben mag.»[14] Nach Marx muß man die ökonomische Konkurrenz zwischen den Anbietern einer bestimmten Ware, den Käufern dieser Ware und schließlich auch die zwischen Käufern und Verkäufern der Ware unterscheiden. In allen drei Richtungen herrschen ihre objektiven Verhaltenszwänge.

Obwohl die kapitalistischen Konkurrenzverhältnisse sich also als eine ganz unpersönliche-überpersönliche Sache entwickeln, schlagen sie sich im zwischenmenschlichen Verhalten der Individuen nieder. Die Individuen sind, soweit sie im Rahmen ökonomischer Konkurrenzbeziehungen aufeinanderstoßen, gezwungen, den jeweils Anderen an seiner Tauschwertrealisierung, am Gelingen seines Tauschakts zu hindern, ihn aufzustechen und zu schädigen, so daß er auf der Strecke bleibt.

Die Bereitschaft zum zwischenmenschlichen Wettkampf, zur Hervorhebung des eigenen Selbst in Konkurrenzbeziehungen ist in dieser Form etwas für unsere westlich-kapitalistische Kultur besonders Typisches. Wenn man Angehörige «primitiver» kooperativer Stammesgemeinschaften, wie die nordamerikanischen Zuñi oder die Arapesh auf Neu-Guinea zu wettkämpferischem Verhalten aufforderte, würde man nur auf Unverständnis und Skepsis stoßen.[15] Jedem, der sich auf Kosten anderer hervorzutun versucht, droht hier die soziale Ächtung.

Unter kapitalistischen Konkurrenzbedingungen ist die größere Leistungsfähigkeit eines anderen Menschen zunächst keineswegs etwas, über das ich mich freuen könnte, weil sie mir im Rahmen von kooperativer Tätigkeit auch zugute kommt, sondern primär etwas, das bei mir selbst Versagensangst und die Angst, überflüssig zu sein, hervorruft.[16] Wir werden sehen, daß diese dem kapitalistischen Marktgeschehen entspringende Angst, wenn auch gebremst durch die tatsächliche Kooperation, auch noch in die Sozialbeziehungen der Arbeitswelt, der Produktionssphäre, hineinreicht. Die Wahrnehmung der größeren Leistungsfähigkeit der anderen muß bei mir den Impuls auslösen, diese Leistungsfähigkeit zur Verbesserung meiner eigenen Marktchancen auszuschalten. Es herrscht ein Interesse an der Ausschaltung derer, die mir gefährlich werden können. Dieses Interesse braucht dabei zunächst gar nicht mit einem Interesse oder einer Freude an der Verletzung und am Leiden der anderen verbunden zu sein. Es hat zunächst gewissermaßen einen «objektiven» und im Sinne meiner Existenzerhaltung rationalen Charakter. Es gibt im Kapitalismus noch genug Menschen, denen es zumindest für einige Augenblicke lang wirklich leid tut, wenn sie einen Konkurrenten schädigen müssen. Es kommt dann zu einer der teilweise ehrlichen, aber folgenlosen Selbstdistanzierungen, die für das Sozialverhalten unter der kapitalistischen Charaktermaske so typisch sind.[17]

Leider kann sich aber auch das Interesse an der objektiven Ausschaltung des anderen sehr schnell zur Freude an seinem Leiden und seinem Niedergang verselbständigen. Wenn meine zwischenmenschliche Wahrnehmung von einer dauerhaften starken Angst vor der Stärke der anderen und meiner eigenen Schwäche geprägt ist, dann kann es sehr leicht sein, daß die Wahrnehmung des fremden Leidens als solches einen zusätzlichen Beruhigungseffekt für meine Angst mit sich bringt. Das wahrnehmbare Leiden des anderen als Konkurrenten bekommt dann sozusagen einen positiven Signalcharakter für die Verbesserung meiner Lebenschancen; es wird gleichbedeutend mit der allgemeinen Verheißung meiner eigenen Stärke. Dieser beruhigende Signalcharakter des fremden Leidens und des fremden Niedergangs[18] kann sich dann von den direkten und wirklichen Konkurrenzbeziehungen noch weiter auf solche Sozialbeziehungen übertragen, die bei nüchterner und angstfreier Betrachtungsweise sich gar nicht als wirkliche Konkurrenzbeziehungen darstellen würden. Aber Angst verzerrt bekanntlich die Wahrnehmung. So fördert die kapitalistische Ökonomie die Entwicklung eines Menschentyps, der das Gefühl, selbst ein gesichertes Leben führen zu können, nur dann hat, wenn er andere leiden sieht.

In abgeschwächten Formen gibt es diese verselbständigte Freude am Untergang der anderen und am damit zusammenhängenden Genuß der eigenen Stärke bei sehr vielen von uns. Sie läßt sich – im Gefolge der sich verschlechternden Arbeitsmarktlage – etwa im Umkreis akademischer

Bewerbungsverfahren in vielfältig verfeinerten Formen beobachten. Auch ohne daß man zu besonders willkürlichen psychologischen Interpretationen greifen müßte, kann man unter den Mitgliedern der über die Einstellung entscheidenden Kommissionen immer wieder solche finden, die die mit dem Verfahren verbundene Aussonderung und Abqualifizierung von Berufskollegen mit einem großen Interesse und einer extremen Strenge vollziehen, hinter welchen kaum verhüllt der damit verbundene Genuß der eigenen Stärke durchschimmert. Oftmals sind dies gerade die rangniedrigsten und von ihrer eigenen Position her besonders ungesicherten Kommissionsmitglieder. Und auch wenn man als Bewerber schon lange und verzweifelt nach einem Arbeitsplatz sucht, kann man bei der Information, daß es anderen beim Wettlauf um die Arbeitsplätze noch schlechter gegangen ist, ein gewisses leises Gefühl der Freude oftmals nicht verhehlen.

Die Freude am Leiden eines anderen bezeichnet man gemeinhin als Sadismus. Hierdurch unterscheidet sich sadistische von einfacher Aggressivität. Es wäre falsch zu sagen, daß alle Menschen im Kapitalismus zu Sadisten werden. Aber man kann sagen, daß durch die ökonomischen Zwänge der Markt- und Konkurrenzbeziehungen – noch über die allgemeine Tendenz zur Unpersönlichkeit und Gnadenlosigkeit des Verhaltens hinaus – sadistische Formen der eigenen Angstbewältigung und Befriedigung systematisch gefördert werden. Ein gemäßigter Sadismus führt im Alltagsleben der kapitalistischen Warenbesitzer keineswegs zu sozialer Ächtung, sondern im Gegenteil mit einer gewissen Regelmäßigkeit zum ökonomischen Erfolg.

Die wissenschaftlich aufgemachten modernen Aggressionstheorien, die sich in letzter Zeit als allgemeine Welterklärungen immer aufdringlicher anbieten, zeichnen sich zum größten Teil dadurch aus, daß sie das spezifisch-kapitalistische, durch die objektiven Verhältnisse systematisch geförderte und aufgeblähte Aggressionspotential im zwischenmenschlichen Verhalten für ein Aggressionspotential der «menschlichen Natur» erklären, mit dem wir nun alle einmal fertig werden müßten. So heißt es bei Mitscherlich, der noch einer der intelligenteren Aggressionstheoretiker ist:

«Zugleich beweist der vietnamesische Konflikt (. . .), daß unsere inneren Handlungsbereitschaften, unsere aus der Triebmitgift stammende Neigung zu aggressivem Verhalten nach wie vor weckbar ist. An den Triebbedürfnissen hat weder die Lebensform der Industriegesellschaften noch das massenhafte Dasein irgend etwas zu ändern vermocht.»[19] Und: «Keine Gesellschaft kann ohne Wettbewerb gedacht werden. Aggression ist eine Grundmacht des Lebens.»[20]

Um solchen Theorien zu begegnen, braucht man nicht das Vorkommen von Aggressivität in der vorkapitalistischen Natur- und Sozialgeschichte zu leugnen. Sehr wahrscheinlich beruht sie immer *auch* auf sehr verbreiteten Selbstverteidigungsmechanismen, die der Lebenserhaltung von Organismen dienen. Es fragt sich aber, in welcher geschichtlichen Ausprägung und Bestimmtheit Aggressivität vorkommt, wie es dazu kommen kann, daß sie zu einem systematischvorherrschenden Zug des Lebens wird; und wie es dazu kommt, daß sich etwa im Faschismus und Imperialismus, die beide auf der Grundlage kapitalistischer Wirtschaftsordnung erwachsen sind, ein ursprünglich lebenserhaltender Mechanismus zu massenhaften, ganz und gar lebensverneinenden Aktionen umkehren kann. Indem sie die besondere geschichtliche Bestimmtheit des menschlichen Verhaltens durch die kapitalistische Ökonomie, welche die aggressiven Momente im Verhalten zur unerträglichen Verselbständigung treibt, mit seiner natürlichen Bestimmtheit in einen Topf wirft und identifiziert, vollzieht hier die bürgerliche Psychologie eine Verschleierung, die für das bürgerliche Denken überhaupt sehr kennzeichnend ist. Nichts macht die entfremdeten Verhältnisse unangreifbarer, als wenn man sie zu einem direkten Ausdruck der menschlichen Natur erklärt.[21]

6. Angstabwehr, Poker-face und Intimschutz

Die Rolle des harten, mitleidlosen und sich als Einzelkämpfer durchschlagenden Mannes – die durch die kommerzielle Sensibilisierungs- und Liberalisierungswelle der letzten Jahre eigentlich nur an der Oberfläche löchrig gemacht worden ist, neuerdings aber unter vielen Jugendlichen, vermittelt über Kung-Fu-Helden wie Bruce Lee, wieder Verbreitung findet –, diese Rolle muß sich jeder irgendwie einmal angeeignet haben, der in den kapitalistischen Konkurrenzbeziehungen sich erhalten und vielleicht sogar fortkommen will. Eine ihrer schönsten Stilisierungen findet diese Rolle in den Western-Filmen, speziell denen des Django-Typs. Hier springt einem die bildhaft-vorbildhafte Darstellung und Bewältigung des kapitalistischen Markt- und Konkurrenzerlebens samt der damit verbundenen Ängste und Aggressionen ziemlich offen ins Auge: mehrere vereinzelte oder zu losen Banden zusammengerottete Individuen jagen sich in einer öde-gefährlichen Umwelt eine möglichst große Summe Gold oder Geld gegenseitig ab; ein anderes zugelassenes Hauptmotiv ist allenfalls noch das Streben nach Rache für erlittene Verletzungen und Demütigungen. Wer am härtesten ist und seine Unabhängigkeit und Einzigartigkeit auf Kosten der anderen am deutlichsten beweist, ist der Erfolgreichste. Hinter ihm sind dann – obwohl oder gerade weil er überhaupt keine Angewiesenheit auf sie zeigt – auch noch die wenigen Frauen her, die jene merkwürdige Gegend als dekorative Randfiguren bevölkern. Zum erfolgreichen Auftreten von Warenbesitzern gehört es nämlich, daß ich meine Angewiesenheit auf das Interesse der anderen an mir leugne und sie gerade dadurch verstöre und von mir abhängiger mache. Denn ein deutliches Zeigen der Angewiesenheit auf den Tauschpartner verschlechtert sehr leicht die Tauschbedingungen und vermindert den Preis, den ich für meine Ware nehmen kann. Wenn der Bluff, der dieser Form der «Dialektik der Anerkennung» innewohnt, von dem, der ihn inszeniert, auch noch selbst geglaubt wird, kommt es zur typischen bürgerlich-männlichen Wahnvorstellung der völligen Unangewiesenheit und Autonomie des eigenen Selbstbewußtseins gegenüber den Anforderungen der sozialen Umgebung.

Eine der zwischenmenschlichen Hauptregeln, die das Überleben in den kapitalistischen Konkurrenzbeziehungen sichert, ist das Sich-nicht-in-die-Karten-schauen-lassen. So ist auch das Pokerspiel, bei dem es um Leben und Tod geht, eine der Lieblingsbeschäftigungen jener Westernhelden. In der wirklichen Konkurrenz ist der überraschende Auftritt, dessen Vorbereitung im dunklen blieb, ein wichtiges Erfolgsmittel. Jeder Konkurrent muß versuchen, das Marktangebot der anderen möglichst frühzeitig in Erfahrung zu bringen, um es durch seine eigene Marktstrategie auszunutzen; und er muß gleichzeitig versuchen, seine eigenen Verkaufsvorbereitungen und die hinter der Fassade seines fertigen Produkts liegenden Schwächen vor dem Konkurrenten möglichst gründlich zu verbergen, damit er selbst nicht ausgestochen wird. Diese zwischenmenschlichen Zwänge gelten auch für den Verkauf der Ware Arbeitskraft und hier insbesondere für solche Leute, welche dieselben Sprossen der Karriereleiter erklimmen wollen.

Das Wissen um meine Schwächen, persönlichen Gefühle und Sentimentalitäten ist unter kapitalistischen Konkurrenzbeziehungen eine gefährliche Waffe in der Hand des anderen, deren Aushändigung ich im Sinne meiner Selbsterhaltung fürchten und unbedingt verhindern muß. So erscheint im Rahmen des kapitalistischen Markt- und Konkurrenzgeschehens die ängstliche Ausgrenzung der Intimsphäre gegenüber den anderen als ein durchaus überlebensfördernder Mechanismus. Es gibt dabei verschiedene Möglichkeiten, seine persönlichen Gefühle hinter einer rollenhaften Fassade zu verbergen. Eine Möglichkeit ist das rastlose, verkaufsfördernde Keep-Smiling, die Maske des liebenswürdigen Scheins im Sinne der Verkaufsförderung. Eine andere Maske ist die des gefühls- und erregungslosen Poker-Face, die uns ebenfalls von den Helden der Westernkultur in besonders reiner Form vorgeführt wird. Die Maske des «liebenswürdigen Scheins» ist erstens sehr anstrengend und birgt zweitens in sich noch das Risiko, daß im Zuge der scheinhaft-verbindlichen Einfühlsamkeit doch einmal die wirklichen Gefühle und Ängste für den anderen aufscheinen und gegen mich gewendet werden können. In vielen Beziehungen, in denen es hart auf hart geht, gibt deshalb die Maske des erstarrten Poker-Face einen wesentlich sichereren Intimschutz ab. Sie blockt so gut wie alle Vermutungen und Interpretationen über die verletzbare persönliche Hinterbühne des Auftretenden, den Zustand seiner Karten, die er noch oder nicht mehr ins Spiel werfen kann, von vorneherein ab. Die Träger des Poker-Face stellen sich sozusagen tot gegenüber den listig-einfühlsamen Instrumentalisierungsversuchen ihrer Tauschpartner und Konkurrenten.

Die Angst vor der Offenlegung der persönlichen Intimsphäre – von der das rastlos-oberflächliche Tabubrechen in der sexuellen Liberalisierungswelle der letzten Jahre nur die zwanghafte Kehrseite ist – diese unter kapitalistischen Markt- und Konkurrenzbeziehungen überlebensfördernde Angst ist nachweisbar etwa bei den Menschen in vorkapitalistischen Stammesgesellschaften so gut wie gar nicht anzutreffen. Bei den noch ziemlich kooperativ wirtschaftenden Dogon in Westafrika zum Beispiel haben Psychoanalytiker festgestellt, daß bei einem Gespräch über intime Ängste und Wünsche des einzelnen – genau umgekehrt zu unseren Ängsten – gerade die Nichteinbeziehung des Gesprächs in die Kommunikation der Sozialgruppe, die Abtrennung der Intimsphäre von den anderen, die größte Angst verursacht.[22] Die uns selbstverständlich gewordene Trennung zwischen Intimsphäre und öffentlichem Auftritt im Sozialverhalten gehört nicht zur «menschlichen Natur», sondern hat sich erst seit Beginn der europäischen Neuzeit, ziemlich genau parallel zur Entwicklung der kapitalistischen Ökonomie, in einem sehr langsamen Prozeß der kulturellen Umbildung und zwischenmenschlichen Entfremdung hergestellt. Zu diesem Thema gibt es eine sehr empfehlenswerte und materialreiche zweibändige Untersuchung.[23]

7. Spätkapitalistische Tendenzen: Anwachsen des Verkaufspersonals, Aufblähung der Gebrauchswertversprechen und wechselseitige Überlistung

Die bisherigen Überlegungen zur Gestalt der zwischenmenschlichen Beziehungen der Tauschpartner auf dem kapitalistischen Markt waren noch sehr allgemein. Bekanntlich haben sich während der letzten Jahrzehnte in den westlich-kapitalistischen Industrienationen schwerwiegende geschichtliche Wandlungen und Entwicklungen vollzogen. Um die für die zwischenmenschlichen Beziehungen wichtigsten Entwicklungstendenzen in der Zirkulationssphäre in den Griff zu bekommen, kehren wir zunächst noch einmal zu dem Beispiel am Anfang dieses Kapitels zurück; dabei stellen wir fest, daß es sich um ein in mehrererlei Hinsicht vereinfachtes Modell handelte:

Das Einkaufsviertel, in das ich mich zum Zweck des Anzugkaufs begebe, ist eine äußerst eindrucksvolle Angelegenheit. Die Fassaden der

Häuser, die Reklameschilder, Leuchtschriften, die Schaufensterarrange-
ments, die teueren Innendekorationen der Räume konkurrieren um die
Aufmerksamkeit meiner Sinne und bilden zusammen eine riesige ober-
flächlich-lockende Kauflandschaft. Die Wahrscheinlichkeit, daß mich
mein Gebrauchswertinteresse an einem modischen, einigermaßen strapazierfähigen und billigen Anzug nicht in einen kleinen Laden, sondern
die Herrenbekleidungsabteilung eines großen Kaufhauses treibt, ist sehr
groß. Viele dieser Kaufhäuser, so gewaltig sie sind, sind ihrerseits nur
Niederlassungen großer Warenhauskonzerne. Die Verkaufsszene spielt
sich dann auch nicht zwischen mir und dem Geschäftsinhaber ab, sondern
mit einem lohnabhängigen Verkäufer aus dem Heer des Verkaufspersonals, welches das Kaufhaus bevölkert. Das macht die auf unserer Zwischenmenschlichkeit lastenden Bestimmungen sehr viel komplizierter –
ohne sie freilich in ihrer grundlegenden Beschaffenheit zu ändern.

Die Entstehung ganzer Kauflandschaften und einer Vielzahl ästheti-
scher Gebilde – die als Plakate, Werbespots in Radio und Fernsehen,
Verpackungshüllen zur fast selbstverständlichen Umwelt geworden sind
und unsere Wahrnehmung geprägt haben – ist Ausdruck der beständig
drohenden Überproduktions- und Absatzkrisen, die das kapitalistische
System seit seiner Entstehung wie ein Gespenst verfolgen. Da der Zweck
der kapitalistischen Produktion die rastlose Tauschwertaufhäufung ist
und der Lebensnerv des Systems, die Kapitalakkumulation, zum Erliegen
kommt, sobald keine Marktexpansion mehr stattfindet, gehört die beständige Suche nach immer neuen Märkten – und sei es auch für noch so
unnütze und unsinnige Produkte – zu den entscheidenden Entwicklungstendenzen des Spätkapitalismus. Wege zur Schaffung neuer Nachfrage
sind etwa die staatlich garantierte Rüstungsproduktion, die periodische
kriegerische Vernichtung und dann der Wiederaufbau des gesellschaftlichen Reichtums, die Förderung des privaten Automobilbesitzes und
-verschleißes, und seit einigen Jahren – während gleichzeitig eine Stadt
wie New York sozial verödet – die vor allem von den USA vorangetriebene Weltraumtechnologie. Ein anderer Weg ist die von den großen Kapitalen betriebene Erkundung immer neuer persönlicher Bedürfnislagen, die
sich in klingende Münze umsetzen lassen, auf seiten der konsumierenden
Menschen, und die Ausweitung der Werbe- und Verkaufsstrategien bis
in die vordem geschützten Intimwelten hinein.[24]

Die verschärften Absatzzwänge der Kapitale im Gefolge des ersten
großen Technisierungs- und Monopolisierungsschubs führten zu Beginn
dieses Jahrhunderts zu einem sprunghaften Anstieg des Anteils der
«kaufmännischen Angestellten» und des Verkaufspersonals unter den
Lohnabhängigen, also solcher Gruppen, die vornehmlich mit der Planung
und Durchführung der «Tauschwertrealisation», des erfolgreichen Wa-
renverkaufs, beschäftigt sind.[25] Diese Tendenz hat sich bis in die jüngste
Zeit hinein fortgesetzt. Das bedeutet, daß die Kapitaleigentümer die

Gestaltung und Aufrechterhaltung des «liebenswürdigen Scheins», der trügerisch-einfühlsamen Perspektivenverschränkung, die dem Verkauf ihrer Waren dient, an Teile der Lohnarbeiterschaft selbst übergeben, an sie *delegiert* haben. Das ist ein Umstand, der die Entwicklung eines vertrauensvollen Zusammengehörigkeitsgefühls aller Lohnabhängigen zusätzlich erschwert. Der angestellte Anzugsverkäufer aus dem Kaufhaus zum Beispiel ist nun zwar nicht in derselben Weise direkt an der Tauschwertvergrößerung des Unternehmens interessiert, wie das noch bei dem Inhaber eines kleinen Bekleidungsgeschäfts der Fall ist, aber das Kapital verfügt im allgemeinen – auf der Grundlage der Entlassungsdrohung – über sehr effektive Mittel, die Einhaltung des Tauschwertstandpunktes und eines verkaufsfördernden Verhaltensstils bei seinem Verkaufspersonal zu kontrollieren. Zum «liebenswürdigen Schein» gehören unter anderem saubere Kleidung, Make-up, wenn irgend möglich jugendlich appetitliches Aussehen und das freundlich-diskrete Eingehen auf die Kundenwünsche.[26] Wo dieses noch etwas holprig oder zu direkt vonstatten geht, hilft die konzerneigene Verkäuferschulung. Sicher gibt es auch Verkäufer, über die wir uns ärgern, weil bei ihnen die Lohnarbeiter-Gleichgültigkeit gegenüber dem konkreten Arbeitsinhalt den «liebenswürdigen Schein», den zu beanspruchen wir uns gewöhnt haben, beiseite drängt. Aber solch ein Verkäufer oder Kellner läuft Gefahr, daß man sich beim Vorgesetzten über ihn beschwert. Und in Zeiten größerer Arbeitslosigkeit ist das offenkundige Durchschimmern der Gleichgültigkeit beim Verkaufspersonal mit Sicherheit stark rückläufig.

Das Verhalten des erfolgreichen Verkaufspersonals ist ein Teil der Umhüllungen und Verheißungen, der «Gebrauchswertversprechen» einer Ware, welche der Zweck der Tauschwertrealisierung noch zusätzlich zu ihrem tatsächlichen Gebrauchswert hervortreibt. Man kann sagen, daß das Rollenverhalten des Verkaufspersonals in einem doppelten Sinne eine lebendige Verpackung von Waren abgibt – eine lockende Gebrauchswerthülle, die die Umsetzung des zugehörigen Tauschwerts in klingende Münze sichert: einmal als Verpackung der im Dienst des fremden Kapitals feilgebotenen Waren (was besonders bei Hostessen ins Auge fällt, deren Kleidung in Farbe und Design die zu verkaufende Ware nachahmt), zum anderen als Verpackung der eigenen Ware Arbeitskraft, deren Verkäuflichkeit die Existenzgrundlage der Lohnabhängigen darstellt. Ein Rollenverhalten, das die Verkäuflichkeit der eigenen Ware Arbeitskraft sichert, ist natürlich nicht nur bei Verkäufern, sondern im Prinzip bei allen Lohnabhängigen zu finden. Das Besondere an der Arbeitssituation des Verkaufspersonals ist jedoch, daß ein intensives Rollenverhalten noch *während* des alltäglichen Arbeitsvollzugs selbst gefordert wird, welches für die meisten Produktionsarbeiter, etwa am Fließband, gar nicht möglich und sinnvoll wäre.

Es ist gut möglich, daß man die Oberflächlichkeit und Rollenhaftigkeit des Verhaltens als lohnabhängiger Verkäufer dann leichter aushält, wenn man die kleinen, äußerlichen Vorteile, die die Verkaufstätigkeit gegenüber anderen Formen der Lohnarbeit aufweist (die Sauberkeit der Umgebung, den relativen Schick der Arbeitskleidung, die nicht so große körperliche Anstrengung . . .) als Beweis dafür zu betonen und zu genießen versucht, daß man etwas Besseres darstellt. Es gibt einige Hinweise darauf, daß die Lebensformen der spätkapitalistischen Angestelltenkultur sich geschichtlich vor allem über das Verkaufspersonal entwickelt haben.[27] Die Abgetrenntheit der eigenen Tätigkeit von der unmittelbarhandfesten Produktion des gesellschaftlichen Reichtums und des Mehrwerts in der Industrie tut dann ein übriges, um die Herausbildung eines solidarischen Arbeiterbewußtseins bei den Angehörigen des Verkaufspersonals zu erschweren.

Parallel zu der Delegation des kapitalistischen Verkaufsverhaltens an Angehörige der Lohnarbeiterschaft ist im Spätkapitalismus ein Teil der Werbe- und Überlistungsstrategien, die auf der Zwischenmenschlichkeit lasten, gewissermaßen *erstarrt* und *entpersönlicht* zu den allseitigen und vielfältigen ästhetischen Arrangements, die uns als Verpackungen, Reklameschilder, Plakate und Werbespots entgegenleuchten. Es sind hier anscheinend die Dinge selbst, die uns ansprechen und sich einschmeicheln.[28] Damit wird zumindest in einigen Bereichen, etwa den Supermärkten, das Verkaufspersonal von der Präsentation des «liebenswürdigen Scheins», der Gebrauchswertversprechen, wieder entlastet. Es kommt herunter auf die bloße Kassierertätigkeit, die rastlose Umsetzung des Tauschwerts in klingende Münze – eine Arbeit, die sich in ihrem ratternden Stumpfsinn mit den entfremdendsten Formen der Fließbandarbeit messen kann.

Hinter der ästhetisch-lockenden Dingwelt verbergen sich aber nach wie vor handelnde und planende Menschen. Sie gehören zur hochspezialisierten Berufsgruppe der Designer, Dekorateure, Werbefachleute und so weiter. Zwischen diesen und den umworbenen Kunden spielt sich nun als stummes Ringen die spiralenförmig-listige Perspektivenverschränkung ab, die wir als allgemeines Kennzeichen der Tauschbeziehungen festgehalten haben. Der Vorgang der Manipulation des Käufers verläuft im allgemeinen sehr viel komplizierter, als das in manchen Theorien, die sich diesen sozusagen als völlig unselbständig gewordene, formbare Knetmasse vorstellen, der Fall ist. Die von den Verkaufsstrategen anvisierten und traktierten Menschen verfügen nämlich nach wie vor über die soziale Grundfähigkeit von Menschen, sich in die Perspektive der hinter den dinglichen Arrangements vermuteten anderen und ihre wirklichen Absichten hineinzuversetzen. Und je mehr enttäuschende Erfahrungen sie mit angepriesenen Wundermitteln, nur halbgefüllten Verpackungen und zum Schein herabgesetzten Mondpreisen gemacht haben, desto gewohnheitsmäßiger und mißtrauischer lernen sie diesen Perspektivenwechsel zu vollziehen. Um die damit verbundene Art der Zwischenmenschlichkeit an einem Beispiel zu erläutern:

Nehmen wir einmal das merkwürdige Phänomen, daß in der letzten Zeit in sehr vielen Werbespots die sich zu der betreffenden Ware äußernden Figuren – die glücklichen Käufer, die befriedigten Hausfrauen – einen mehr oder weniger holprigen *Dialekt* reden. Wie ist diese Tendenz, die sich zunächst in der Waschmittelreklame entwickelt hat, dort inzwischen rückläufig ist, sich aber in andere Bereiche hinein ausgedehnt hat, zu erklären?

Offensichtlich stellt sie einen Versuch von seiten der Werbefachleute und Verkaufsstrategen dar, dem Käufer-Mißtrauen, welches sich gegenüber der Werbung in Vorwegnahme der fremden Überlistungsabsichten herausgebildet hat, nun selbst wieder dadurch zuvorzukommen, daß man den Anschein der wechselseitigen Vertrauenswürdigkeit und Echtheit, welcher am Dialekt der «einfachen Leute» haftet, in das verkaufsfördernde Arrangement einbezieht. Damit ist das Problem für die Werbefachleute aber keineswegs endgültig gelöst. Da nämlich die anderen in der Zirkulationssphäre lauernden Kapitale sich die mit diesem neuen Überlistungstrick verbundene Chance zu einem Extraprofit nicht entgehen lassen können, tönt es nach kurzer Zeit aus den Radios und Fernsehapparaten immer häufiger und penetranter badisch, westfälisch oder ostfriesisch. Das fördert natürlich bei den Käufern wieder die mißtrauische Vorweg-Annahme der Überlistungsabsicht; die Spezialisten müssen sich wieder etwas Neues einfallen lassen und so geht die Stufenfolge theoretisch endlos weiter. Vermittelt über den ökonomischen Mechanismus der Konkurrenz zwischen den Kapitalen kommt es zu einem Abnutzungs- und Aushöhlungseffekt aller zunächst neuen und noch einigermaßen glaubwürdigen «Gebrauchswertversprechen», der zu immer raffinierteren Überlistungsmanövern zwingt, den aber niemand wirklich unter Kontrolle hat.

8. Marktdynamik, Normenrelativierung und perspektivelose Sensibilisierung

Die menschliche Fähigkeit zur Vorwegnahme (Antizipation) der jeweils fremden Perspektive und zum einfühlsamen Aufspüren der fremden Bedürfnisse führt zusammen mit der Konkurrenz der um die Käufergunst bemühten Kapitale also zu ganz merkwürdigen und kaum vorhersehbaren Formen des sozialen Lernens.

In diesen Zusammenhang gehört auch das allseitige In-Frage-stellen, die radikale Relativierung aller überkommenen Normen und Werte des menschlichen Zusammenlebens durch die unter Verkaufsdruck stehenden, konkurrierenden Kapitale. Dieses für die spätkapitalistische Lebens-

welt so kennzeichnende und viele Menschen verunsichernde Phänomen
ist wesentlich nicht auf die Wühlarbeit von einigen anti-bürgerlichen
Kommunisten oder Linksradikalen zurückzuführen, wie es manche konservativen Retter des Abendlandes gerne darstellen, sondern auf die
Dynamik der anarchischen bürgerlichen Ökonomie selbst. Wo immer in
der Gesellschaft bei den Menschen sich ein neues Bedürfnis auch nur
zaghaft äußert – einerlei ob es sich um das Interesse an schnellen Motor-
rädern, gesunder Ernährung, Herrenkosmetika, ostasiatischen Selbst-
verteidigungstechniken oder sadistischen Sexualpraktiken handelt –,
kann man sicher sein, daß eine Reihe von Kapitalen sich auf dieses
Bedürfnis stürzen, es an die Öffentlichkeit zerren und in warenförmiger
Gestalt möglichst breit zu verallgemeinern suchen. Die gesellschaftliche
Interpretation dessen, was als zulässige und zwischenmenschlich-sinn-
volle Bedürfnisbefriedigung gilt und was nicht, findet sich in einer beständigen Bewegung und kann die allerverschiedensten Formen annehmen – so lange jedenfalls, wie diese Formen sich im normalen rechtlichen
und politischen Rahmen der Kapitalherrschaft halten. Da die Prozesse der
Propagierung und warenförmigen Verallgemeinerung neuer Bedürfnisse
und Lebensstile sich ausgehend von den verschiedensten gesellschaftlichen Punkten und Teilmärkten ganz uneinheitlich und teilweise gegen-
läufig vollziehen, kommt es zu einem verwirrenden Nebeneinander der
verschiedensten Normen, Moden und Moralvorstellungen. Man setze
sich zur Illustration dieser Behauptung einmal des Abends zwischen
18.00 und 20.00 Uhr vor das westdeutsche Werbefernsehen und stelle
sich vor, man würde die Verhaltensaufforderungen und Normen, die in
den einzelnen Werbespots auftreten, jedesmal ernstnehmen und zu befolgen versuchen. Sie wären auf groteske Weise unterschiedlich und zum
Teil sogar widersprüchlich. Da wird in bunter Folge an üppige Eßkultur
und modische Schlankheitsnormen, an Sicherheitsängste und Ungebun-
denheitsbedürfnisse, an alte einsame Männlichkeitsideale und neue Bedürfnisse nach diffuser Gruppenzugehörigkeit und Geschlechtsrollenab-
bau, an Ordnungsliebe und Disziplinlosigkeit, an Gesundheitsbewußt-
sein und gesundheitlichen Leichtsinn appelliert. Das beeinträchtigt –
entgegen der Absicht der einzelnen Kapitale – die Glaubwürdigkeit der
jeweiligen Werbespotaussage über die Verhaltensnormen und den angeblich alleinseligmachenden Lebens- und Konsumstil ganz erheblich. Es
gibt unter diesen für den Privatbereich der Menschen propagierten Normen – außer der allgemeinen Norm des rastlos-warenförmigen Konsu-
mierens – wohl kaum eine, die nicht durch ein Dutzend anderer in Frage
gestellt und in ihrem Geltungsanspruch relativiert würde.

Mit dieser Wert- und Normenrelativierung hängt eine merkwürdige
Art von Distanzierungs- und Parodisierungszwängen zusammen, die für
die spätkapitalistische Alltagskommunikation kennzeichnend sind. Weil
inzwischen so ziemlich jedes sinnhaltige Thema in der Verfolgung von

kommerziellen Köderstrategien durch die kapitalistischen Medien unter den verschiedensten Gesichtspunkten und irreführenden Ansprüchen vielfach wiederholt inszeniert und abgelutscht worden ist, kommt es notwendig zu Versuchen, den verlorenen Sinn von Themen dadurch zu erhalten oder neu zu schaffen, daß man sich distanziert oder parodisierend – sozusagen auf einer Verständigungsebene höher – auf die vorangegangenen, handelsüblichen Thematisierungen bezieht. So gibt es inzwischen Reklamespots, die damit arbeiten, daß sie sich über den Reklamerummel erheben, entweder dadurch, daß sie mit ernsthaftem Anspruch auf die anderswo üblichen Betrugsversuche hinweisen und sich davon distanzieren oder dadurch, daß sie sich selbst wie eine überzogene Parodie von Werbung aufführen. Und in der Filmindustrie folgen auf jedes alte oder neue Thema fast zwangsläufig nach einiger Zeit parodistische Versionen, wobei allerdings die Grenzen zwischen Parodie und Nichtparodie auch innerhalb eines Produkts zunehmend unscharf werden können. So gibt es inzwischen Westernparodien, Krimiparodien, Sexfilmparodien; und kürzlich konnte man hören, daß ein brasilianischer Regisseur auf den Kassenschlager des «Weißen Hai» nun den «Weißen Kabeljau» folgen lassen will. Die häufig gehörte Frage des auf Sinnsuche befindlichen Konsumenten «Soll das eine Parodie sein?» ist kennzeichnend für diese Situation.

Das Problem wäre nicht so ernst, wenn es bloß eines der Werbespezialisten und Verkaufsstrategen bliebe. Insbesondere bei den jüngeren Leuten, die in der durchkommerzialisierten spätkapitalistischen Lebenswelt aufgewachsen sind, hat das sehr berechtigte Mißtrauen gegenüber der allseitigen Verkitschung und Inszenierung dazu geführt, daß man sich auf Themen, die eigentlich ziemlich wichtig sind – wie Liebe, Einsamkeit, Tod – entweder gar nicht mehr oder nur noch durch das Medium zwanghaften Blödelns, vielfältiger Distanzierungen und – vor allem unter Intellektuellen verbreitet – durch Fremdwort-Umschreibungen beziehen kann.[29] All das verweist auf den kärglichen Zustand des Sinns menschlicher Lebenspraxis und die Desolatheit der zwischenmenschlichen Lebensformen im Rahmen der modernen kapitalistischen Produktionsweise.

Ein auffälliges und wichtiges Beispiel für die genannte Normenrelativierung ist die Sexwelle, die seit der Mitte der 60er Jahre erst langsam, dann immer heftiger, über die Dämme der traditionellen bürgerlichen Moral hinweggeschwappt ist und die Zwischenmenschlichkeit der heute lebenden Individuen entscheidend mit geprägt hat. Lange Zeit war die bürgerliche Sexualmoral – unterbrochen durch kurze Liberalisierungsschübe wie in den «goldenen» zwanziger Jahren – von der Tabuierung und Verdrängung der starken und durchaus nicht auf den ehelichen Rahmen eingrenzbaren sexuellen Triebkräfte im menschlichen Handeln gekennzeichnet. Das war unter anderem die Ausgangssituation für die psychoanalytische Methode Sigmund Freuds, welche ja wesentlich auf die kritische Aufdeckung verbotener und unbewußt gewordener zärtlichsinnlicher Handlungsmotive gerichtet ist. Es ist das Verdienst der auf Marktsuche befindlichen Kapitale, in der jüngsten Zeit die drängenden Bedürfnisse der Menschen nach Sexualität und Zärtlichkeit der öffentlichen Kommunikation und damit ihrem Bewußtsein zugänglicher gemacht zu haben. Nur tun sie das in einer ganz zufälligen, widersprüchlichen und letztlich wieder desorientierten Weise.[30] An der «Diversifizierung» der Produkte und Märkte läßt sich die allgemeine Auseinandergefahrenheit und Beliebigkeit der von der ökonomischen Dynamik der Kapitale aufgesuchten und geförderten Bedürfnislagen und sinnlich-zwischenmenschlichen Erwartungen ablesen. Man braucht sich nur vielbesuchte Filme der letzten Jahre, zum Beispiel «Ehebruch» von Oswalt Kolle, «Love Story», «Der letzte Tango in Paris», «Das große Fressen», «Trio Infernal», «Der Exorzist» und «Die Geschichte der O» nebeneinander zu vergegenwärtigen, um ansatzweise zu begreifen, wie die verschiedenen, im Zuge des Zerfalls der alten Normengefüge freigesetzten Bedürfnisinterpretationen von den konkurrierenden Kapitalen einverleibt und zu neuen Maschen umgewandelt werden, wobei die Verdauungsprodukte dieses Prozesses, die zurückbleibenden Ängste und Unsicherheiten (oder auch kritischen Potentiale) dann wieder zum Gegenstand neuer Verwertungsversuche werden. Die starken Versagens- und Trennungsängste, die angesichts der Freisetzung der eigenen sowie der fremden Sexualität im Zuge der Sexwelle bei vielen entstanden sind, lassen sich offensichtlich warenförmig genausogut ausschlachten wie die Hoffnungen auf ihre Freisetzung: etwa in Gestalt neuer Romantik und neukonservativer Treueideale, die plötzlich wieder als Lebensform und sinnvolle zwischenmenschliche Perspektive propagiert werden. Eine «Tendenzwende» jagt die andere; die Tendenzwenden überkreuzen und widersprechen sich und hinterlassen eine tiefgreifende Verwirrung und Desorientierung in der Frage der sinnvollen Normen, welche die allgemeine zwischenmenschliche Sensibilisierung begleitet.

Wir werden später noch untersuchen, welche Folgen die von den konkurrierenden Kapitalen über den Markt betriebene allseitige Normenrelativierung für die Zwischenmenschlichkeit im Bereich der Freizeit- und Familienbeziehungen hat. Vorläufig läßt sich für das uns besonders interessierende Problem der zwischenmenschlichen Perspektivenverschränkung folgendes festhalten:

Die spätkapitalistische Normenrelativierung zerstört den Glauben an die Gottgegebenheit oder Natürlichkeit der Normen, auf die oder unter denen Menschen sich einigen. Es wird in verzerrter Form zunehmend deutlich, daß die Menschen die Normen – wie die starre Geschlechtsrollentrennung zwischen Mann und Frau oder die Verpflichtung zur ehelichen Treue – in ihrer Lebenspraxis selbst hervorbringen und dementsprechend abwandeln können. Das eröffnet die Chance zu einer zwischenmenschlichen Sensibilisierung, zu neuen Formen der Einfühlung in den anderen, dessen Bedürfnisinterpretation, etwa hinsichtlich der Formen sexuellen Zusammenlebens, ich nun nicht mehr einfach unter Berufung auf überkommene Normen einfach voraussetzen kann, sondern bei den einzelnen Individuen jedesmal wieder neu ertasten muß. Andererseits können dieses neuen Fähigkeiten zur zwischenmenschlichen Einfühlung – auf Grund der kapitalistischen Zerstörung jedes größeren Kooperationszusammenhangs und aller übergreifend-sinnvollen Normengefüge – nicht in eine längerfristig gemeinsame Handlungsorientierung und Lebensperspektive der Menschen eingehen. Sie bleiben eine unverbindliche und in ihrem jeweiligen Kompromißcharakter zufällig-private Angelegenheit. Der Sensibilisierungseffekt in der zwischenmenschlichen Perspektivenverschränkung droht als ungenutzte Chance zu verstreichen und letztlich nur die soziale Angst und Bedeutungsunsicherheit zu verstärken, die unter den zur wechselseitigen Überlistung gezwungenen Warenbesitzern ohnehin schon herrschen. Nicht zuletzt um dieser zwischenmenschlichen Verunsicherung entgegenzuwirken und um zu verhindern, daß die Chance zur Sensibilisierung nicht in einem abzusehenden reaktionär-konservativen Umschlag verdrängt und verschüttet wird, hätte eine sozialistische Bewegung in den gegenwärtigen westlichen Gesellschaften den Kampf um neue zwischenmenschliche Lebensformen und eine neue Moral aktiv aufzunehmen.

Anmerkungen

1 Karl Marx, MEW, 23, S. 99/100.
2 Marx, Grundrisse der Kritik der Politischen Ökonomie, Frankfurt/M. o. J., S. 155.
3 Marx, MEW Ergänzungsband I, S. 546 ff.
4 Dieser sehr wichtige Punkt stammt von W. F. Haug, Kritik der Warenästhetik, Frankfurt/M. 1971.
5 Vgl. etwa die Bemerkungen bei E. Berne, Spiele der Erwachsenen, Reinbek bei Hamburg, 1970, S. 52 f u. S. 58 f.
6 Vgl. zu dieser endlosen «Metaspirale» in der zwischenmenschlichen Wahrnehmung: R. D. Laing u. a., Interpersonelle Wahrnehmung, Frankfurt/M. 1969, S. 14 ff; R. D. Laing, Phänomenologie der Erfahrung, Frankfurt/M. 1969, S. 70 ff; N. Luhmann, Rechtssoziologie Bd. 1, Reinbek bei Hamburg 1972, S. 31 ff.
7 Laing, a. a. O., P. Watzlawick u. a., Menschliche Kommunikation, Bern 1969, S. 203 ff. Zum Vertrauensproblem explizit S. 206 ff.
8 Vgl. E. Wulff, Grundlagen der transkulturellen Psychiatrie, und ders., Psychiatrischer Bericht aus Vietnam, beides in: ders., Psychiatrie und Klasssengesellschaft, Frankfurt/M. 1972.
9 Vgl. zur Aktualität des Themas: H. Christ, Narzißmus, in: Psychologie heute,

3. Jg. Heft 6, 1976, S. 20–26; zur psychoanalytischen Narzißmustheorie ausführlich: H. Kohut, Narzißmus, Frankfurt/M. 1973; wichtige gesellschaftstheoretische Hinweise zur Narzißmusproblematik finden sich bei: P. Orban, Sozialisation, Frankfurt/M. 1973, S. 102–120.

10 Vgl. zu dieser Akzentuierung u. a.: S. v. Flatow/F. Huisken, Zum Problem der Ableitung des bürgerlichen Staates, in: Probleme des Klassenkampfes Nr. 7 1973, insbes. S. 108 ff.

11 Der Rollensoziologe E. Goffman stellt in seinem Buch «Wir alle spielen Theater», München 1967, das Rollenverhalten der Menschen als rastloses Bemühen um einen möglichst günstigen Selbstverkauf als Ware dar (vgl. u. a. S. 230 f), ohne auch nur irgendwie die ökonomischen Grundlagen für solche Zwänge im Bewußtsein zu haben. Diese Art sensibler Oberflächlichkeit ist für die moderne «symbolisch-interaktionistische» Sozialpsychologie sehr kennzeichnend.

12 G. Lukács, Geschichte und Klassenbewußtsein, Berlin 1923, S. 111.

13 Vgl. den Begriff der «introjektiven Verkehrung» gesellschaftlicher Bedingungen bei Holzkamp/Schurig, Einführung zu A. N. Leontjew, Probleme der Entwicklung des Psychischen, Frankfurt/M. 1973, S. L.

14 Marx, MEW 23, S. 16.

15 Vgl. R. Benedict, Urformen der Kultur, Reinbek bei Hamburg 1955, S. 79 ff. und die Darstellung der ungeliebten Rolle des «Buauyin» (des «großen Mannes») in der Arapeste-Untersuchung von M. Mead, in: dies., Geschlecht und Temperament in drei primitiven Gesellschaften, München 1970, S. 41 ff.

16 Vgl. K. Holzkamp, Sinnliche Erkenntnis, Frankfurt/M. 1973, S. 242 ff.

17 Deshalb ist auch das heutzutage moderne pädagogische Lernziel der «Rollendistanz» völlig nichtssagend oder sogar gefährlich.

18 Die angstberuhigende Wirkung des fremden Leidens tritt etwa in den Phänomenen des sexuell gefärbten Sadismus, im Falle der meist sehr gehemmten «Triebtäter» deutlich hervor. Vgl. A. Plack, Die Gesellschaft und das Böse, München 1967, S. 282 ff.

19 A. Mitscherlich, Die Idee des Friedens und die menschliche Aggressivität, Frankfurt/M. 1970, S. 16.

20 Rede zum Friedenspreis des Deutschen Buchhandels 1969, Frankfurter Rundschau vom 13. 10. 69.

21 Diesen Verschleierungstrick hat Marx schon sehr früh am Beispiel der klassischen bürgerlichen Nationalökonomie kritisiert. Vgl. Karl Marx, Grundrisse, a. a. O., S. 7 f.

22 P. Parin/F. Morgenthaler, Die Weißen denken zuviel. Psychoanalytische Untersuchungen bei den Dogon in Westafrika, Zürich 1963, S. 423 ff.

23 N. Elias, Über den Prozeß der Zivilisation, Bd. 1 und 2, Bern 1969.

24 Vgl. P. A. Baran/P. M. Sweezy, Monopolkapital, Frankfurt/M. 1967, S. 114 ff; W. F. Haug, Kritik der Warenästhetik, a. a. .O., S. 26 ff.

25 Vgl. H. Steiner, Soziale Strukturveränderungen im modernen Kapitalismus, Zur Klassenanalyse der Angestellten in Westdeutschland, Berlin 1967, S. 33 ff und S. 109 ff.

26 Vgl. die Berichte bei S. Kracauer, Die Angestellten, Frankfurt/M. 1971, S. 23 ff und Haug, Kritik der Warenästhetik, a. a. O., S. 80.

27 Kracauer, Die Angestellten, a. a. O.

28 Vgl. hierzu ausführlich Haug, Kritik der Warenästhetik, a. a. O.

29 Hierzu finden sich sehr richtige Beobachtungen in Dieter Duhms sonst eher desorientierendem Buch Der Mensch ist anders, Lampertheim 1975, S. 23 ff.

30 Vgl. die Untersuchungen zur «repressiven Entsublimierung» bei H. Marcuse, Triebstruktur und Gesellschaft, Frankfurt/M. 1967 und R. Reiche, Sexualität und Klassenkampf, Frankfurt/M. 1968.

IV. Zwischenmenschlichkeit in der Arbeitswelt

1. Einleitende Bemerkungen

Die bisherigen Überlegungen zur Beschaffenheit des Aufeinander-Eingehens und Sich-Ineinander-Einfühlens der Individuen, der Art und Weise ihrer Perspektivenverschränkung im Kapitalismus, waren beschränkt auf den Bereich der Marktbeziehungen, auf die Zirkulationssphäre. Würde man bei den genannten Verhaltensbestimmungen: «liebenswürdiger Schein» auf der Grundlage von Gleichgültigkeit, Mißtrauen, Konkurrenz, Normenrelativierung und so weiter einfach stehenbleiben, dann bliebe unsere Sicht ganz einseitig und oberflächlich. Ebenso wenig wie man die Bewegung und das Wesen des Kapitals begreifen kann, wenn man nur die Zirkulationssphäre betrachtet, kann man das Wesen der zwischenmenschlichen Beziehungen im Kapitalismus erfassen, wenn man immer nur auf die Phänomene des Warentauschs und vielleicht auch noch des privaten Bereichs starrt, darüber aber die gegenständliche Produktionstätigkeit der Menschen vergißt. Das ist ein Fehler, der leider immer noch viele Ansätze zu einer kritischen oder marxistischen Sozialpsychologie kennzeichnet.[1]

Wenn wir also die Welt des Warentauschs nicht für das Ganze nehmen und uns der Zwischenmenschlichkeit in der Produktionssphäre zuwenden, stellen wir sehr schnell fest, daß hier einiges anders ist. Schon der äußere Freiheits- und Gleichheitsschein, der auf dem Markt das Verhalten der privaten Warenbesitzer zueinander regelte, und in welchem auch der Arbeiter als König Kunde sich selbstherrlich tummeln durfte, ist hier weitgehend aufgehoben. Nachdem der Lohnabhängige seine Ware Arbeitskraft erst einmal «freiwillig» an einen bestimmten Kapitalisten verkauft hat, ist er gezwungen, die bürgerlichen Grundrechte – die Ansprüche auf Freizügigkeit, Meinungsfreiheit, politische Betätigung, Menschenwürde – jeden Morgen wieder an der Betriebspforte weitgehend *abzugeben*. Die Verhinderung einer freiheitlich-öffentlichen Kommunikation im Bereich gerade der wesentlichen menschlichen Sozialbeziehungen[2], der produktiv-gesellschaftlichen Lebenstätigkeit der arbeitenden Individuen besorgt bei uns in der BRD nicht zuletzt das – von der sozialliberalen Koalition nur ganz oberflächlich «reformierte» – arbeiterfeindliche Betriebsverfassungsgesetz.[3] Die zwischenmenschlichen Beziehungen in der kapitalistischen Arbeitswelt haben schon rechtlich gesehen einen ganz offensichtlichen *Anstaltscharakter*, der an die Ursprünge der kapitalistischen Fabrik in den frühkapitalistischen Arbeits- und Zuchthäusern erinnert.

In den zwischenmenschlichen Beziehungen in der Produktionssphäre geht es also zunächst sehr viel finsterer und direkter zu als unter dem glänzenden Gleichheits- und Freiheitsschein in der kapitalistischen Zirkulationssphäre. Andererseits hat dieser fehlende Glanz in der Zwischenmenschlichkeit der arbeitenden Individuen auch sein Gutes, weil er trügerischen Versprechungen den Boden entzieht und mit einer größeren sachbezogenen Nüchternheit und Überprüfbarkeit der Sozialbeziehungen verbunden ist. Ja, die Zwischenmenschlichkeit und die Perspektivenverschränkung zwischen den in der Produktionssphäre Kooperierenden bietet – bei aller Fremdbestimmung durch den Kapitalismus – noch die wichtigsten Ansatzpunkte, um der allseitigen Überlistung und endlos-zerstörerischen Perspektivenverschränkung, wie wir sie oben schon als Merkmal der Zirkulationssphäre behandelt haben, entgegenzuwirken und so etwas wie wechselseitiges Vertrauen und Solidarität entstehen zu lassen. Wenn man die zentrale widersprüchliche Verhaltensbestimmung, die auf dem Sozialverhalten der Individuen in der Zirkulationssphäre lastet und dort eine Menge von Folgeproblemen hervorbringt, mit der Formel «liebenswürdiger Schein» auf der Grundlage von Gleichgültigkeit und Konkurrenz bezeichnen kann, so läßt sich die zentrale zwischenmenschliche Verhaltensbestimmung im Produktionsbereich abgekürzt bezeichnen als: «gebrochene Solidarität» auf der Grundlage gleichgültig-fremdbestimmter Kooperation. Wie es zu dieser Bestimmung kommt und welche Folgen sie hat, soll im nachfolgenden Text auseinandergelegt werden.

2. Kapitalistische Veräußerlichung der Kooperation

Die Produktion ist im Kapitalismus nicht nur eine hochtechnisierte, sondern – objektiv gesehen – auch eine hochvergesellschaftete Angelegenheit. Arbeit war natürlich immer schon ein gesellschaftlicher Akt, aber im Kapitalismus hat ihre objektive Vergesellschaftung eine geschichtlich noch nie dagewesene Stufe erreicht. Die Arbeitenden sind hier zu großen Massen, zu Hunderten und Tausenden in den Produktionsstätten zusammengefaßt, und ihre arbeitsteiligen Handlungsvollzüge sind in einer sehr genauen und immer stärker durchrationalisierten Weise aufeinander bezogen und voneinander abhängig.

Aber sobald man die subjektive Befindlichkeit, die Bedürfnisse und Absichten der tätigen Subjekte untersucht, ist diese objektiv feststellbare Kooperation im Kapitalismus etwas ihnen extrem Äußerliches und Fremdes. Denn nicht sie selbst sind es gewesen, die sich in den Fabriken auf Grund eigener Absprachen und gemeinsamer Einsichten zur Herstellung bestimmter Produkte zusammengefunden haben, sondern ein bestimmtes Kapital, an das sie zufällig und *einzeln* ihre individuelle Arbeitskraft verkauft haben, ist es, das sie hier zusammengewürfelt hat und jetzt zum Zwecke seiner Profitmaximierung und rastlosen Akkumulation in einem gesellschaftlichen Produktionsprozeß zusammenhält. «Als unabhängige Personen sind die Arbeiter Vereinzelte, die in ein Verhältnis zu demselben Kapital, aber nicht zueinander treten. Ihre Kooperation beginnt erst im Arbeitsprozeß, aber im Arbeitsprozeß haben sie bereits aufgehört, sich selbst zu gehören. Mit dem Eintritt in denselben sind sie dem Kapital einverleibt. Als Kooperierende, als Glieder eines werktätigen Organismus sind sie selbst nur eine besondere Existenzweise des Kapitals.»[4]

Die menschliche Kooperation setzt ungeheure Produktivkräfte frei und ist letzten Endes verantwortlich für die Hervorbringung des gesamten gesellschaftlichen Reichtums, der uns umgibt. Aber unter Verhältnissen, in denen der Zusammenhalt der kooperierenden Menschen nur von der Not der Produktionsmittellosigkeit oder der Notwendigkeit des Arbeitskraftverkaufs erzwungen und kapitalistisch organisiert wird, sieht es so aus, als ob die Hervorbringung des Reichtums und die kooperativen Produktivkräfte Leistungen des Kapitals wären. Die kooperativen Produktivkräfte der wirklichen tätigen Subjekte, der Menschen, erscheinen als Produktivkräfte des Kapitals, das sie zusammenführt und zusammenhält. Diese folgenreiche Verdrehung und Verkehrung zeigt sich schon in unserem Sprachgebrauch. «Man sagt, Krupp baut in Essen ein neues Werk und Siemens produziert Elektrogeräte, statt zu sagen, daß die Arbeiter von Krupp und Siemens das und das bauen oder produzieren. Ebenso wird mit dem Wort Textilproduzent ein Kapitalist bezeichnet, der eine Textilfabrik besitzt, nicht aber sind damit die Arbeiter gemeint, die in dieser Fabrik wirklich produzieren.»[5]

Das Kapital ist Menschenwerk, aber eins, das sich gegenüber seinen Herstellern verselbständigt hat. Diese Verkehrung der Beziehung von Produzierenden und Produziertem, von Subjekt und Objekt, hatte Marx als «Fetischcharakter des Kapitals» bezeichnet (vergleiche Kapitel II). Sie ist in der Grundbeschaffenheit der Kooperation unter dem Kapital schon angelegt, findet aber – über die Zwischenstufe der kapitalistischen Manufaktur – ihre krasseste und reinste Ausprägung in der vollmaschinisierten Fabrik, der «großen Maschinerie», wo «nicht der Arbeiter das Arbeitsmittel, sondern das Arbeitsmittel den Arbeiter anwendet» (Marx). Hier kommen die Arbeiter herunter auf ein bloß mitgeschleiftes Anhängsel der gewaltigen technischen Produktionsmittel, die sich unter den Gesetzen und dem Rhythmus der Kapitalverwertung, der schrankenlosen Einverleibung lebendiger Arbeit durch das «beseelte Ungeheuer» Kapital bewegen. Diese Anhängselexistenz des Lohnarbeiters unter dem Diktat der Maschinerie ist etwa von Charly Chaplin in seinem Film «Modern Times» eindrücklich porträtiert worden.

Die vom Kapital systematisch entwickelte Verwissenschaftlichung der Produktion und die von Experten betriebene Durchplanung der Arbeitsvollzüge, die sich wesentlich als *Trennung von Kopf- und Handarbeit* vollzieht, fördert noch die Unselbständigkeit der Arbeitenden und die Veräußerlichung ihres kooperativen Zusammenhalts:

«Es ist ein Produkt der manufakturmäßigen Teilung der Arbeit, ihnen die geistigen Potenzen des materiellen Produktionsprozesses als fremdes Eigentum und sie beherrschende Macht gegenüberzustellen. Dieser Scheidungsprozeß beginnt in der einfachen Kooperation, wo der Kapitalist den einfachen Arbeitern gegenüber die Einheit und den Willen des gesellschaftlichen Arbeitskörpers vertritt. Er entwickelt sich in der Manufaktur, die den Arbeiter zum Teilarbeiter verstümmelt. Er vollendet sich in der großen Industrie, welche die Wissenschaft als selbständige Produktionspotenz von der Arbeit trennt und in den Dienst des Kapitals preßt.»[6]

Die Anhängsel-Existenz der kooperierenden Arbeiter beruht letztlich auf einer *objektiven Gleichgültigkeit* des Kapitals gegenüber den besonderen Arbeitsprozessen und den konkreten Menschen, aus denen es seinen Profit beziehungsweise Mehrwert zieht. Der Zweck des Kapitals ist seine beständige quantitative, in Geld meßbare Selbstvermehrung, die Aufhäufung immer größeren Mehrwerts in der Konkurrenz; zur Erreichung dieses Zwecks ist es prinzipiell gleichgültig, ob das Kapital in der Waschmittelherstellung, der Rüstungsproduktion oder der Anfertigung von Reizwäsche angelegt ist. Der besondere Anlagebereich und die besondere Arbeit der Menschen, ihre besonderen Fähigkeiten und Qualifikationen sind nur Mittel zum Zweck. Sobald sich in einer anderen Branche oder einem anderen Land – etwa auf Grund der niedrigeren Lohnkosten in Singapur oder Spanien –, bessere Verwertungs- und Profitmöglichkeiten bieten, wechselt das Kapital umstandslos dorthin über; und die betreffenden kapitalistischen Privateigentümer können das wahrscheinlich auch noch mit den ökonomischen Sachzwängen der kapitalistischen Weltmarktkonkurrenz rechtfertigen. Das mit dieser objektiven Gleichgültigkeit grundsätzlich gegebene Bedrohtsein durch Arbeitslosigkeit scheint, wenn man einschlägigen sozialwissenschaftlichen Untersuchungen glauben darf, mehr oder weniger offen in die Grundeinstellung fast aller Lohnarbeiter einzugehen.[7]

Sozusagen als eine realistische Antwort auf die objektive Gleichgültigkeit des Kapitals seinem eigenen menschlichen Lebensprozeß gegenüber bilden die kapitalistischen Lohnarbeiter nun ihrerseits eine grundlegende *subjektive Gleichgültigkeit* gegenüber dem kapitalistisch fremdbestimmten Produktionsgeschehen aus.[8] Diese Gleichgültigkeit ist eine durchaus sinnvolle Überlebensstrategie im «stummen Zwang der ökonomischen Verhältnisse», der sie umgibt. So wie dem Kapital der konkrete Arbeitsprozeß samt der dort stattfindenden Zwischenmenschlichkeit nur Mittel zum Zweck der Mehrwertproduktion, der Kapitalverwertung ist, so wird dem Arbeiter nun seine eigene produktive und gesellschaftliche Lebenstätigkeit zum bloßen Mittel für die Erhaltung einer möglichst großen Lohnsumme, die es ihm ermöglicht, sein Privatleben außerhalb des Produktionsprozesses zu führen.

Die subjektive Gleichgültigkeit entspricht dem Phänomen der kapitalistischen Entfremdung, das wir mit dem jungen Marx schon mehrfach als die «Instrumentalisierung des Gattungslebens» durch das private Individuum erwähnt haben. Die gleichgültige Instrumentalisierung oder instrumentelle Gleichgültigkeit der Lohnarbeiter setzt sich nach Marx in mehrererlei Hinsicht durch: hinsichtlich des besonderen Arbeitsgegenstandes oder Produkts der Arbeitstätigkeit, hinsichtlich des besonderen Arbeitsvollzugs und der Arbeitsverausgabung, hinsichtlich der menschlichen Mitproduzenten und damit zugleich gegenüber dem Gattungscharakter des Menschen, der ja ein Lebewesen ist, welches im Prinzip eine besondere Fähigkeit zur produktiv-solidarischen Vergegenständlichung und Naturbewältigung hat.

Diese Überlegungen sind keine Sache, die nur im Gehirn von besonders menschenfreundlichen oder versponnenen Marxisten existiert. Umfangreiche industriesoziologische Untersuchungen haben inzwischen eindrucksvoll genug nachgewiesen, daß eine gleichgültig-instrumentelle Einstellung zur Arbeit und zu den Arbeitskollegen, wenn auch in verschiedenen Ausprägungen, durchaus als ein grundlegendes und sozusagen normales Merkmal des Arbeiterbewußtseins anzusehen ist; und daß die Gewöhnung der jugendlichen Arbeiter an das Arbeitsleben als eine stufenweise und widersprüchliche Aneignung dieser Gleichgültigkeit und Apathie abläuft.[9]

Für die zwischenmenschlichen Beziehungen heißt das bisher Gesagte, daß die kooperierenden Individuen zunächst gegeneinander zutiefst gleichgültig und isoliert sind, das heißt, primär ihr jeweiliges privates Lohninteresse in der Arbeit verfolgen. Zu der Gleichgültigkeit und Isolation kommt noch erschwerend der die zwischenmenschliche Perspektivenverschränkung prägende Umstand hinzu, daß sie als individuelle Verkäufer ihrer Ware Arbeitskraft einander als Konkurrenten um Arbeitsplatz und Aufstiegschancen wahrnehmen müssen. In der kapitalistischen Kooperation ist die Leistungsfähigkeit meines Kooperationspartners immer auch etwas, das mich bedroht, weil es mich unter dem Gesichtswinkel der ökonomischen Nutzung von Kapital der Tendenz nach überflüssig macht und, etwa im Falle sinkender Vorgabezeiten für die Herstellung eines bestimmten Produkts, meinen Lohnanteil schmälert. Durch die gleichgültig-instrumentelle Arbeitseinstellung, die Isolierung im Gefolge des egoistisch-privaten Lohninteresses und durch die Konkurrenzzwänge, die in den gemeinsamen Arbeitsvollzug hineinspielen – durch all dies, so läßt sich erst einmal festhalten, wird ein zwischenmenschliches «Verstehen» oder gar Solidarität zwischen den kooperierenden Lohnarbeitern ganz außerordentlich erschwert.

Man muß sich aber hüten, bei diesen allgemeinen Überlegungen zur Zwischenmenschlichkeit im kapitalistischen Produktionsprozeß stehenzubleiben. Man müßte dann erstens gleich resignieren und würde zweitens Aussagen von sich geben, die in ihrer Einseitigkeit falsch wären. Auch hier sollte man wieder vorsichtig sein gegenüber all jenen, die die zwischenmenschliche Entfremdung im Kapitalismus für allumfassend und total erklären, aber überhaupt nicht ausweisen können, aus welchen gesellschaftlichen Erfahrungsbereichen sie die Ahnung und Andeutung von nichtentfremdeter solidarischer Lebenspraxis, die sie ja offensichtlich haben, eigentlich hernehmen. Denn es gibt auch noch im kapitalistischen Produktionsprozeß, der mit seinem folgenreichen Mechanismus der Mehrwertproduktion sozusagen der Kernbereich des gesamtgesellschaftlichen Entfremdungsgebäudes ist, ganz offensichtlich Tendenzen, die der Gleichgültigkeit der Arbeiter gegenüber ihrer Lebenstätigkeit und der zwischenmenschlichen Isolation Grenzen setzen.

3. Lohninteresse, Vergegenständlichung und Solidarität

Dafür, daß die Gleichgültigkeit gegenüber der eigenen Lebenstätigkeit nicht eine totale wird und daß sich der Arbeiter mit seiner abgetrennten Lebenstätigkeit wieder arrangiert, sorgt schon das *Lohninteresse*, das die Arbeitstätigkeit des Arbeiters beständig begleitet. Die Lohnsumme schwebt dem Arbeitenden als Tätigkeitsziel sozusagen vor Augen, und über sie vermag man auch der stumpfsinnigsten Verrichtung noch einen gewissen *Sinn* zu geben. Das konkrete Arbeitsprodukt wird dem Arbeiter, ebenso wie der von ihm geschaffene Mehrwert, zwar weggenommen, und in dieser Hinsicht wird er der menschlichen Möglichkeit, sich sinnvoll zu vergegenständlichen, beraubt. Aber in der Lohnsumme, die er ja in bestimmten engen Grenzen – etwa durch Akkordarbeit, Überstunden, beruflichen Aufstieg oder auch den kollektiven Lohnkampf – noch beeinflussen kann, hat seine Arbeit ein gewisses, für ihn wichtiges Resultat, auch wenn ihm dieses Resultat nachher nur als eine abstrakte, meßbare Geldmenge gegenübertritt. Das menschliche Grundvermögen und Bedürfnis zur sinnvollen Vergegenständlichung, das wir schon ganz zu Beginn dieses Buches festgehalten haben, heftet sich im kapitalistischen Produktionsprozeß gewissermaßen an die Lohnsumme. Es wird hier nicht völlig ausgerottet, sondern erhält eine entfremdete, abstrakte und quantitativ meßbare Gestalt. Der über das Lohnergebnis aufgebaute Sinnersatz oder Ersatzsinn der Arbeit tritt in den Phänomenen des «Akkordfiebers» besonders deutlich hervor. Schon Marx hatte festgestellt, «daß der Stücklohn die der kapitalistischen Produktionsweise entsprechendste Form des Arbeitslohns ist»[10]. Unter seiner Herrschaft werde es «das persönlichste Interesse des Arbeiters, den Arbeitstag zu verlängern, weil damit sein Tages- oder Wochenlohn steigt».[11] So lautet eine typische Aussage eines von bürgerlichen Industriesoziologen befragten Akkordarbeiters[12]: «Ich muß etwas zum Denken haben, sonst langweile ich mich, und das macht mich fertig. Ich kann auch nicht so herumhängen. Wenn ich so richtig auf den Akkordlohn versessen bin, dann geht die Arbeit im Nu rum, und ich merke gar keine Müdigkeit, bevor es vorbei ist.» Der Kampf gegen die Uhr erweist sich für den Arbeiter als die letzte Möglichkeit, die Verausgabung der Arbeitskraft in einer für ihn bedeutsamen Weise zu steuern. Von einem anderen Arbeiter heißt es: «Als er den Auftrag entgegengenommen hatte, sagte er unwillig: ‹Ich denke, ich werde morgen zu Hause bleiben.› Aber nachdem er eine Stunde (. . .) gearbeitet hatte, stellte er dann plötzlich fest: ‹Ich mache ja Geld!› Er hatte in einer Stunde 3 Dollar, 10 Cent gemacht. Im Nu lebte er auf und ging mit Schwung an seine Arbeit.» Hier zeigt sich ganz deutlich, daß das Bedürfnis, «etwas zu machen», sich sinnvoll zu vergegenständlichen, auch im kapitalistischen Produktionsprozeß nicht abzuschaffen ist, sich jedoch – jedenfalls für den «einfachen» Lohnarbeiter – nur im Gefühl des «Geldmachens», das heißt in einer ganz armseligen und abstrakten Form realisieren kann.

Auch die grundsätzliche Feststellung, daß sich das Selbstbewußtsein eines Individuums ganz wesentlich über seine Produkte und Vergegenständlichungen herstellt, gilt in abgewandelter Form noch für die Lohnarbeiter. Es ist unter kapitalistischen Bedingungen üblich, die Einschätzung des Werts fremder Menschen und auch des eigenen Selbstwerts über die vom Betreffenden hervorgebrachte Lohnsumme, seinen Verdienst zu vollziehen. Das ist natürlich ein völlig vereinseitigter Maßstab; er wird aber von der kapitalistischen Ökonomie, welche faktisch die Beziehung zwischen Produzent und Produkt auf diesen Aspekt vereinseitigt, nahegelegt. Die Koppelung der Selbst- und Fremdeinschätzung mit der Lohnsumme ist im Kapitalismus sozusagen die letzte Möglichkeit, überhaupt noch eine nach außen einigermaßen wahrnehmbare und plausible Beziehung zwischen den Produzenten und ihren Produkten herzustellen. Nicht zuletzt deswegen hält sich wahrscheinlich in unserer wechselseitigen zwischenmenschlichen Wahrnehmung die Frage des Habens oder Nichthabens von Geld so hartnäckig, als ob es sich dabei um eine natürliche Persönlichkeitseigenschaft handelte.[13]

Wir haben jetzt festgestellt, daß über das Lohnresultat der Arbeit die Arbeit wieder einen Ersatzsinn bekommt und daß sich das Selbstbewußtsein des einzelnen in einer sehr fragwürdigen Weise über die Lohnsumme, die hervorgebrachte abstrakte Leistung, aufbaut. Empirische Untersuchungen deuten darauf hin, daß es unter Arbeitern auch eine Art gemeinsames «allgemeines Leistungsbewußtsein» gibt, das von der Erfahrung der gemeinsamen allgemein-abstrakten Arbeitsverausgabung für das Kapital herkommt und sich mit einer Art von «Produzentenstolz» dem Kapital, der «toten Arbeit», gegenübersetzt.[14] Auch die zwischenmenschlichen Beziehungen am Arbeitsplatz können gerade über das Lohninteresse wieder Momente von Produzentensolidarität bekommen, welche die grundlegende Gleichgültigkeit und wechselseitige Isolation der Lohnarbeiter begrenzen und ihnen entgegenwirken. Das Verfolgen des individuell-privaten Lohninteresses treibt nämlich sehr leicht die Erfahrung hervor, daß sich das Ringen um einen möglichst angemessenen und steigenden Lohnanteil am hergestellten Reichtum bei einem möglichst geringen Verschleiß der eigenen Arbeitskraft am besten doch kollektiv organisieren läßt. Es gibt stille und subversive Formen dieses Ringens in Gestalt des abgesprochenen «Akkordbremsens» oder der sogenannten «informellen Leistungszurückhaltung» durch Arbeitsgruppen, die sich etwa auf Grund der Erfahrung, daß der individuelle Kampf um die Prämie langfristig für alle zu einer Verschlechterung der Vorgabezeiten führt, dagegen wehren, daß sie in der Verfolgung ihres individuellen Lohninteresses gegeneinander ausgespielt werden. Man muß aber sehen, daß auch nachdem eine solche subversive Einigung erfolgt ist, der einzelne immer noch in einem inneren Konflikt zwischen dem individuell-egoistischen, kurzfristig gewinnbringenden Lohninteresse und den Solidaritätsansprüchen der anderen steht und zwischen beiden Polen gewissermaßen eine beständige und in ihrer Widersprüchlichkeit seelisch belastende Balance vollziehen muß.[15]

Das Aufspüren der genannten solidarischen Absprachen und die Zerstörung solcher Balanceakte ist ein Hauptproblem in Betriebsleitungen und auch das Ziel vieler betriebssoziologischer oder betriebspsychologischer Untersuchungen. Über diese subversive Solidarität beim Lohnkampf hinaus gibt es – jedenfalls unter politischen Verhältnissen, die die Arbeiterorganisationen erlauben – die offene Solidarität des gewerkschaftlichen Lohnkampfes. So wichtig der Lohnkampf für die zwischenmenschliche Solidarität der Lohnarbeiter, für die Erfahrung einer vertrauensvoll-sachbezogenen Perspektivenverschränkung zwischen den Kollegen ist, so bleibt doch der gängige Typ gewerkschaftlichen Bewußtseins auf den Kampf um die Lohnsumme, das heißt die quantitativ-abstrakte Seite des kapitalistischen Produktionsprozesses beschränkt und läßt die Grundbedingungen der Produktion – die Verteilung der Produktionsmittel und die Gestaltung des tagtäglichen konkreten Arbeitsprozesses – im allgemeinen unberührt. Insofern liegt dieser Form der Solidarität weitgehend noch die privatistische Einstellung zur eigenen produktiven und sozialen Lebenstätigkeit zugrunde, bei der diese Lebenstätigkeit für den Erhalt einer möglichst hohen Lohnsumme, also einen außerhalb ihrer selbst liegenden Zweck instrumentalisiert wird und als solche weitgehend gleichgültig ist. Trotzdem ist die Solidarität des Lohnkampfes für das Begreifen der Zwischenmenschlichkeit im kapitalistischen Produktionsprozeß äußerst wichtig. Aus der Solidarität des Lohnkampfes und schließlich des offenen Lohnstreiks können leicht weitergehende Kampfziele und Solidaritätserfahrungen entstehen. Nicht zuletzt um solche weitergehenden Solidarisierungsprozesse zu verhindern und abzuschneiden, sind in der BRD die Herrschenden schon seit langer Zeit bemüht, das Übergreifen des Streikrechts auf den politischen Streik gesetzlich zu verbieten.[16]

Jedenfalls läßt sich festhalten, daß durch die Notwendigkeiten des subversiven Ringens um das herauspreßbare Mehrarbeitsquantum und des offenen Lohnkampfes das wechselseitige Mißtrauen und die trügerisch-listige Art der zwischenmenschlichen Perspektivenverschränkung, wie sie vor allem von der Zirkulationssphäre her auf dem Verhalten der Individuen lasten, unter den Lohnabhängigen durch ein Minimum von erfahrbarem und überprüfbarem wechselseitigen Vertrauen gebremst und in Schranken gehalten werden. Wenn mir andere hier ihre Hilfsbereitschaft anbieten, kann ich sehr rasch an ihrem Verhalten zur gemeinsamen Sache überprüfen, ob sie das ernst meinen oder nicht. Das gemeinsame planvolle Bemühen um das verbleibende abstrakte Lohnresultat ihrer Arbeit schafft unter den Lohnabhängigen, wenn auch in gebrochenen Formen, noch Reste und Ahnungen einer produktiv-solidarischen, gegenstandsbezogenen Lebenspraxis.

4. Bewußte Kooperation im Arbeitsprozeß

Wir hatten zwar zu Anfang dieses Kapitels hervorgehoben, daß es eine der kapitalistischen Produktionsweise innewohnende grundlegende Tendenz zur *Veräußerlichung* und *Vergleichgültigung* des kooperativen Zusammenhalts der Individuen gibt, aber man muß sehen, daß es *im Rahmen* dieser Gleichgültigkeit bei den tagtäglichen Arbeitshandlungen doch immer wieder auch zu bewußter, planvoller Kooperation zwischen den Lohnarbeitern kommt.

Der kapitalistische Produktionsprozeß ist ja nicht nur Verwertungsprozeß von Kapital, in dem es um die abstrakte, in Geld meßbare Arbeitsverausgabung geht, also für den Kapitalisten um Profit, für den Arbeiter um Lohn; sondern er ist nach wie vor, wenn auch erst in zweiter Linie, ein sinnlich-konkreter, handfester Arbeitsprozeß, bei dem es um die Herstellung eines ganz bestimmten Gebrauchswerts, etwa Schuhe, Autos oder Elektrogeräte geht. In dieser Richtung, hinsichtlich der Gebrauchswertseite des Arbeitsgeschehens, müssen die Gleichgültigkeit des Arbeiters und sein bloßes Lohninteresse an der Arbeit beständig korri-

giert und «gebremst» werden.[17] Das gilt sowohl in bezug auf den Arbeitsgegenstand als auch in bezug auf die Arbeitskollegen. Wenn man beispielsweise als Gießereiarbeiter mit geschmolzenem Metall umgeht, darf
die Gleichgültigkeit nicht soweit gehen, daß man die Temperatureigen-
schaften dieses Stoffes vergißt oder eine Bewegung so nachlässig aus-
führt, daß das Metall aus der Form schwappt und einen Kollegen oder
auch mich selbst verletzt.

Es ist zu vermuten, daß auch in den entfremdetsten und zwischenmenschlich isoliertesten Produktionsprozessen noch Reste von absichts-
voll-bewußter Kooperation auf Grund der Probleme des jeweiligen konkreten Arbeitsprozesses erforderlich sind. Nicht zuletzt ist es die Unfall-
gefahr, die ein Minimum von kooperativer Situationsbewältigung und
Solidaritätserfahrung überall hervortreibt. Die Aufforderung des «Paß
doch auf!», die vom Arbeitskollegen, Vorgesetzten oder auch der eigenen
«inneren Stimme» ausgeht, dürfte in diesem Sinne in jedem Produktionsprozeß allgegenwärtig sein.

Nun läuft jemand, der zu gut aufpaßt, sich allzusehr für die Probleme
des konkreten Abeitsprozesses interessiert, überall das Unfallrisiko be-
achtet, sehr schnell Gefahr, daß er den Anforderungen des kapitalistischen Verwertungsprozesses nach möglichst rascher, intensiver und pro-
fitbringender Arbeitsverausgabung nicht nachkommt. Es kann passieren,
daß er als «zu langsam», oder «zu umständlich» entlassen wird oder
seinen Akkord nicht mehr schafft. Die Situation des Lohnarbeiters ist
dadurch gekennzeichnet, daß er – zusätzlich zu der Balance zwischen
individuell-egoistischem und kollektivem Lohninteresse – noch eine beständige belastende Balance zwischen seiner ihm von der Herrschaft des
Verwertungsprozesses aufgezwungenen Gleichgültigkeit gegenüber
dem Produktionsprozeß einerseits und dem teilweisen Interesse gegenüber dem konkreten Produktionsgeschehen, den besonderen Problemen
und Gefahren des jeweiligen Arbeitsprozesses andererseits vollziehen
muß. Dieses letztere, von den Verhaltensanforderungen des jeweiligen
besonderen Arbeitsprozesses erzwungene Interesse schließt ein Interesse
an der Kontrolle und Selbstorganisation der konkreten Kooperation mit
den Kollegen ein. Insofern muß die extreme Veräußerlichung des kooperativen Zusammenhalts wieder teilweise rückgängig gemacht werden.

Diese aus der Veräußerlichung und Gleichgültigkeit von dem Produzenten wieder zurückgeholte und selbstorganisierte Kooperation ist eine
entscheidende Produktivkraft, ohne die jeder Produktionsprozeß zusammenbrechen würde. Das zeigen etwa die Dienst-nach-Vorschrift-Streiks
sehr anschaulich, in denen die Kooperierenden sich gewissermaßen
dumm stellen, als seien sie tatsächlich ganz zum bewußtlosen Anhängsel
der kapitalistischen Maschinerie geworden, und nur noch den äußerlichen, vom Kapital oder von den Vorgesetzten aufgestellten Koopera-
tionsplan befolgen.[18] Auch die Unternehmer lassen – freilich immer nur

in eng eingegrenzten und ungefährlichen Bereichen – die bewußte Alltagskooperation der Arbeiter zu und fördern sie als «Teamgeist», solange
sie sich in ihre Profitmaximierungsstrategien einfügt. Sie schaffen damit
eine ziemlich paradoxe soziale Situation. Einerseits lehnen sie auf einer
grundsätzlichen Ebene – etwa in Fragen der Investitionen, der Dividende,
der Produktgestaltung, die Möglichkeit einer Selbstorganisation der Produktion durch die Produzenten scharf ab und andererseits müssen sie die
Selbstorganisation auf einer praktisch-unmittelbaren Ebene beständig
zulassen und sogar noch unterstützen. Die widersprüchlichen Anforderungen, deren Unvereinbarkeit letztlich immer der Arbeiter ausbaden
muß, beruhen auf dem Widerspruch zwischen dem kapitalistischen Verwertungsprozeß und dem ihm untergeordneten Arbeitsprozeß.

5. Der merkwürdige Fortschritt
in den Betriebswissenschaften

Auch noch innerhalb des kapitalistisch entfremdeten Produktionsprozesses wird immer wieder nicht nur der Beweis erbracht, daß die Kooperation die entscheidende Produktivkraft ist, sondern auch, daß eine sinnvolle Vergegenständlichung im Rahmen einer produktbezogenen und
solidarischen Perspektivenverschränkung den menschlichen Fähigkeiten
und Bedürfnissen entspricht. Die Geschichte der bürgerlichen Industriesoziologie und -psychologie kann als eine schrittweise und über teilweise
geradezu grotesk wirkende Umwege sich durchsetzende Entdeckung dieses eigentlich ziemlich schlichten Sachverhalts nachgezeichnet werden.[19]
Man stieß sich sozusagen immer stärker und gründlicher an der Wi-
derständigkeit und Eigenwilligkeit des Menschenmaterials, den Besonderheiten jener Ware Arbeitskraft, welche die kapitalistische Maschinerie in sich aufsaugt. Auf der allerersten Stufe, die durch den Namen F. W.
Taylor repräsentiert ist, glaubte man, das menschliche Interesse an der
Arbeit ganz auf das egoistisch-private Lohninteresse reduzieren zu können. Das Taylorsche System der Betriebsführung, das in den zwanziger
Jahren in der amerikanischen Fließbandproduktion von Autos nach Hen-
ry Fordschem Muster zum erstenmal in massenhaftem Maßstab Wirklichkeit wurde, beruht im wesentlichen darauf, daß man den Arbeitern
jede Planung des konkreten Arbeitsvollzugs abnahm und sie mit Hilfe
von Lohnprämien auf eine größtmögliche Schnelligkeit und Intensität
der Arbeitsverausgabung zu dressieren versuchte. Die Planung wurde
ganz zur Sache «wissenschaftlicher Experten», welche die Arbeitstätigkeit in winzige Einheiten zerlegten, zu einem neuen zeitsparenden Plan
zusammenbauten und diesen Plan den Arbeitern dann wieder als Anwei-
sung vorsetzten. Denken und zwischenmenschliche Kommunikation bei

der Arbeit werden für überflüssig erachtet. Diese Auffassung versucht gewissermaßen ganz radikal und einseitig Ernst zu machen mit der von der objektiven Gleichgültigkeit des Kapitals hervorgebrachten Tendenz der Lohnarbeiter zur gleichgültigen Instrumentalisierung des eigenen produktiven Gattungslebens für das private Lohninteresse. Das Verhältnis des Arbeiters zu seiner sich betätigenden Arbeitskraft wurde im Taylorismus gedacht wie das Verhalten eines Kapitalisten zu seinem Kapital, aus dem es nur eine möglichst hohe Geldsumme herauszuholen gilt. Man nennt ja auch heute noch gerne die Arbeitskraft des Arbeiters sein «Humankapital».

Das Tayloristische Menschenbild spiegelt zwar in seiner absurden Einseitigkeit sehr schön die Entfremdungsanforderungen, die vom Kapitalverwertungsprozeß her auf dem menschlichen Verhalten lasten, es stellte sich aber in der Folgezeit für die Betriebswissenschaften immer mehr heraus, daß in ihnen etwas ganz Wichtiges, nämlich die zwischenmenschlichen Beziehungen (human relations) und ihre Bedeutung für das Betriebsklima vergessen worden waren. Nachdem bei den berühmten «Hawthorne-Experimenten» im Amerika der dreißiger Jahre bezeichnenderweise durch einen Zufall herausgekommen war, daß Menschen, denen man erlaubte, bei der Arbeit miteinander und auch mit den Vorgesetzten über ihre Probleme zu reden, freudiger und vor allem mehr arbeiten, da begann – begleitet von einer scheinprogressiven Selbststilisierung – der Siegeszug der Human-relations-Schule durch die Betriebswissenschaften. Man entdeckte mit einem gewissen Erstaunen, daß es unterhalb der offiziellen kapitalistischen Kommandobeziehungen und jenseits der «veräußerlichten Kooperation» schon längst von den Arbeitern selbst organisierte soziale Kontakte und Bindungen, sogenannte «Informelle Gruppen» gab, die man bloß aus dieser Versenkung wieder hochholen mußte, um sie erstens als Quelle des Widerstandes und der Unbotmäßigkeit gegen das Kapital zu entschärfen und sie zweitens für die profitsteigernde Verbesserung des Arbeitsklimas zu nutzen. Diese theoretische Richtung gesteht durchaus zu, daß Menschen bei der Arbeit sehr soziale Wesen sind, daß ihre Produktivität etwas mit dem Gefühl der Zusammengehörigkeit und dem Vorhandensein gemeinsamer Kommunikationsthemen zu tun hat. Nur wird ihre Vorstellung von Zwischenmenschlichkeit deswegen sehr schnell hohl und leer, weil sie nach dem Muster der «Betriebsfamilie» die grundlegenden Fragen des gemeinsamen gegenständlichen Bezugs und der gemeinsamen Planung der Produktionstätigkeit aus der zwischenmenschlichen Perspektivenverschränkung ausklammert und dadurch in einen auch für die Arbeiter bald unglaubwürdigen Sumpf eines gegenseitigen bloß gefühlsmäßigen sozialen «Betätschelns» ohne Sachbezug landet. In den letzten Jahren hat sich denn auch dieser Versuch, eine Ersatzmotivation für die Arbeit zu schaffen, zunehmend selbst abgenutzt.

Die neueste Entdeckung besteht nun darin, daß man den Arbeitern ein intensives Interesse an sinnvoller Vergegenständlichung in ihrem Produkt und an einer selbständig-kollektiven Kontrolle ihrer eigenen schöpferischen Lebenstätigkeit zuspricht. Bekanntestes Beispiel für diese unter dem Schlagwort «Job enlargement» (Arbeitsbereicherung) bekannte Richtung sind die «autonomen Arbeitsgruppen» bei Volvo in Schweden. Auch diese neuen Erkenntnisse wurden den bürgerlichen Betriebswissenschaften buchstäblich aufgezwungen, weil zum Beispiel in weiten Bereichen der modernen Automobilproduktion die Profitminderung durch Arbeitskräftefluktuation, Krankfeiern, Sabotage und andere mehr oder weniger bewußte Protestformen der Arbeiter untragbar geworden war. Nachdem die bürgerliche Wissenschaft nun den Bogen vom privategoistischen Lohninteresse über die Sozialbeziehungen bis hin zur Vergegenständlichung der Menschen im Produkt geschlagen hat, ist so ziemlich all das, was Marx mit seinem Begriff vom Gattungswesen über eine menschenwürdige und sinnvolle gegenständliche Praxis der Individuen ausgesagt und gefordert hatte, als richtig wiederentdeckt und anerkannt worden. Das Problem besteht für das Kapital jetzt darin, diese Einsicht in möglichst engen Grenzen zu halten und die Ansprüche auf Selbstorganisation der Produktion bloß nicht über die Arbeitsgruppen und die zugestandenen harmlosen Betätigungsfelder hinaus, etwa auf den ganzen Betrieb, übergreifen zu lassen. Deshalb ist es für eine aktive gewerkschaftliche und sozialistische Politik auch wichtig, die neueren Ergebnisse der Arbeitswissenschaften nicht in Bausch und Bogen als Manipulationsinstrument abzulehnen, sondern über die Beteiligung an der Auseinandersetzung das Argumentationsdilemma der Kapitalseite zu verschärfen.[20]

6. Solidarische Perspektivenverschränkung und Arbeitersprache

Die verbleibende konkret-gegenstandsbezogene Kooperationserfahrung, die es in bruchstückhaften und sehr unterschiedlichen Formen in jedem kapitalistischen Produktionsprozeß noch gibt, ist für das zwischenmenschliche Verstehen, die Perspektivenverschränkung der Arbeiter von großer Wichtigkeit. Es gibt nach wie vor viele Arbeitsvollzüge, die es erforderlich machen, sich in die Situationserfahrung des anderen sehr genau hineinzuversetzen. Das gilt für viele der schon erwähnten Ausnahme- und Unfallsituationen; das gilt aber in vielen Bereichen auch für die Routinetätigkeit.[21]

Wenn das Aufeinander-Eingehen und sich Ineinander-Einfühlen der Menschen durch das handgreifliche «Dritte» der Gegenstände der Arbeitsprozesse bedingt und vermittelt ist, dann gibt es ziemlich eindeutige

Maßstäbe dafür, ob ich die Perspektive des anderen richtig wahrgenommen habe oder nicht. Eine falsche Wahrnehmung und Vorwegnahme seiner Perspektive kann dazu führen, daß mir die gemeinsame Last auf die Füße fällt oder zumindest, daß es zu Stockungen und Schwierigkeiten im Arbeitsprozeß kommt. Ich brauche mich hier nicht der Übereinstimmung unserer Perspektiven beständig zu versichern, indem ich mich mit ihm über unsere Verstehens- und Mißverstehensprobleme noch einmal auf einer höheren sprachlichen Ebene verständige, so wie es das Konzept des zwischenmenschlichen Verstehens bei Habermas und in der neuesten Variante der Erziehungswissenschaft als alleinigen Weg vorschlägt. Wenn der andere an der richtigen Stelle und im richtigen Moment bei einem Arbeitsprozeß mit zupackt oder wenn er in einer für mich brenzligen Situation ohne Zögern einspringt, brauche ich ihn nicht extra zu fragen, ob wir uns verstanden oder mißverstanden haben, ob die Bekundung seiner Hilfsbereitschaft ernst gemeint war oder nicht. Arbeiter haben im allgemeinen eine sehr genaue Vorstellung davon, wie sich ein guter Kooperationspartner, ein Kumpel, in Arbeitsprozessen zu verhalten hat. Diese Maßstäbe gehen ein in ihre wechselseitige Wertschätzung und die zwischenmenschliche Orientierung der Arbeiterkultur.[22] Es gibt hier ein ziemlich selbstverständliches Bündel von *Kooperationsnormen*, das einen Ausgangspunkt für eine neue sozialistische Moral der «assoziierten Produzenten» abgeben kann.

Über Verstehensprobleme zu reden, ist sicher kein Fehler und manchmal sehr wichtig. Aber man kann sich im Rahmen kooperativer Beziehungen auch verstehen, ohne groß darüber zu reden. Und wo die Verständigungsprozesse überhaupt kein Fundament in einem handfest-sachlichen Kooperationsprozeß haben, nützt mir auch die schönste Verständigung über das wechselseitige Nichtverstehen sehr wenig. Man muß sich hier noch einmal den Unterschied zur Art und Weise der zwischenmenschlichen Perspektivenverschränkung, wie wir sie im Kapitel über die Zirkulationssphäre, das Marktverhalten erörtert haben, vor Augen halten. Wenn mir dort ein Tauschpartner mit freundlich-einfühlsamer Miene gegenübertritt und mir – etwa nach dem Motto «wir wollen, daß Sie sich wohl fühlen» – seine Hilfsbereitschaft anbietet, so ist das für mich zunächst eher ein Grund, mißtrauisch zu werden und sein Eingehen auf meine Perspektive selbst noch einmal mit Hilfe einer vorwegnehmenden Vergegenwärtigung seiner Perspektive zu hinterfragen. Die aus dem ökonomisch überlebensnotwendigen Mißtrauen gegenüber der fremden Rollenhaftigkeit und dem endlos-spiralenartigen Hinterfragen jeder angebotenen Übereinstimmung in der Perspektivenverschränkung folgende Beschaffenheit der Zwischenmenschlichkeit hatten wir als ein «Faß ohne Boden» gekennzeichnet, in welchem man ein sicheres Bewußtsein und Gefühl dessen, was man für den anderen eigentlich bedeutet – und damit auch des eigenen Selbst –, leicht verlieren kann. Die

Erfahrung des anderen und des eigenen Selbst in der kapitalistischen Kooperation ist nun zwar sicher auch von Entfremdung und Konkurrenzproblemen überschattet, aber sie ist kein solches «Faß ohne Boden», wie die zwischenmenschliche Erfahrung zwischen den Tauschpartnern auf dem Markt. Sie hat vielmehr in den gemeinsamen Kooperationsgegenständen einen festen Grund. Während sich die Handlungspartner beim Tausch auf die Gegenstände, mit denen sie umgehen – etwa den Anzug aus unserem Beispiel, den der eine für Geld verkaufen, der andere aber billig kaufen will –, mit den einander widersprechenden Interessen einmal des Tauschwertstandpunkts, zum anderen des Gebrauchswertstandpunkts beziehen und sich über die wirkliche Dingbeschaffenheit des Gegenstandes (seine Menge, seine Vorteile, seinen Herstellungsaufwand . . .) gegenseitig etwas vormachen, ist das in der Kooperation anders. Wenn man sich hier gegenseitig über die wirkliche Beschaffenheit der gemeinsamen Arbeitsgegenstände, sei es absichtlich oder unabsichtlich, etwas vormacht – sagen wir über die Temperatur des Metalls im Falle des Gießereiarbeiters –, führt das im allgemeinen rasch zu zusätzlicher Arbeitsmühe oder zu Arbeitsunfällen und Lohneinbußen. Im kapitalistischen Produktionsprozeß kommt es ahnungsweise, gebrochen und sozusagen stark verschüttet durch die Zwänge des vorherrschenden Kapitalverwertungsprozesses und der Lohnarbeitergleichgültigkeit schließlich doch immer wieder zu einer solidarischen Perspektivenverschränkung, wie sie erst in einer sozialistischen, durch das gemeinsame Produktionsinteresse der Menschen zusammengehaltenen Gesellschaft zur vorherrschenden Form werden kann: – zu einer Perspektivenverschränkung, in der unsere Produktionen «ebensoviele Spiegel wären, woraus unser Wesen sich entgegenleuchtete» (Marx).

Es gibt inzwischen eine Flut von wissenschaftlicher Literatur über die sogenannte schichtenspezifische Sprache von Arbeitern, mit deren Hilfe man Rückschlüsse über die Beschaffenheit und Mängel des zwischenmenschlichen Verstehens innerhalb der Arbeiterschaft ziehen zu können glaubt.[23] Meist wird hier die Sprechweise (der Sprachcode) der einfachen Arbeiter oder «Unterschicht», worunter vor allem die schlecht ausgebildeten und verdienenden Handarbeiter verstanden werden, der Sprechweise der «Mittelschicht» gegenübergestellt, die sich aus einem ziemlich bunten Sammelsurium von besser bezahlten und besser ausgebildeten Angestellten, mit einem höheren Kopfarbeitsanteil in ihrer Berufstätigkeit, aus Beamten, Selbständigen und so weiter zusammensetzt. Man stellt da unter anderem fest, daß die Sprechweise der Arbeiter einen ziemlich einfachen Satzbau aufweist; darüber hinaus soll sie durch das Fehlen von Formulierungen gekennzeichnet sein, welche die individuelle Besonderheit des eigenen Standpunkts hervorheben, durch das Fehlen von Einschüben, in denen der Verstehensprozeß selbst auf einer höheren Sprachebene in Frage gestellt und überprüft wird (Metakommunikation); und durch die stark ausgeprägte Unterstellung, daß der Gesprächspartner innerhalb gemeinsamer praktischer Situationen (Kontexgebundenheit) eigentlich immer schon dieselben Perspektiven und Interessen wie der Sprecher selbst hat (soziozentrische Orientierung).

All das – so wird mehr oder weniger offen gesagt – soll den zwischenmenschlichen Verstehungsprozeß, eine präzise und gründliche Übereinstimmung der individuellen Perspektiven behindern; daraus wird dann weiterhin gefolgert, daß man den in dieser Hinsicht etwas unterbelichteten Arbeiterkindern zum Zwecke der Chancengleichheit frühzeitig eine kompliziertere und distanziertere Sprechweise antrainieren soll (Kompensatorische Spracherziehung).

In diesen Theorien wird der wichtige Stellenwert des gemeinsamen handgreiflich-gegenständlichen Bezugs der Zwischenmenschlichkeit im tagtäglichen Arbeits- und Kooperationsprozeß, welcher die Perspektivenverschränkung von Arbeitern doch wesentlich prägt, sträflich vernachlässigt. Es ist klar, daß eine «einfache» Sprache, die sozusagen hauptsächlich als Ergänzung zur gemeinsamen praktischen Situationsbewältigung auftritt, daß eine solche Sprache außerhalb von Kooperationsprozessen, in Situationen, die durch eine komplizierte Nichtübereinstimmung der Perspektiven und durch verschleierte Interessengegensätze geprägt sind – etwa im Umgang mit Versicherungsagenten, Vorgesetzten, Behördenvertretern oder auch beim psychologischen Test – sehr leicht scheitern kann. Hier erweist sich die «Kontexgebundenheit» und das Kleben an einer vorausgesetzten Perspektivenübereinstimmung in der Sprache tatsächlich als ein Mangel. Das sollte man aber zunächst den unversöhnlichen Verhältnissen und nicht der Arbeitersprache anlasten. In den tagtäglichen gegenstandsbezogenen Kooperationsbeziehungen kann eine solche Sprache jedoch durchaus nützlich und der schnellen zwischenmenschlichen Verständigung dienlich sein. In einer Situation, in der ich beispielsweise gerade mit einem Kollegen ein Gerüst zusammenbauen muß, kann der schlichte und unvollständige Satz: «Hammer!» mindestens genausogut verständlich und wahrscheinlich auch nützlicher sein als der Satz: «Ich glaube, daß ich jetzt einen Hammer brauche und möchte dich deshalb bitten, mir einen zu reichen.» Oder wenn ich mit jemandem im Akkord an der Werkbank stehe und ihn bloß zischen höre: «Vorsicht Zeitnehmer!», dann verstehe ich ihn sofort und weiß, was ich zu tun habe – nämlich langsamer arbeiten. Darüber hinaus habe ich erfahren, daß ich mich auf diesen Kollegen verlassen kann und daß unsere Perspektiven übereinstimmen. Wenn sie nicht übereinstimmen, nützt mir auch die sprachlich schönste und im Satzbau differenzierteste Unterhaltung mit ihm sehr wenig. Die vernachlässigte Wichtigkeit des gemeinsamen praktischen Bezugs und gemeinsamer Interessen für das zwischenmenschliche Verstehen hat bereits sehr früh der sowjetische Psychologe Wygotski deutlich hervorgehoben:

«Wenn es ein gemeinsames Subjekt (das heißt hier Gegenstand, Anmerkung des Autors) in den Gedanken der Gesprächspartner gibt, verstehen sie sich voll und ganz mit Hilfe einer maximal verkürzten Sprache und einer extrem vereinfachten Syntax (das heißt Satzbau, Anmerkung des Autors); im entgegengesetzten Fall kommt es selbst bei einer ausführlichen Sprache zu keinem wechselseitigen Verstehen.»[24]

7. Umgang mit Vorgesetzten

Die Reste von Solidarität in der Zwischenmenschlichkeit, die wir einerseits im Zusammenhang mit dem Ringen um die Lohnsumme, anderseits im Zusammenhang mit der verbleibenden gezielten Kooperation im jeweiligen Arbeitsprozeß diskutiert haben, kennzeichnen nur die Beziehungen der «einfachen» Arbeiter untereinander. Sie kooperieren immer unter der Aufsicht von Leuten, die die Ausbeutungsfunktion des Kapitals repräsentieren, die darauf achten, daß die Aufhäufung des Mehrwerts durch die beständige größtmögliche Anspannung und Ausnutzung der angekauften Arbeitskräfte vonstatten geht. Sie verfolgen jede Zeitvergeudung, spüren unerbittlich jede individuelle oder abgesprochene «Leistungszurückhaltung» auf und verfügen über Bestrafungsmöglichkeiten von der Lohnkürzung bis zur Entlassung. Heutzutage macht kaum ein Kapitalist diese Beaufsichtigungsarbeit selbst; die Kapitalisten haben vielmehr die zwischenmenschlich ziemlich unerfreuliche Tätigkeit der Kontrolle der Arbeiter im Sinne des kapitalistischen Verwertungsprozesses an «eine besondere Sorte Lohnarbeiter», oder auch die «kapitalistischen Unteroffiziere» (Marx), abgetreten, sie delegiert. Diese fortschreitende Delegation ist einer der Gründe für das Wachstum der Angestelltenzahlen seit Ende des letzten Jahrhunderts.[25]

. Nun kompliziert sich aber die Lage jener «besonderen Lohnarbeiter» dadurch, daß zwar der vorherrschende Zweck ihrer Tätigkeit die Aufrechterhaltung eines reibungslosen kapitalistischen Verwertungsprozesses ist, daß sie aber darüber hinaus oftmals auch nützliche Funktionen für die Organisation und Betreuung des konkreten Arbeits- und Kooperrationsprozesses wahrnehmen. Bei einem Werkmeister zum Beispiel, der sowohl fachlich qualifiziert ist, nützliche Ratschläge bei Kooperationsschwierigkeiten geben kann und so weiter, als auch zur größtmöglichen Arbeitsverausgabung antreiben muß, springt diese Doppelfunktion der Leitungstätigkeit besonders deutlich ins Auge. Seine Leitungstätigkeit ist widersprüchlich und für den Arbeiter doppeldeutig, weil der Produktionsprozeß selbst, den er anleitet, in sich einen tiefen Widerspruch hat: nämlich zugleich abstrakter Verwertungs- und Ausbeutungsprozeß und konkreter Arbeits- und Kooperationsprozeß zu sein.[26] Das widersprüchliche Verhältnis von Verwertungsfunktionen für das Kapital und sachbezogen-konkreten Leitungsfunktionen ist für die einzelnen Gruppen innerhalb der kapitalistischen Leitungshierarchie sehr unterschiedlich. Während es sich beim Meister noch in etwa die Waage hält, so daß auch die meisten Arbeiter ihn nicht von vorneherein eindeutig in das Lager der Ausbeuter oder «derer da oben» stellen, liegt die Sache etwa bei einem Zeitnehmer schon ganz anders. Hier überwiegen deutlich die Verwertungs- und Ausbeutungsfunktionen und dementsprechend ist auch die durchschnittliche zwischenmenschliche Einstellung der Arbeiter ihm gegenüber. Eine weitere wichtige Größe für die Zuordnung der Leitenden zur Kapitalseite ist ihre Bezahlung, das heißt ihre Beteiligung am von anderen geschaffenen Mehrwert, wie man sie etwa bei einem Manager voraussetzen muß.

Zunächst ein Beispiel für eine ganz offensichtlich feindliche wechselseitige Perspektivenverschränkung in der Beziehung zwischen einem «kapitalistischen Unteroffizier» und den Arbeitern. Über die soziale Situation eines Zeitnehmers heißt es in einem industriesoziologischen Werk:

«Er versucht zu erraten, wieweit er von dem Arbeiter zum besten gehalten wird, um das in seinem Vorschlag, den er der Betriebsleitung macht, einkalkulieren zu können. (. . .) Hat jedoch der Zeitnehmer mehr Täuschungsversuche erwartet, als wirklich gemacht worden waren, und dadurch die Grundnorm zu hoch angesetzt, so ist das auch kein gutes Ergebnis.»[27]

Ganz so offensichtlich ist das wechselseitige Austricksen im Umgang mit den meisten anderen unmittelbaren Vorgesetzten nicht. Aber in den Betriebswissenschaften und in der Managementpraxis geistert schon länger das Schlagwort von der sogenannten Meisterkrise umher.[28] Und es wird versucht, die verbreitete kritisch-mißtrauische Einstellung der «einfachen» Arbeiter ihren direkten Vorgesetzten gegenüber durch ein Training der Meister in «Menschenführung» zu beseitigen. Dabei wird übersehen oder verschwiegen, daß die «Meisterkrise», die Doppeldeutigkeit der Meistertätigkeit und die mißtrauische Reserve der Arbeiter dem Meister gegenüber eigentlich immer schon durch die grundlegende Doppeldeutigkeit seiner Leitungstätigkeit im Rahmen des Widerspruchs zwischen den Anforderungen des kapitalistischen Verwertungsprozesses und den Anforderungen des konkret-handfesten Arbeitsprozesses gegeben ist. Allerdings zeigen Untersuchungen, daß Arbeiter den Meister besonders dort als einen bloßen «Radfahrer» einschätzen, welcher nach oben buckelt und nach unten den Druck weitergibt, wo infolge des technischen Wandels ihm die Funktionen weggenommen worden sind, die vorher noch mit der notwendigen technisch-fachlichen Anleitung des Produktionsprozesses zu tun hatten.[29]

Ernsthafte Industriesoziologen haben schon früh auf die grundlegende

Krampfhaftigkeit und Doppeldeutigkeit in den zwischenmenschlichen Beziehungen zwischen Arbeitern und Vorgesetzten im kapitalistischen Produktionsprozeß hingewiesen. Im Rahmen des tagtäglichen Routinekontakts, dem auch die Arbeiter nicht ausweichen können, kommt es auf beiden Seiten zu einer anstrengenden Balance zwischen Anziehung und Abstoßung, Zurückhaltung und teilweiser Zusammenarbeit.[30]

Für die Leitenden gibt es – neben der besseren Bezahlung – auch bestimmte eingeschliffene Formen der Zwischenmenschlichkeit, die ihnen diese tagtägliche Balance erleichtern. Ein besonders erfolgreiches Mittel hierbei ist die Berufsrolle, die während der Berufstätigkeit mit einer Art würdevoll-engagiertem Selbstbewußtsein oder manchmal auch mit einer gewissen Aufgeblasenheit zur Schau getragen wird. Mit dieser Berufsrolle kann man nämlich zweierlei machen: sie steigert erstens das Gefühl der eigenen Unentbehrlichkeit und verstärkt bei einem selbst wie auch bei den Untergebenen die Glaubwürdigkeit des eigenen Tuns und sichert so die Identifizierung mit dem kapitalistischen Produktionsprozeß. Man kann aber auch zweitens die Berufsrolle – bei einer verschärften Kritik der Untergebenen – zu einer demonstrativen Selbstdistanzierung benutzen, gewissermaßen achselzuckend hinter sie zurücktreten und sie dabei gleichzeitig als einen Schutzschild gebrauchen, indem man etwa sagt: «Liebe Leute, ich verstehe euch und es tut mir persönlich auch leid, aber es ist nun einmal meine Aufgabe, das und das bei euch durchzusetzen.» Man kennt dieses Verhalten auch von Behördenvertretern, die «von Amts wegen» etwas Unangenehmes tun müssen. Ein solcherart mehr oder weniger elegantes Jonglieren mit der eigenen Berufsrolle – einerseits die Identifizierung mit der Rolle, andererseits das Durchblickenlassen der Nichtidentifizierung – ist ein auch von der bürgerlichen Sozialpsychologie empfohlenes «Schmieröl im Getriebe» der widersprüchlichen und doppeldeutigen Zwischenmenschlichkeit des kapitalistischen Produktionsprozesses.[31] Durch die Ausbildung von «Rollendistanz» lassen sich die widersprüchlichen zwischenmenschlichen Erwartungen leichter zusammenbringen und bewältigen. Wer es in der kapitalistischen Arbeitswelt zu etwas bringen will, muß sie schon frühzeitig erlernen.

Es handelt sich hier um eine besonders raffinierte und gefährliche Art der zwischenmenschlichen Perspektivenverschränkung, mit deren Hilfe Vorgesetzte Verständnis und sogar Mitleid von denen erheischen können, die sie objektiv unterdrücken und ausbeuten. An diesem Punkt gilt für die Arbeiter der Satz von Bertolt Brecht, daß derjenige, der sich darauf einläßt, sich in sein Gegenüber einzufühlen, sehr rasch zu seinem eigenen Feind wird. Viele Arbeiter haben deshalb gegenüber solchen Versuchen der Vertrauenserschleichung bereits vorbeugende soziale Gegenstrategien entwickelt. Das «Sich-Nicht-Einwickeln-Lassen» und «Cool-Bleiben» im Umgang mit Vorgesetzten erspart einem eine Menge Konflikte, schützt die Arbeitskraft vor übermäßigem Verschleiß und ermöglicht erst einen wirklichen Kampf um die Verbesserung der eigenen Lebensbedingungen.

Die Selbstdistanzierungen können sich übrigens innerhalb der kapitalistischen Hierarchie nach oben hin beliebig fortsetzen. Es kann sein, daß der Abteilungsleiter dem Meister gegenüber eine unangenehme Entscheidung – zum Beispiel die in letzter Zeit übliche Entlassung von Schwerbehinderten – ebenso bedauert wie der Meister, und daß der Personalchef dies wieder gegenüber dem Abteilungsleiter tut, bis hin zum achselzuckenden menschlichen Verständnis der Vorstandsmitglieder und des Aufsichtsrats, daß sich aber die Inhumanität dennoch mit derselben oder sogar noch einer stärkeren Gewalttätigkeit durchsetzt. Die allseitige ebenso verständnisvolle wie folgenlose Selbstdistanzierung der Verantwortlichen ist einer der Mechanismen, die den «stummen Zwang der ökonomischen Verhältnisse» im Kapitalismus am Leben erhalten. Deshalb muß man die Verantwortlichen nicht nur als die ökonomischen Charaktermasken, die sie sind, sondern auch als Personen angreifen.

8. Einige spätkapitalistische Entwicklungstendenzen

Seit Marx das Kapital geschrieben hat, wo er nur sehr allgemein die Masse der einfachen, ganz unqualifizierten und als Maschinenanhängsel auftretenden Arbeiter und die «kapitalistischen Unteroffiziere» unterscheidet, seit dieser Zeit hat sich an den Kooperationsbedingungen der Lohnabhängigen als Folge des gewaltigen technischen Fortschritts, welchen das Kapital zum Zwecke seiner Profitmaximierung hervorgetrieben hat, natürlich vieles verändert. Die Folgen dieses Wandels der Kooperationsbedingungen für die zwischenmenschliche Erfahrung am Arbeitsplatz sind sehr wichtig. Sie sind aber so vielfältig und wissenschaftlich unerforscht, daß sie hier nur ganz grob und in Vermutungen umrissen werden können.

Es gibt heute in den kapitalistischen Branchen und Betrieben eine Vielzahl von nebeneinander existierenden Kooperationsformen. Die auch von vielen linken Gesellschaftskritikern verbreitete Vorstellung, der technische Wandel im modernen Kapitalismus wirke sich so aus, daß eigentlich alle Arbeiter völlig isoliert und entfremdet am Fließband stehen, ist falsch.

Die Fließbandproduktion ist zwar kennzeichnend für den kapitalistischen Produktionsprozeß, weil sie die Veräußerlichung der Kooperation, von der wir oben gesprochen hatten, in anschaulicher Weise auf die Spitze treibt. Bei einem aufgeklärten bürgerlichen Industriesoziologen heißt es: «Es ist die mechanische Fertigungsstraße, die Marx voraussieht. Diese Freisetzung des Arbeiters von seinen kooperativen Bindungen macht ihn disponibel, austauschbar, vielfach entbehrlich, aber natürlich nicht frei. Im Gegenteil, er wird zum Knecht der Maschine, die unnachsichtiger, brutaler und stärker ist als jede Aufsichtsperson.»[32]

Aber obwohl einem die Betrachtung der Fließbandproduktion dabei hilft, die im Kapitalismus angelegte Zerstörung menschlicher Kooperations- und Solidarisierungsfähigkeit zu begreifen, muß man doch sehen, daß früher wie heute nur ein geringer Prozentsatz der Lohnarbeit Fließbandarbeit ist. In vielen Produktionsbereichen, etwa in der Hüttenindustrie oder der Bauindustrie, kommt es auch im Rahmen der fortschreitenden Technisierung doch immer wieder sehr stark zu Formen einer direkten, «gefügeartigen Kooperation»[33], bei der die Kooperierenden einander als Personen sehen und absichtsvoll aufeinander zuarbeiten müssen. Während in der Fließbandproduktion die unterdrückten Momente einer gegenstandsbezogenen solidarischen Perspektivenverschränkung zwischen den Arbeitern wahrscheinlich auf Störungs- und Ausnahmesituationen begrenzt sind, ist hier eine solche Perspektivenverschränkung auch im alltäglichen Routinevollzug nötig und möglich.

Zwischen und neben den Typen der Fließbandkooperation und der gefügeartigen Kooperation gibt es eine Fülle von zwischenmenschlichen Kooperationserfahrungen im Gefolge des technischen Wandels im kapitalistischen Produktionsprozeß. Das zwischenmenschliche Verstehen zwischen den verschiedenen Gruppen der Lohnabhängigen wird dadurch schwieriger. Die Kooperationserfahrungen, die typischen Perspektivenverschränkungen und Umgangsformen, die einen arbeitenden Menschen geprägt haben, müssen bei jeder neuen Begegnung erst wieder jedesmal relativ mühsam *ertastet* werden. Das gemeinsame Verständnis der Lohnabhängigensituation kann sich sozusagen nur noch durch die Berücksichtigung der Unterschiede hindurch ergeben.

Wichtig ist in diesem Zusammenhang das zahlenmäßige Wachstum derjenigen Lohnabhängigengruppen, die nicht in der unmittelbaren, handgreiflichen Gestaltung und Formung der Produkte tätig sind, sondern planende, leitende und kontrollierende Tätigkeiten «vor, hinter und neben dem unmittelbaren Produktionsprozeß» (Marx) ausführen. Diese Lohnabhängigen fallen weitgehend unter die Rubrik Angestellte. Wir hatten am Ende des letzten Kapitels kurz erwähnt, daß der Anstieg des Angestelltenanteils zum Teil auf die Aufblähung und Durchrationalisierung der Verkaufsaktivität im Gefolge der verschärften Konkurrenz und Absatzkrise der monopolistischen Kapitale zurückzuführen ist. Ein anderer Hauptgrund für das Wachstum des Angestelltenanteils auf gegenwärtig etwa 35 Prozent der Lohnabhängigen ist die Technisierung und arbeitsteilige Durchrationalisierung des Produktionsprozesses, die von den konkurrierenden und sich zusammenballenden Kapitalen vorangetrieben wird. Die Gruppe der technischen Angestellten ist denn auch die am stärksten wachsende Gruppe innerhalb der Gesamtgruppe der Angestellten.[34] Die lohnabhängigen Kopfarbeiter kooperieren anders als die «einfachen» Handarbeiter. Sie sitzen in sauberer Kleidung an Schreibtischen oder in Konstruktionsbüros, und die Kooperationsgegenstände treten ihnen meist nicht in handgreiflicher Gestalt, sondern als Zahlen, Symbole, Pläne und so weiter gegenüber. Aber trotz der äußerlichen Erleichterungen müssen sich heutzutage die meisten Angestellten mit diesen Gegenständen in ganz ähnlich vereinseitigten und kapitalistisch entfremdeten Formen auseinandersetzen, wie sie für die Handarbeiter gelten. Das ganztägige Sitzen am Schreibtisch ist für die Gesundheit genauso schädlich wie eine einseitige Verausgabung von körperlicher Kraft. Viele Angestellte tendieren – systematisch gefördert von den unternehmerischen Teile-und-Herrsche-Strategien und durch die bescheidenen Aufstiegschancen – dazu, sich gegenüber den einfachen Arbeitern als etwas Besseres zu fühlen und beziehen ihr brüchiges Selbstbewußtsein aus dem Festhalten an individualistischen, bürgerlich-gepflegten Formen des zwischenmenschlichen Zusammenlebens.

Wenn man das Streben nach einer originellen persönlichen Identität schon nicht im Produktionsprozeß befriedigen kann, so läßt sich diese doch unter spätkapitalistischen Bedingungen über den Markt und über den zur Schau getragenen individuellen Konsumstandard als eine mehr oder minder fassadenartige *Warenidentität* ziemlich leicht beschaffen. Daß die Beteiligung an den zwieschlächtigen kapitalistischen Leitungsfunktionen eine rollenhaft-jongleurartige Form der zwischenmenschlichen Perspektivenverschränkung und Identitätsbehauptung fördert, hatten wir schon erwähnt. Da die Position vieler Angestellter durch die wirkliche oder eingebildete Beteiligung an Leitungsfunktionen gekennzeichnet ist, kann man vermuten, daß das Anwachsen der Angestelltenzahl und der spätkapitalistischen Angestelltenkultur jenen Formen der Perspektivenverschränkung gegenüber den gegenstandbezogen-solidarischen Formen der «einfachen Handarbeiter» zu einer stärkeren Verbreitung verholfen hat. Über die spätkapitalistische Öffentlichkeit, die Medien, die Schulen und andere bewußtseinsbildende Einrichtungen werden zudem die zwischenmenschlichen Lebensformen der Angestelltenkultur als fast selbstverständlich propagiert, was über den zahlenmäßig doch noch relativ geringen Anteil der Angestelltenschaft hinwegtäuscht und die «einfachen Arbeiter» als altertümliche Außenseiter erscheinen läßt.

Angesichts des Schwundes offen kämpferischer Solidarität zwischen den Lohnabhängigen hat man in letzter Zeit an die Automation die Hoffnung geknüpft, sie werde neue solidarische Formen des Produzenten-Selbstbewußtseins und der qualifizierten Kooperation hervorbringen, die sich letztlich gegen das Kapital und seine veräußerlichte Kooperation wenden könnten.[35] Leider ist aber auch hier der Trend sehr unein-heitlich. Für viele industrielle Bereiche scheint es technisch bedingte Automatisierungsschwellen zu geben, die die Automation noch einige Zeit verzögern werden.[36] In anderen Bereichen bringt die Automatisie-rung neue intensive Kooperationserfahrungen nur für einen Teil der Arbeiter mit sich, während ein anderer Teil durch die Automation gerade herunterqualifiziert und vereinzelt wird. Zudem haben sich die technisch hochqualifizierten «neuen Arbeiter» in den Arbeiterkämpfen bisher nicht gerade als sehr solidarisch erwiesen.[37]

Die «Vervielfältigung» der Kooperationserfahrungen und vor allem die pyramidenförmig-hierarchische Staffelung der Lohnarbeiter nach dem Grad der ihnen zugestandenen «Verantwortung» sind also Tenden-zen, welche die Bremsung der zwischenmenschlichen Isolation und Kon-kurrenz, die von der gegenständlichen Kooperation ausgehen, nun ihrer-seits wieder stark bremsen und einengen. Dazu kommt noch die «Ver-flüchtigung» oder «Verdünnung» der handgreiflichen Kooperationsge-genstände unter den Bedingungen der anwachsenden bürokratischen Kopfarbeit. Die Frage, ob mein Gegenüber zuverlässig kooperiert oder nicht, ist nämlich unter diesen Bedingungen oftmals viel schwieriger zu entscheiden, als unter Bedingungen körperlicher Arbeit, etwa beim ge-meinsamen Transport einer schweren Last oder bei den in der kapitalisti-schen Maschinerie ständig lauernden Gefahrensituationen. Wenn zwi-schen Kopfarbeitern, die in ihren Büros sitzen, eine Kooperationshand-lung mißlingt, ist es oftmals kaum zu sagen, ob es sich hier um ein Mißverstehen oder um einen Versuch meiner Kompromittierung und Ausschaltung durch einen Rivalen im Kampf um die Aufstiegschancen handelt. Hinter vielen sogenannten Verwaltungsirrtümern verbergen sich Knüppel, die absichtsvoll, aber nicht nachweisbar zwischen die Beine des anderen geworfen werden. Die zwischenmenschliche Bedeutungsun-sicherheit, die aus der Gegenstandsverdünnung, dem bürokratisch-sym-bolhaften Charakter der Arbeitstätigkeit resultiert, vermengt sich hier auf eine belastende Weise mit der Bedeutungsunsicherheit und dem Mißtrauen, welches die Perspektivenverschränkung der konkurrieren-den und hierarchisch gegeneinander gesetzten Angestellten prägt. Die korrigierende und vertrauensbildende, gewissermaßen beruhigende Wirkung, die der handfest-materielle Kooperationsprozeß auf die zwi-schenmenschliche Perspektivenverschränkung ausübt, ist hier stark ge-schwächt. Das gilt übrigens auch und besonders für die Zwischenmensch-lichkeit von lohnabhängigen Angestellten und Beamten, die in den staat-lich-bürokratischen Verwaltungen Kopfarbeit verrichten.

Die zuletzt aufgestellten Thesen über die Zwischenmenschlichkeit, die der spätkapitalistische Produktionsprozeß hervorbringt, sollen nicht die Resignation fördern; sie sollen vielmehr darauf aufmerksam machen, wie wichtig es für eine fortschrittliche Politik – etwa in der gewerkschaftlichen Bildungsarbeit[38] – ist, die erscheinungsmäßig ganz unterschiedlich gewordenen und widersprüchlichen Kooperationserfahrungen der einzelnen Tätigkeits- und Berufsgruppen der Lohnabhängigen genau zu analysieren. Nur so kann man in Anknüpfung an die konkrete alltägliche Arbeitserfahrung die Grundmerkmale des Lohnarbeiterschicksals herausarbeiten und gemeinsam bekämpfen.

9. Arbeitslosigkeit

Das Verhältnis der Menschen zur kapitalistischen Arbeitswelt, um das es in diesem Kapitel gegangen ist, wird durch die Erfahrung drohender oder wirklicher Arbeitslosigkeit entscheidend mitgeprägt; und man kann das, was ihnen ihre Alltagsarbeit bedeutet, am Zustand ihrer Arbeitslosigkeit gewissermaßen wie auf einem Negativbild noch einmal ablesen. Deshalb wird das Thema Arbeitslosigkeit an dieser Stelle des Buches und nicht an einer anderen erörtert.

Daß die Angst vor dem Verlust des eigenen Arbeitsplatzes in mehr oder weniger verborgenen Formen auch bei denjenigen Lohnarbeitern, die äußerlich gesichert scheinen, weit verbreitet ist, hatten wir schon kurz erwähnt und dabei auf empirische Untersuchungen hingewiesen. Diese Angst ist sozusagen ein unausbleiblicher Begleiter der grundlegenden Produktionsmittellosigkeit und «Freiheit» des Lohnarbeiters; und sie stellt eine durchaus realistische Erwartungshaltung gegenüber der ebenso objektiven wie unberechenbaren Gleichgültigkeit des beständig nach anderweitigen lohnenden Investitions- und Rationalisierungsmöglichkeiten suchenden Kapitals dar.

Diese Angst ist für das Kapital noch die zuverlässigste Quelle zur Beschaffung der sonst nicht gerade sehr reichlich vorhandenen Arbeitsmotivation. Bekanntlich sinken Krankenstand und Fluktuation in Zeiten größerer Arbeitsplatzunsicherheit ganz erheblich. Auch als gesamtgesellschaftlich-politischer Kitt ist das Winken mit dem Zaunpfahl der Arbeitslosigkeit offensichtlich unentbehrlich. Es fällt heute sehr schwer, der Masse der Lohnabhängigen positive Begeisterungsstürme und höhere Verpflichtungsgefühle für das «Modell Deutschland» zu entlocken. Was aber bei der Eindämmung profitmindernder Forderungen nach mehr Demokratisierung und Lebensqualität immer zieht, das ist der Hinweis darauf, daß eine Schmälerung der Profite unserer Kapitale in der scharfen Weltmarktkonkurrenz die Arbeitsplätze gefährden würde. So kann es zu dem Widersinn kommen, daß – wie jüngst im Rheinland – Arbeiter *für* den Ausbau umweltverschmutzender Industrieanlagen eintreten oder daß Arbeiter in den USA *für* die Fortsetzung des Vietnamkriegs streiken, weil er Arbeitsplätze sichert. Die Angst vor Arbeitslosigkeit hat schon manchen logischen Salto Mortale erzwungen und ist das strengste und zugleich *unpersönlichste* Zuchtmittel, das die Integration des kapitalistischen Gesellschaftssystems sichert. Deshalb greifen auch alle sozialwissenschaftlichen Theorien zu kurz, die (wie Parson und Habermas) den Zusammenhalt der Individuen und ihre Einfügung in das Gesamtsystem vor allem als eine Frage der von den Herrschenden verbreiteten mehr oder weniger schlüssigen Weltanschauung und Moral (der Art und Weise ihrer Legitimation) betrachten.[39] In Zeiten größerer Arbeitslosigkeit ist übrigens – entgegen mancher linken Auffassung über die «Krise des Kapitalismus» – die Bereitschaft von Arbeitern zum solidarischen Engagement oftmals noch schwerer herzustellen als sonst.

Wie wirkt sich nun der tatsächliche Hereinbruch der gefürchteten Arbeitslosigkeit auf die individuelle und zwischenmenschliche Erfahrungswelt der Lohnarbeiter aus? Was ist es, wovor sie solche Angst haben?

Die Arbeitslosigkeit zerstört schlagartig die zwar kärglichen, aber wichtigen Restbestände einer planvollen und solidarisch-kooperativen Lebenspraxis, die den Menschen im Zusammenhang mit dem kapitalistischen Produktionsprozeß noch bleiben. Das gilt zunächst für den Verlust der tatsächlichen Kooperationsbeziehungen am Arbeitsplatz. Nicht nur die Einkommensminderung wird von den Arbeitslosen beklagt, sondern vor allem auch das Abgeschnittenwerden von wichtigen Sozialbeziehungen am Arbeitsplatz. So sagte eine arbeitslose Arbeiterin in einer klassischen Untersuchung aus den dreißiger Jahren:

«Wenn ich wieder in die Fabrik zurückkönnte, wäre das mein schönster Tag. Es ist nicht nur wegen dem Geld, aber hier in seinen vier Wänden, so allein, da lebt man ja gar nicht.»[40]

Und ein Meister in einem kürzlich geschlossenen Enka-Glanzstoffwerk in Holland:

«Diese Fabrik, diese Leute, diese Funktion, diese Arbeit sind ein Teil meines Lebens geworden, wie meine Familie, meine Wohnung Teile meines Lebens sind, die man nicht mehr wegdenken kann.»[41]

Verbunden mit dem Gefühl der sozialen Isolation ist das einer tiefen Nutzlosigkeit der eigenen Lebensaktivität und der Überflüssigkeit der eigenen Person. «Niemand will mich anstellen», sagt eine ungelernte Arbeiterin. «Es ist hart, sich nutzlos zu fühlen. Ich fühle mich krank (. . .) Es gibt keine Hoffnung und keine Zukunft. Ich bin 52 Jahre, es gibt für mich nichts mehr zu tun (. . .) Ich könnte genausogut tot sein.»[42]

Das Gefühl, über seinen eigenen produktiven Beitrag zur Gesellschaft nicht mehr gebraucht zu werden und andere wie ein Kind um Hilfe bitten zu müssen, löst fast immer Schamreaktionen und die Tendenz zum individuellen Rückzug auch aus den noch zur Verfügung stehenden zwischenmenschlichen Beziehungen aus. Dieser Rückzug wird durch die Demütigung der Arbeitssuche noch verstärkt: «Ich suche nach Arbeit.

Ich bücke mich dienstfertig, frage, bettle, ich demütige mich selbst und verliere mein Ich. Ich werde zum Tier, zu einem erniedrigten Tier, ausgeschlossen aus der Gesellschaft.» «Wie schwer und erniedrigend ist es, den Namen Arbeitslos zu tragen. Ich schlage meine Augen nieder, weil ich mich selbst minderwertig fühle.» – «Es ist wirklich so: jeder Arbeitslose ist vom schöpferischen Leben der Gesellschaft ausgeschlossen.»[43]

Das bemerkenswerte ist, daß die zerstörerische Wirkung der Arbeitslosigkeit auf die Persönlichkeit – bis hin zu schweren Depressionen – auch dann eintritt, wenn – wie gegenwärtig in der BRD (noch) der Fall – die materielle Versorgung auf Grund des staatlichen Arbeitslosengeldes einigermaßen gesichert ist. Das zeigt, daß der Verelendungsvorwurf gegenüber dem kapitalistischen Gesellschaftssystem nicht auf die finanzielle Seite des Lebens beschränkt werden darf. Das zeigt aber auch, daß bei aller Entfremdung der Arbeit durch den vorherrschenden Kapitalverwertungsprozeß sich das Selbstbewußtsein oder die Identität des einzelnen Menschen ganz wesentlich in der gesellschaftlich-nützlichen Alltagskooperation, über seine produkt-vermittelten Solidaritätserfahrungen, herausbildet. Sicher wird der Schlag, den die Arbeitslosigkeit bedeutet, und insbesondere die Schamreaktion, noch verschärft durch die Verinnerlichung der besonderen bürgerlichen Arbeitsmoral und der Leistungsideologie, die den einzelnen auf seine abstrakte Leistung reduziert. Aber auch Arbeiter, die diese Ideologie zurückweisen, wissen und spüren, daß sie ihre wesentliche Identität nur über die Arbeit haben können. Man muß hier die kapitalistische *Form* der Arbeit von der Notwendigkeit der Arbeit als solche unterscheiden. So heißt es in einer neueren Untersuchung über Jugendarbeitslosigkeit: «Der Haß auf ‹die Arbeit›, der sich bei vielen Jugendlichen findet und immer wieder zu Auflehnungen und Ausbrüchen aus den aufgeherrschten Arbeitsverhältnissen führt, richtet sich in den seltensten Fällen gegen die Arbeit schlechthin, sondern gegen eine Form von Arbeit, die jede Selbstentfaltung und Befriedigung ausschließt.»[44]

Erst wenn man sich den tiefen Widerspruch zwischen dem kapitalistischen Verwertungsprozeß und dem konkreten Arbeitsprozeß mit seinen verbleibenden Kooperationserfahrungen, welcher auf der kapitalistischen Arbeitswelt lastet, – erst wenn man sich diesen Widerspruch vor Augen geführt hat, wird der Widerspruch in den Äußerungen vieler Arbeiter, die über ihre Arbeit schimpfen und fluchen, den Arbeitsplatzverlust aber als tiefe Bedrohung ihres Menschseins empfinden, als ein *notwendiger Widerspruch* begreifbar.

Auf das Privat- und Familienleben wirkt sich die Arbeitslosigkeit doppelt aus:

Als Verlust der Arbeitstätigkeit und der übergreifenden Sozialbeziehungen und auch als Verlust oder Minderung des Lohnquantums, über dessen gemeinsame Anhäufung, Bewirtschaftung und Verwaltung zum Zwecke des verbesserten Konsums im privaten Haushalt und in der Familie sich ja die Zukunftsperspektiven der Menschen im Kapitalismus wesentlich herausbilden und erhalten. Die ohnehin bescheidenen Planungsmöglichkeiten drohen nun vollends zusammenzubrechen. Damit wird die sinnhafte Gerichtetheit des Handelns auf individuelle und gemeinsame Zukunftsperspektiven, die wir schon im Eingangskapitel als eine wichtige Besonderheit menschlicher Lebenstätigkeit überhaupt hervorgehoben hatten, noch weiter zerstört. Alle Untersuchungen über Arbeitslosigkeit betonen übereinstimmend den Zerfall der Zukunfts- und Zeitperspektiven in den betroffenen Familien. Das Handeln fällt zurück auf ein perspektiveloses Sich-Im-Kreise-Drehen. Unbedeutende Routinehandlungen wie zum Beispiel die Morgentoilette nehmen plötzlich einen großen Raum ein und die einzelnen Lebensabläufe scheinen sich auf eine merkwürdige Art zu verlangsamen und zu verselbständigen. Das Hinabgleiten in eine allgemeine Plan- und Hoffnungslosigkeit vollzieht sich bei längerer Arbeitslosigkeit stufenweise und fast unausweichlich. Die Zerstörung der Hoffnung ist so ziemlich das schlimmste, was man einem Menschen antun kann. Um es in den Worten des Philosophen Bloch zu sagen:

«Die Hoffnungslosigkeit selber ist im zeitlichen wie im sachlichen Sinn das Unaushaltbarste, das ganz und gar den menschlichen Bedürfnissen Unverträgliche. (...) Der Affekt der Hoffnung geht aus sich heraus, macht die Menschen weit, statt sie zu verengen, kann gar nicht genug von dem wissen, was sie inwendig gezielt macht, was ihnen auswendig verbunden sein mag. Die Arbeit dieses Affekts verlangt Menschen, die sich ins Werdende tätig hineinwerfen, zu dem sie selbst gehören. Sie erträgt kein Hundeleben, das sich ins Seiende nur passiv geworfen fühlt, in Undurchschautes, gar jämmerlich Anerkanntes.»[45]

Und in den etwas einfacheren Worten eines arbeitslos gewordenen Meisters bei den Enka-Glanzstoffwerken: «Ein Leben hat nur dann eine Perspektive, wenn ihm Existenzsicherheit zugrunde liegt. Darauf beruht das Leben und Denkmuster eines Menschen. Diese Basis wird jetzt zerstört.»[46]

Die Arbeitslosigkeit als unmittelbare Wirklichkeit und als beständige Drohung zeigt besonders deutlich, was die gleichgültige und verselbständigte Eigenbewegung der kapitalistischen Ökonomie aus den Menschen macht. Man kann sie mit guten und wissenschaftlich abgesicherten Gründen als eine «anthropologische Perversion» bezeichnen, die die grundlegenden Besonderheiten und Fähigkeiten menschlichen Handelns an der Wurzel zerstört. Wenn es nicht noch andere Gründe gäbe, entschieden gegen den Kapitalismus zu kämpfen, so wäre die in diesem System immer wieder notwendig produzierte Arbeitslosigkeit schon ein ausreichender Grund.

Anmerkungen

1 Das gilt in starkem Maße für die «Frankfurter Schule» der Soziologie, aber auch etwa für Dieter Duhms Buch Warenstruktur und zerstörte Zwischenmenschlichkeit, Köln 1973.

2 Vgl. ausführlich O. Negt/A. Kluge, Öffentlichkeit und Erfahrung, Frankfurt/M. 1972, S 94–101.
Bei A. Nikisch, Arbeitsrecht 3. Bd., Betriebsverfassungsrecht, Tübingen 1966, S. 226, der durchaus die herrschende Rechtsauffassung repräsentiert, heißt es u. a.: «Gewiß ist es nicht schön, wenn der Arbeitgeber die Kosten einer Betriebsversammlung tragen muß, in der dem Gesetz zuwider Parteipolitik oder Gewerkschaftspropaganda getrieben wird, aber er ist deswegen nicht wehrlos. Ist er zugegen, so kann er, falls der Leiter nicht eingreift, dem Redner das Wort verbieten und ihn nötigenfalls kraft seines Hausrechts hinausweisen.» (Zitiert nach Negt/Kluge, a. a. O., S. 99).

3 Für die Betriebsräte besteht nach wie vor die Pflicht (!) zur «vertrauensvollen Zusammenarbeit» mit den Unternehmern, die «Friedenspflicht» und das «Verbot parteipolitischer Betätigung» im Betrieb usw. Vgl. u. a. R. Keßler, Sozialliberale Betriebsverfassung, in: O. Jacobi u. a., Gewerkschaften u. Klassenkampf. Kritisches Jahrbuch '72, Frankfurt/M. 1972.

4 K. Marx, MEW 23, S. 352.

5 Marx-Arbeitsgruppe Historiker, Zur Kritik der politischen Ökonomie, Frankfurt/M. 1972, S. 68.

6 Marx, MEW 23, S, 381/82.

7 Vgl. H. Popitz u. a., Das Gesellschaftsbild des Arbeiters, Tübingen 1957, S. 85 ff; H. Kern/M. Schumann, Industriearbeit und Arbeiterbewußtsein, Frankfurt/M. 1970, Bd. 1, S. 236.

8 Vgl. L. Hack u. a., Klassenlage und Interessenorientierung, in: Zeitschrift für Soziologie, Jg. 1, Heft 1, 1972.

9 Vgl. J. H. Goldthorpe u. a., The Affluent Worker Bd. I–III, Cambridge 1970; A. Kornhauser, Mental health of the industrial worker. A Detroit study, New York/London/Sydney 1965; Paul Hild u. a., Jugend ohne Beruf und Arbeit, in: Psychologie heute 12/76, S. 34 f.

10 MEW 23, S. 580.

11 MEW 23, S. 477/78.

12 W. F. Whyte u. a., Lohn und Leistung, Köln/Opladen 1958, S, 40 ff; dort finden sich alle nachfolgenden Zitate.

13 Zur Wahrnehmungsdimension des Habens vgl. K. Holzkamp, Sinnliche Erkenntnis, Frankfurt/M. 1973, S 222 ff.

14 H. Popitz u. a., Das Gesellschaftsbild des Arbeiters, Tübingen 1957, S. 2.

15 Vgl. Hack u. a., a. a. O.

16 Vgl. W. Däubler, Das Arbeitsrecht, Reinbek bei Hamburg 1976, S. 136 ff

17 Vgl. Hack u. a., a. a. O.

18 Vgl. G. Hillmann, Die Befreiung der Arbeit, Reinbek bei Hamburg 1970, S. 32 ff; Däubler, a. a. O., S. 176 ff.

19 Vgl. zum folgenden Abschnitt ausführlich, P. Groskurth/W. Volpert, Lohnarbeitspsychologie, Frankfurt/M. 1975, S. 33–78; R. Stollberg, Arbeitszufriedenheit, Berlin 1968. Ute Holzkamp-Osterkamp, Grundlagen der Psychologischen Motivationsforschung, Frankfurt 1975, S. 14–40.

20 Das betonen zu Recht Groskurth und Volpert, a. a. O.

21 Vgl. Popitz u. a., Technik und Industriearbeit, Tübingen 1957, S. 187.
22 Popitz u. a., Technik und Industriearbeit, a. a. O., S. 188.
23 Stellvertretend sei hier hingewiesen auf die Überblicke bei D. Lawton, Soziale Klasse, Sprache und Erziehung, Düsseldorf 1970; K. J. Huch, Einübung in die Klassengesellschaft, Frankfurt/M. 1972; b:e Redaktion (Hg.), Familienerziehung, Sozialschicht und Schulerfolg, Weinheim 1972. Die klassischen Arbeiten zu diesem Thema finden sich bei B. Bernstein, Studien zur sprachlichen Sozialisation, Düsseldorf 1972.
24 L. S. Wygotski, Denken und Sprechen, Frankfurt/M. 1971, S. 333.
25 Vgl. ausführlich H. Steiner, Soziale Strukturveränderungen im modernen Kapitalismus, Berlin 1967.
26 Vgl. Marx, MEW 23, S. 447 f.
27 Whyte u. a., a. a. O., S. 27/28.
28 Vgl. etwa K. Holm, Der Intra-Rollenkonflikt des Werkmeisters; in einer Kurzfassung bei D. Claessens, Rolle und Macht, München 1968, S, 78 ff.
29 W. Kellner, Der moderne soziale Konflikt, Stuttgart 1961, S. 200 ff.
30 Th. Geiger, Zur Soziologie der Industriearbeit und des Betriebs (1929) in: F. Fürstenberg (Hg.), Industriesoziologie I, Neuwied/Berlin 1959, S, 234/35.
31 Vgl. E. Goffman, Role-Distance, in: ders., Encounters, Indianapolis 1961; L. Krappmann, Soziologische Dimensionen der Identität, Stuttgart 1969, S. 171. Zur Kritik solcher Konzepte vgl. ausführlicher K. Ottomeyer/K. D. Scheer, Rollendistanz und Emanzipation, in: K. J. Bruder u. a., Kritik der Pädagogischen Psychologie, Reinbek bei Hamburg 1976.
32 H. P. Bahrdt, Die Krise der Hierarchie im Wandel der Kooperationsformen, in: Soziologie und moderne Gesellschaft. Verhandlungen des 14. Deutschen Soziologentages, Stuttgart 1959, S. 137.
33 Der Begriff stammt von Popitz u. a., Technik und Industriearbeit, a. a. O.
34 Nach Steiner, a. a. O.
35 S. Mallet, La nouvelle classe ouvrière, Paris 1963.
36 Dieser Begriff stammt aus Untersuchungen von Kern und Schumann, a. a. O.
37 Vgl. die Beiträge von M. Bridier und E. Mandel, in: F. Deppe u. a. (Hg.) Die neue Arbeiterklasse, Frankfurt/M. 1970.
38 Vgl. hierzu A. Brock u. a., Industriearbeit und Herrschaft, Frankfurt/M. 1969, S. 26 ff.
39 Vgl. J. Habermas, Legitimationsprobleme im Spätkapitalismus, Frankfurt/M. 1973.
40 M. Jahoda u. a., Die Arbeitslosen von Marienthal, Frankfurt/M. 1975, S. 91.
41 Bredaer Protokolle (aus: «noodsignalen», Pressedienst des Bistums Breden) zit. nach A. Wacker, Arbeitslosigkeit. Soziale und psychische Voraussetzungen und Folgen, Frankfurt/M. 1976, S. 59.
42 M. Aiken u. a., Economic failure, alienation and extremism, Ann Arbor 1968, S. 65; zitiert nach Wacker, a. a. O., S. 52.
43 Äußerungen polnischer Arbeitsloser aus den dreißiger Jahren nach B. Zawadski/P. Lazarsfeld, The psychological consequences of unemployment. Journal of Social Psychology 1935, zitiert nach Wacker, a. a. O., S. 46/47.
44 Liebel, in: S. Laturner/B. Schön (Hg.), Jugendarbeitslosigkeit, Reinbek bei Hamburg 1975, S. 55.
45 E. Bloch, Das Prinzip Hoffnung, Frankfurt/M. 1973, Bd. I, S. 1.
46 Bredaer Protokolle, zitiert nach Wacker, a. a. O., S. 114.

« Ain sparhafen hatt nur ain loch . . .

. . . da tout man die pfenninc hinein, und mag man sy nit mehr daselbst herauszubringen, ob man schon den hafen umbkehrt. Doch findt man ain solch subtilheit, daß man etwas herausbringt mit aym leymroutlin.» So heißt es in den Predigten des Straßburger Kanzelredners Johannes Geiler von Kaysersberg aus dem 15. Jahrhundert.

Schon immer haben die Menschen gespart, wo nötig, und sich das Sparen erspart, wo möglich.

V. Zwischenmenschlichkeit im Freizeit- und Privatbereich

Das Leben im Freizeit- und Privatbereich, dessen zwischenmenschlicher Seite wir uns zuwenden, ist für die Menschen im Kapitalismus das, was ihnen subjektiv am wichtigsten erscheint. Seine stete Verbesserung und Ausgestaltung stellt den Zweck und Sinn aller Mühsal in der Arbeitswelt und auf dem Warenmarkt dar. Die Beziehungen im Konsumbereich sind jedoch nicht die idyllische Insel im Meer der zwischenmenschlichen Entfremdung oder die Trutzburg (my home is my castle), zu welchen sie in den Ansprüchen und Hoffnungen der Individuen aufgebaut werden. Der Charakter des Privat-Freiwilligen und gesellschaftlich Unberührten, der diesen Beziehungen anhaftet, ist nur ein oberflächlicher Schein. Es sind vor allem zwei von der kapitalistischen Ökonomie unerbittlich hervorgebrachte Grundbedingungen, die den objektiv bestimmenden Rahmen für das Aufeinander-Eingehen und Sich-Ineinander-Einfühlen der Individuen im Freizeitbereich abgeben:

1. Der aufgelöste Zusammenhang zwischen produktiver Lebenstätigkeit und Konsumtion

Die erste Bedingung ist die scharfe Trennung von Produktionstätigkeit und Konsumtionstätigkeit, welche eine geschichtliche Besonderheit der kapitalistischen Produktionsweise darstellt. In den vorkapitalistischen Gesellschaften – etwa in einer urtümlichen Jägerhorde oder auf einem mittelalterlichen Bauernhof – war die Konsumtion, der gemeinschaftliche Verzehr der hergestellten Produkte weitgehend in dieselben Sozialbeziehungen eingebettet wie die Produktionstätigkeit, die Arbeit, die der einzelne leistete. Die Familien waren auch niemals so isoliert wie heute, sondern zur Stammesgruppe, Dorfgemeinschaft oder Gemeinde hin gewissermaßen geöffnet.[1] Man braucht nicht viel Phantasie, um sich vorzustellen, daß unter den Bedingungen solcher Einheit die zwischenmenschlichen Verstehensprozesse und das wechselseitige Gefühl des Aufeinander-Angewiesenseins einen durchaus anderen Charakter aufwiesen, als er uns vertraut ist. Die konsumierten Produkte erinnerten hier sozusagen noch während ihres Verzehrs daran, daß man sie gemeinsam der Natur abgerungen hatte. Die Auflösung des «ganzen Hauses», der vorkapitalistischen Produktions- und Lebenseinheiten durch die kapitalistische Pro-

125

duktionsweise war, wie wir im zweiten Kapitel erwähnt haben, ein äußerst langwieriger und schmerzhafter Prozeß. Marx hat das strikte Auseinandertreten von Produktion und Konsumtion unter den Bedingungen der kapitalistischen Lohnarbeit als eine dem Menschen unangemessene Entfremdung kritisiert. Diese Trennung und die schon mehrfach diskutierte Tendenz zur äußerlichen «Instrumentalisierung» des abgetrennten produktiven Gattungslebens für die individuell-private Existenz bedeuten nicht nur eine Entfremdung in den Arbeitsbeziehungen, sondern auch in den Konsumtionsbeziehungen. «Es kommt dabei zu dem Resultat, daß der Mensch (der Arbeiter) nur mehr in seinen tierischen Funktionen, essen, trinken und zeugen, höchstens noch Wohnung und Schmuck etc. sich als freitätig fühlt und in seinen menschlichen Funktionen (der gesellschaftlichen Produktion, Anmerkung des Autors) nur mehr als Tier. Das Tierische wird das Menschliche und das Menschliche wird das Tierische: – Essen, Trinken und Zeugen sind zwar auch menschliche Funktionen. In ihrer Abstraktion aber, die sich von dem übrigen Umkreis menschlicher Tätigkeit trennt und zu letzten und alleinigen Endzwecken macht, sind sie tierisch.»[2]

Diese engagiert vorgetragenen Sätze des jungen Marx lassen sich auch auf die zwischenmenschlichen Einigungs- und Verstehensprozesse in der Konsumtionssphäre hin zuspitzen. Ihr Grundproblem ist es, daß sie in der *Abstraktion*, der Abgetrenntheit gegenüber der gesellschaftlichen Produktionstätigkeit stattfinden. Sie selbst sind abstrakt, entleert von jeder gesellschaftlich wichtigen, gemeinsamen und gegenständlichen Produktionstätigkeit der einander gegenübertretenden Individuen.

2. Wiederherstellung der Ware Arbeitskraft

Das zweite Hauptproblem, das auf den zwischenmenschlichen Beziehungen des kapitalistischen Konsumtionsbereiches lastet, folgt aus dem Umstand, daß sich innerhalb dieses abgetrennten Bereichs ja noch etwas für die Aufrechterhaltung der kapitalistischen Ökonomie und der individuellen Lohnarbeiterexistenz sehr Wichtiges vollzieht: nämlich die tagtägliche Wiederherstellung oder Reproduktion der von der kapitalistischen Produktion verschlissenen individuellen Arbeitskraft.

So sind Produktion und Konsumtion einerseits in einer für die Menschen belastenden Weise voneinander getrennt und hängen andererseits wieder in einer für die Menschen belastenden Weise miteinander zusammen. Die Lebenstätigkeit in der Konsumtionssphäre trägt zur Erhaltung und fortschreitenden Aufhäufung des Kapitals doppelt bei: einmal, indem sie die Arbeitskraft für den Fortgang der Mehrwertproduktion wiederherstellt, pflegt und repariert; zum anderen indem sie beständig

die Gebrauchswerte der kapitalistisch produzierten Waren aufzehrt und
somit – gesamtgesellschaftlich gesehen – die notwendigen Absatzmärkte
für das Kapital sichert.

Daran, daß die konsumierende Lebensaktivität ein fester Bestandteil
im Kreislauf der kapitalistischen Ökonomie, im Selbsterhaltungsprozeß
jenes «beseelten Ungeheuers» ist, ändert auch der Umstand nichts, daß
die Menschen bei ihren Vergnügungen im Konsumtionsbereich, wenn
sie tanzen, essen, schlafengehen, meist etwas ganz anderes im Kopf
haben, als der kapitalistischen Ökonomie zu dienen. «Es tut nichts zur
Sache, daß der Arbeiter seine individuelle Konsumtion sich selbst und
nicht dem Kapitalisten zulieb vollzieht. So bleibt der Konsum des Last-
viehs nicht minder ein notwendiges Moment des Produktionsprozesses,
weil das Vieh selbst genießt, was es frißt.»[3] Der ökonomische Zwang zur
Wiederherstellung, Reproduktion der eigenen leiblichen und seelischen
Arbeitsfähigkeit schlägt sich auf die Zwischenmenschlichkeit der Lohnarbeiter als beständige Suche nach möglichst angenehmen, anstren-
gungslos-konfliktfreien und kompensierenden Sozialkontakten nieder.
Die beiden Hauptbestimmungen, die von der kapitalistischen Ökonomie
her auf den zwischenmenschlichen Beziehungen, der Art ihrer Perspektivenverschränkung und ihrer wechselseitigen Einfühlung lasten, sind also
erstens die Abgelöstheit und Entleertheit (Abstraktion) der Zwischenmenschlichkeit von der gesellschaftlichen Produktionstätigkeit und dem
Aufbau einer gemeinsamen gegenständlichen Welt in der Auseinandersetzung mit der äußeren Natur; und zweitens ihr zwanghafter Kompensationscharakter als Folge der drängenden Notwendigkeit, die individuelle Arbeitsfähigkeit in diesem Bereich immer wieder neu herzustellen.

3. Probleme des Zwangs
zur zwischenmenschlichen Kompensation

Es geht für die Individuen ganz wesentlich darum, sich in den zwischenmenschlichen Beziehungen des Freizeit- und Konsumbereichs gefühlsmäßig zu stabilisieren. Die rein körperliche Wiederherstellung der strapazierten Arbeitskraft – Zufuhr von Nahrung, Schlaf, Hygiene – könnten sie zur Not noch jeder für sich alleine leisten. Die seelischen Belastungen jedoch, die der tagtägliche Kampf durch die Klippen des Erwerbslebens mit sich bringt, können sie nur in einem sozialen Gruppenverband,
im Gegenmilieu der Familie, der Partnerbeziehung oder Freundesclique
kompensieren. Diese kleinen Sozialgruppen, von denen die Familie die
wichtigste, aber nicht die einzige ist, werden zu einer Art Tankstelle, in
der sich die vom Konkurrenz- und Arbeitsstreß ausgelaugten einzelnen
immer wieder in gefühlsmäßig-zwischenmenschlicher Hinsicht auftan-

ken. Man könnte sie unter diesem Gesichtspunkt auch als – meistens ziemlich unbewußt und laienhaft geführte – psychiatrische Therapiezentren in Kleinstformat bezeichnen. In den meisten Familien stellen die Frauen die hauptverantwortlichen Gefühlstherapeuten oder seelischen Müllabladeplätze dar, welche den arbeitenden Männern und auch den vom Schulstreß strapazierten Kindern Erleichterung verschaffen müssen. Der Frau selbst steht aber ein solcher Müllabladeplatz meistens nicht zur Verfügung. Die stabilisierende Weitergabe ihrer vielfältigen Gereiztheiten, Berufsängste, Wehwehchen, an die anderen widerspräche der ihr in dieser Gesellschaft immer noch zugedachten mütterlichen Frauenrolle. Insofern stehen besonders die berufstätigen Frauen hinsichtlich der an sie gerichteten zwischenmenschlichen Ansprüche unter einer kaum erträglichen *Doppelbelastung.*[4]

Während sich der zwischenmenschliche Zusammenhalt in der kapitalistischen Marktsphäre durch eine gleichgültige Indirektheit, Gebrochenheit und Doppeldeutigkeit auszeichnet und auch der zwischenmenschliche Zusammenhalt in der Produktionssphäre durch die Veräußerlichung der kapitalistischen Kooperation einen stark indirekten und gebrochenen Charakter trägt, beruhen die Familien und die privaten Freundschaftsbeziehungen dem Anspruch nach auf einer ökonomisch ungestörten Freiwilligkeit, Direktheit und Unmittelbarkeit des zwischenmenschlichen Zusammenhalts. Da die Menschen nach wie vor sozial sehr bedürftige Wesen sind, es aber in der kapitalistischen Markt- und Produktionssphäre nicht sein *können*, kommt es zu einer krampfhaften Suche nach Unmittelbarkeit, Wärme und wirklicher Gemeinsamkeit in den Sozialbeziehungen und der Konsumtionssphäre, das heißt vor allem in der Familie. Je weniger im Markt- und Produktionsbereich eine Übereinstimmung der Perspektiven und ein vertrauensvolles Miteinander der menschlichen Handlungspartner vorausgesetzt und erfahren werden kann, desto zwanghafter und hektischer werden diese im Privat- und Konsumtionsbereich herbeigeführt. Dem zwischenmenschlichen Verstehen und einer wirklichen wechselseitigen Einfühlung in die Perspektive des anderen sind in diesem Bereich durch seine Einbettung in die kapitalistische Ökonomie aber so enge Grenzen gesetzt, daß die hohen Ansprüche fast mit Notwendigkeit scheitern müssen und es in der zwischenmenschlichen Perspektivenverschränkung nur selten zu mehr als zu einem äußerlichen und scheinhaft-beruhigenden «Zusammenkitten» der Perspektive kommt. Das zwischenmenschliche Verstehen gerinnt in der Tendenz zu einer kreislaufförmigen wechselseitigen Bestätigung und Versicherung der Handlungspartner, unter welcher die Unfundiertheit des Zusammenhalts oftmals nur mit Mühe verborgen werden kann.[5] Und zwar vor allem aus folgenden Gründen:

4. Gegenstandlosigkeit und Ersatzgegenstände in den zwischenmenschlichen Beziehungen des Konsumbereichs

Die erste Grundschwierigkeit für das so dringend angestrebte wechselseitige Verstehen in den Freizeit- und Konsumbeziehungen liegt in dem Fehlen einer gegenständlichen Welt, mit der sich die Handlungspartner solidarisch und unter einer gemeinsamen Entwicklungsperspektive auseinandersetzen könnten. Wenn der Ehemann abends abgeschlafft nach Hause kommt und nach dem Zuspruch und Trost seiner Ehefrau verlangt, so ist zwar seine Persönlichkeitsverfassung durch die gegenständliche Produktionstätigkeit in dieser Gesellschaft zutiefst geprägt, aber in einer Weise, die für die Frau nur in einer ganz ungenauen und diffusen Weise nachvollziehbar ist. Ein wirklichkeitsgetreuer Bericht über alle schwierigen und ärgerlichen Ereignisse am Arbeitsplatz ist, wenn der andere diesen Arbeitsplatz aus der praktischen Anschauung überhaupt nicht kennt, ein äußerst zeitraubendes Geschäft, und wahrscheinlich hat der Ehemann an einer solchen Darstellung auch gar kein Interesse, weil er nur möglichst schnell Dampf ablassen und sich dann erholen will. Die meisten Ehepartner kennen die Schwierigkeiten, Vorgesetzten, Kollegen und Konkurrenten des anderen nur als unrealistische, durch die aufgestauten Gefühle des Erzählers verzerrte Figuren in einem für sie eigentlich unverständlichen Spiel und tun trotzdem oftmals so, als wüßten sie ganz genau, an welchen Stellen sie applaudieren, ihre gerechte Empörung äußern müssen und so weiter. Beide Partner leben eigentlich in getrennten gegenständlichen Welten, wobei die hauptsächliche Welt des Mannes die Arbeit und die der Frau der Haushalt ist. Wenn die Frau auch noch arbeiten geht, wird das Bild zwar komplizierter, es ändert sich aber grundsätzlich nichts daran, daß die gegenständliche Welt des einen, samt den dort stattfindenden Sozialbeziehungen, für den anderen zwar eine zwischenmenschlich sehr folgenreiche, aber völlig umnebelte Lebensregion bleibt.

Hierzu ein Beispiel aus einem Volkshochschulkurs, in welchem sich Frauen aus sogenannten unvollständigen oder Scheidungsfamilien über ihre Situation klarer zu werden versuchten: eine geschiedene Frau berichtet darüber, daß sie sich mit ihrem Mann während der langen Ehejahre heftig gestritten hat, vor allem deswegen, weil ihr Mann dazu neige, seine Aggressionen heftig abzuladen. In der ersten Hälfte ihrer Ehe, während der sie gemeinsam eine Tankstelle betrieben haben, sei das aber noch ganz gut erträglich gewesen. Da habe sie immer noch genau gewußt, woher seine Aggressionen kamen und was sie bedeuteten, weil sie die Vorfälle, über die er sich geärgert hatte, meistens selbst direkt miterlebt hatte. Man habe über diese Vorfälle sprechen können und sich dann wieder einigermaßen verstanden. Im Verlauf der darauffolgenden Zeit der Ehe, während der ihr Mann als lohnabhängiger Mechaniker arbeiten mußte, seien seine aggressiven Gefühlsäußerungen ihr immer unverständlicher geworden. Sie habe sie einfach nicht mehr einordnen können, sie seien beide aus der Kontrolle geraten, und dies sei einer der Hauptgründe gewesen, die dann zur Scheidung geführt hätten.

An diesem Beispiel wird deutlich, wie die Perspektiven, die subjektiven Weltsichten der Partner unter den Bedingungen des objektiven Auseinandertretens ihrer zentralen gegenständlich-praktischen Lebenswelten auseinanderfallen müssen und nur noch mit Mühe und über Nebensächlichkeiten zusammenzukitten sind.

Die wichtigste Nebensächlichkeit ist die gemeinsame Haushaltsführung und Konsumplanung. Über diesen gegenständlichen Bezug lassen sich noch am ehesten Reste einer praktisch-solidarischen Lebensbewältigung und vor allem einer gemeinsamen Zukunftsperspektive aufbauen, welche den Alltagshandlungen erst Sinn verleiht. Die gemeinsame Planung und Erhaltung größerer Anschaffungen, der Waschmaschine, des Autos, des Schrebergartens samt Tauben und Kaninchen, das längerfristige gezielte Sparen, die Verständigung über die Gegenstände und Verrichtungen des tagtäglichen Konsums, die Jagd nach Vergünstigungen und Sonderangeboten auf dem Warenmarkt, über deren Ergebnisse man abends dem anderen stolz berichten kann – in all dem zeigt sich, daß sich nach wie vor die zwischenmenschlichen Perspektiven, das wechselseitige Verstehen der Individuen an ein gemeinsames gegenständliches Drittes heften und sich hierüber erhalten. Die Liebe oder persönliche Sympathie allein schafft keinen sehr dauerhaften Zusammenhalt. Die vielgerügte passive Konsumhaltung der privaten Zwischenmenschlichkeit ist in einem bestimmten Sinne auch ihr Gegenteil: das in einen winzigen und vorgegebenen Rahmen gepreßte und verdrehte Interesse an der planvollen gegenständlichen Ausgestaltung und gemeinsamen Aneignung der umgebenden Welt. Die Einrichtung einer gemeinsamen Wohnung zum Beispiel ist ein Prozeß, der eine sehr genaue und liebevolle Planung erfordert, monate- oder jahrelanges Sparen, die wechselseitige Abstimmung des Geschmacks und der einzelnen Gegenstände ebenso wie die selten gewordene Möglichkeit einer freiwilligen und gemeinsamen körperlichen Arbeit, nach welcher man sich abends hinsetzen und sich das bereits Geschaffene zufrieden ansehen kann. Solche Hoffnungen und Erfahrungen können auch eine ansonsten ziemlich leer gewordene Partner- oder Familienbeziehung vorübergehend wieder zusammenhalten; und es ist kein Wunder, daß die meisten Leute versuchen, derartige gegenständliche Einrichtungsprozesse noch jahrelang auszudehnen und endlos zu verfeinern. Insbesondere für die in diesem Bereich gefesselten Hausfrauen stellen solche Prozesse ein genauso lebenswichtiges Planungs- und Gesprächsthema dar wie die Beschaffung und Zubereitung der Mahlzeiten nach teils bewährten, teils immer wieder neuen Kochrezepten.

Weil es fast ihre einzige Möglichkeit ist, über ein besonderes gegenständliches Produkt jemandem etwas zu bedeuten und Anerkennung zu erringen, deshalb sind Hausfrauen so verzweifelt, wenn ihnen einmal ein Gericht mißlingt oder die Adressaten ihres Kochprodukts sich ihm gegenüber kritisch verhalten. Überhaupt sind die täglichen Mahlzeiten einer der wenigen gegenständlichen Fixpunkte, über welche sich noch die Einheit von gegenständlichem und zwischenmenschlichem Bezug in der kapitalistischen Freizeit- und Privatsphäre herstellen läßt. Sie werden deshalb auch zu einem zentralen Organisationsprinzip und Symbol des familiären Zusammenhalts; mit ihrer gegenständlichen Bedeutung kann heute allenfalls noch der Fernseher konkurrieren, über welchen sich der allabendliche Familienhalbkreis mit einer buchstäblich weit hergeholten und teilweise ziemlich unwirklichen gemeinsamen Erfahrungswelt berieselt.

Alle diese verzweifelten Versuche zeigen die grundlegende Schwierigkeit im abgetrennten Privat- und Konsumbereich der kapitalistischen Gesellschaft, eine gemeinsame gegenständliche Erfahrungswelt oder «Gattungsgegenständlichkeit» (Marx) zu errichten, welche die zwischenmenschlichen Perspektiven in einer tiefergehenden und entwicklungsfähigeren Weise aneinanderbinden könnte.

Die Kritik an der mit Eifer betriebenen Errichtung von «Ersatzgegenständen» für die zwischenmenschliche Pespektivenverschränkung darf nicht so mißverstanden werden, als sollte das gemeinsame Interesse an der Konsumtionstätigkeit und eine Verfeinerung der Wohn-, Koch- und Eßgewohnheiten für unwichtig erklärt oder lächerlich gemacht werden. Im Gegenteil, auch die Konsumtion der von Menschen hergestellten Güter ist, wie schon zu Anfang diesess Buches festgestellt, prinzipiell eine hochgesellschaftliche und in diesem Sinne spezifisch-menschliche Angelegenheit. Kritisiert wird nur der Umstand, daß unter kapitalistischen Bedingungen dieser Bereich der Selbstverwirklichung ein ihm nicht zukommendes Übergewicht und den Charakter einer Ersatzhandlung erhält, was dazu beiträgt, daß die Ansprüche auf eine gemeinsame Kontrolle des gegenständlichen Lebensprozesses gerade in dem gesellschaftlich wichtigsten und folgenschwersten Bereich, im Bereich der gesellschaftlichen Produktion, gar nicht mehr gestellt und verfolgt werden.

Einer der wichtigsten «Ersatzgegenstände» für das fehlende gemeinsame Dritte, welches dem zwischenmenschlichen Verstehen erst eine feste Grundlage und vor allem auch eine längerfristig-gemeinsame und planvolle Zukunftsperspektive schafft, sind unter kapitalistischen Bedingungen oftmals die Kinder.[6] Über die Vorstellung, daß es die Kinder gut und möglichst einmal besser haben sollen als man selbst, versuchen nicht nur

Kapitaleigentümer, die etwas zu vererben haben, sondern auch viele Lohnabhängige ihrer Alltagsmühe einen höheren Sinn zu geben, welcher durch die Abtrennung von anderweitigen Planungsmöglichkeiten abhandengekommen ist.[7] Darauf, daß die Konzentration der elterlichen Erwartung und Sinnansprüche auf die Kinder diese dann in der ihnen zugeschriebenen Rolle des Ersatzes für unbefriedigte elterliche Wünsche oftmals stark überlastet, wird im Kapitel über die Familienerziehung noch ausführlicher eingegangen werden. An dieser Stelle, wo es zentral um den Erwachsenen-Alltag geht, sei nur noch darauf hingewiesen, daß das endgültige Aus-dem-Haus-Gehen dieser Ersatzobjekte, welches für die meisten Eltern zwischen 40 und 50 eintritt und sich zeitlich mit den sogenannten Wechseljahren der Frauen überschneidet, insbesondere für die letzteren oftmals den Hereinbruch einer Leere und einer kaum erträglichen Sinnkrise ihres Lebens bedeutet. Diese Leere brauchte es in derart drohender Form nicht zu geben, wenn die Gesellschaft Möglichkeiten zur produktiv-gemeinsamen Selbstverwirklichung auch außerhalb der Privat- und Familienbeziehungen bereitstellen würde.

Trotz der angedeuteten Ersatzproblematik ist natürlich das engagierte Interesse an der Zukunft ihrer Kinder ein ganz wichtiger Ansatzpunkt für weiterführende Solidarisierungs- und Politisierungsprozesse. Das zeigt sich etwa in den Argumenten der Bürgerinitiativen gegen Umweltverschmutzung und im Kampf gegen die sich verschärfende kapitalistische Ausbildungsmisere. Bei diesem Thema ist die Notwendigkeit, nicht nur die individuell-private, sondern auch die gesamtgesellschaftliche Zukunft planvoll in Angriff zu nehmen, vielen Leuten ganz unmittelbar einleuchtend.

5. Geborgenheit um jeden Preis und Pseudo-Gemeinschaft

Das erste Haupthindernis für ein tiefergehendes wechselseitiges Verstehen zwischen den Handlungspartnern in der Konsumtionssphäre ist also das Fehlen eines bedeutsamen gegenständlichen Bezugs. Die daraus sich ergebenden Verstehensschwierigkeiten treffen nun noch zusammen mit der Tendenz zu einer oberflächlichen Harmonisierung und Konfliktverleugnung in den zwischenmenschlichen Beziehungen. Das ist der zweite wichtige Verhaltenszwang, der einen wirklichen Verstehensprozeß zwischen den im Konsumtionsbereich aufeinander angewiesenen Individuen immer wieder zerstört. Er folgt aus der ökonomischen Notwendigkeit zur individuellen Reproduktion der Ware Arbeitskraft; aus der Notwendigkeit, den gebrochenen und angstproduzierenden gesellschaftlichen Zusammenhalt der Menschen in der kapitalistischen Markt- und Produktionssphäre durch ein angenehm-gesichertes zwischenmenschliches Milieu immer wieder kurzfristig zu kompensieren. Wenn man jeden Morgen seine Arbeitskraft wieder funktionstüchtig und konkurrenzfähig präsentieren muß, dann ist man (ebenso wie ein Liebespaar, das getrennt lebt und sich nur alle paar Wochen sieht) versucht, während der wenigen erholsamen Stunden, die einem verbleiben, in den zwischenmenschlichen Beziehungen eine «Geborgenheit um jeden Preis» herzustellen; auch wenn diese Art der wechselseitigen Einfühlung nur eine schwächliche Basis hat und unter ihrer Decke kaum verhüllte Konflikte brodeln. Die Kooperationsbeziehungen am Arbeitsplatz sind im Kapitalismus nun einmal nicht so, daß man im Falle eines schweren zwischenmenschlichen Konflikts, einer Ehekrise oder eines manchmal notwendigen Trauer- und Selbstklärungsprozesses für ein paar Tage aus den Belastungen sich ungestraft zurückziehen könnte. Man muß schon «richtig», das heißt körperlich krank sein, um einen solchen Rückzug zugestanden zu bekommen, und auch dann läuft man Gefahr, auf die schwarze Liste derer zu geraten, die wegen zu häufigen Krankseins als erste entlassen werden.

Das Privat- und Familienleben wird von denen, die unter dem kurzfristigen Druck zur Wiederherstellung ihrer Arbeitskraft und zum Aufbau kompensatorischer Sozialerfahrung stehen, solange es nur eben geht, als unbedingt harmonisch definiert. Daß solche zwanghaften Definitionsversuche leicht in Widersprüche geraten und vom periodischen Ausbruch verdrängter Depressionen und Aggressionen begleitet werden, das heißt langfristig konfliktverschärfend wirken, ist nur die andere Seite der Medaille.

Eine solche Tendenz im Privat- und Familienleben fördert langfristig die seelische Veröddung oder gar den offenen Zusammenbruch der an ihm Beteiligten. Die neuere angelsächsische Schizophrenie-Forschung, welche im Gegensatz zur pauschalen Erblichkeitsbehauptung der altertümlichen deutschen Psychiatrie die schizophrenen und psychotischen Erkrankungen als eine Auflösung der Identität eines Menschen infolge von unerträglich gewordenen zwischenmenschlichen Beziehungen betrachtet, hat den kritischen Begriff der sogenannten Pseudo-Gemeinschaft (Pseudo-Mutuality) entwickelt.[8]

Das damit bezeichnete Merkmal zwischenmenschlicher Beziehungen taucht meist zusammen mit einigen anderen auf. Mit der «Beziehungsfalle» (double bind), einer Situation mit widersprüchlich-paradoxen Verhaltensanforderungen, in welche einzelne Individuen auf Grund eines verschleierten Nebeneinander von erklärter Zuneigung und verdrängter Aggression auf seiten ihrer intimen Bezugspersonen getrieben werden und in welcher sie keine sinnvolle Entscheidung mehr treffen können; mit der Tendenz, einzelnen Gruppenmitgliedern um der Erhaltung der scheinhaften Gruppenharmonie willen eine «Sündenbockrolle» aufzuprägen; mit einer allgemein starren und schematisierten Rollenzuschreibung, und mit der Tendenz, jeden begründeten Protest gegen die Beziehung durch gummizaunartige Umarmungsstrategien (Rubber-fence) an seinem Ausdruck und seinem Anerkanntwerden zu hindern. Seelische Erkrankungen, die auf einen Identitätszusammenbruch (Schizophrenie, Psychose) hinauslaufen, sollen in den unteren Sozialschichten, in den Arbeiterfamilien, wo der ökonomische Druck besonders groß ist, häufiger sein als in bessergestellten Schichten, wo es größere materielle Spielräume und Rückzugsmöglichkeiten im Konfliktfalle gibt. Der Sozialpsychologe Gerhard Vinnai hat deshalb die typische Entwicklung, genauer, Zerstörung der Lohnarbeiteridentität als eine Art abgemilderte Verlaufsform derjenigen Identitätszerstörung dargestellt,[9] die zum schizophrenen oder psychotischen Zusammenbruch führt; und er hat das Vorkommen jener identitätszerstörenden zwischenmenschlichen Beziehungen im wesentlichen als eine abbildartige Übertragung des hierarchischen, zwanghaften und konfliktunterdrückenden Charakters der sozialen Arbeitsbeziehungen im Kapitalismus auf den Privatbereich der Betroffenen zu erklären versucht.

Obwohl es sicher Momente einer solchen Übertragung und gewisse Ähnlichkeiten zwischen entfremdeten Arbeitsbeziehungen und Privatbeziehungen gibt, muß man an diesem Punkt Vinnais Darstellung widersprechen.[10] Die Entfremdung der zwischenmenschlichen Privatbeziehungen kommt nämlich wesentlich durch die zwanghafte Suche gerade der Gegenerfahrung zu den kapitalistischen Arbeitsbeziehungen, über den Zwang zur Kompensation ihres mangelhaften, anstrengenden und enttäuschenden Charakters zustande. Die Beziehungen nehmen hier vor allem deshalb so bedrückende und zerstörerische Formen an, weil die Individuen in ihnen auf kurzschlüssige Weise ein *Anderes* und *Besseres* als ihre Arbeitswirklichkeit suchen. Das Gesamtgebäude der kapitalistischen Zwischenmenschlichkeit besteht weniger aus den immer gleichen Bausteinen der Entfremdung, sondern vielmehr aus einem komplizierten Zueinander höchst widersprüchlicher und sich dennoch irgendwie ergänzender Elemente.

Für die hier vertretene These vom zwanghaften Kompensationscharakter der Intimbeziehungen im kapitalistischen Konsumbereich, welcher im Extremfall bis zur direkt krankmachenden Pseudo-Gemeinschaft führt – für diese These liefern die Schizophrenieforscher selbst einiges an Belegmaterial. So schreiben sie über die Herkunft der identitätszerstörenden Pseudo-Gemeinschaft:

«Jede Person bringt in die Beziehung eine primäre Investition ein zur Aufrechterhaltung eines *Gefühls* von Beziehung. Das Bedürfnis und der Wunsch nach dieser Beziehung sind aus einem oder mehreren Gründen besonders stark: bei Erwachsenen zum Beispiel wegen Isolation oder des Fehlschlags anderer Beziehungen, infolge von charakterlichen oder situationsbedingten Schwierigkeiten, bei Kindern wegen schmerzlicher früherer Erlebnisse von Trennungsangst.»[11]

Nach den Ausführungen in den vorangegangenen Kapiteln läßt sich nun durchaus sagen, daß aus der ökonomisch bedingten Gebrochenheit und Äußerlichkeit des sozialen Zusammenhalts sowohl auf dem Markt als auch im Produktionsbereich zumindest für die erwachsenen Familienmitglieder laufend die Erfahrungen der Isolation und des Fehlschlags von zwischenmenschlichen Beziehungen folgen (Mißtrauen, Gleichgültigkeit usw.). Die obengenannten psychiatrischen Autoren glauben zudem, daß sich die Menschen vor allem deswegen in der Form der Pseudo-Gemeinschaft aneinander binden, weil sie Angst vor einer in anderen Lebensbereichen herrschenden «nicht gemeinsamen Komplementarität» haben. Damit ist eine Sozialbeziehung gemeint, die zwar auf einer wechselseitigen Ergänzung der Handlungspartner beruht, aber auf einer Ergänzung, die gewissermaßen zufällig ist und in der sie einander gleichgültig bleiben. Sie illustrieren diese Art entfremdeter Zwischenmenschlichkeit, indem sie auf das Beispiel des «Verkehrs zwischen Käufer und Verkäufer» hinweisen. Das ist aber mehr als nur ein illustratives Beispiel, weil der Aufbau unserer gesamten Gesellschaft auf dem Warenverkehr und der privaten Warenproduktion beruht. In unserer Gesellschaft, in der die Individuen ihren grundlegenden Zusammenhang mit der Gesellschaft nur *indirekt*, über die Waren oder das Geld haben, ihn mit Marxens Worten «in der Tasche bei sich haben», und auch noch dort, wo sie in gesellschaftlicher Arbeit kooperieren, vom Kapital gegeneinander isoliert und ausgespielt werden – in einer solchen Gesellschaft unterliegen die Privat- und Familienbeziehungen mit Notwendigkeit einer Tendenz auf eine möglichst *direkte* «Geborgenheit um jeden Preis» und eine kompensatorische Harmonisierung. Das gilt auch dann noch, wenn sich – wie in den letzten Jahren – eine zunehmende Unsicherheit über den Sinn der überkommenen Formen des intimen und familialen Zusammenlebens ausgebreitet hat.

Das kann nun aber nicht heißen, daß im Kapitalismus alle Individuen verrückt wären oder es schon sind. Vor solchen gängigen und leichtfertigen Pauschalaussagen muß man sich sehr hüten. Man muß den psychiatrischen Extremfall einer Pseudo-Gemeinschaft, welche die Identität und damit die grundlegende Handlungsfähigkeit eines Individuums zerstört, genau unterscheiden von der allgemeinen Tendenz in Richtung auf eine Pseudo-Gemeinschaft in der zwischenmenschlichen Perspektivenverschränkung, welche den ökonomisch bedingten Nährboden für jene in den westlich-kapitalistischen Gesellschaften besonders häufigen seelischen Erkrankungen abgibt. Von diesen Erkrankungen her fällt ein erhellendes Licht auf die Bedingungen der zwischenmenschlichen Einigungen im familiären und privaten Alltag der kapitalistischen Gesellschaft.

Zum Schluß dieses Abschnitts sollen noch einige Bemerkungen folgen, die eine Erwiderung auf eine anderenorts geäußerte Kritik an meiner

These von der spezifisch-kapitalistischen Pseudo-Gemeinschaft in den kapitalistischen Intimbeziehungen sind.[12] Es ist sicher richtig, daß die *Normen* der zwischenmenschlichen Einigung im Intim- und Familienleben etwa des europäischen Mittelalters einen sehr viel strikteren und verbindlicheren (gewissermaßen gottgegebenen) Charakter hatten, der den Ausdruck einer individuellen Unzufriedenheit und eine kritisch-distanzierte Diskussion über die Einigungsprozesse sehr erschwerte. Die kapitalistische Ökonomie selber treibt das In-Frage-stellen und Relativieren der überkommenen Normen in einer zugleich chaotisierenden und sensibilisierenden Weise voran. Aber mein kritischer Vorwurf an die kapitalistische Gesellschaft war nicht einfach der, daß sie auf Grund des Reproduktions- und Kompensationsdrucks einen extrem verbindlichen, konventionellen Umgang mit Normen erzwingt, wie es mir von den erwähnten Autoren unterstellt wird. Der Vorwurf wird vielmehr erst nur verständlich und trifft erst dann die geschichtliche Besonderheit der kapitalistischen Gesellschaft, wenn man zu dem zwischenmenschlichen Kompensations- und Einigungszwang in den Intimbeziehungen noch den Umstand mitberücksichtigt, daß diese Einigungsprozesse auf Grund des ökonomisch zerrissenen Verhältnisses von Produktions- und Konsumtionsbereich *abgetrennt und entleert* sind von gemeinsamen gegenständlich-bedeutsamen Produktions- und Entwicklungsmöglichkeiten, ihnen also eine wichtige materielle *Einigungsbasis* weggerissen worden ist (vergleiche das oben erwähnte Tankstellenbeispiel). Die Einigungsbasis und der *Sinn* der Intimbeziehungen läßt sich auch nicht dadurch wiederbeschaffen, daß ich nun über die Einigungsschwierigkeiten und die Sinnentleertheit noch einmal auf einer höheren und distanzierteren Ebene mit den anderen rede (Metakommunikation, Normenrelativierung), wie es die oben genannten Autoren vorschlagen. Sondern die Wiederbeschaffung der Einigungsbasis und des Sinns der zwischenmenschlichen Beziehungen läßt sich nur über den Kampf für eine gegenstandsbezogene kooperative Lebenspraxis erhalten, die nicht bloß Ersatzcharakter hat und in welcher die kapitalistisch isolierten und abgetrennten Privatbeziehungen wieder den Anschluß an den gesellschaftlichen Produktionsprozeß fänden. Die vorher genannten Weisen der distanzierenden Konfliktthematisierung hätten dabei nur einen Mittelcharakter. Sie schaffen aus sich heraus keinen Sinn. Der Hauptunterschied zwischen mir und jenen Autoren liegt darin, daß sie sich menschenwürdige oder unentfremdete Praxis wesentlich als *Kommunikation*sprozeß auf immer höheren Ebenen vorstellen, während sie meiner Meinung nach zunächst und vor allem als gegenstandsbezogener *Kooperation*sprozeß zu fassen ist.

6. Probleme der Sexualität

Auch die sexuelle Bindung zwischen den Menschen unserer Gesellschaft ist kein Freiraum des Natürlichen, sondern unterliegt ganz wesentlich den von der kapitalistischen Ökonomie hervorgebrachten Verhaltenszwängen. Viele der mit der Sexualität verknüpften zwischenmenschlichen Erwartungen, Hoffnungen und Ängste kann man in ihrer besonderen Betonung und Ausprägung jedenfalls nur vor dem Hintergrund der verlorenen Möglichkeit zu einer produktiv-solidarischen und entwicklungsfähigen Perspektivenverschränkung begreifen, die für die Freizeit- und Konsumbeziehungen überhaupt prägend ist.

Die sexuelle Bindung zwischen Menschen ist, das war schon im Eingangskapitel betont worden, immer schon durch eine große Intensität, Differenziertheit, Dauerhaftigkeit und langfristige Einfühlsamkeit gekennzeichnet gewesen, die gegenüber der tierischen Sexualität eindrucksvolle Besonderheiten aufweist. Es geht auch von einem marxistischen Standpunkt aus, der die Wichtigkeit der gesellschaftlichen Produktion für den zwischenmenschlichen Zusammenhalt betont, nicht an, der Sexualität einen untergeordneten Platz für die menschliche Selbstverwirklichung zuzuweisen.

In der kapitalistischen Gesellschaft aber, wo eine extreme Knappheit an zwischenmenschlichen «Bindemitteln» herrscht, an gemeinsamen Gegenständen für eine fundierte Perspektivenübereinstimmung und ein wechselseitiges Verstehen – in dieser Gesellschaft muß es notwendig zu einer Überlastung der sexuellen Bindung mit unbefriedigten sozialen Ansprüchen kommen. Wenn ich auf Grund der enttäuschenden Erfahrungen im kapitalistischen Markt- und Produktionsbereich beständig mit der angstvollen Frage herumlaufe, ob es eine verläßliche Bindung zwischen mir und den anderen überhaupt gibt, dann bietet sich die Sexualität – und hier insbesondere die leicht meß- und zählbare genitale Betätigung – als kurzfristiges Beruhigungsmittel und als buchstäblich handgreiflicher Gegenbeweis für diese verbreitete Angst geradezu an.[13] Die Fetischisierung von genitaler Sexualität, Potenz, Orgasmushäufigkeit usw. in der bürgerlichen Gesellschaft muß man vor diesem Hintergrund interpretieren.

Die Vergötzung der genitalen Sexualität ist im allgemeinen mit einer großen Angst vor dem Verlassenwerden verbunden. Dies gilt auch noch für jene Don-Juan-Typen, die – auf der Oberfläche unabhängig – wie ein Schmetterling von Partner zu Partner fliegen, dabei aber peinlich darauf achten, daß sie ja auch immer die ersten sind, die den anderen verlassen, also niemals selbst verlassen werden können.[14]

Diese Verbindung von demonstrativer leistungsorientierter Sexualbetätigung und Verlassenheitsangst ist auch nur logisch, wenn es sonst nicht viel Gemeinsames gibt, welches mir in begründbarer Weise Anerkennung, Verständnis und Geborgenheit beim anderen sichert.

Es ist ebenso schlüssig, daß ich in einer Welt, in der die Menschen zu Gleichgültigkeit, Konkurrenz und wechselseitigem Mißtrauen gezwungen werden, an einer zärtlich-liebevollen Beziehung, auf die ich zufällig einmal gestoßen bin, wie an einem Stück Privatbesitz verzweifelt festhalten muß; und zwar auch dann, wenn der andere solche Ausschließlichkeit gar nicht möchte oder die Beziehung eigentlich nur noch auf schönen Erinnerungen basiert. In vielen altertümlich-kooperativen Gesellschaften, wo die Menschen sich wahrscheinlich sozial sehr viel verbundener und geborgener fühlten, hatten die sexuellen Beziehungen im Gegensatz zu unseren Verhältnissen einen ziemlich offenen Charakter. Die Eskimos oder Australier lebten zwar nicht in einer wilden Gruppensexualität, wie sich das manche Romantiker vorstellen, sondern durchaus noch in ehelichen und familienartigen Haushalten, aber die Existenz einer «außerehelichen» Sexualbeziehung eines der Ehepartner stellte hier durchaus keine Katastrophe dar, sondern wurde ohne übermächtige Verlassenheitsängste geduldet und – wie im Falle des eskimoischen «Frauentauschs»[15] oder der australischen «Nebenehe»[16] – sogar gesellschaftlich gefördert. Eine natürliche Eingrenzung der Sexualität auf die Ehe oder jeweilige stabile Partnerbeziehung gibt es nicht. Eine solche Eingrenzung ist immer Ergebnis eines mehr oder weniger unbewußt-stillschweigenden Einigungsprozesses und eines unter beiderseitigen Ängsten durchgesetzten Kompromisses der beteiligten Partner. Die Verlassenheitsängste, die diesen Kompromiß in starre und unterdrückerische Formen treiben, sind in der Gesellschaft der weitgehend isolierten kapitalistischen Warenbesitzer mit Notwendigkeit besonders stark.

Beides, die als Ersatz für einen wirklichen Zusammenhalt fetischisierte genitale Sexualität und die extreme Verlassenheits- und Besitzangst der ökonomisch isolierten Individuen sind der schönste und fruchtbarste Nährboden für die Eifersucht gegenüber wirklichen oder eingebildeten Rivalen, den man sich überhaupt denken kann. Die Eifersucht bringt eine besonders quälende, endlos-mißtrauische und selbstzerstörerische Form der wechselseitigen Perspektivenverschränkung zwischen den Partnern hervor, die eine große Menge der seelischen Energie verzehrt, die man zum Beispiel für ein produktives gesellschaftliches und politisches Engagement so dringend brauchen könnte. Auch hier haben wir wieder eines jener Fässer ohne Boden vor uns, die für die gegenstands- und vertrauensarme zwischenmenschliche Landschaft des Kapitalismus so kennzeichnend sind. Die typische wechselseitige Wahrnehmung und Vorwegnahme der Perspektive hat im Falle der Eifersucht etwa folgenden Aufbau:[17]

In einer Paarbeziehung ist es zur Gewohnheit geworden, sich abends vor dem Schlafengehen ziemlich regelmäßig noch einen Gute-Nacht-Kuß zu geben. Wenn nun einer der beiden Partner aus irgendwelchen äußeren Gründen oder auch auf Grund seiner Phantasien eifersüchtig wird, dann kann der Gute-Nacht-Kuß, der vordem beruhigend wirkte, nun zum Auslöser eines Mißtrauensschubs werden. Der geküßte Partner interpretiert ihn als einen Versuch der Irreführung über die wirkliche Absicht, ihn zu betrügen oder zu verlassen. Aber wenn der andere diese Interpretation seinerseits vorwegnimmt, sich in die mißtrauische Perspektive des Eifersüchtigen so einfühlt, daß er den Gute-Nacht-Kuß zurückhält, bewirkt das keine Beruhigung. Der mißtrauische Partner kann nun entweder sozusagen auf eine naivere Stufe der wechselseitigen Wahrnehmung zurückgehen und dieses Ausbleiben des Gute-Nacht-Kusses als drohenden Liebesverlust auffassen oder er kann in seiner mißtrauischen Vorwegnahme der fremden Perspektive noch eine Stufe weitergehen, auf welcher er die Zurückhaltung als ein besonders raffiniertes Täuschungsmanöver interpretiert, das seine eigene Interpretation des Gute-Nacht-Kusses als Täuschung und Beruhigung vorwegzunehmen und aufzufangen versucht. Dieses Beispiel wirkt in seiner komplizierten Logik vielleicht etwas sehr weithergeholt. Aber jeder, der einmal eifersüchtig war, weiß, wie in diesem Zustand die kleinsten Lappalien mit tiefgründiger Bedeutung aufgebläht werden und der zwischenmenschliche Realismus zu schwinden droht. Die meisten intimen Zweierbeziehungen in unserer Gesellschaft dürften von solchen Strukturen der wechselseitig-ängstlichen Wahrnehmung durchzogen sein, welche im Zuge jahrelanger Gewöhnung zwar ihre Brisanz verlieren können, dann aber in Zeiten einer späteren Beziehungskrise wieder in Gestalt uralter Vorwürfe plötzlich wieder umhergeistern können.

Das Eifersuchtsproblem in den Intimbeziehungen verschärft sich nicht nur aus den obengenannten objektiven Gründen, sondern auch deswegen, weil hier oftmals der unbewußte Wunsch nach einer Öffnung der mehr oder weniger als ein Gefängnis empfundenen Zweierbeziehung mit im Spiele ist. Das was man selber gerne möchte, vermutet man natürlich auch beim anderen, und dort wird es dann, ohne daß der eigene Wunsch bewußt werden müßte, bekämpft und verfolgt. Die unbewußte *Projektion* der eigenen Probleme auf den anderen und die unbewußt genossene Teilhabe an seiner unterstellten Perspektive ist ein ebenso beliebter wie letztlich trügerischer Versuch zur Befriedigung unterdrückter Bedürfnisse bei einer gleichzeitigen Stabilisierung des eigenen Selbstbildes.

Der Kapitalismus hat das Eifersuchtsproblem in den Intimbeziehungen sicher nicht auf die Welt gesetzt, aber er verschärft es systematisch auf Grund des Fehlens anderweitiger vertrauensbildender Sozialbeziehungen und eines gemeinsamen produktiven Gegenstandsbezugs, über welchen sich der Einigungs- und Verstehensprozeß zwischen den Partnern in nachprüfbarer Weise vollziehen und entwickeln könnte.

Eine solche systematische Verschärfung durch die objektiven Bedingungen gilt möglicherweise auch für das sehr schwerwiegende Problem der sexuellen Abstumpfung, die sich im Laufe der Zeit in fast jeder Partnerbeziehung einstellt. Der radikale marxistische Analytiker Wilhelm Reich war einst der Meinung, diese nach spätestens zwei oder drei Jahren eintretende Abstumpfung sei ein unvermeidliches, durch die längere Wiederholung der gleichen sexuellen Reize bedingtes Merkmal menschlicher Sexualität, dem man konsequent nur durch Partnerwechsel begegnen könne.[18] Man muß sich aber fragen, ob man die sexuellen Reize so von den anderen Persönlichkeitseigenschaften eines Menschen trennen kann. Und man muß sich fragen, ob nicht unter gesellschaftlichen Bedingungen, unter denen die Partner gemeinsame gegenständlich-produktive Entwicklungs- und damit *Veränderungs*möglichkeiten hätten, dieser Abstumpfungseffekt etwas von seiner Schicksalhaftigkeit einbüßen würde. Unter den herrschenden Verhältnissen gerät das Aufeinander-Eingehen der Partner in der Tat nach einer kurzen Kennenlern-Phase meist sehr bald über zu einer kreislaufförmig-abwechslungslosen Wiederkehr des Immergleichen. Das wechselseitige Verständnis sieht dann etwa so aus, daß der eine Partner, wenn der andere seine Probleme in die Kommunikation einzubringen beginnt, schon gähnend oder freundlich achselzuckend abzuschalten beginnt, weil sich an diesem Problem und an der Persönlichkeit des anderen seit Jahren nichts Erwähnenswertes geändert hat. Die beiderseitige Entwicklung der Partner aber im Rahmen von sinnvollen Kooperations- und Selbstverwirklichungsmöglichkeiten böte unter Umständen die Chance, daß sich an dem anderen immer auch neue Seiten, Qualitäten und damit sinnliche Reize entdecken ließen, die den Abstumpfungseffekt zumindest mildern könnten. Unter den gegenwärtigen Bedingungen bedeutet eine tiefergehende Veränderung der Partner meist sofort das Auseinanderbrechen der Beziehung, weil sie nur mit einem *Ausbruch* aus der kreislaufförmig-gegenstandslosen Privatbeziehung verbunden sein kann und in dieser Außengerichtetheit dem «zurückbleibenden» Partner unverständlich bleibt. In sinnvollen, sachlich bezogenen Kooperationsbeziehungen würde sich der andere zwar verändern und für mich etwas neues bedeuten, aber in einer Weise, daß mir die Gerichtetheit seiner Entwicklung einsichtig und nachvollziehbar bleibt, weil sie mit meiner eigenen Gerichtetheit prinzipiell im Einklang steht.

Die in diesem Abschnitt angesprochenen Probleme: die Fetischisierung der genitalen Sexualität, die Verlassenheitsängste, die sexuelle Eifersucht und die Abstumpfung sind als *solche* sicher nicht erst vom Kapitalismus hervorgebracht worden, und man muß sich hüten, über die künftige Abschaffung zwischenmenschlich-sexueller Probleme und Enttäuschungen im Sozialismus falsche Versprechungen zu machen. Aber man kann sagen, daß diese Probleme den Menschen in der kapitalistischen Privat- und Intimsphäre, die auf Grund ökonomischer Gegebenheiten von gesellschaftlichen Kooperations- und Entwicklungsmöglich-

keiten abgetrennt und entleert ist, in einer besonders verschärften und
ausweglosen Form gegenübertreten und ihre Zwischenmenschlichkeit in
einer sehr kräftezehrenden Weise belasten. Auch unter diesem Gesichtspunkt gibt es gute Gründe, kooperativ und solidarisch mit anderen für
eine «Gemeinschaft der assoziierten Produzenten» zu kämpfen.

7. Die Familie

Bei den bisherigen Überlegungen der Zwischenmenschlichkeit des kapitalistischen Konsumtionsbereichs ist die Familie mehr oder weniger still-
schweigend schon mitgedacht worden. Die Familie stellt den vorherrschenden Rahmen und die wichtigste Institution dar, innerhalb derer sich
die umrissenen Prozesse des Aufeinander-Eingehens und sich Ineinan-
der-Einfühlens abspielen. Trotzdem muß man sehen, daß sich die bisher
diskutierten, aus der kapitalistischen Ökonomie folgenden Verhaltenszwänge – die gegenständliche Entleertheit, der Kompensationscharakter
und Harmonisierungsdruck, die Fetischisierung des sexuell-genitalen
Bindemittels und die dazugehörige Verlassenheitsangst – auch außerhalb
der Familie finden. Sie belasten auch die zwischenmenschlichen Freund-
schafts- und Intimbeziehungen von Leuten, die überhaupt nicht die
Absicht haben, gemeinsam eine Familie zu gründen. Mit den Problemen
des Kompensationsdrucks und der Gegenstandslosigkeit kämpfen auch
Stammtischbrüderschaften und Kegelvereine – wobei es letztere in der
Aufrichtung von Ersatzgegenständen offensichtlich ein Stückchen wei-
tergebracht haben als die ersteren. Und die Sexualprobleme haben auch
Leute, die außerhalb einer Familienbindung oder sogar beim «Gruppensex» ihr zwischenmenschlich-körperliches Vergnügen suchen.

Die Familie als gewissermaßen der bislang am besten bewährte Schutz-
und Brutkasten für die private Wiederherstellung der strapazierten erwachsenen Arbeitskräfte und die Heranzucht der Kinder für das Erwerbsleben ist ursprünglich gar kein Produkt der kapitalistischen Gesellschaft,
sondern ein Erbstück aus der vorkapitalistischen Tradition, das von dem
neuen System mehr oder weniger fest eingebaut und überformt worden
ist. Die Art der in ihr institutionalisierten Bindung hat ein Moment des
Altertümlichen:

«Die vielberufene Krisis der modernen Familie ist nicht vom Himmel
gefallen. Um sie zu verstehen, muß man des Antagonismus sich bewußt
werden, der die Familie seit den Anfängen der bürgerlichen Gesellschaft
durchfurcht. Inmitten einer durch Tausch und damit durch die Rationalität der arbeitenden einzelnen Individuen definierten Gesamtverfassung
blieb sie wesentlich eine feudale Institution, basierend auf dem Prinzip
des ‹Blutes›, der natürlichen Verwandtschaft. Damit hielt sich ein irratio-

nales Moment inmitten der industriellen Gesellschaft fest, welche auf Rationalität, die ausschließbare Herrschaft des Prinzips der Berechenbarkeit aller Beziehungen hinauswill und keine andere Kontrolle duldet als die durch Angebot und Nachfrage. Demgegenüber war die bürgerliche Familie in gewissem Sinne stets anachronistisch.»[19]

Festere familienartige Bindungen zwischen den Menschen – darin muß man Friedrich Engels heute etwas korrigieren – gab es schon in sehr «primitiven» kooperativen und klassenlosen Gesellschaften (etwa bei den alten Australiern und Tasmaniern, bei den Buschleuten, Pygmäen, Schoschone-Indianern oder den Eskimos[20]). Dabei gibt es in den vorkapitalistischen Gesellschaften die unterschiedlichsten Familientypen: solche, in denen die Frauen und Mütter die beherrschende Rolle haben (matriarchalische Familien), solche, in denen die Männer und Väter herrschen (patriarchalische Familien), solche mit einer relativen geschlechtlichen Gleichberechtigung, Großfamilien, wo drei oder noch mehr Generationen samt Tanten und Onkels zusammenleben, Kleinfamilien, die nur zwei Generationen umfassen und – was zum Beispiel unter der schwarzen Slumbevölkerung Südamerikas recht häufig ist[21] – auch Familien, die nur aus den Müttern und ihren Kindern bestehen und trotzdem den Umständen entsprechend ganz gut funktionieren. Es ist nicht immer leicht, die Beziehung zwischen der jeweiligen Produktionsweise und der Familienform nachzuzeichnen. Es herrscht hier – besonders in den nichtpatriarchalischen Vorklassengesellschaften, eine gewisse Beliebigkeit des Familientyps. Festgefügte patriarchalische Familien jedoch, wo sowohl die Frauen als auch die Kinder wie eine besondere Art Privatbesitz festgehalten und gedemütigt werden, gibt es in den vorkapitalistischen Gesellschaften nur dort, wo es auch ein entwickeltes ökonomisches Privateigentum an Produktionsmitteln und vererbbare Güter in größerem Umfang gibt, über welche die Männer und Väter verfügen und welche sie als handfestes Druckmittel einsetzen können. Extrem patriarchalische Gesellschaften in diesem Sinne waren zum Beispiel das frühe Römische Reich, China während der letzten zweieinhalbtausend Jahre vor der Revolution und die christlich-feudalen Gesellschaften unseres Mittelalters.

Zwei für unseren Argumentationszusammenhang wichtige Dinge kann man in einem geschichtlichen und kulturellen Vergleich der Familienformen festhalten: Erstens ist es bewiesen, daß die uns geläufige Rollenaufteilung zwischen den Ehepartnern in den starken, mutigen, konkurrenz- und selbstbewußten Mann einerseits und die weiche, aufopferungsvolle, kinderliebe, häusliche und möglichst noch schöne Frau andererseits alles andere als eine Naturgegebenheit ist, sondern Niederschlag einer patriarchalischen Familientradition und damit eine Folge der Entwicklung des Privateigentums.[22] Und zweitens kann man festhalten, daß alle vorkapitalistischen Familien (die patriarchalischen und die nichtpatriarchalischen) ein fester Bestandteil der ökonomischen Tätigkeit und der Produktionsbeziehungen zwischen den Menschen waren. Sie beruhten keinesfalls nur auf den Himmelsmächten der Liebe und der persönlichen Sympathie, sondern auch auf einer handfesten wechselseitigen Nutzenerwartung. Viele Naturvölker, aber auch zum Beispiel die alten Chinesen, betrachteten den Zustand der persönlichen Verliebtheit sogar eher als einen mehr oder weniger harmlosen und vorübergehenden Wahnzustand, den man möglichst von den ökonomisch wichtigen Beziehungen getrennt halten sollte.[23] In dieser Hinsicht haben wir im Guten wie im Bösen der bürgerlichen Revolution einiges zu verdanken. Einerseits hat sie den allgemeinen Anspruch auf eine freie und persönliche Geschlechts- und Partnerbindung gegen die feudale Korruption durchgesetzt, andererseits verhindert es die von ihr hervorgebrachte Produktionsweise und Gesellschaftsstruktur, daß diese Ansprüche mit dauerhaftem Inhalt gefüllt werden können.

Während der Epoche des europäischen Feudalismus, die dem Kapitalismus unmittelbar voranging und aus der heraus er sich entwickelt hat, beruhte die Familie auf der gemeinsamen Bewirtschaftung des Familieneigentums an Produktionsmitteln. Das galt sowohl für die Bauern, als auch für die Feudalherren, Handwerker oder Kaufleute. Soziologen haben deshalb auch vom mittelalterlichen oder frühbürgerlichen «Familienkommunismus» gesprochen. Die Frau brauchte man weniger zur bloßen gefühlsmäßigen und praktischen Wiederherstellung der eigenen verschlissenen Arbeitskraft als vielmehr für ganz bestimmte Tätigkeiten im Rahmen des gemeinschaftlichen Erwerbs- und Berufslebens; und die Kinder waren Lebewesen, die man als spätere Kooperationspartner und Versorger ebenso dringend brauchte wie heute eine Rentenversicherung. Zugleich war die Familie als Produktionseinheit zu den anderen Produktionseinheiten, zu den zahlreichen, noch persönlich überschaubaren Kooperations- und Austauschbeziehungen hin soweit geöffnet, daß es das uns vertraut gewordene geheimniskrämerische Privat- und Intimleben «im Schoße der Familie» (jedenfalls bis zum 15. Jahrhundert) kaum gab.[24]

Die Eheschließung blieb lange ein nicht sehr förmlicher Akt zwischen aneinander ökonomisch interessierten Familien, wobei die fortgegebene Frau durch ihre Familie noch beträchtliche Rechte und ökonomische Sicherheit besaß. Erst ziemlich spät hat sich die Kirche der Familie und ihres Schutzes angenommen, die Sexualität als bloßes Fortpflanzungsmittel bestimmt, ansonsten verteufelt und zudem die Unterwerfungspflicht der Frauen und Kinder ganz wesentlich verschärft. Schließlich nahm dann der Staat der bürgerlichen Gesellschaft die patriarchalische Familie unter seine Fittiche und machte sie ideologisch und gesetzlich zur offiziellen «Keimzelle der Gesellschaft». Die Familie unterliegt auch in der heutigen BRD-Wirklichkeit noch einem besonderen grundgesetzlichen Schutz; bis vor kurzem konnten Ehebruch oder auch die Förderung desselben staatlich verfolgt werden; das Familienrecht schreibt (obwohl das dem bürgerlichen Gleichheitsprinzip widerspricht) immer noch die Zustimmung des Mannes für die außerhäusliche Erwerbstätigkeit der Frau vor; und die «elterliche Gewalt», welche die Kinder ihren Eltern wie ein Stück Privatbesitz ausliefert, wagen auch die Reformer der sozialliberalen Koalition kaum anzutasten.

Der ideologischen und gesetzlichen Hervorhebung der patriarchalischen Familienform in der sich entwickelnden bürgerlichen Gesellschaft entspricht aber paradoxerweise ihr *Bedeutungsverlust* im objektiv-ökonomischen Sinne. Je mehr sich nämlich der gesellschaftliche Reichtum auf der Seite der Kapitalisten oder anderer begüterter Minderheitsgruppen aufhäuft und je mehr Produzenten zu Lohnarbeitern werden oder als verarmte Selbständige ständig am Rand der Lohnarbeiterexistenz stehen, desto unbedeutender werden die familialen Produktionsaktivitäten und das vererbbare Privateigentum in männlicher Verfügungsgewalt. Die Familie schrumpft für die meisten Bevölkerungsgruppen (bestimmte Teile der herrschenden Klasse und der Landbevölkerung bilden hier wichtige Ausnahmen) definitiv auf die Kernfamilie, in der nur zwei Generationen, einerseits ein Elternpaar, andererseits deren Kinder, zusammen leben, und zur bloßen Konsumtionsstätte und Regenerationsstation zusammen. Diesen ökonomisch bedingten Schrumpfungsprozeß im Umfang und in der Funktion der Familie hatte gegen Ende des letzten Jahrhunderts bereits der bürgerliche Soziologe Durkheim als sog. Kontraktionsgesetz entdeckt.[25] Die patriarchalischen Machtansprüche und Auftritte gegenüber Frau und Kindern bekommen vor diesem Hintergrund einen schwer begründbaren und gewissermaßen hohlen Charakter. Aber es ist eine Tendenz der Anhänger eines jeden Glaubenssystems, dessen Basis ins Wanken geraten ist, daß die Zweifler zunächst besonders wütend und unnachgiebig verfolgt und noch krampfhafter unterdrückt werden. So verhält es sich auch mit dem Familienpatriarchalismus in der kapitalistischen Gesellschaft, zumal die behauptete Vormachtstellung den Lohnabhängigen und im Erwerbsleben gedemütigten Vätern sehr bequeme Möglichkeiten nach dem Blitzableiter- oder Radfahrerprinzip sichert. Die alte Rollentrennung zwischen Mann und Frau ist immer noch stark ausgeprägt; wenn man soziologischen Untersuchungen glauben darf, bei den Arbeitern z. B. noch stärker als bei den Angestellten bzw. der «Mittelschicht».[26] Die genannten Schwierigkeiten für eine gelingende und vertrauensvolle zwischenmenschliche Perspektivenverschränkung im kapitalistischen Konsumtionsbereich – die gegenständliche Leere, der soziale Kompensationsdruck und die sexuellen Probleme – erfahren also durch die in der kapitalistischen Ökonomie angelegte Krise der überlieferten Familieninstitution und die mehr oder weniger gut verdrängten Zweifel am Sinn ihres überlieferten vorkapitalistischunbegründbaren Normengefüges noch eine weitere Brechung und Verkomplizierung.

Da die bereits in der frühen Kindheit angeeignete oder eingebleute Geschlechtsrolle für jeden von uns – ob wir es wollen oder nicht – eine wichtige zwischenmenschliche Orientierungslinie und einen wichtigen Bestandteil unserer Identität abgibt, haben diese Brechungen, Zweifel und nachfolgenden Verdrängungen in den zwischenmenschlichen Einigungsprozessen des Familienbereichs einen sehr verunsichernden und energieverzehrenden Charakter. Allerdings treten diese in der kapitalistischen Ökonomie grundsätzlich schon angelegten Tendenzen, der Sinnverlust der Familie und der überlieferten Geschlechtsrollen, erst im Zuge der spätkapitalistischen Entwicklung der privaten Zwischenmenschlichkeit, um welche es im folgenden Abschnitt geht, in einer ins Auge springenden Weise hervor.

8. Spätkapitalistische Entwicklungstendenzen

Wie wirkt sich die besondere geschichtliche Entwicklung der spätkapitalistischen (oder monopolkapitalistischen) Ökonomie, welche den Rahmen für unseren gegenwärtigen Lebensprozeß abgibt, auf die Art und Weise des Aufeinander-Eingehens der Individuen im Konsumtionsbereich aus? – Das ist die Frage, der nun nachgegangen werden soll.

Hinsichtlich der Abgetrenntheit der konsumtiven Sozialbeziehungen vom Produktionsgeschehen läßt sich bereits nach einer oberflächlichen Betrachtung folgendes festhalten: sie ist infolge der Verstädterung und Zusammenballung der Bevölkerung (die etwas mit der fortschreitenden Kapitalkonzentration zu tun hat) in den letzten Jahren eher noch schärfer geworden. Die Entstehung von veröeten «Schlafstädten» und Wohnsilos an den Peripherien der Städte, die langen Anfahrtsstrecken zwischen Produktions- und Wohnbereich und die (vor allem für das Nachkriegsdeutschland kennzeichnende) Auflösung von zusammenhängenden Arbeitervierteln mit gemeinsamen Traditionen und gemeinsamer Kultur haben die Isolation des Privat- und Familienlebens, die mit der kapitalistischen Ökonomie ohnehin schon gegeben ist, noch sehr vergrößert. In den früheren Arbeiterkulturen, wie es sie ansatzweise noch in England gibt, gab es wahrscheinlich noch beträchtliche Reste einer kollektiven Deutung und solidarischen Bewältigung von privaten Konflikten. Das Zurückgeworfensein auf scheinbar ganz individuelle seelische Problemlagen erschwert Solidarisierungs- und Politisierungsprozesse. Das ist eine der Bedingungen dafür, daß in den spätkapitalistischen Gesellschaften die zwischenmenschlichen Probleme, mit denen sich die Köpfe von immer mehr Leuten beschäftigen, so erfolgreich und einseitig psychologisiert statt vor dem Hintergrund der herrschenden Ökonomie interpretiert werden.

Hinsichtlich des Problems der Gegenstandslosigkeit und der Errichtung von Ersatzgegenständen in den konsumtiven Sozialbeziehungen läßt sich sagen: hier hat die spätkapitalistische «Konsumgesellschaft» mit ihren ökonomischen Zwängen zur beständigen Marktausweitung tatsächlich auch für die Masse der Bevölkerung (in den westlichen Industrieländern, nicht in der dritten Welt!) Möglichkeiten geschaffen, die vorher kaum zu ahnen waren. In bezug auf die zur Verfügung stehenden lang- und kurzfristigen Konsumgüter – Einrichtungsgegenstände, Autos, Fernsehgeräte, Kleidung, Kosmetika, Urlaubsreisen . . . – hat sich eine bedeutsame Bereicherung und Vervielfältigung der gegenständlichen Umwelt im Konsumbereich ergeben. Die zwischenmenschliche Perspektivenverschränkung bei der Planung und Bewältigung der gegenständlichen Haushalts- und Konsumprobleme und die damit verbundenen Reste von Selbstverwirklichung und Solidaritätserfahrung haben sich vom bloßen Daseinskampf der frühen Lohnarbeiterfamilien in ganz neue, abwechslungsreichere und ablenkendere Gegenstandsbezüge hinein entwickelt.

Ein besonders merkwürdiger und beliebter Versuch zur Wiedererrichtung eines bedeutsamen «Dritten», welcher der privaten Perspektivenverschränkung eine Basis, eine gemeinsame Richtung geben soll, ist zum Beispiel das in letzter Zeit beobachtbare rapide Umsichgreifen der Haustierhaltung. Für Rassehundwelpen werden Hunderte oder manchmal sogar Tausende von Mark ausgegeben. Vor 10 Jahren konnte man Exemplare des Bassethundes in der BRD nur in hundekundlichen Nachschlagewerken betrachten, inzwischen ist jedoch (wahrscheinlich beeinflußt von der Reklame für einen bestimmten Markenschuh) die «Bassetwelle» ausgebrochen, und nun laufen einem diese wurstförmig-grotesken Gestalten samt ihren stolzen Besitzern tagtäglich über den Weg. Je mehr den Menschen eine in planvoller kooperativer Praxis zu bewältigende äußere Natur weggenommen und ihre ästhetisch-erholsame Wirkung durch die Verstädterung und kapitalistische Umweltkrise zerstört wird, desto mehr sehen sie sich offenbar genötigt, künstlich erhaltene lebendige Ersatzstücke dieser Natur in Gestalt von aufwendigen Tieren, Gärten und Topfpflanzen gleichsam zum Trost nach «innen», in den Rahmen der privaten Zwischenmenschlichkeit hineinzunehmen. Nach einer Fernsehumfrage über die Zukunftsperspektiven von Schülern rangiert der Wunsch nach Anschaffung und Haltung von Tieren regelmäßig auf den ersten Plätzen der Rangliste und kann sich hier nur noch mit dem Heirats- und Kindeswunsch messen. Und es gibt sicher manche spätkapitalistische Ehe, die durch die Anschaffung eines jungen Hundes oder anderen Haustieres zumindest vorübergehend mit einem bedeutsamen gegenständlichen «Dritten» versehen und auf diese Weise gekittet worden ist. Tiere können inzwischen offensichtlich als «Ersatzgegenstände» ernsthaft mit den Kindern konkurrieren. Vor einigen Monaten konnte man in den spätkapitalistischen Medien einen ernsthaften Streit zwischen der Gemeinde der Hundehalter und einer Gruppe von Eltern um das Anrecht ihrer jeweiligen Schutzbefohlenen auf einen angemessenen Lebensraum in unseren Städten verfolgen, der vom Verschmutzungsvorwurf an die Hundehalter seinen Ausgangspunkt genommen hatte.

Das Haustierbeispiel ist natürlich ein Symptom unter anderen für die äußerst unterschiedliche und zum Teil sehr ausgefallene Art und Weise, in der unter spätkapitalistischen Konsumbedingungen der im Produktionsbereich verlorengegangene gegenständliche Bezug in der zwischenmenschlichen Perspektivenverschränkung wiederhergestellt und ausgestaltet werden kann. Hinsichtlich dieser Ersatzgegenstände herrscht ein großzügiger Pluralismus. Es ist jedem absolut freigestellt, ob er sich vorrangig für Autos, schwere Motorräder, Hunde, Kinder, Segelboote, Briefmarken, diese oder jene Sportart, gutes Essen oder Pornographie interessiert. Um alle diese Gegenstände herum sind kleine Gemeinden mit einer eigenen Sprache und Sinnwelt organisiert, die teils innerhalb der Familie angesiedelt sind und teils über sie hinausgreifen und von den verschiedenen Kapitalien mit dem erforderlichen warenförmigen Zubehör beliefert und kräftig gefördert werden.

Auch ein Phänomen wie die in letzter Zeit unter jüngeren Leuten umsichgreifende Makrobiotik-Welle muß man als eine solche spätkapitalistische Suchbewegung in Richtung auf einen gemeinsamen gegenständlichen Sinn des privaten Alltagshandelns interpretieren. Für diejenigen, die sich einer solchen Bewegung anhängen, haben auf einmal vorher routinisierte Einkaufs-, Haushalts- und Küchentätigkeiten wieder einen tieferen Sinn, über den man sich stundenlang unterhalten kann. Gespräche und Übereinstimmungen beziehen sich in beruhigender Weise auf greifbare, sinnlich-wahrnehmbare und eßbare Gegenstände. Sogar die unter kapitalistischen Bedingungen selten gewordene Bereitschaft, unter einem weltanschaulichen Engagement für eine gute Sache kämpferisch aufzutreten, kann sich hier im privaten Rahmen gefahrlos betätigen. In diesem Beispiel vermengen sich – wie auch bei anderen Formen des Diät-Lebens (Diät heißt wörtlich: Lebensführung) – berechtigte Bedürfnisse nach einem gegenstandbezogenen Sinnzusammenhang des Alltagshandelns und realistische Vergiftungsängste in kaum entwirrbarer Weise mit einem mystisch-agrarischen Weltbild und wehleidigselbstbezogenen Rückzugstendenzen. Natürlich gibt es längst eine ganze Industrie, die sich – die Angst vor der kapitalistischen Umweltverschmutzung ausnutzend – auf diese teils neuen, teils schon älteren Konsumtionsweisen spezialisiert hat. Leider vollzieht sich auch der jüngste politische Resignationsprozeß bei vielen linken Studenten und Intellektuellen wesentlich als solch ein privatistischer Rückzug in makrobiotische, ostasiatische oder neoreligiöse Weisen der oberflächlich-sinnhaften Lebensführung.

Die im Spätkapitalismus zur Verfügung stehenden vermannigfachen bedeutsamen Konsumtionsgegenstände mögen der zwischenmenschlichen Perspektivenverschränkung in mancher Familie noch einen wichtigen Halt geben, aber im großen und ganzen steht es um die Familie im Spätkapitalismus nicht gut.

Die Krise der patriarchalischen Familie ist, das war schon angemerkt worden, im Grunde schon so alt wie der Kapitalismus selbst. Sie hat sich aber aus verschiedenen Gründen in der spätkapitalistischen Wirklichkeit der letzten Jahrzehnte zu einer neuen Qualität verschärft. Die erste objektive Ursache ist der gesteigerte «Basisverlust» der Familie, der Verlust an Produktionsmitteln und erblichen Gütern im Familieneigentum. Der Niedergang der Kleinbürgerfamilien und vor allem der Bauernfamilien, die 1882 etwa 53 % der Gesamtbevölkerung repräsentierten, 1939 knapp 20 %[27], und inzwischen weit unter 10 % gefallen sind, und die fortschreitende «Verlohnarbeiterung» der Erwerbsbevölkerung bis hin zum gegenwärtigen Lohnarbeiteranteil von etwa 85 % zeigen diese Entwicklungslinie. Die faschistische Blut-und-Boden-Ideologie mit ihrem mystisch verklärten und vorkapitalistisch-holzschnittartigen patriarchalischen Familienbild ist nur als demagogische Antwort und trostspendende Scheinlösung angesichts der allgemeinen Verunsicherung über den Zusammenhalt und Sinn der patriarchalischen Familie im sich entwickelnden Kapitalismus zu begreifen.[28] Diese Verunsicherung war, wie die Studien über die autoritäre Persönlichkeit zeigen, einer der wichtigen sozialpsychologischen Nährböden für den faschistischen Führerkult und die brutale Wiederaufrichtung eines äußerlich harten und starken Männlichkeitstyps unter dem Leitbild von Zucht und Ordnung.[29] Der Nationalsozialismus in der alten Form steht zwar gegenwärtig nicht auf der Tagesordnung, aber die Gefahr, daß die mit dem Familienzerfall verbundene zwischenmenschliche Verunsicherung von konservativen Demagogen ausgenutzt wird, ist immer noch aktuell.

Eine zweite wichtige Ursache für den Sinnverlust der alten familiärpatriarchalischen Rollenvorstellungen, die den objektiven Basisverlust der Familie begleitet und in ganz unterschiedlichen Färbungen ausgestaltet, ist die im Absatzinteresse der Kapitale in der letzten Zeit stark vorangetriebene Freisetzung der verschiedensten sinnlichen und sexuellen Erwartungen, die in der sittenstrengen Atmosphäre der alten patriarchalischen Familie nicht thematisiert werden durften. Ausgehend von der widersprüchlichen kapitalistischen Marktdynamik waren diese Tendenzen ja schon am Ende des vorletzten Kapitels erwähnt worden und mit einer anarchisch sich entwickelnden *Normenrelativierung* in den zwischenmenschlichen Beziehungen in Verbindung gebracht worden.

Die Normenrelativierung, die einerseits vom objektiven Basisverfall der patriarchalischen Familie, andererseits von der kommerziellen Thematisierung unterdrückter Bedürfnislagen bewirkt wird, – diese Normenrelativierung prägt in sehr unterschiedlichen, teils offenen, teils verdrängten Formen den Einigungsprozeß der Individuen in den privaten und sexuellen Beziehungen. Man kann die damit verbundenen Hoffnungen genauso gewinnbringend ausschlachten und fördern wie die mit ihrer verunsichernden Seite provozierten zwischenmenschlichen Ängste und Idyllisierungstendenzen. «Love Story» oder andere Produkte spätkapitalistisch verlogener Eheromantik lassen sich genausogut verkaufen wie der «Schulmädchen-Report 11. Teil» oder die «Deutsche Sexillustrierte». Das Problem besteht nur darin, daß auch diejenigen, die sich für äußerlich konservative und traditionelle Lösungen entschieden haben, mehrmals am Tag an Zeitungskiosken vorbeimüssen, von denen ihnen nackte Mädchenleiber entgegenlachen, und daß sie allerorten in reißerischer Aufmachung hören müssen, daß es neben ihrer privaten Lösung der Intimprobleme auch Homosexualität, Transvestismus, weibliche Potenz, außereheliche Sexualität, «Gruppensex» und sogar Männer gibt, deren Frauen arbeiten gehen, während sie selbst die Haushalts- und Erziehungsarbeit machen; bei alledem, so erfährt man weiter, sollen einige Leute sogar noch ganz glücklich sein. Diese von den verschiedenen Kapitalien mit großem Aufwand präsentierten Informationen lassen sich nur mit allergrößter Mühe abwehren. Mit dem festen Glauben an die Natürlichkeit oder Gottgegebenheit der Geschlechtsrollen und Normen des Privat- und Intimlebens ist es hierzulande ein für allemal vorbei. Es wird dem allgemeinen Bewußtsein ansatzweise deutlich, daß die gesellschaftlichen Normen (und seien es auch nur die auf die Regelung der Körperbedürfnisse gerichteten Normen) geschichtlich wandelbar sind und von den Menschen selbst hervorgebracht werden, also auch von ihnen bewußt verändert und individuell ausgestaltet werden können.

Diese durch die spätkapitalistische Ökonomie geforderten Wandlungsprozesse erfordern eine neue Weise der Einfühlung und der wechselseitigen Perspektivenübernahme zwischen den Individuen, die auf der Suche nach zwischenmenschlicher Geborgenheit und Zärtlichkeit im Privatbereich sind. Eine unsichere, tastende Erforschung der Perspektive des anderen tritt zunehmend an die Stelle eines starr festgelegten und ritualisierten Werbeverhaltens vor dem Hintergrund von selbstverständlichen Sexualnormen.

Um das Gemeinte kurz an einem soziologischen Beispiel, das auf Margaret Mead zurückgeht, zu erläutern: Als während des Zweiten Weltkriegs amerikanische Soldaten in England stationiert waren, stellte man fest, daß auffällig viele Beziehungen zwischen englischen Mädchen und amerikanischen Soldaten schon nach einer kurzen Kennenlernensphase in die Brüche gingen. Dabei hielten die Amerikaner die englischen Mädchen für prüde und abweisend und die Mädchen umgekehrt die

Soldaten für aufdringliche Wüstlinge, die «immer nur das eine» wollten. Sozialwissenschaftler bekamen heraus, daß es sich hier um ein Mißverständnis handelte. Beim sexuellen Werberitual sowohl der Amerikaner (das bekannte «dating»[30]) als auch beim Ritual der Engländer entdeckten sie eine Vielzahl von genau vorgeschriebenen aufeinanderfolgenden Stufen, die allerdings in beiden Fällen eine unterschiedliche, den Betroffenen nicht bewußte Reihenfolge aufwiesen. Das Küssen kam in England erst ziemlich am Schluß und bedeutete damit schon ein Höchstmaß von Verpflichtung; in Amerika dagegen stellte es eine ziemlich unverbindliche Anfangsstufe dar. Der entscheidende Fehler der gemischten Paare war natürlich, daß sie ihre Unsicherheit und ihr Mißverständnis nicht selbst noch einmal zum Gesprächsthema gemacht haben. Solche Normen und allgemein gültigen «Dating»-Rituale sind in Amerika, in England und auch bei uns inzwischen (glücklicherweise) weitgehend zusammengebrochen. Man kann nun aber sagen, daß sich inzwischen die Menschen vor dem Hintergrund der spätkapitalistischen Normenrelativierung bereits innerhalb *einer* nationalen Kultur in ihren Privat- und Intimbeziehungen so begegnen wie lauter Soldaten und Mädchen aus verschiedenen Kulturen. Die damit verbundenen Mißverstehensprobleme sind durchaus nicht auf den sexuellen Bereich beschränkt. Die wechselseitige Verständigung wird so ein ziemlich anstrengendes Geschäft, und ein relativ günstiger Weg zu einer gelingenden Einfühlung ist unter diesen Bedingungen zunächst ganz unbezweifelbar der, seine eigene Unsicherheit zuzugeben und zu thematisieren. (Nicht umsonst hat die moderne Sozialpsychologie und Erziehungswissenschaft die «Normendistanz» und «Metakommunikation» zu den besten Verständigungsweisen und den obersten Erziehungszielen erhoben.)

Auch wenn man an den Partner die (immer noch sehr verbreitete) Forderung stellt, bestimmte sexuelle Bedürfnisse, etwa die nach einer außerehelichen Liebschaft zu unterdrücken, kann man eine solche Forderung nicht mehr so leicht mit der festen Rückendeckung und im Namen allgemein geglaubter höherer Normen und Werte durchsetzen, wie das vor 80, 30, oder auch noch vor 15 Jahren der Fall war. Derjenige, der die Unterdrückung fordert, leidet zunehmend vor den anderen und auch vor sich selbst unter einem Verlust seiner Glaubwürdigkeit; und er muß sich in ganz anderer Weise, als das innerhalb des ideologisch noch einigermaßen intakten patriarchalischen Normengefüges vergangener Zeiten der Fall war, mit seinen eigenen sexuellen Ängsten und Problemen auseinandersetzen. Wer Fontanes «Effie Briest» gelesen hat, führe sich zum Vergleich mit unserer Situation die vom preußischen Patriarchalismus abgestützte und vorgeschriebene Art und Weise vor Augen, in welcher hier der Baron Instetten die sinnlichen Eigenbedürfnisse seiner Frau ignorieren und schließlich seinen Rivalitätskonflikt mit dem Major Crampas abwickeln kann. (Auch der Arbeiterführer Lassalle ist übrigens damals in einem ähnlichen Duell umgekommen.) Die Abwicklung vergleichbarer Sexualkonflikte nimmt heute einen viel zufälligeren und tastenderen Verlauf. Daß das Unrecht immer auf seiten der Frau stünde, die fremd geht, ist schon gar nicht mehr selbstverständlich. In der Verbreitung dieser neuen Unsicherheit und Toleranz haben Oswalt Kolle und vielgelesene Blätter wie «Brigitte» oder der «Stern» durchaus ihre Verdienste.

Der Zwang, sich bei der Durchsetzung der Normen des Intimlebens mit seinen eigenen Problemen auseinandersetzen und Begründungen liefern zu müssen, fördert neue, gleichzeitig angstvolle und sensible Formen der vorwegnehmenden Einfühlung zwischen den Individuen; und er fördert das Bewußtsein vom prekären und vorläufigen Charakter der jeweils erzielten Einigung zwischen den Partnern. Das erschwert die unbefragte Herstellung der für den kapitalistischen Privatbereich kennzeichnenden Pseudo-Gemeinschaft, ohne daß jedoch die objektiven ökonomischen Zwänge, welche die zwischenmenschlichen Verstehensprozesse und Perspektivenverschränkungen immer wieder in diese Richtung drängen, zu existieren aufgehört hätten. Die Harmonisierungstendenzen setzen sich nur auf gebrochenere Weise durch. Die bewußtere und selbstkritische Berücksichtigung der persönlichen sinnlichen Befindlichkeit des jeweiligen Partners in der zwischenmenschlichen Einfühlung und Perspektivenverschränkung (oder die von Marcuse so genannte «neue Sensibilität[31]») ist sicher eine vom Spätkapitalismus hervorgebrachte reale und begrüßenswerte Möglichkeit. Sie ist aber unter kapitalistischen Bedingungen von ihrer schöpferischen Umsetzung in neue, den Menschen längerfristige Geborgenheit vermittelnde Lebensformen weitgehend abgeschnitten. Die Zufälligkeit der von den einzelnen Individuen und Gruppen gefundenen Lösungen und die tiefe Verunsicherung, die mit der kapitalistischen Zerstörung aller übergreifend-sinnvollen Normengebilde und gesamtgesellschaftlichen Kooperationsbezüge verbunden ist, sorgen dafür, daß die zwischenmenschliche Sensibilisierung auf der Stufe eines perspektivelosen Problembewußtseins verharrt. Diese geschichtlich einzigartige Form eines ebenso sensiblen wie perspektivelosen Problembewußtseins repräsentiert etwa Ingmar Bergmans nicht umsonst so erfolgreicher Film «Szenen einer Ehe». Die Sensibilisierung der wechselseitigen Einfühlung läuft gewissermaßen im Kreis und droht beständig unter rückwärtsgewandten Ängsten, Resignation oder Zynismus verschüttet zu werden. Bestenfalls kommt es noch zu einem folgenlosen Nebeneinander von Einfühlung und beibehaltener wechselseitiger Unterdrückung, etwa nach dem beliebten Muster: «Deine Bedürfnisse verstehe ich zwar gut – aber ich kann einfach nicht anders, als sie zu unterdrücken».

Man muß sich hier auch noch einmal vor Augen halten, daß trotz der allgegenwärtigen und kaum noch verdrängbaren Zweifel am Sinn der überlieferten Formen des privaten Zusammenlebens die meisten einfachen Lohnabhängigen, die unter einem starken Druck zur Wiederherstellung ihrer Arbeitskraft und unter einem starken zwischenmenschlichen Kompensationszwang stehen, sich die riskanten Konflikt- und Experimentierphasen, die man braucht, um neuere differenzierte Formen der zwischenmenschlichen Geborgenheit zu erlangen, sich überhaupt nicht leisten können.[32] Nach wie vor geht für sie von einem körperlichen oder seelischen «Ausflippen» auf Grund von privaten Problemen eine absolute Existenzbedrohung aus. Das erschwert den Austrag der zwischenmenschlichen Konflikte, die andererseits infolge der erwähnten Auflösungsphänomene immer offener zutage treten. Dieser merkwürdige *perspektivelose Schwebezustand* dürfte die Beschaffenheit des Aufeinander-Eingehens und der wechselseitigen Einfühlung in vielen spätkapitalistischen Intim- und Familienbeziehungen kennzeichnen.

Zum Schluß dieses Kapitels möchte ich noch kurz auf bestimmte vom Spätkapitalismus geförderte Formen des diffus-solidarischen Massenkonsums eingehen, die für die Einschätzung der Chancen sozialistischer Politik wichtig sind. Kaum eine politische Demonstration kann heutzutage mit einem solchen Massenzustrom rechnen, wie er bei einem Fußballspiel in einer mittleren deutschen Großstadt oder dem Auftritt einer internationalbekannten Beatgruppe oder gar bei einem Pop-Festival selbstverständlich ist. Nicht nur der konsumierte Gegenstand oder Vorgang wird hier, wie etwa auch in den dröhnenden Discotheken, genossen und gesucht, sondern auch das soziale Milieu als solches, das Eintauchen in eine besondere Form des zwischenmenschlichen Kontakts – wobei der Übergang in diesen Zustand oftmals noch mit Hilfe von Alkohol oder anderen Rauschmitteln beschleunigt wird. Er verschafft ein erhebendes Gefühl und macht high. Die Verkaufsstrategen und Manipulateure der Unterhaltungs- und Sportindustrie knüpfen hier offenbar mit Erfolg an sehr drängende Bedürfnisse nach einer ganz direkten, körperlich nahen und nicht bloß sprachlich bekundeten Zusammengehörigkeit in einer größeren Gemeinschaft und an Bedürfnisse nach einer kollektiven Identität an. (Wobei das Gefühl der Zusammengehörigkeit im Falle der Sportbegeisterung offensichtlich nur über den Gegensatz zur Konkurrenzmannschaft aufgebaut werden kann.) Solche Bedürfnisse nach diffuser Massensolidarität und kollektiver Identität geistern abgelöst von der Kooperationserfahrung im Produktionsbereich und abgelöst von gesellschaftlichen Zielen, für die ein massenhaftes Engagement sich lohnen würde – im Spätkapitalismus mit Notwendigkeit ruhelos umher, bleiben in politischen ruhigen Zeiten ein Bestandteil relativ harmlosen Konsumverhaltens, können aber in Zeiten verschärfter politischer Widersprüche in demagogische und nationalistisch-reaktionäre Massenbewegungen überführt werden. Die kollektiven aggressiven Übergriffe im Anschluß an große Fußballspiele geben hier gewissermaßen das Übergangsfeld an.

Es ist mehrfach darauf hingewiesen worden, daß die sozialpsychologischen Erfolge des Faschismus wesentlich darauf beruhten, daß er die *Erscheinungsformen* direkter Massensolidarität der sozialistischen Arbeiterbewegung entlehnt, sie vom gesellschaftlich folgenreichen Produktionsbereich in den Zirkulations- und Freizeitbereich verschoben, an der Oberfläche verführerisch durchgestaltet und mit einer scheinhaften Zukunftsperspektive ausgestattet hat.[33] Die Scheinbefriedigung übergreifender Gemeinschafts- und Identitätsbedürfnisse läßt sich zwar im Moment nicht ohne weiteres in die Bahnen eines aktiven nationalistischen Engagements leiten – dazu fehlt schon den meisten Leuten heutzutage die Opferbereitschaft. Sie wird aber durch zahlreiche kapitalistische und staatliche Veranstaltungen, vor allem durch die offizielle Sportbegeisterung und die mit Direktübertragungen angeheizte Teilhabe der Bevölkerung an der Verbrechensbekämpfung, Terroristenjagd und so weiter erfolgreich betrieben. Die erfolgreiche kapitalistische Einbindung und gewinnträchtige Durchorganisierung der Bedürfnisse nach Massensolidarität und ihre Verbannung in den Konsum- und Freizeitbereich verweist auf den schwachen Stand der Arbeiterbewegung und sichert letztlich die privat-isolierten Formen des zwischenmenschlichen Lebens. Diese Erscheinungen sind ein Hinweis darauf, daß der enge Familienrahmen für die Herstellung zwischenmenschlicher Geborgenheit in dumpfer Weise als unbefriedigend erfahren wird. Es besteht aber durchaus die Gefahr, daß diese perspektivelosen Bedürfnisse nach diffuser Massensolidarität und kollektiver Identität sich mit den restaurativen Ängsten, welche die ökonomische Krise und die fortschreitende Zerstörung der patriarchalischen Familiennormen zurücklassen, zusammenschließen und im Sinne der politischen Tendenzwende in den Dienst erstarkender reaktionärer Bewegungen genommen werden.

Anmerkungen

1 Vgl. unter anderem J. van Ussel, Die Kleinfamilie, in: D. Claessens/P. Milhoffer (Hg.), Familiensoziologie, Frankfurt/M. 1973; Ph. Ariès, Centuries of Childhood, New York 1962; M. Mead, Kindheit und Jugend in Samoa, München 1970.
2 K. Marx, Ökonomisch-philosophische Manuskripte, zitiert nach Studienausgabe, Bd. 2., Frankfurt/M. 1966 S. 79.
3 K. Marx, MEW 23, S. 597.
4 Vgl. hierzu ausführlich J. Menschik, Gleichberechtigung oder Emanzipation. Die Frau im Erwerbsleben der Bundesrepublik, Frankfurt/M. 1971 insbes. S. 144ff.
5 Vgl. die Darstellung «privater Beziehungen» bei K. Holzkamp, Sinnliche Erkenntnis, Frankfurt/M. 1973, S. 249ff.
6 Vgl. zur krankmachenden Wirkung solcher Ersatzrollen für die Kinder: H. E. Richter, Eltern, Kind und Neurose, Reinbek bei Hamburg 1969.

7 Ein Befund, der sich auch findet bei J. H. Goldthorpe u. a., The Affluent Worker Bd. III, Cambridge 1968.

8 Wynne u. a., in: Bateson u. a. (Hg.), Schizophrenie und Familie, Frankfurt/M. 1969; zu den folgenden Ausführungen vgl. die weiteren Aufsätze in diesem Band.

9 Sozialpsychologie der Arbeiterklasse. Identitätszerstörung im Erziehungsprozeß, Reinbek bei Hamburg 1973.

10 Vgl. auch R. Paris, Die Grenzen des doublebind-Konzepts, in: Ästhetik und Kommunikation, Heft 15/16. 1974.

11 Wynne u. a. a. a. O., S. 47.

12 K. Mollenhauer u. a., Die Familienerziehung, München 1975, S. 191 ff.

13 Vgl. den Begriff der «genitalen Fassade» bei R. Reiche, Sexualität und Klassenkampf, Frankfurt/M. 1968.

14 Die Psychoanalyse erklärt den neurotischen Don-Juanismus aus frühkindlichen Verlassenheitsängsten, die das erkrankte Individuum zwingen, in «zuvorkommender» Weise anderen das anzutun, was ihm selbst angetan wurde, damit es ihm jetzt nicht mehr angetan werden kann.

15 Vgl. A. E. Hoebel, Das Recht der Naturvölker, Olten 1968, S. 108 f; K. Rasmussen, Thulefahrt, Frankfurt/M. 1926.

16 Vgl. I. Sellnow, Grundprinzipien einer Periodisierung der Urgeschichte, Berlin 1961, S. 124 ff.

17 Vgl. R. D. Laing u. a., Interpersonelle Wahrnehmung. Frankfurt/M. 1971, Kap. 1.

18 W. Reich, Die sexuelle Revolution, Frankfurt/M. 1966.

19 Abschnitt «Familie» in: Institut für Sozialforschung, Soziologische Exkurse. Frankfurt/M. 1956. S. 120/21.

20 Vgl. z. B. Sellnow, a. a. O., S. 146 f und 196 ff; P. Farb, Die Indianer, Wien/München/Zürich; 1971, S. 28 ff; P. Schebesta, Bambuti. Die Zwerge vom Kongo, Leipzig 1923.

21 Vgl. R. N. Adams, The Nature of the Family. In: J. Goody (Hg.), Kinship. Harmondsworth 1971.

22 Vgl. etwa M. Mead, Jugend und Sexualität, 3 Bde., München 1970; B. Malinowski, Geschlecht und Verdrängung in primitiven Gesellschaften, Reinbek bei Hamburg 1962.

23 Vgl. etwa P. Farb, a. a. O., S. 35. In den alten chinesischen Liebesgeschichten verschmilzt die Gestalt der Geliebten fast immer mit der einer unwirklichen, unberechenbaren und zauberkräftigen «Füchsin», die von einer anderen Welt als die Alltagsgeschäfte und die offiziellen Familienbeziehungen ist.

24 Vgl. v. Ussel, a. a. O.; Ph. Ariès, a. a. O., N. Elias, Über den Prozeß der Zivilisation, Bd. I, Bern 1969.

25 E. Durkheim, La famille conjugale, in: Revue Philosophique 1921; zur neueren Diskussion vgl. R. König, Alte Probleme und neue Fragen in der Familiensoziologie, in: Kölner Zeitschrift für Soziologie und Sozialpsychologie 18. Jhg./1966.

26 D. McKinley, Social Class and Family Life, New York 1964; L. Rainwater, Workingman's Wife. New York 1959; Hinweise finden sich auch bei G. Schmidt/V. Sigusch, Arbeitersexualität, Berlin 1971.

27 I. Weber-Kellermann, Die deutsche Familie, Frankf./M. 1974, S. 194, Anm. 3.

28 Vgl. Weber-Kellermann, a. a. O., S. 176–203.
29 Th. W. Adorno u. a., The Authoritarian Personality, New York 1950; W. Reich, Massenpsychologie des Faschismus, Raubdruck o. J.
30 Vgl. ausführl. G. Gorer, Die Amerikaner, Reinbek bei Hamburg 1956, S. 69 ff.
31 H. Marcuse, Versuch über die Befreiung, Frankfurt/M. 1969, Kap. II («Die neue Sensibilität»).
32 Zum konventionellen Charakter der Arbeitersexualität vgl. Schmidt/Sigusch, a. a. O.; zum Stellenwert von Experimentierphasen für die Weiterentwicklung der Persönlichkeit allgemein E. H. Erikson, Identität und Lebenszyklus, Frankfurt/M. 1969, S. 127 ff.
33 Vgl. W. F. Haug, Kritik der Warenästhetik, Frankfurt/M. 1971, S. 170 f; W. Reich, a. a. O.

VI. Recht, Staat und abweichendes Verhalten

1. Einleitende Bemerkungen

Auf den nachfolgenden Seiten soll es um den Stellenwert des staatlichen Rechts und des Rechtsbruchs im Sozialverhalten der kapitalistischen Gesellschaftsglieder gehen. Die dort getroffenen Aussagen haben verglichen mit anderen Teilen dieses Buches einen besonders vorläufigen und unsystematischen Charakter. Die Fragen des Rechts und des Staates gehören zum schwierigsten Kapitel einer marxistischen Gesellschaftstheorie; und ebenso fehlt mir die juristische Fachkompetenz, die für eine gründlichere Durchdringung des Problems nötig wäre. Weil aber die Zwischenmenschlichkeit des kapitalistischen Erwachsenenalltags ohne die absichernde und formende Einwirkung des staatlichen Rechts im Grunde nicht gedacht werden kann und weil hier eine weitere Erforschung der Zusammenhänge von großer Wichtigkeit ist, möchte ich auf eine skizzenhafte Darstellung des Problems nicht verzichten.

Schon ein oberflächlicher Blick in die Massenmedien, das Fernsehprogramm, die Zeitungen und den Büchermarkt der gegenwärtigen kapitalistischen Gesellschaften fördert ein merkwürdiges Phänomen zutage. Das Thema, das hier mit der größten Regelmäßigkeit auftaucht und offensichtlich am stärksten das Interesse der Konsumenten zu fesseln vermag, ist ganz offensichtlich das Thema des Rechtsbruchs, der Kriminalität und ihrer Verfolgung im Rahmen des staatlich gesetzten Rechts. Die Helden der mehr oder weniger langlebigen Fernsehserien wie «Kojak», «Derrick» oder auch Zimmermann von «Aktenzeichen XY: ungelöst» erfreuen sich einer Bekanntheit und Beliebtheit, um die sie mancher Spitzenpolitiker beneiden dürfte. Im Mittelpunkt der Handlungen und Berichte stehen vor allem schwere Gewalttaten, Raub und Mord. Das Kriminalitätsinteresse ist mit einem Gefühlsgehalt befrachtet, der die Wirklichkeit verzerrt. In der BRD hat gegenwärtig jeder die Chance, in seinem Leben etwa zweieinhalbmal durch einen kriminellen Rechtsbruch, und das heißt vor allem durch *Diebstahl*, geschädigt zu werden. Und das Risiko, durch ein Verbrechen umzukommen, beträgt etwa ein Dreißigstel des Risikos, durch einen Verkehrsunfall sein Leben zu verlieren.[1]

Aus diesen Feststellungen kann man folgern, daß die staatlich abgesicherte Rechtsförmigkeit des Verhaltens für die zwischenmenschlichen Beziehungen unserer Gesellschaft ein großes und nur oberflächlich bewältigtes Problem darstellt.

Das Zwanghafte und Faszinierende an jenen Gedanken, Phantasien und Ritualen, in denen die staatliche Rechtsordnung abwechselnd verletzt und dann wieder zusammengefügt, bestätigt wird, verweist darauf, daß die Menschen zu dieser Ordnung nach wie vor beziehungsweise zunehmend in einem unversöhnten und widersprüchlichen Verhältnis stehen. Wir wollen dieses widersprüchliche Verhältnis zunächst nachzeichnen und dann über einen langen Umweg auf die prägenden Konsequenzen dieses Verhältnisses für die zwischenmenschlichen Beziehungen zurückkommen.

2. Rechtsform, Staat und Privateigentum

Geschichtlich gesehen ist die Einpassung der breiten Bevölkerungsmassen in die modernen Rechtsformen überhaupt keine Selbstverständlichkeit gewesen. Im zweiten Kapitel war erwähnt worden, daß es zu Beginn der kapitalistischen Produktionsweise brutaler Zwangsgesetze, der «Blutgesetzgebung», bedurfte, um die produktionsmittellos gewordenen Massen davon abzuhalten, sich den von ihnen getrennten gesellschaftlichen Reichtum direkt anzueignen und um sie zu Lohnarbeit in den kapitalistischen Arbeitsstätten, in die äußerliche «Instrumentalisierung ihres Gattungslebens» zu pressen. Wir hatten auch erwähnt, daß es solche Zwangsgesetze auch überall in den kapitalistischen Kolonien gab, wo sich die Menschen noch nicht an die Arbeits- und Lebensformen des privat-egoistischen, «doppelt freien» Lohnarbeiters gewöhnt hatten. Erst nachdem unter dem «stummen Zwang der ökonomischen Verhältnisse» diese gleichgültig-instrumentelle Lebensform zur Gewohnheit geworden ist, nachdem sich die Trennung von den Produktionsmitteln stabilisiert hat und der Warentausch zum zentralen Band des gesellschaftlichen Zusammenhalts geworden ist – erst dann kann der offen unterdrückerische Charakter der staatlichen Rechtsnormen zurücktreten und es entsteht der Eindruck und Anschein ihrer Neutralität, Gleichheit und Allgemeinheit gegenüber den unterschiedlichen Klasseninteressen der Gesellschaftsglieder.

Wenn von einem bloßen Eindruck oder Anschein der Neutralität, Gleichheit und Allgemeinheit des bürgerlichen Rechts die Rede ist, dann ist das nicht im Sinne einer voreiligen Abwertung gemeint. Das Gleichheitsversprechen für alle Menschen, das die bürgerliche Revolution gegen die feudale Ständegesellschaft, ihre persönlichen Demütigungen und ihren abgestuften politischen Freiheitsbegriff auf die Fahnen geschrieben hatte – dieses Gleichheitsversprechen ist, verbunden mit den Grundrechten der Meinungsfreiheit, Versammlungs- und Koalitionsfreiheit, der Freizügigkeit und so weiter etwas, hinter das man niemals zurückfallen darf. Das darf man besonders nicht in einer Zeit, in welcher das Kapital selbst – wie schon einmal während der faschistischen Ära – über Berufsverbote, Gesinnungsschnüffelei und zugesicherte Straffreiheit für prügelnde Polizisten auf eine Einschnürung dieser bürgerlich-demokratischen Freiheiten drängt. Ein Beispiel für solche antidemokratischen Tendenzen ist es etwa, wenn die Kernindustrie eine Verkürzung und Vereinfachung der Genehmigungsverfahren für Kernkraftwerke fordert und zu diesem Zwecke «eine Verhinderung des Mißbrauchs der demokratischen Freiheiten seitens weniger, organisierter Opponenten bei der Abwicklung des Genehmigungsverfahrens»[2] empfiehlt.

Trotzdem ist es gerade das Gleichheitsprinzip des bürgerlichen Rechts mit seiner Tendenz, zwingende Verhaltensregeln «ohne Ansehen der Person» durchzusetzen, welches letztlich die Herrschaft der privaten Kapitalverwertung sichert. Auf diese hinterrücks sich durchsetzende Seite des Gleichheitsprinzips verweist das bekannte Wort von Anatole France: «Das Gesetz in seiner erhabenen Gleichheit für alle Menschen verbietet es Armen ebenso wie Reichen, Brot zu stehlen und unter Brücken zu schlafen.»

Der Staat war immer eine Einrichtung zur Aufrechterhaltung von Klassenherrschaft. Das zeigt unter anderem der geschichtliche Vergleich. Die staatenlosen Gesellschaften, als Gesellschaften, in denen es keinen abgehobenen zentralen «Erzwingungsstab» (Max Weber) für die gewaltsame Durchsetzung herrschaftlicher Rechtsnormen gab, sind immer zugleich klassenlose Gesellschaften gewesen.[3] Andererseits war das Aufkommen der ersten Staatsgebilde, ob im alten Ägypten, in Mesopotamien, China oder Peru, überall mit der Entstehung einer Klassenspaltung in der Gesellschaft verbunden, das heißt mit der aufkommenden privaten Aneignung des Mehrprodukts durch bestimmte privilegierte Gruppen (Adel, Priesterschaft, Bürokraten).

Die geschichtliche Besonderheit im Klassencharakter des bürgerlichen Staates besteht nun wesentlich darin, daß die Ausbeutungsbeziehungen im staatlich geschaffenen und geschützten Rechtssystem nirgends offen formuliert sind. Nachdem die Gesellschaft sich stabilisiert hat als eine Gesellschaft, in der die Arbeiter als doppelt freie Arbeiter von den Produktionsmitteln ganz handfest und faktisch getrennt sind, in der sich also zwei Gruppen von freien Privateigentümern gegenüberstehen: die Produktionsmittelbesitzer und die Privateigentümer der Ware Arbeitskraft – in einer solchen Gesellschaft braucht der Staat lediglich das Privateigentum als solches und die formale Vertragsfreiheit der einzelnen Privateigentümer mit Hilfe von allgemein gefaßten Gesetzen rechtlich zu schützen, und schon stellt sich die Grundlage des kapitalistischen Ausbeutungsmechanismus «wie von selbst» immer wieder neu her.

Um Mißverständnisse auszuschalten, soll an dieser Stelle eine klärende Unterscheidung eingeschoben werden, die leider auch von vielen marxistischen Rechtstheoretikern vernachlässigt wird: die Unterscheidung zwischen Norm und Recht.[4]

Im Anfangskapitel hatten wir schon festgehalten, daß eine menschliche Vergesellschaftung ohne Normen, das heißt ohne ein Gefüge wechselseitiger Erwartungen mit Verbindlichkeitscharakter kaum denkbar ist. Der Begriff der Norm ist freilich ein ganz allgemeiner Oberbegriff, der mehrere Formen der zwischenmenschlichen Verhaltensregelung umfaßt. Er umfaßt zunächst harmlose *Bräuche* der verschiedensten Art, die den Beteiligten meist zu ganz unbewußten Gewohnheiten geworden sind und deren Nichtbeachtung nur schwache Reaktionen wie Lächeln, Kopfschütteln oder Naserümpfen auslöst. Ein Beispiel wäre etwa der neuzeitliche Brauch, sich die Füße mit zwei Strümpfen gleicher Farbe zu bekleiden, oder der Brauch, sich jeden Morgen mit einem bürstenähnlichen Gebilde und einer Reinigungspaste die Zähne zu säubern. Der Begriff der Norm umfaßt weiterhin die *Sitten*, deren wechselseitige Einhaltung schon einen etwas bewußteren und konfliktreicheren Charakter hat. So ist es etwa Sitte, jemandem, der einen in wahrnehmbarer Weise grüßt, zurückzugrüßen, oder jemandem, von dem man weiß, daß er einen Angehörigen verloren hat, irgendwie sein Bedauern oder Beileid zu signalisieren. Die Nichtbeachtung dieser Norm kann, verglichen mit dem Brauch, schon schärfere Sanktionen, bis hin zu einer vorübergehenden sozialen Ächtung nach sich ziehen. Bräuche, Sitten und auch sinnvolle Normen, wie etwa die Verpflichtung zur Gastfreundschaft und zur wechselseitigen Hilfe unter Nachbarn, gab es ohne Zweifel auch in allen vorkapitalistischen Gesellschaften. Davon zu unterscheiden sind nun die Normen des Rechts. Es ist sinnvoll, von Recht nur zu reden, wenn eine wechselseitige Verhaltensregelung zwischen Menschen als ein *Gesetz* in einer allgemein verbindlichen, kodifizierten und im allgemeinen schriftlich niedergelegten Form auftaucht und wenn diese Regelung mit festgelegten Sanktionen abgestützt ist, die nicht von irgendjemand und nicht in Form von Nasenrümpfen, Lächeln oder diffuser Ächtung durchgesetzt werden, sondern vielmehr mit Hilfe von einem speziell zu diesem Zwecke abgestellten *Erzwingungsstab* und durch den Einsatz *staatlicher Gewalt*. Der Soziologe Max Weber hat in diesem Zusammenhang vom «staatlichen Gewaltmonopol» gesprochen.

Im hier definierten Sinne kann man den Begriff des Rechts zwar bereits auf die vom legendären mesopotamischen König Hammurabi gesetzten Verhaltensregeln, nicht aber auf das gesellschaftliche Normengefüge der meisten «primitiven» Gesellschaften anwenden.[5] Ihnen fehlt zumeist der zentrale Erzwingungsstab, der auf die Einhaltung von Normen achtet und den Normenbruch unerbittlich verfolgt. Die zentralen gesellschaftlichen Normen erhalten sich im wesentlichen durch die Aktion und wechselseitige Verpflichtung der Gesellschaftsglieder selbst.[6] Mord oder Diebstahl werden von Fall zu Fall durch Einsatz der unmittelbar Betroffenen oder der Verwandtschaftsgruppe verfolgt. Bei den Eskimos zum Beispiel kommt es häufig vor, daß Mörder frei herumlaufen und durchaus geschätzte Mitmenschen sind, solange keine Rückfallgefahr besteht und wenn das Opfer keine Verwandten hatte oder diese sehr weit entfernt wohnen.[7] Hier liegt gewissermaßen in einer noch ganz unmittelbaren Weise alle Macht beim Volke. Man vergleiche das mit den Verhältnissen bei uns: auch hier gibt es den Fall, daß Menschen in einer Situation, die sich niemals wiederholen wird, zum Beispiel Frauen, die in ein tragisches und brutales Eheschicksal verstrickt sind, plötzlich zu Mördern werden.[8] Es ist unter dem bürgerlichen Recht völlig undenkbar, daß deswegen auf ihre lebenslängliche Bestrafung im Sinne des abstrakt formulierten § 211 StGB oder zumindest des Todschlag-Paragraphen 212 StGB verzichtet würde.

Gesellschaften wie die der Eskimos sind soziologisch betrachtet ebenso rechtlos wie staatenlos. Die Unterscheidung zwischen rechtlichen Normen und den Normen der Sitte macht bei den Eskimos überhaupt keinen Sinn. Merkwürdigerweise bricht trotzdem keine Anarchie aus. Die Eskimos sind, nach den Berichten aller Reisenden und Forscher, vielmehr ziemlich freundliche und hilfsbereite Menschen. Ein grundlegender Verschleierungsmechanismus der bürgerlichen Rechtsauffassung beruht auf der voreiligen In-Eins-Setzung der staatlich geschützten abstrakten Rechtsform mit der Normengeleitetheit und Sittlichkeit von menschlichem Handeln überhaupt. Man kann dann den Eindruck erwecken, daß Marxisten, die zusammen mit dem Absterben des Staates die Überwindung der Rechtsform fordern, jegliche Form sittlicher Verpflichtung abschaffen wollen. Das ist natürlich völliger Unsinn.[9]

Auch schon dem staatlich gesetzten Recht der vorkapitalistischen Klassengesellschaften wohnt die Tendenz zur Abgehobenheit der Verallgemeinerung inne. Aber der uns heute vertraute Extremgrad von verallgemeinernder Abstraktheit und Äußerlichkeit der Rechtsnormen gegenüber den tatsächlichen menschlichen Lebensschicksalen, die in ihrer individuellen Besonderheit jeweils unter die Rechtsnormen subsumiert werden, – diese Abstraktheit und Äußerlichkeit hat sich erst mit der Entwicklung der bürgerlichen Gesellschaft hergestellt (wobei das wieder aufgegriffene römische Recht eine besonders wichtige Rolle spielte). Das Handeln der Menschen, soweit es mit dem Recht in Berührung oder in Konflikt kommt, fällt nun notwendig in zwei Seiten auseinander, die dann nur noch ganz mühsam und umständlich – nämlich im juristischen Verfahren – wieder zusammenzufügen und zusammenzukitten sind: in die Seite der *Tat*, die ganz allgemein und abstrakt als Störung der äußerlichen Regel gefaßt ist, und in die Seite der konkreten, einmaligen und jeweils ganz unterschiedlich bedingten und motivierten, mehr oder weniger sinnvollen *Handlung*.[10]

Die Vorherrschaft der Tatseite und die zwanghaft-widersprüchliche

Vereinfachung der Handlungsseite in Richtung auf die Tatseite, die strikte Paragraphenanwendung kennzeichnet die Tätigkeit und die besondere Denkhemmung des Berufsjuristen. Um das damit Gemeinte an einem Beispiel zu illustrieren, soll hier ein Ausschnitt aus der FAZ vom 30. 7. 1976 unter dem Titel «Krankhafte Gefühlswelt, beachtliches Intelligenzniveau» zitiert werden. Es ging dabei um die Verurteilung des «Friedhofschänders» Kuno Hofmann:

«. . . wurde Hofmann in der Urteilsbegründung als eine ‹hochpathologische Persönlichkeit› bezeichnet. Der Vorsitzende Richter Schiller erläuterte dies mit den Worten, Hofmann sei von extremer Gemütsarmut und Gefühlskälte, ferner sei ein frühkindlicher Hirnschaden, der möglicherweise auch die Gehörlosigkeit verursacht habe, nicht mit Sicherheit auszuschließen. Dieses Leiden – so das Gericht – führe nicht selten zu einer Persönlichkeitsveränderung, die ebenfalls beim Angeklagten nicht ausgeschlossen werden könne. ‹Hofmann ist ein Gehörloser und daher mit allen Erschwernissen belastet.›

Das Gericht hob außerdem hervor, der Angeklagte habe vom ‹hochkriminellen Vater und der überforderten Mutter› nicht die Förderung erhalten, die erforderlich gewesen wäre, das entstandene ‹Reifedefizit› auszugleichen. Bei der Beurteilung wurde auch nicht übersehen, daß der zur Tatzeit 40 Jahre alte Hofmann etwa 18 Jahre in Justizvollzugsanstalten sowie in Heil- und Pflegeanstalten verbracht hatte. In einem auffälligen Gegensatz dazu stand jene, die volle strafrechtliche Verantwortlichkeit begründende, Auffassung von Oberstaatsanwalt Brenneis, Hofmann habe das Leiden der Gehörlosigkeit ‹durch Lebenserfahrung ausgeglichen›, um *wie jeder andere verantwortlich zu sein*.

Hier steuerte sich das Gericht durch die Klippen: Zwar war das Schwurgericht in Übereinstimmung mit der gutachtlichen Stellungnahme des Straubinger Nervenarztes Schildmayer davon überzeugt, daß bei Hofmann zur Zeit der Taten eine ‹krankhafte Störung der Geistestätigkeit› vorgelegen, daß Hofmann es aber nicht an der Einsicht in das Schuldhafte seines Tuns gefehlt habe; die Fähigkeit jedoch, so hieß es, nach dieser Einsicht zu handeln, sei ‹in erheblichem Maße› vermindert oder eingeschränkt gewesen. Als Stütze für diese Auffassung sollte offenbar die Feststellung dienen, daß vor dem Hintergrund der in der Jugend des Täters entstandenen ‹Reifedefizite› nicht die Gehörlosigkeit, sondern die *Straftaten* Maßstab bei der Beurteilung sein müßten.

Im Zusammenhang mit der von Hofmann häufig begangenen Störung der Totenruhe war in der Urteilsbegründung zwar von einer ‹krankhaften Gefühlswelt› des Verurteilten die Rede, andererseits wurde Hofmann aber als ein Mensch geschildert, der ein ‹beachtliches Intelligenzniveau› habe, über eine ‹auffallend gute Merkfähigkeit› verfüge und selbst in der Lage sei, abstrakte Begriffe zu bilden. Trotzdem war Hofmanns ‹schon Krankheitswert besitzendes Verhältnis zu Toten und zum Tod› für das

Gericht ein wesentlicher Grund, eine verminderte Zurechnungsfähigkeit gemäß den Bestimmungen des Paragraphen 51, Absatz 2 zumindest nicht auszuschließen. Hier spielte die Berücksichtigung des gesamten ‹Defektbündels› der möglichen Gehirnschädigung, der Gehörlosigkeit des Täters eine wichtige Rolle. Das Gericht aber entschloß sich, von der Möglichkeit der Strafmilderung nur im Fall des versuchten Mordes an dem Friedhofswärter Warmuth Gebrauch zu machen.

In der Urteilsbegründung wurde gesagt, Hofmann habe nach dem Versuch, im Krematorium des Nürnberger Westfriedhofs zu stehlen, geschossen, um eine Straftat zu verdecken und den einzigen Tatzeugen zu beseitigen. Der Angeklagte hatte den Friedhofswärter Warmuth mit Pistolenschüssen in die Bauchhöhle lebensgefährlich verletzt. Der Vorsitzende Richter Schiller sagte, daß der an Kräften überlegene Warmuth den Täter zuvor am Hals gepackt habe, sei jedoch als ein ‹großer Überraschungseffekt› zu werten. Das Gericht billigte Hofmann daher eine verminderte Zurechnungsfähigkeit zu und hielt eine Freiheitsstrafe von zehn Jahren für angemessen, obwohl die Ungerührtheit, mit der Hofmann den Tatort verlassen haben soll, schwer wog.

Dagegen habe Hofmann – so Schiller – beim Mord an Markus Adler und dessen Verlobter Ruth Lissy am 6. Mai 1972 mit direktem Vorsatz gehandelt; damals sei er Herr der Situation gewesen: ‹Hofmann hat den Ablauf der Handlung bestimmt.› Der Täter sei nicht im Wahn, sondern überlegt und folgerichtig vorgegangen. Er habe die beiden Menschen ermordet und – wie beabsichtigt – anschließend beraubt. Aufgrund des Tatablaufs hielt das Gericht die zweimal ausgesprochene lebenslange Freiheitsstrafe nicht für unangemessen hart.»

Dieses Beispiel aus unserem Strafrecht, welches auf dem Begriff des freien Willens und dem privat-autonomen Menschenbild der vertrags- und schuldfähigen Warenbesitzer aufbaut, ist vielleicht besonders kraß. Aber es zeigt die generelle Schwierigkeit: Die verfahrensmäßige Herausnahme des Rechtsgeschehens aus dem wirklichen zwischenmenschlichen Lebenszusammenhang, in dem der Normbruch stattgefunden hat, und die Schematisierung dieses Lebenszusammenhanges in Richtung auf die juristischen Tatbestandsmerkmale, stellt nur oberflächlich betrachtet eine Vereinfachung oder «Komplexitätsreduktion»[11] des Ablaufs dar. Die Verselbständigung und Schematisierung des juristischen Verfahrens schafft vielmehr selbst eine Menge von Verständigungsschwierigkeiten und logischen Problemen für das juristische Lehrgebäude: Ein kritischer Amtsrichter kommt dementsprechend zu der Feststellung: «Die Filter des gerichtlichen Verfahrens liegen zwischen System und Wirklichkeit wie die Kissen zwischen der Prinzessin und der Erbse. Diese Filter lassen so wenig Wirklichkeit durch, daß das System eine Ersatzwirklichkeit aus Schulfällen erfindet, womit es sich erläutert und bestätigt . . .»[12]

Dafür, daß diese Vereinfachung und Filterung des konkreten menschlichen Handelns in Richtung auf die juristischen Tatbestandsmuster sich ziemlich einseitig zuungunsten gerade der ärmsten und unterdrücktesten gesellschaftlichen Gruppen und zuungunsten der Lohnarbeiterschaft auswirkt, sorgen mehrere Faktoren. Einer dieser Faktoren ist der strafprozessuale Grundsatz der «freien Beweiswürdigung», § 261 StPO, die es, oftmals «unter gezielter Verdrängung erklärender Umstände»[13], ganz und gar in das Ermessen des Richters stellt, welche behaupteten und angeführten Tatsachen er als bewiesen ansehen will und welche nicht. So kann ein Richter drei Polizisten, die behaupten, sie hätten einen Verhafteten nicht verprügelt, mehr Glauben schenken als dem Verletzten selbst und vier Zeugen, die das Gegenteil behaupten, indem er die These aufstellt, daß gerade die Widersprüchlichkeit der Polizistenaussagen ein Hinweis auf ihren nicht abgesprochenen und damit glaubhaften Charakter sei.

Ein zweiter wichtiger Faktor für die genannte Verzerrung liegt darin, daß die Richter in einem Maße, wie es bei kaum einer anderen Berufsgruppe anzutreffen ist, aus den oberen privilegierten Sozialschichten stammen, starke negative Vorurteile gegenüber den unteren Schichten haben und dies nachweisbar in die Prozesse der Rechtsfindung, zum Beispiel die Beweiswürdigung einfließen lassen.[14] Schon von daher wird einem die Bezeichnung «Klassenjustiz» nahegelegt.

Die generalisierende Abstraktheit der Rechtsform, unter welcher der sinnlich-konkrete, wirkliche Lebenszusammenhang der Menschen verschwindet und von welcher dieser Lebenszusammenhang dennoch wesentlich mitgeprägt wird – diese Abstraktheit zeigt sich in allen Rechtsgebieten, im Strafrecht genauso wie im Schuld- und Sachenrecht, im Verwaltungsrecht genauso wie im Familienrecht oder im Arbeitsrecht. Jeder Lebensbereich, der mit einer rechtlichen Regelung überzogen wird, bekommt ein Moment des Abstrakten und Unwirklichen. Ihren Kern und geschichtlichen Ursprung hat diese Abstraktheit aber im rechtlichen Schutz des bürgerlichen Privateigentums und des Vertrages. Von daher strahlt die Tendenz zur Verrechtlichung des Lebens und der zwischenmenschlichen Beziehungen gewissermaßen in die gesamte Gesellschaft hinein aus. Der bürgerliche Rechtssoziologe Max Weber hat in der ihm eigenen Illusionslosigkeit deutlich darauf hingewiesen, daß die Verrechtlichung, Formalisierung und damit *Berechenbarkeit* des gesellschaftlichen Lebenszusammenhangs notwendige Bedingung für einen längerfristigen Tausch- und Verwertungskalkül der privaten Warenbesitzer in der kapitalistischen Gesellschaft darstellt.

Ohne den Schutz des gleichen und freien Tauschs der verschiedenen Privateigentümer auf dem Markt und ohne die Vertragsfreiheit könnte der Zusammenhalt der kapitalistischen Gesellschaft auf die Dauer nicht funktionieren. «Um diese Dinge als Waren aufeinander zu beziehen, müssen die Warenhüter sich zueinander als Personen verhalten, deren

Willen in jenen Dingen haust, so daß der eine nur mit dem Willen des anderen, also jeder nur vermittels eines beiden gemeinsamen Willensakts sich die fremde Ware aneignet, indem er die eigene veräußert. Sie müssen sich daher *wechselseitig als Privateigentümer anerkennen.* Dies *Rechtsverhältnis,* dessen Form der *Vertrag* ist, ob nun legal entwickelt oder nicht, ist ein *Willensverhältnis,* worin sich das ökonomische Verhältnis widerspiegelt. Der Inhalt dieses Rechts- oder Willensverhältnisses ist durch das ökonomische Verhältnis selbst gegeben. Die Personen *existieren hier nur füreinander als Repräsentanten von Ware und als Warenbesitzer* (Hervorhebung vom Autor)».[15]

Die Verrechtlichung des zwischenmenschlichen Lebenszusammenhangs, die sich unter spätkapitalistischen Bedingungen bis ins Groteske steigert und das gesamte Handeln der Individuen mit einem Paragraphenwald umgibt, in dem sich nur noch die juristischen und untereinander noch einmal spezialisierten Experten der großen Unternehmen und der staatlichen Bürokratie zurechtfinden – diese Verrechtlichung ist der äußerliche und starre Mantel, unter welchem sich im Kapitalismus allein die Durchplanung und Vergesellschaftung der menschlichen Tätigkeit vollziehen.[16] Es ist eine Vergesellschaftung *für das Kapital.* Das Stück Leben, an dem sich ein Verrechtlichungsprozeß vollzieht, wird in einer solchen Form planbar gemacht und gefühlsmäßig neutralisiert, oder im staatlich-bürokratischen Magen so vorverdaut, daß es sich in die längerfristigen Verwertungs- und Einverleibungsbedürfnisse des privaten Kapitals einfügt. «Ähnlich wie der Reichtum der kapitalistischen Gesellschaften die Form einer unendlichen Anhäufung von Waren annimmt, stellt sich die ganze Gesellschaft als eine unendliche Kette von Rechtsverhältnissen dar.»[17] Daß die Vergesellschaftung der menschlichen Lebenstätigkeit und der Produktionsaktivitäten auch ohne eine solche fortschreitende Verrechtlichung und Bürokratisierung stattfinden könnte, wird uns heute ansatzweise durch das Gegenbeispiel des ökonomischen und sozialen Fortschritts in der VR China vorgeführt.

Der soziale Lebenszusammenhang wird unter der bürgerlichen Rechtsform nach dem Muster des privaten Warentauschs und des freiwilligen Vertrages organisiert. Es wird nicht nach dem Muster zuverlässiger Kooperationsbeziehungen und vertrauensvoll-solidarischer Perspektivenverschränkung organisiert. Man erinnere sich der sogenannten informellen Kooperation im Betrieb, die gerade jenseits von und im Widerspruch zu den arbeitsrechtlichen und formalen Verpflichtungen der Kooperierenden abläuft. Andrerseits ist rechtlich gesehen zum Beispiel das Lügen, solange es nicht mit schweren Delikten wie Meineid, Verleumdung oder offenem Vertragsbruch verbunden ist, ein unerhebliches Kavaliersdelikt und man wird vergeblich nach einer grundsätzlichen strafrechtlichen Regelung dieser Kommunikations- und Kooperationsstörung suchen. Das wäre auch völlig unverträglich mit dem allgegen-

wärtigen Überlistungs- und Betrugszwang, unter dem die konkurrierenden Warenbesitzer in ihrem Sozialverhalten stehen. Im Normensystem
der Eskimos dagegen ist das Lügen eins der schwersten Vergehen.[18] Es
wird viel schwerer gewichtet als der Diebstahl, der infolge der Verpflichtung zur Ausleihe aller gerade nicht benötigten Werkzeuge und Nahrungsmittel ohnehin kaum vorkommt. Der Diebstahl ist bei uns dagegen
bekanntlich das Massendelikt par excellence. Die Eskimos scheinen über
notorisches Lügen so entsetzt zu sein, weil es jede zuverlässige und
planvolle Kooperation zerstört. Die besonders zentralen und streng gesicherten Normen sind hier *Kooperationsnormen* und nicht Normen der
wechselseitigen Ausgrenzung des jeweils anderen aus einer unantastbaren Privatsphäre, welche den Privatbesitz an Produktionsmitteln und
damit die Ausbeutung des Menschen durch den Menschen ermöglichen.
«Über längere Zeit mehr Produktionsmittel zu besitzen, als ein Mann
selbst gebrauchen konnte, galt in Westalaska als schweres Verbrechen.
Die Güter wurden zugunsten der Allgemeinheit eingezogen.»[19]

3. Bourgeois, Citoyen und zwischenmenschliche Entfremdung

In ihrer rechtlich abgegrenzten und unantastbaren Privatsphäre sind die
Individuen der bürgerlichen Gesellschaft als konkurrierende Warenbesitzer notwendig einsam und egoistisch. Sie unterliegen, ob sie es wollen
oder nicht, der beständigen Versuchung, andere Menschen zu schädigen.
Marx hatte davon gesprochen, daß sich der konkurrierende Warenbesitzer in zwei Teile aufspaltet, die miteinander in Fehde liegen: Er unterliegt
einerseits dem «stummen Zwang der ökonomischen Verhältnisse» in
Richtung auf einen rücksichtslosen Egoismus; andererseits unterliegt er
dem rechtlichen Zwang zur Einhaltung der Tauschregeln, welche einen
offenen Raub oder Betrug nicht zulassen. Der Warenbesitzer spaltet sich
auf in einen gesetzestreuen «Staatsidealisten» und in ein privat-egoistisches Mitglied der bürgerlichen Gesellschaft. Den ersten Aspekt bezeichnet Marx als den des *Citoyen* im Individuum, den zweiten als den des
Bourgeois. Diese beiden unversöhnten Seelen bevölkern, wie schon Hegel mit seiner Unterscheidung des staatlichen und des gesellschaftlichen
Bandes zwischen den Menschen geahnt hatte, die Brust des modernen
Individuums. Der Verselbständigung des Staatsapparates und seiner Ge-
setzesnormen gegenüber der gesellschaftlichen Wirklichkeit und ihren
ökonomischen Zwängen entspricht eine Verselbständigung und äußerliche Abtrennung der gesetzestreuen Seite im zwischenmenschlichen
Handeln. «Die Trennung der bürgerlichen Gesellschaft und des bürgerlichen Staates erscheint notwendig als eine Trennung des politischen

Bürgers, des Staatsbürgers von der bürgerlichen Gesellschaft, von seiner eigenen wirklichen empirischen Wirklichkeit, denn als Staatsidealist ist er ein *ganz anderes*, von seiner Wirklichkeit *verschiedenes*, unterschiedenes, *entgegengesetztes Wesen*.»[20]

Der Widerstreit zwischen dem ökonomisch erzwungenen Egoismus der Warenbesitzer und ihren höheren Verpflichtungsgefühlen gegenüber dem staatlichen Gesetz und seiner gesamtgesellschaftlich geltenden Macht zeigt sich nach Marx unter anderem als eine notwendige tiefe Heuchelei im normengeleiteten oder sittlichen Handeln der Individuen.[21] Diese Heuchelei ebenso wie die zugrundeliegende Verselbständigung der Rechtsnormen gegenüber der wirklichen gesellschaftlichen Lebenspraxis sieht Marx als Ausdruck der Entfremdung an, den es zusammen mit der Abschaffung des Kapitalverhältnisses aufzuheben gilt.

Man kann die These aufstellen, daß das zu Anfang des Kapitels angesprochene merkwürdige und zwiespältige Interesse, mit dem das Thema der Kriminalität zum Zentralthema des gegenwärtigen Kulturbetriebes gemacht wird, mit eben der von Marx angesprochenen Spaltung zwischen Staatsidealist und habgierig-unbefriedigtem Privateigentümer in unserer zwischenmenschlichen Einstellung zu tun hat.

Wenn man sich nun die Ausführungen über die zwischenmenschlichen Beziehungen des Markt–, Arbeits- und Konsumbereichs in den vorangegangenen Kapiteln noch einmal vor Augen führt, dann läßt sich sagen, daß in allen drei Lebensbereichen die Menschen dazu gezwungen werden, andere Menschen und ihre eigene schöpferische Lebenstätigkeit in einer äußerlichen und gleichgültigen Weise für einen privat-egoistischen Zweck zu *instrumentalisieren*.

Im Marktbereich ist der privat-egoistische Zweck, auf den hin ich den Anderen, aber auch meine eigene Einfühlsamkeit, Liebenswürdigkeit und Phantasie, instrumentalisieren muß, der Erhalt beziehungsweise die Erhöhung meines auf den Markt getragenen Tauschwerts (einschließlich der Ware Arbeitskraft) in der Konkurrenz. Im Produktionsbereich ist der Zweck, auf den hin ich mein kooperatives Gattungswesen, meine Beziehung zu den Mitproduzenten und meine eigene Produktivität, instrumentalisieren muß, die individuelle Lohnsumme, von der ich für meinen Lebensunterhalt abhängig bin. Im Konsumbereich ist der Zweck, auf den hin ich meine Beziehungen zu anderen, zu Familienmitgliedern und Freunden instrumentalisieren muß, letztlich die individuelle und kurzschlüssige Wiederherstellung und Erholung meiner strapazierten Arbeitskraft. In allen drei Bereichen spielt die *rechtliche Absicherung der äußerlichen Selbst- und Fremdinstrumentalisierungen* eine entscheidende Rolle.[22] Ohne diese rechtliche Absicherung würde die Selbst- und Fremdinstrumentalisierung, die auf den zwischenmenschlichen Beziehungen lastet, nicht funktionieren.

Bezogen auf den *Marktbereich* sind es neben dem Strafrecht, das beispielsweise den Diebstahl verbietet, das Vertragsrecht, Schuldrecht, Sachenrecht und so weiter, die mit Hunderten von Paragraphen die wechselseitige Instrumentalisierung der Warenbesitzer garantieren und vor allem berechenbar machen.

Bezogen auf den *Produktionsbereich* sind es vor allem der Arbeitsvertrag zwischen den oberflächlich gleichen, in Wirklichkeit aber ungleichen Privateigentümern der Kapital- und der Lohnarbeitsseite und das Arbeitsrecht, welche die Instrumentalisierung der Menschen für die kapitalistische Mehrwertproduktion und die Selbstinstrumentalisierung des Arbeiters auf die Lohnsumme hin garantieren und kalkulierbar machen. Der Arbeitsvertrag ist für die Aufrechterhaltung der kapitalistischen Produktionsweise besonders wichtig.[23] Er sorgt für die kapitalistische *Wiedervereinigung* der enteigneten Produktionsmittel mit den produktionsmittellosen Produzenten. Der Arbeitsvertrag stellt die zentrale Schaltstelle zwischen der Gleichheit und Freiheit des Marktbereichs und dem Ausbeutungsmechanismus der Produktion dar. Die jeweils geltenden geschichtlich wandelbaren Formulierungen des Arbeitsrechts (etwa Arbeitszeitbeschränkungen und Mutterschutz) geben gewissermaßen die Waffenstillstandslinie an, auf welche sich die Ausbeutungsinteressen einerseits und die Selbsterhaltungsinteressen der organisierten Arbeiter vorübergehend geeinigt haben.

Bezogen auf den *Freizeit- und Privatbereich* schließlich ist es vor allem das Familien-, Ehe- und Jugendrecht, welches die Formen der wechselseitigen Instrumentalisierung innerhalb des überkommenen Familiengebäudes festlegt und berechenbar macht. Die Eheschließung ist bekanntlich nach dem Muster eines privaten Vertrages aufgebaut. Schon Kant hatte die Ehe als Vertrag wechselseitiger und ausschließlicher Benutzung der jeweils fremden Geschlechtseigenschaften definiert und damit das Verbot der außerehelichen Sexualität ebenso wie der Onanie begründet; beide würden ja eine außervertragliche Fortgabe des versprochenen Gutes bedeuten. Bezeichnenderweise bezieht sich der bei weitem überwiegende Teil des Familienrechts – in Gestalt des ehelichen Güterrechts, Erbrechts, Vermögensrechts und so weiter – auf handfest ökonomische Privateigentumsverhältnisse. Im Familienrecht wirkt der staatliche Eingriff in die zwischenmenschlichen Beziehungen oftmals besonders grotesk. Ein Ehemann kann zum Beispiel seine Frau, die beim Geschlechtsverkehr offene Gleichgültigkeit zeigt, beim Staat auf Erfüllung der ehelichen Pflichten verklagen.[24]

In allen drei Lebensbereichen treten sich die Individuen entfremdet und *doppelt* gegenüber. Einerseits als wechselseitig gleiche und freie Vertragspartner, die (im Unterschied zu den vorkapitalistisch-ständischen Umgangsformen) die Persönlichkeit und menschliche Würde des anderen in einer formalen Weise respektieren müssen – also als Citoyen. Zum anderen jedoch als Individuen, die jenseits und unterhalb dieses

Respekts einander gleichgültig bleiben und den anderen ebenso wie die eigene Lebensaktivität für privat-egoistische Zwecke instrumentalisieren – als egoistische Besitzbürger, als Bourgeois.

4. Entfremdung, unmittelbare Aneignung und Kriminalität

In allen drei Lebensbereichen ist es den privaten Warenbesitzern möglich, solche Handlungspartner, die sich nicht an die Regeln der äußerlichen Instrumentalisierung halten, beim Staat zu verklagen oder gegen sie die Polizei zu holen. Beim Staat, nicht bei demjenigen, der vom Rechtsbruch unmittelbar betroffen ist, liegt dann die Möglichkeit, die Normenverletzung durch die Mobilisierung von Gewalt zu ahnden. Wer einmal mit dem Gesetz in Konflikt geraten ist, läuft Gefahr, aus der wechselseitigen Anerkennung der Warenbesitzer herauszufallen, als «asozial» abgestempelt und ausgestoßen zu werden. Diese Angst vor dem Ausgestoßenwerden begleitet wie ein hartnäckiger Schatten die Selbst- und Fremdinstrumentalisierung in allen Lebensbereichen. Sie hält die Versuchung zur unmittelbar-egoistischen Aneignung des gesellschaftlichen Reichtums nieder und die entfremdete Zwischenmenschlichkeit im ökonomisch und rechtlich abgesteckten Rahmen. Die Angst ist wahrscheinlich um so größer, je geringer und ungesicherter das Warenangebot ist, das ein Warenbesitzer auf den Markt bringen kann.

Die Selbst- und Fremdinstrumentalisierung der Warenbesitzer bringt es mit sich, daß sich die Menschen den gegenständlichen Reichtum, aber auch die anderen Individuen als sinnlich-leibliche Lebewesen nur sehr indirekt über entfremdete und mühsame Wege aneignen können. Man kann von einem durch die Rechtsform garantierten Zwang zur *mittelbaren Aneignung* der Gegenstände und der Mitmenschen sprechen. Die mittelbare Aneignung des gegenständlichen Reichtums, aber oftmals auch der Menschen, die man für die eigenen sozialen und emotionalen Bedürfnisse braucht, ist auf den Besitz einer bestimmten Geldsumme angewiesen. Man erinnere sich an Marx' Bemerkung, daß die Menschen im Kapitalismus ihren Zusammenhang in der Tasche bei sich tragen. Die Mühsal, die mit der mittelbaren und entfremdeten Aneignung verbunden ist, ist dementsprechend für die Leute aus den unteren Schichten, das heißt vor allem für die Lohnarbeiter, besonders groß. Die Versuchung zur direkten, *unmittelbaren und umweglosen Aneignung* des Gebrauchswertreichtums[25] und der sozialen Zugehörigkeit, etwa durch Diebstahl liegt hier besonders nahe. Der Psychoanalytiker und Sozialpädagoge Bernfeld hat von der «Tantalussituation» breiter Bevölkerungskreise gesprochen, die darin besteht, «mitten in der erregendsten Fülle machtlos entbehren zu müssen.»²⁶ Dabei ist die Entbehrungssituation nicht an direkte körperliche Not gebunden. Der Drang zur unmittelbar egoistischen Aneignung entwickelt sich vielmehr zusammen mit dem jeweiligen Stand des hergestellten und zur Schau gestellten gegenständlichen und zwischenmenschlichen Reichtums der kapitalistischen Gesellschaft:

«In unserer Zeit» so schrieb Bernfeld schon Ende der 20er Jahre, «wird durch Schule, Presse, Kino, aber nicht minder durch Industrie und Handel dafür gesorgt, daß die Kultur der herrschenden Schicht allgemein bekannt und anreizend wird. Sie wird zur absolut wertvollen und ‹moralischen›. Ein sehr großer Teil der vitalen Einschränkungen, die vom Kind und Jugendlichen, aber auch vom Erwachsenen gefordert werden, geschehen im Namen dieser Kultur und Moral, also dieses Lebensstandards. Ihr anzugehören, ‹reich und glücklich› zu werden, winkt als Lohn für Bravsein, als Kompensation für Verzicht in Schule, Haus und Beruf.»²⁷

Obwohl die «Tantalussituation», die Versuchung zur unmittelbaren und gierigen Aneignung des Reichtums, bei vielen der egoistisch miteinander konkurrierenden Warenbesitzer vorhanden ist und nur mühsam unter der Maske des Staatsidealisten verborgen wird, ist es doch – nicht zuletzt dank der Erziehungsarbeit des bürgerlichen Staates, die mit der «Blutgesetzgebung» ihren Anfang nahm – letztlich nur ein kleiner Teil, bei dem der Drang zur unmittelbaren Aneignung als offene und dauerhafte Verletzung der Rechtsnormen durchbricht. Das hauptsächliche Massendelikt, in dem sich dieser Durchbruch zeigt, ist die Eigentumskriminalität. Diese hat in den Spätkapitalistischen Gesellschaften inzwischen solche Ausmaße angenommen, daß man auf einem kürzlich abgehaltenen Richtertag ernsthaft diskutierte, wegen der Arbeitsüberlastung der Gerichte die kleinen Eigentumsdelikte, Ladendiebstähle und so weiter, zu entkriminalisieren und nur noch durch Bußgeldverfahren zu regeln, sie also als Ordnungswidrigkeit betrachten will.

Die hier vorgetragene These vom kriminellen oder abweichenden Verhalten als kurzschlüssiges Überspringen der mittelbaren und entfremdeten Aneignungsformen, die innerhalb der kapitalistischen Gesellschaft für die Teilhabe am gegenständlichen und zwischenmenschlichen Reichtum vorgesehen sind – diese These findet sich in einer ungeschichtlichen und oberflächlichen Weise auch in einer der bekanntesten soziologischen Kriminalitätstheorien: in der sogenannten Anomietheorie. Die Anomietheorie, die vor allem auf den amerikanischen Soziologen Merton zurückgeht,²⁸ argumentiert etwa folgendermaßen:

In der Gesellschaft gibt es bestimmte oberste Werte wie zum Beispiel Geldbesitz, Prestige und Glück; gleichzeitig gibt es bestimmte durch Normen festgelegte und kontrollierte Zugangsmöglichkeiten zu diesen Werten, etwa die Verpflichtung zu harter Arbeit, Sparsamkeit, Ehrlichkeit und so weiter. Das Problem besteht darin, daß die durch die Normen festgelegten Zugangsmöglichkeiten zu den begehrten Werten nicht für alle Gesellschaftsglieder gleichermaßen zur tatsächlichen Erlangung der Werte führen. Ein Leben voller harter Arbeit vermag zwar unter Umständen einem kleinen Unternehmer zu mehr Reichtum und Prestige zu verhelfen, nicht aber einem ungelernten Arbeiter oder Arbeitslosen, der aus einer zehnköpfigen ärmlichen Familie stammt. Für die unterprivilegierten Bevölkerungsgruppen kommt es zu einem schwer erträglichen Widerspruch zwischen Werten und Normen. Die legalen Zugangswege – wir könnten auch sagen: die vorgesehenen mühsam-entfremdeten Formen der Selbst- und Fremdinstrumentalisierung – werden verlassen. Eine unmittelbare Aneignung, eine kurzschlüssige Umgehung der Rechtsnormen drängt sich unter den Bedingungen dieses Widerspruchs geradezu auf.

Ein solcherart kurzschlüssiges Aneignungsverhalten wird, so kann man mit den Ergebnissen einer anderen kriminologischen Forschungsrichtung sagen, durch das Vorhandensein von gesellschaftlichen Subkulturen (Teilkulturen) gefördert, in denen eine Umgehung herrschender Rechtsnormen keineswegs geächtet wird, sondern dem Betreffenden – gewissermaßen nach dem Robin-Hood-Modell – sogar noch einen höheren Platz in der Prestige-Skala der Gruppe einträgt.[29]

Es wäre problematisch, die dranghaft-unmittelbaren Aneignungsweisen, wie sie für das kriminelle oder verwahrloste Sozialverhalten kennzeichnend sind und von den Widersprüchen der kapitalistischen Klassengesellschaft mit Notwendigkeit hervorgetrieben werden, als einen eindeutig befreienden Kampf gegen die kapitalistische Entfremdung zu feiern. Das ist ein Fehler, der in der sogenannten Randgruppenstrategie der westdeutschen Linken vor einigen Jahren gemacht worden ist. Der Normenbruch ist nämlich nicht notwendig mit einer Einsicht in die Herkunft und den Klassencharakter des Rechts verbunden, sondern stellt zumeist einen ohnmächtig-individualistischen Protest gegen die bestehende Ordnung dar, der nur unter größten Mühen in einsichtige, gezielte und vor allem solidarische Widerstandsformen überführt werden kann.

Dazu kommt noch ein Problem, das meines Erachtens auch von einer marxistischen Theorie der Kriminalität oder des abweichenden Verhaltens kaum zur Kenntnis genommen worden ist. Ich meine den Umstand, daß der Staat im Zuge der von ihm betriebenen Verselbständigung des Normengefüges gegenüber der gesellschaftlichen Wirklichkeit nicht nur die Normen des Privateigentums und der Klassenherrschaft in das Rechtssystem eingebaut hat, sondern auch eine Fülle von Normen, denen ein gewisser zwischenmenschlicher Sinngehalt auch in einer unentfremdeten Gesellschaft auf keinen Fall abzusprechen wäre und die zum Teil auch sehr viel älter sind als der Kapitalismus und die Klassengesellschaft. Man denke zum Beispiel an die Verkehrsregeln, das Verbot, lebenswichtige Deichanlagen in Küstengebieten zu betreten oder das Verbot, einen anderen Menschen gewaltsam zu Geschlechtsverkehr zu zwingen. Die sinnvollen Normen menschlichen Zusammenlebens werden unter der Rechtsform mit den entfremdeten, sinnlos-privatistischen und klassengesellschaftlichen Normen so unentwirrbar vermengt und den Menschen so äußerlich gemacht, daß das kriminelle oder verwahrloste Verhalten sich fast immer auf beiden Ebenen der Abweichung von den gesellschaftlichen Normen befindet. Beide Ebenen sind für die Betroffenen kaum noch zu entwirren. Die unmittelbare Aneignung ist in diesem Sinne meist auch eine schiefe Aneignung; der berechtigte wütende Protest gegen die mühsame Selbst- und Fremdinstrumentalisierung der Menschen in der kapitalistischen Gesellschaft landet leicht bei Formen der zwischenmenschlichen Instrumentalisierung, die vielleicht etwas direkter, aber durchaus nicht weniger entfremdet sind.

Die in diesem Sinne doppelbödigen Probleme der Rechtlichkeit, der Kriminalität und des abweichenden Verhaltens beschäftigen, wie unsere Anfangsüberlegungen zeigten, fast alle Menschen, die in dem entfremdeten Rahmen der kapitalistischen Privateigentümergesellschaft leben müssen. Trotzdem lasten sie mit besonderer Schärfe auf den Lohnarbeitern, die nichts als ihre Ware Arbeitskraft anzubieten haben. Das liegt zum einen an der hier besonders zugespitzten «Tantalussituation» im oben erwähnten Sinne. Das liegt zum zweiten an den ungünstigen Erziehungsumständen, die besonders in den unteren Arbeiterschichten herrschen, wo der materielle und gefühlsmäßige Familien-Schonraum weitgehend eingeengt ist, in welchem die Kinder und Jugendlichen langsam und ohne allzu großes Risiko die mühsamen Formen der kapitalistischen Selbst- und Fremdinstrumentalisierung samt der dazugehörigen Enttäuschungsfestigkeit einüben könnten.[30] Und das liegt zum dritten daran, daß Jugendliche und Erwachsene aus den unteren Schichten auf Grund der massiven Mittel- und Oberschichtsvorurteile der Behördenvertreter im Fürsorge-, Polizei- und Justizapparat sehr viel leichter mit dem Etikett «verwahrlost» oder «kriminell» ausgestattet und in die dazugehörigen Rollen und sozialen Abstellgleise hineingedrängt werden als das bei Mittel- und Oberschicht-Angehörigen der Fall ist. Dieser Etikettierungsgesichtspunkt ist in der westdeutschen Kriminologen-Diskussion der letzten Jahre als eine sensationelle Entdeckung hervorgehoben worden und hat unter der Bezeichnung «Labelling-approach» sogar zur Gründung einer ganz neuen Schule geführt.[31] Diese Theorie nimmt an, daß die abweichenden Verhaltensweisen eigentlich über die ganze Gesellschaft gleichmäßig verteilt sind, daß aber den Behördenvertretern durch die beschlagene und verzerrende Brille ihrer milieubedingten Vorurteile bestimmte abweichende Verhaltensweisen, nämlich diejenigen der Unterschicht, viel stärker auffallen und es dann durch die vergrößerte Aufmerksamkeit der «Instanzen sozialer Kontrolle» tatsächlich zu viel höheren Kriminalitätsraten in den unteren Schichten kommt. So trägt etwa der konzentrierte Einsatz von Polizeikontrollen, routinemäßigen Durchsuchungen und so weiter gegenüber Unterschichtsangehörigen und in Unterschichts-Wohnvierteln[32] dazu bei, daß die Kriminalität in diesem Bereich gegenüber der vornehmeren und unauffälligeren Kriminalität der oberen Schichten, den Wirtschaftsverbrechen und white-collar-crimes überproportional in den Vordergrund tritt. Solche Mechanismen sind tatsächlich wirksam, aber es wäre falsch, den Klassencharakter des Rechts und die mit ihm verbundene systematische Ungerechtigkeit allein aus den Vorurteilen der rechtsanwendenden Behördenvertreter zu erklären. Die tieferliegenden Gründe sind auf den vorangegangenen Seiten umrissen worden.

Es soll nun noch die Frage verfolgt werden, was die Existenz jenes «sozialen Abfalls», den die kapitalistische Produktionsweise als Nebenprodukt ihrer entfremdeten Zwischenmenschlichkeit beständig produziert, die Existenz jener als «kriminell» oder «verwahrlost» abgestempelten Individuen für den Zusammenhalt der angepaßten Durchschnittsmenschen bedeutet.

Bereits der Begründer der Rechtssoziologie Durkheim[33] hat deutlich hervorgehoben, daß das Vorhandensein des Rechtsbruchs und des Rechtsbrechers für das Funktionieren des gesamtgesellschaftlichen Zusammenhalts nicht nur Schwierigkeiten und Reibungsverluste mit sich bringt, sondern daß ihr Vorhandensein für die Festigung des gesellschaftlichen Zusammenhalts auch äußerst nützlich und wichtig ist. Die öffentliche Verfolgung und Thematisierung des abweichenden Verhaltens erinnert an die Geltung der Rechtsnormen, produziert die Angst vor eigener Abweichung und schweißt die Individuen in einem rechtsgläubigen Kollektivbewußtsein zusammen. Man kann hinzufügen: Je fragwürdiger, mittelbarer und gebrochener der soziale Zusammenhalt der isolierten Warenbesitzer ist und je weniger gegenständlich-wirkliche Kooperationsbeziehungen es in einer Gesellschaft gibt, desto dringender bedarf diese Gesellschaft einer Scheinsolidarität, die sich aus der gemeinsamen Empörung über den Rechtsbruch und das abweichende Verhalten herleitet. Diese Empörung ist natürlich besonders groß, wenn die gesellschaftliche Wirklichkeit selbst den egoistisch konkurrierenden Warenbesitzern die Versuchung des Normbruchs beständig nahelegt und wenn es diese eine große Anstrengung kostet, dieser Versuchung zu widerstehen.

Die psychoanalytische Kritik am Rechtssystem[34] hat darauf aufmerksam gemacht, daß bei der Empörung über das Verbrechen und bei seiner aufmerksamen Verfolgung unbewußte Interessen mit im Spiele sind, die auf eine Erhaltung des Status quo hinauslaufen: auf eine Verfestigung des jeweiligen brüchigen Kompromisses, den man selbst mit den Normen und mit seiner eigenen Wut über ihre bedürfniseinschränkende Wirkung eingegangen ist. Die sensationslüsterne Beschäftigung mit dem Thema

Kriminalität und das detaillierte Nachzeichnen der kriminellen Taten nach dem Muster von «Aktenzeichen XY ungelöst» ermöglicht nämlich zweierlei: eine Teilhabe an der Perspektive des Verbrechers, ein Nachleben der mit dem Rechtsbruch verbundenen triumphierenden, aggressiven und rachsüchtigen Gefühle, andererseits aber auch die Übernahme der Perspektive des Verfolgenden und Strafenden und die Teilhabe am Gemeinschaftsgefühl der braven Bürger. Diese merkwürdige Perspektivenverschränkung, die nur in ihrer gesetzestreuen Hälfte bewußt ist, ermöglicht das Ausleben der eigenen Bedürfnisse nach unmittelbarer Aneignung, die es sowohl bezogen auf fremdes Eigentum gibt, als auch bezogen auf die Körperlichkeit anderer Menschen. So ist das überproportionale Interesse an Sexualdelikten ein eindeutiger Hinweis auf die Gewalt, die sich die isolierten Individuen in sexueller Hinsicht tagtäglich selber antun müssen. Ebenso lassen sich die Wut und die Aggressivität, die mit der einschränkenden Wirkung der Rechtsnormen und mit dem Zwang zur mittelbar-entfremdeten Aneignung verbunden sind, beim Kriminalitätsthema in einer unbewußten und dadurch für das eigene Selbstbild ungefährlichen Weise ausleben. Und zwar geschieht auch dies gleich wieder in doppelter Richtung: einmal bei der mehr oder weniger unbewußt genossenen nachvollziehenden Teilhabe an den aggressiven Handlungen des Verbrechers; zum anderen als Teilhabe an der oftmals nur notdürftig gerechtfertigten Aggressivität und Brutalität des strafenden Verfolgers. Bekanntlich hat der Ruf nach der Bestrafung eines Gewalttäters oftmals sehr viel grausamere und sadistischere Züge als die diesem zur Last gelegten Taten.

Unser gegenwärtiges Strafrechtssystem mit seinen altertümlichen Schuld- und Sühneprinzipien ist hervorragend geeignet für die eben umrissene Ventilfunktion und die Funktion der einschüchternden Stabilisierung der kapitalistisch entfremdeten Zwischenmenschlichkeit. Es beruht auf der Vorstellung, daß das menschliche Handeln durch einen freien Willen gesteuert ist und jeder Mensch ganz individuell für sich verantwortlich ist. Diese vor etwa 200 Jahren einmal moderne Psychologie, die eng mit den Ursprüngen der bürgerlichen Philosophie und der Idee vom freiwilligen Tauschvertrag zusammenhängt, ist zwar mittlerweile durch alle modernen Natur- und Geisteswissenschaften widerlegt, gibt aber immer noch den logischen Ausgangspunkt aller Strafrechtskonstruktionen ab. Die Vorstellung vom freien Willen wird dann mit dem noch sehr viel älteren Sühne-Gedanken vermischt, der den eher magischen Gebräuchen des «Auge-um-Auge-Zahn-um-Zahn» entstammt, und sie trägt so zu einer systematischen Verhinderung jeder erfolgreichen Verbrechensverhütung und Resozialisierung von Straftätern bei. Im Strafrechtsverfahren wird der einzelne aus dem sozialen Lebenszusammenhang, der für die Entwicklung seiner Persönlichkeit prägend war, herausgerissen, mit Hilfe von künstlichen Argumentationen individuell verantwortlich gemacht (vergleiche das oben zitierte Hofmann-Beispiel) und, nachdem sich eine gesetzlich legitimierte Strafaggression an ihm vollzogen hat, womöglich unter dem unsinnigen Motto der Besserungsstrafe in das Gefängnis hineingestoßen, von dem in wissenschaftlich erhärteter Form feststeht, daß es durch sein Sozialmilieu weitere Straftaten fördert und aus einem Gelegenheitskriminellen mit großer Wahrscheinlichkeit einen Gewohnheitsverbrecher macht.[35]

Wenn man davon ausgeht, daß Kriminelle oder von Kriminalisierung Bedrohte unter anderem daran leiden, daß sie nicht gelernt haben, sich die gegenständliche Welt und die zwischenmenschliche Geborgenheit in einer Weise anzueignen, die auf einem längerfristig sinnvollen Lebensplan und auf einer zuverlässig-rücksichtsvollen Perspektivenverschränkung mit anderen Menschen beruht, dann ist die vom öden Gefängnismilieu bewirkte Zerstörung auch der Restbestände einer produktiven und kooperativen Lebenspraxis der sicherste Weg zur lebenslangen Verfestigung dieses Mangels. Dasselbe gilt auch für die gefängnisähnlichen Einrichtungen der Fürsorgeerziehung, in die kriminelle oder verwahrloste Jugendliche gesteckt werden.[36]

Die solcherart systematisch betriebene Produktion eines sozialen «Abschaums» bedeutet gerade für die unteren Schichten der Arbeiterklasse, aus denen die Masse der Gescheiterten und Abgestempelten sich rekrutiert, eine beträchtliche Verunsicherung ihres Selbstvertrauens und Selbstgefühls. Es ist der bürgerlichen Rechtspflege dank der erwähnten einseitigen Etikettierungspraxis und mit der Hilfe der modernen Massenmedien gelungen, ein Verbrecherbild zu zeichnen und im Bewußtsein der breiten Masse zu verankern, das dem des einfachen, körperlich arbeitenden und etwas ärmlichen Lohnarbeiters täuschend ähnlich sieht.[37] Die Kriminellen und Verwahrlosten werden zur negativen Identität oder zum gefürchteten Schatten der Arbeiterexistenz. Gerade diejenigen, die sich nur noch mühsam in den privaten und rechtlich geschützten Formen der Selbst- und Fremdinstrumentalisierung des Lohnarbeiteralltags halten können und die durch Ratenverschuldung, Arbeitsplatzverlust, Krankheit, Kinderreichtum und sich auflösende Familienverhältnisse beständig am Rande der Deklamierung in die soziale Ausgrenzung stehen[38], haben es meist nötig, sich am heftigsten über die «Asozialen» und den «kriminellen Abschaum» zu empören und sich von ihrer Lebensführung abzusetzen. Die Hoffnung auf verbesserte Lebenschancen und auf das soziale Anerkanntwerden der eigenen Persönlichkeit vermag sich dann nicht in den offenen und gemeinschaftlichen Kampf zu wenden, sondern klammert sich nur noch krampfhafter und verbissener an die Lebensformen der privaten Selbst- und Fremdinstrumentalisierung.

Es ist kein Zufall, daß es in der heutigen Zeit, in der sich die Krisenhaftigkeit der kapitalistischen Ökonomie zuspitzt und die überkommenen

Weltbilder brüchig geworden sind, neben der Arbeitslosigkeit vor allem das Thema der Kriminalität und die damit verbundenen Ängste sind, welche – kräftig gefördert durch die Reden der Politiker und die Massenmedien – einen immer wichtigeren Kitt für das ideologische Rechtfertigungsgebäude der kapitalistischen Privateigentümergesellschaft abgeben.

Anmerkungen

1 Nach H. C. Dechêne, Verwahrlosung und Delinquenz, München 1975, S. 12.
2 Aus der Unternehmer-Zeitschrift «Atomforum» vom Januar 1974, zitiert nach N. Gladitz (Hg.), Lieber heute aktiv als morgen radioaktiv, Berlin 1976, S. 14.
3 Vgl. C. Sigrist, Der Begriff der Herrschaft und das Problem der Anarchie, in: Das Argument 50, Berlin 1969 und ders., Regulierte Anarchie, Olten 1967.
4 Vgl. etwa R. König, Das Recht im Zusammenhang der sozialen Normensysteme, in: Niedersächsische Landeszentrale für Politische Bildung (Hg.), Vom Recht, Hannover 1963. Die nachfolgend diskutierte Unterscheidung von Sitte, Brauch und Rechtsnorm geht auf Max Weber zurück.
5 Vgl. Sigrist, a. a. O. und das Material bei A. E. Hoebel, Das Recht der Naturvölker, Olten 1968.
6 Der Aspekt der Wechselseitigkeit wird stark hervorgehoben bei B. Malinowski, Crime and Custom in Savage Society, New York 1926.
7 Vgl. Hoebel, a. a. O., S. 89 ff.
8 Vgl. den autobiographischen Bericht einer Mörderin von U. Trauberg: Vorleben, Frankfurt/M. 1969.
9 Freilich hat die marxistische Rechtstheorie solchen Mißverständnissen oftmals nicht deutlich genug entgegengewirkt. Das ermöglicht Kritiken wie bei: D. Böhler, Zu einer historisch-dialektischen Rekonstruktion des Rechts, in: H. Rottleuthner (Hg.), Probleme der marxistischen Rechtstheorie, Frankfurt/M. 1975.
10 Vgl. M. Baurmann/M. Hofferbert, Bürgerliche und marxistische Kriminologie, in: Arbeitskreis junger Kriminologen, München 1974.
11 Unter diesem Aspekt betrachtet N. Luhmann die Verrechtlichung des Lebens, vgl. ders., Rechtssoziologie 2 Bde., Reinbek bei Hamburg 1972.
12 H. Ostermeyer, Die juristische Zeitbombe, München 1973, S. 12.
13 Ostermeyer, a. a. O., S. 31.
14 Vgl. etwa W. Kaupen, Klassenjustiz in der Bundesrepublik?, in: Vorgänge 1/1973, S. 32–44; R. Lautmann/D. Peters, Ungleichheit vor dem Gesetz: Strafjustiz und soziale Schichten, in: Vorgänge 1/1973, S. 45–54.
15 K. Marx, MEW 23, S. 99/100.
16 Vgl. O. Negt, 10 Thesen zur marxistischen Rechtstheorie, in: H. Rottleuthner, a. a. O., S. 11 ff.
17 E. Pashukanis, Allgemeine Rechtslehre und Marxismus, Frankfurt/M. 1969 (Neudruck), S. 60.
18 Vgl. Hoebel, Das Recht der Naturvölker, a. a. O., S. 116.
19 Hoebel, a. a. O., S. 106.

20 K. Marx, MEW 1, S. 281 f.

21 Vgl. K. Marx, MEW 3, S. 163 f.

22 Vgl. zur These von der Selbst- und Fremdinstrumentalisierung im Rahmen der «universalistischen Verkehrsformen» des bürgerlichen Staates: U. K. Preuß, Zum Strukturwandel politischer Herrschaft im bürgerlichen Verfassungsstaat, in: Altvater u. a., Rahmenbedingungen und Schranken staatlichen Handelns, Frankfurt/M. 1976, S. 72 ff; und ausführlich: ders., Bildung und Herrschaft, Frankfurt/M. 1975.

23 Ein Aspekt, der bei Pashukanis (a. a. O.) zugunsten einer einseitigen Konzentration auf den Marktbereich unterbetont ist. Vgl. O. Negt, a. a. O., S. 46 ff.

24 Vgl. G. Heinsohn/R. Knieper, Theorie des Familienrechts, Frankfurt/M. 1974.

25 Vgl. auch die Formulierungen bei Hofferbert/Baurmann, a. a. O., S. 165.

26 S. Bernfeld, Die Tantalussituation, in: ders., Antiautoritäre Erziehung und Psychoanalyse Bd. 3, Frankfurt/M. 1974, S. 340.

27 Bernfeld, a. a. O., S. 341 f.

28 R. K. Merton, Sozialstruktur und Anomie, in: F. Sack/R. König (Hg.), Kriminalsoziologie, Frankfurt/M. 1968.

29 Vgl. etwa W. B. Miller, Die Kultur der Unterschicht als ein Entstehungsmilieu für Bandendelinquenz, in: F. Sack/R. König, a. a. O.; und als Versuch, Anomietheorie und Subkulturtheorie zusammenzubringen: R. A. Cloward, Illegitime Mittel, Anomie und abweichendes Verhalten, ebenfalls in: F. Sack/R. König, a. a. O.

30 Vgl. Dechêne, a. a. O., S. 70 ff.

31 Vgl. F. Sack, Definition von Kriminalität als politisches Handeln: der labeling approach, in: Arbeitskreis junger Kriminologen, a. a. O.; grundlegend in diesem Zusammenhang ist H. S. Beckers Buch «Außenseiter», Frankfurt/M. 1973.

32 Vgl. hierzu den Nachweis der polizeilichen «Selektivität des Bagatellisierens» und anderer Techniken bei J. Feest/E. Blankenburg, Die Definitionsmacht der Polizei, Düsseldorf 1972. Bei H. Popitz (Die Präventivwirkung des Nichtwissens, Tübingen 1968) heißt es lapidar: «Dunkelziffern sind käuflich erwerblich – z. B. sehr einfach: mit dem Kauf einer Villa oder selbst eines Autos» (S. 17).

33 E. Durkheim, Die Regeln der soziologischen Methode, Neuwied/Berlin, S. 156 ff.

34 Vgl. die Zusammenfassung bei: W. Hochheimer, Zur Psychologie von strafender Gesellschaft, in: Kritische Justiz 1/1969, S. 27–49. Grundlegend sind die älteren Werke von F. Alexander/H. Staub, Der Verbrecher und seine Richter 1929 (Raubdruck) und P. Reiwald, Die Gesellschaft und ihre Verbrecher. Zürich 1948.

35 Vgl. Dechêne, a. a. O., S. 302 ff.

36 Vgl. als ausführliche Kritik: R. Ahlheim u. a., Gefesselte Jugend – Fürsorgeerziehung im Kapitalismus, Frankfurt/M. 1972.

37 Vgl. u. a. A. Plack, Die Gesellschaft und das Böse, München 1967, S. 243 f.

38 Zu diesen objektiven Deklassierungsmechanismen vgl. die wichtige Arbeit von K. Khella, Theorie der Sozialarbeit und der Sozialpädagogik, Hamburg, o. J.

VII. Lernzielprobleme

Wir haben in den vergangenen Kapiteln das Augenmerk fast ausschließlich auf das zwischenmenschliche Alltagsleben der erwerbstätigen Erwachsenen gerichtet. Dabei wurde dieses Alltagsleben als eine kreislaufförmige, sich kaum entwickelnde Wiederkehr des Immergleichen betrachtet; und es wurde von der lebensgeschichtlichen Entwicklung und Formung der Individuen, die sich ja gewissermaßen senkrecht auf diesen Alltagskreislauf zu und durch ihn hindurch vollzieht, abgesehen. Um diese lebensgeschichtliche Entwicklung und Formung des zwischenmenschlichen Verhaltens soll es in den nachfolgenden Kapiteln gehen. Nur wenn man beide Stränge oder «Dimensionen» des sozialen Lebensprozesses von Menschen in ihrem Zueinander untersucht, läßt sich dieser ganzheitlich und konkret begreifen. Dabei war es unbedingt sinnvoll, die Zwischenmenschlichkeit des kreislaufartigen Erwachsenenalltags vorab zu behandeln, denn sie gibt den Rahmen ab, und von ihr gehen wesentlich die formenden Zwänge und Widersprüche aus, welche auf dem Entwicklungsprozeß der Kinder und Jugendlichen lasten.

Der Sinn der Erziehung und Entwicklung der Kinder und Jugendlichen wird in den gegenwärtigen kapitalistischen Gesellschaften in immer offenkundigerem Maße zu einem Problem. Ein deutliches Anzeichen hierfür ist das sintflutartige Anschwellen der pädagogischen, pädagogisch-psychologischen und sozialisations-theoretischen Literatur, welche auch von Leuten, die sich hauptberuflich mit ihr beschäftigen müssen, nur noch ganz ausschnittweise verfolgt werden kann. Diese Literatur vermag aber sowohl in ihren streng wissenschaftlichen als auch in ihren mehr populären Varianten die Frage der ratlos gewordenen Eltern und Erzieher nach übergreifend sinnvollen Lernzielen und Erziehungsnormen, auf welche hin Erziehung sich überhaupt lohnt, allem Anschein nach nicht zu beantworten. Entweder widersprechen sich die Empfehlungen der verschiedenen Richtungen und Wissenschaftszweige, angefangen bei den Fragen der Brustnahrung für Säuglinge, über die Fragen der Reinlichkeitserziehung, der Sexualität, der Disziplin, Pünktlichkeit und so weiter, bis hin zu den Fragen der schulischen Leistungs- und Konkurrenzbereitschaft auf eine sehr desorientierende Weise. Oder aber die Antworten beschränken sich auf unverbindliche Gemeinplätze, die die ratsuchenden Eltern und Erzieher sich eigentlich auch selber hätten denken können.

Es ist schon höchst bedenklich, daß die Frage nach sinnvollen Lerninhalten und Erziehungsnormen in zunehmendem Maße aus dem Verständigungsprozeß der Betroffenen herausgenommen und an die Wissenschaft abgeschoben wird; aber noch bedenklicher kann einem zumute werden, wenn man sieht, wie wenig die etablierte Wissenschaft hierauf eine Antwort zu geben vermag. In allen Fachrichtungen, von der Familien- oder Vorschulpädagogik bis zur Verhaltenstherapie gestörter Kinder wird die Zielproblematik des beruflichen Handelns zunehmend als völlig ungeklärt entdeckt. Die Verfeinerung der Forschungsmethoden und die Verwissenschaftlichung der Erzieher- und Lehrerausbildung ziehen nicht automatisch eine Klärung jener Grundfragen nach sich.

Die allseitige Ratlosigkeit, die auch von den Experten nur notdürftig verdeckt werden kann, hängt zum ersten mit der extremen Abgetrenntheit aller kapitalistischen Erziehungsinstitutionen, der Familie, des Kindergartens, der Schule, aber zum Beispiel auch der Weiterbildungseinrichtungen, gegenüber den Zentralbereichen des gesellschaftlichen Lebens und der gesellschaftlichen Produktion zusammen. Sie hängt zweitens zusammen mit dem Verlust eines einsehbaren materiellen Interesses der größtenteils lohnabhängig und isoliert lebenden Erwachsenen an der Zukunft der ihnen anvertrauten Kinder. Und die Ratlosigkeit hängt drittens damit zusammen, daß man auch beim besten Willen und bei günstigen institutionellen Voraussetzungen die Kinder auf ein Sozialverhalten hin, welches die ökonomische Existenz der Erwachsenen absichert, gar nicht erziehen kann, ohne hinsichtlich der sozialen Lernziele in tiefe Widersprüche zu geraten .

Auf die beiden ersten Gesichtspunkte, den Gesichtspunkt der Abgetrenntheit der kapitalistischen Erziehungseinrichtungen und auf den Gesichtspunkt des materiellen Interesseverlustes der Erzieher wird in den späteren Abschnitten noch ausführlich eingegangen werden. Die objektive Widersprüchlichkeit der sozialen oder zwischenmenschlichen Lernziele, die mit dem erfolgreichen Überleben im kapitalistischen Erwachsenenalltag verbunden sind, soll jedoch an dieser Stelle vorab vergegenwärtigt werden. Durch die letzten Kapitel dieses Buches ist deutlich geworden, daß das Aufeinandereingehen der Menschen in den drei Lebensbereichen der Produktion, des Warentausches und der privaten Konsumtion zwar einige Gemeinsamkeiten aufweist, die mit dem weitgehenden Fehlen von gegenständlich sinnvollen und vertrauensvollen Kooperationsmöglichkeiten zusammenhängen und daß in allen drei Bereichen die abstrakt-entfremdete Instrumentalisierung des anderen Menschen durch die bürgerliche Rechtsform abgestützt wird. Aber es wurde auch deutlich, daß die zwischenmenschlichen Beziehungen und Perspektivenverschränkungen in jenen drei Lebensbereichen sich zueinander höchst unterschiedlich, ja sogar widersprüchlich verhalten. Die ökonomisch überlebensförderliche Weise des Aufeinandereingehens und der zwischenmenschlichen Perspektivenverschränkung läßt sich für den Marktbereich abgekürzt bezeichnen als: «liebenswürdiger Schein» und vorwegnehmende Einfühlung auf der Grundlage von Gleichgültigkeit und

Konkurrenz; für den Produktionsbereich als eine gebrochene gegenstandsbezogene Solidarität und eine teilweise vertrauensvolle Perspektivenverschränkung unter der Vorherrschaft des kapitalistischen Verwertungsprozesses und des privaten Lohninteresses; und schließlich für den privaten Konsumtionsbereich als eine von produktiven gegenständlichen Bezügen abgelöste, kompensatorische zwischenmenschliche Bindung oder Perspektivenverschränkung mit einer Tendenz zur konfliktverleugnenden Pseudogemeinschaft. Diese zwischenmenschlichen Verhaltenszwänge und Bestimmungen sind schon innerhalb der einzelnen Bereiche *in sich* widersprüchlich, und sie sind zudem widersprüchlich, wenn man das *Zueinander* der drei zentralen Lebenssphären betrachtet. In allen drei Lebensbereichen gibt es, wie wir festgestellt haben, zudem noch spezifisch spätkapitalistische Ausprägungen und Verkomplizierungen dieser Grundbestimmungen.

Wenn man es in der kapitalistischen Gesellschaft zu etwas bringen will oder auch nur seine ökonomische Existenz über Wasser halten will, dann muß man zweierlei können: erstens muß man die unterschiedlichen Weisen des zwischenmenschlichen Aufeinander-Eingehens innerhalb und zwischen den drei Lebensbereichen des Marktes, der Produktion und der Konsumtion sauber auseinanderhalten können; und man muß zweitens in der Lage sein, die widersprüchlichen Seiten und unterschiedlichen Weisen des zwischenmenschlichen Bezugs und der sozialen Verpflichtung wieder unter einen Hut zu bringen, sie in dem Selbstbewußtsein oder der Identität einer Gesamtpersönlichkeit zu vereinen, mit deren Hilfe der einzelne es schafft, sich ohne Orientierungsverluste, Verwechslungen oder lähmende moralische Skrupel durch die Klippen der widersprüchlichen Verhaltensanforderungen hindurchzusteuern und hindurchzulavieren.

Wer zum Beispiel die zwischenmenschliche Vertrauensseligkeit und Tendenz zur kompensatorischen Perspektivenverschränkung, welche im privaten Konsum- und Reproduktionsbereich systemkonform und ökonomisch angebracht zu sein scheint, – wer diese vertrauensselige Einstellung in sein Marktverhalten mit hereinschleppt, weil er nicht «flexibel» genug ist, sich ihrer rechtzeitig zu entledigen, der dürfte in kürzester Zeit den Überlistungsstrategien von Handelsvertretern, Verkäufern und «Arbeitgebern» oder auch dem Verhalten seiner unmittelbaren Konkurrenten auf dem Arbeitsmarkt zum Opfer fallen. Oder, wer es zum Beispiel nicht schafft, die zwischenmenschliche Leistungs- und Konkurrenzorientierung, die für sein Fortkommen oder nur seine Existenzerhaltung im Produktionsbereich nützlich scheint, wenigstens oberflächlich abzustreifen, sobald er allabendlich in den Schoß der Familie oder seine Freundschaftsbeziehungen eintritt, der wird nach einer gewissen Zeit an einem solchen Geborgenheitsmangel leiden und so verkrampft sein, daß er vor lauter Stress, Herzgefäßerkrankungen oder Magengeschwüren auch in seinem Leistungs- und Konkurrenzverhalten zusammenbricht. Und man sollte, dem Rat eines verbreiteten Gemeinplatzes entsprechend, auch seinen Gebrauchtwagen möglichst nicht an Verwandte oder Freunde verkaufen, weil der mit solchen Tauschakten notwendig verbundene Interessengegensatz das zwischenmenschliche Vertrauen der Privatbeziehungen des Konsumtionsbereiches sehr leicht zerstören und einen selbst isolieren kann.

Der tagtägliche Balanceakt durch diese von der kapitalistischen Ökonomie zerrissenen und in sich widersprüchlichen zwischenmenschlichen Lebenswelten hindurch stellt eine extreme seelische Belastung dar und erfordert eine Menge Kraft und eine merkwürdige Art von Selbstvertrauen. Es sieht so aus, als ob heutzutage – unter anderem wahrscheinlich als Folge der abnehmenden Erziehungsleistung der traditionellen Familie – immer weniger Menschen diese Kraft und dieses Selbstvertrauen aufbringen und infolgedessen vom Absturz in seelische und körperliche Erkrankungen, Resignation, Alkoholismus oder Kriminalität bedroht sind.

Die moderne soziologische Rollentheorie hat die identitätszerstörende Widersprüchlichkeit der zwischenmenschlichen Verhaltensanforderungen an der Oberfläche wahrgenommen, wenn sie davon spricht, daß der heutige Mensch in einem kaum noch bewältigbaren Dickicht von «Rollenkonflikten» steht, die sich *zwischen* seinen verschiedenen Alltagsrollen (Inter-Rollen-Konflikt) und dann auch noch *innerhalb* der einzelnen Rollen (Intra-Rollen-Konflikt) abspielen. Ein Beispiel für einen Konflikt im ersteren Sinne wäre etwa der zwischen der autoritär-verantwortlichen Rolle des männlichen Familienoberhaupts und der Rolle des gedemütigten und botmäßigen kleinen Angestellten in der Arbeitswelt; oder derjenige zwischen der Rolle des unerbittlichen Geschäftsmannes auf dem Markt und in der Konkurrenz und der des wohltätig hilfsbereiten Bürgers im Rahmen von Nachbarschafts- und Freundschaftsbeziehungen. Ein Beispiel für einen Konflikt im zweiten Sinne wäre der Rollenkonflikt des Werkmeisters, der innerhalb seiner Berufsrolle zwischen den Solidaritätserwartungen der Arbeiter und den Profiterwartungen der Geschäftsleitung zerrissen wird.

Man kann fast alle solche Rollenkonflikte auf die ökonomisch bedingte Trennung und Aufspaltung des sozialen Lebensprozesses der Menschen in der kapitalistischen Gesellschaft, auf die geschichtlich einzigartige Widersprüchlichkeit und Zerrissenheit ihres materiellen Lebensprozesses zurückführen. Das ist eine Zurückführung, zu der die bürgerliche Rollentheorie allerdings nicht in der Lage ist.

Die Widersprüchlichkeit und Zerrissenheit der zwischenmenschlichen Alltagswelten des Erwachsenenlebens ist es, die es so schwer macht, herauszufinden, welche zwischenmenschliche oder sittliche Einstellung die Kinder im Kapitalismus eigentlich lernen müssen. Derjenige, der sagt, sie müßten Vertrauen in die Mitmenschen lernen, scheint genauso recht zu haben wie derjenige, der sagt, sie müßten vor allem lernen, anderen Menschen zu mißtrauen und ihre Auftritte zu hinterfragen; für denjenigen, der sagt, sie müßten Kooperation und Teamgeist lernen, spricht genausoviel wie für denjenigen, der sagt, daß sie lernen müßten, sich individuell gegen andere zu behaupten und nur sich selbst zu vertrauen; derjenige, der sagt, sie müßten zwischenmenschliche Zuverlässigkeit und Disziplin lernen, vermag dafür genausoviel Glaubwürdigkeit zu erheischen wie derjenige, der sagt, es gehe vor allem um das Erlernen von spontaner Bedürfnisbefriedigung und Konsumfähigkeit.

Das wechselseitige Sich-Widersprechen und In-Frage-Stellen der sinnvollen zwischenmenschlichen Einstellungen und Normen, welches mit der ökonomisch bedingten Zerrissenheit der Lebenswelten schon verbunden ist, wird unter den spätkapitalistischen Bedingungen noch vorangetrieben. Es wird vorangetrieben und verschärft durch die *perspektivenlose Normenrelativierung*, die im wesentlichen von der spätkapitalistischen Marktdynamik, der Auflösung überlieferter Gemeinde- und Nachbarschaftsbeziehungen und dem chaotisch ablaufenden Niedergang der patriarchalischen Familie ihren Ausgang nimmt. In diesen Verhältnissen ist das Aufstellen und Verfolgen von sinnvollen und allgemein verbindlichen sozialen Lernzielen für den Erziehungsprozeß ein Ding der Unmöglichkeit. Ein Ding der Unmöglichkeit jedenfalls so lange, wie diese Lernziele nicht über den herrschenden gesellschaftlichen Rahmen hinaus bewußt auf den Aufbau einer neuen sozialistischen Gesellschaft der «assoziierten Produzenten» gerichtet sind. Allein von daher müßte es für jene zahlreichen Erzieher, welche an der chaotischen Lernzielproblematik in ihren jeweiligen Tätigkeitsbereichen verzweifeln, gute Gründe geben für ein entschiedenes antikapitalistisches Engagement.

Das relative Recht, welches jede der zwischenmenschlichen Einstellungen und Normen für sich in Anspruch nehmen kann, macht es nötig und möglich, daß auf den Aufbau einer *inhaltlichen* Normenorientierung und einer in sich zusammenhängenden moralischen Verpflichtung im Erziehungsprozeß zunehmend verzichtet wird. So beschränken sich denn auch die modernsten Versuche, Lernziele für das Sozialverhalten in der heutigen Gesellschaft zu formulieren, so gut wie ausschließlich auf die Herstellung von ganz *allgemeinen* und *formalen* Voraussetzungen für zwischenmenschliches Handeln überhaupt (Grundqualifikationen von Rollenhandeln), die von allen bestimmten gegenständlichen Bezügen abgelöst und gegenüber jeder inhaltlichen Füllung offen und gleichgültig sind.[1] Es geht hier etwa um allgemeine Kommunikationsfähigkeit, die Fähigkeit zur Voraussage fremder Handlungen (soziale Sensibilität), die Fähigkeit zur Selbstdistanzierung (Rollendistanz), die Fähigkeit zur kontrollierten Selbstdarstellung vor anderen (Identitätsbalance) und so weiter.[2] Mit diesen allgemeinen Fähigkeiten zum sozialen Auftritt kann ich aber ebensogut Leute als Konkurrenten in einer besonders erfolgreichen Weise ökonomisch zugrunde richten, wie ihnen behilflich sein; sie ebensogut betrügen und für meine egoistischen Zwecke instrumentalisieren, wie mich mit ihnen auf gemeinsame Ziele lebenswichtiger oder auch belangloser Natur verständigen.

Es scheint letztlich nur noch um die Herstellung einer Handlungsflexibilität und einer allgemeinen Fähigkeit zum sozialen Auftritt zu gehen, welche ohne eine inhaltlich bestimmte und moralische Verpflichtung rasch und präzise von einer zwischenmenschlichen Perspektivenverschränkung und sozialen Sphäre in die andere hinüberzuwechseln vermag und dabei das individuell verstandene Interesse nicht aus den Augen verliert. Man könnte auch sagen, daß in den Identitätsbrüchen, die von der Zerrissenheit der sozialen Lebenswelten hervorgebracht werden, nur noch eine gummiartig-rückgratlose Identität wirkliche Überlebenschancen hat. Unter dem Deckmantel des Pluralismus der Normen und Weltanschauungen wird die Moral zu einer unverbindlichen Privatangelegenheit, solange sie nicht die rechtlich-geschützten Formen der privaten Selbst- und Fremdinstrumentalisierung in Frage stellt.[3] Diese abstrakten Formen der privaten Lebenserhaltung allein beanspruchen noch Verbindlichkeit oder, in der Formel der «freiheitlich-demokratischen Grundordnung» sogar die «Treue» der ihnen unterworfenen Menschen. Die beobachtbare Tendenz zur Formalisierung der sozialen Lernziele, zur Hervorhebung der inhaltsgleichgültigen Auftrittsaspekte im staatlichen Bildungssystem und in der Bildungsplanung ist einerseits Ausdruck der erwähnten Ratlosigkeit gegenüber der inhaltlich gestellten Frage nach einer sinnvollen menschlichen Lebenspraxis. Andererseits ist diese Tendenz aber gefährlich, weil sie die ökonomisch bedingte Gleichgültigkeit, Zufälligkeit, «Flexibilität» und Unverbindlichkeit des zwischenmenschlichen Zusammenhalts der Individuen in der kapitalistischen Gesellschaft objektiv unterstützt und vorantreibt.

Auf die merkwürdig-widersprüchlichen Formen der menschlichen Gesellschaftlichkeit und der zwischenmenschlichen Perspektivenverschränkung im kapitalistischen Erwachsenenalter werden die heranwachsenden Individuen in den vorgelagerten Erziehungsinstitutionen, in Familie, Kindergarten und Schule vorbereitet. Dabei geschieht diese Vorbereitung weitgehend unabhängig vom guten Willen der Erzieher und von den mehr oder weniger zufälligen Lernzielen, die diese bewußt vertreten. Die Vorbereitung erfolgt vielmehr durch die objektive ökonomische Einbettung und den inneren Aufbau dieser Institutionen, welche unter anderem durch das Fehlen handgreiflicher und sinnvoller Kooperationsmöglichkeiten zwischen Erziehern und Erzogenen geprägt ist. Ebenso wie es im Erwachsenenalltag weniger die guten Absichten der Handlungspartner sind, welche ihre Zwischenmenschlichkeit formen, sondern vielmehr der «stumme Zwang der ökonomischen Verhältnisse», so sind es im Erziehungsbereich weniger die bewußt vertretenen und zufälligen Lernziele, die auf die Zwischenmenschlichkeit der Heranwachsenden prägend und formend einwirken, als vielmehr der «stumme Zwang der institutionellen Bedingungen».

Die auf Gegenstände und Sozialbeziehungen gerichtete *kindliche Aneignungstätigkeit* einerseits und die *erzieherische Unterstützungstätigkeit* der Erwachsenen andererseits beziehen sich in diesen Institutionen in einer Weise aufeinander, die im Verlauf der individuellen Lebensgeschichte dem zufälligen, gleichgültig-flexiblen und weitgehend unkooperativen zwischenmenschlichen Zusammenhalt der Erwachsenen immer ähnlicher wird. Diese Einübung in den widersprüchlichen und leidvollen Erwachsenenalltag geschieht nicht ohne Verwirrungen, Umwege und Reibungsverluste. Wo gehobelt wird, da fallen Späne. Die Existenz des in den Erziehungsheimen, Sonderschulen, Heilanstalten und Gefängnissen zusammengehäuften und im Zunehmen begriffenen «menschlichen Abfallmaterials» trägt dann als Abschreckungsmittel wieder dazu bei, den fragwürdigen und durch eine sinnvoll-gemeinsame Sache kaum fundierten Zusammenhalt derer, die in den «normalen» Erziehungsinstitutionen miteinander leben müssen, zu erhalten und stabilisieren. Den zwischenmenschlichen Problemen dieser Erziehungsinstitutionen, in denen die durchschnittliche Entwicklung und Erziehung der Individuen abläuft, wenden wir uns nun zu.

Anmerkungen

1 Zur Tendenz der Lernzielformalisierung vgl. U. K. Preuß, Bildung und Herrschaft, Frankfurt/M., 1975, S. 77, 81 ff und 84 ff.
2 Vgl. etwa: Deutscher Bildungsrat, Empfehlungen der Bildungskommission, Zur Errichtung eines Modellprogramms für Curriculum-Entwicklung im Elementarbereich, Stuttgart 1973, Teil II, S. 12 ff; K. Mollenhauer, Theorien zum Erziehungsprozeß, München 1972, S. 106 ff.
3 Vgl. U. K. Preuß, a. a. O., S. 27 ff.

VIII. Familienerziehung

Die Schwierigkeiten der Familienerziehung treten in den westlich-kapitalistischen Gesellschaften gegenwärtig immer offener zutage. Die Lehrer klagen darüber, daß ihnen die Familien immer mehr Kinder überstellen, die schon bei Schuleintritt beträchtliche Lernschwierigkeiten und «Verhaltensstörungen» aufweisen. Die Erziehungsberatungsstellen haben monatelange Wartezeiten, und Phänomene wie Kinderkriminalität und Kinderalkoholismus sind in der letzten Zeit zunehmend in das Licht der Öffentlichkeit geraten. Der amerikanische Wissenschaftler Bronfenbrenner, Autor zahlreicher gewissenhafter Studien über elterliche Erziehungsstile und alles andere als ein Marxist, kennzeichnet den Zustand des gegenwärtigen amerikanischen Erziehungssystems in einem ausführlichen Vergleich mit dem sowjetischen wie folgt: «Das wesentliche Element dieser Veränderungen kann mit einem einzigen Satz umrissen werden: früher wurden die Kinder von ihren Eltern erzogen. – Es mag deplaziert erscheinen, diese Behauptung in die Vergangenheitsform zu setzen. Doch sie gehört in die Vergangenheit.»[1] Eine Hauptursache für den Niedergang des Erziehungssystems sieht er im Verlust gemeinsamer Werte und sinnvoller Aufgaben, die das Erziehungsgeschehen unter einheitliche Normen stellen und dem kindlichen Handeln eine Zukunftsgerichtetheit geben könnten.

Ein solcher Zustand der Gleichgültigkeit, des Zerfalls und der Aufgabenlosigkeit in den zwischenmenschlichen Beziehungen von Eltern und Kindern ist nicht vom Himmel gefallen und man kann ihn auch nicht auf Prozesse eines bloßen «Einstellungswandels» zurückführen. Seine grundlegenden Ursachen sind nicht psychologischer, sondern ökonomischer Natur.

Wir hatten schon gesehen, daß das Aufeinander-Eingehen und Sichineinander-Einfühlen der Familienmitglieder im Kapitalismus immer wieder mit bestimmten Problemen zu kämpfen hat, die aus der objektiven Einbettung der Familie in die kapitalistische Ökonomie mit einer ziemlich unerbittlichen Notwendigkeit folgen. Das waren die Probleme der Abgelöstheit des zwischenmenschlichen Handelns von der Produktion und damit von einem gemeinsamen und bedeutsamen gegenständlichen Bezug; die Probleme der Wiederherstellung der elterlichen Arbeitskraft und der ebenso schwierigen wie dranghaften Suche nach zwischenmenschlicher Harmonie oder nach einer kompensatorischen «Geborgenheit um jeden Preis»; die Probleme der Errichtung einer gegenständlichen Ersatzwelt für das zwischenmenschliche Verstehen im Bereich der privaten Haushaltsführung und der Konsumtionstätigkeit; und schließlich die Probleme der patriarchalischen Familienkrise und der Normenrelativierung, welche bereits im objektiven ökonomischen «Basisverlust» der überlieferten Familienform angelegt ist und über die spätkapitalistische Kommerzialisierung der Sinnlichkeit eine zusätzliche Förderung erfährt.

1. Die Bedeutung des Kindes für die Eltern

Die zwischenmenschlichen Probleme der Familie im Kapitalismus waren zuvor vor allem aus der Sichtweite der Erwachsenen diskutiert worden. Nun sollen ihre Konsequenzen für die Stellung und Entwicklung der Kinder umrissen werden.

Die Bedeutung, die eine Person – in diesem Fall ein Kind – für andere hat, eröffnet sich einem am ehesten, wenn man die Erwartungen und Hoffnungen untersucht, welche die anderen an sie richten. Erwachsene richten ihre Erwartungen wechselseitig aneinander; dadurch ergeben sich komplizierte Verschränkungen von Erwartungen und Perspektiven, wie sie in ihrer Bestimmtheit durch die kapitalistische Ökonomie im vorliegenden Text nun schon ein paarmal nachgezeichnet worden sind.

Bei einem Kind ist die Sache zunächst etwas einfacher, sie ist asymmetrisch: Schon vor seiner Geburt stellen sich die Eltern auf seine Ankunft ein. Sie haben Erwartungen, schreiben dem Kind Ansätze einer Identität zu und geben ihm einen Namen. In dieses zwischenmenschliche Erwartungsgefüge, welches aus einer Perspektivenverschränkung der Eltern heraus aufgebaut wird, wächst das Kind hinein, und es hat, bereits lange bevor es seine eigenen zwischenmenschlichen Erwartungen artikulieren oder gar über sie nachdenken kann, für ihn eine schicksalhafte Bedeutung, die es beim Aufbau seines eigenen Selbstbewußtseins oder seiner eigenen Identität nie wieder wird abschütteln können.[2] Wenn man zum Beispiel über jemanden sagt: «Er war ein ungewolltes Kind», dann hat man über seine Identität schon einiges gesagt. Weil es immer auch die Grundlagen unserer eigenen Identität trifft, deshalb geht uns eine kritische Erörterung des Familienproblems so an die Substanz und ist kaum eine wissenschaftliche Diskussion durch mehr positive oder negative Werturteile, durch mehr Strategien der Verhimmelung oder des Nicht-Wahrhaben-Wollens verzerrt als die Diskussion um die Familie.[3]

Welche Erwartungen können nun Eltern unter den Bedingungen der Familie im Kapitalismus an ihre Kinder haben? – Man mache hier einmal den Versuch und frage ganz harmlos Bekannte mit Kindern oder auch sich selbst, welches die Motive und Erwartungen waren, die zur mehr oder weniger geplanten Anschaffung der Kinder geführt haben. Man wird dann auch bei sonst sehr gesprächigen Leuten meistens auf stockende Ratlosigkeit, verlegene Reaktionen, Widersprüche, Informationsdürre oder kreisförmige Antworten nach dem Muster «Wir wollten eben ein Kind» oder «Ein Kind gehört eben dazu» stoßen. Die wirklichen Erwartungen an ein Kind und die eigentliche Beschaffenheit des Kindeswunsches wird man kaum herausbekommen, weil es sich hier um einen Punkt handelt, bei dem einerseits der Zufall, andererseits aber ein Höchstmaß moralischer Verpflichtungsgefühle eine Rolle spielen und zu nachträglichen Verzerrungen und Umgestaltungen der eigenen mehr oder weniger unbewußten Motivationslage führen (Rationalisierungen). Man kann aber sagen, daß es mit der Selbstverständlichkeit des Kindeswunsches und mit bestimmten, fest umschriebenen Erwartungen an ein neu ankommendes Kind, wie sie sich für viele ländlich-konventionelle und insbesondere patriarchalische Gesellschaften ziemlich einfach nachzeichnen lassen, unter unseren Bedingungen schon seit längerem vorbei ist. Der beträchtliche Anteil kinderloser Ehen und der Rückgang der Geburten in den westlichen Gesellschaften beunruhigen, obwohl man sich angesichts der Bevölkerungs- und Ernährungsprobleme im Weltmaßstab eigentlich darüber freuen sollte, unsere Bevölkerungspolitiker denn auch erheblich.[4] Diese Beunruhigung trägt mit dazu bei, daß eine wirkliche Reform des § 218 verhindert wird. Eine Verknappung der lohnabhängigen Bevölkerung würde nämlich, wie der logisch unsinnige Begriff der Überbeschäftigung andeutet und wie man aus vielen geschichtlichen Beispielen ersehen kann[5] – eine solche Verknappung der Bevölkerung würde ihre Verhandlungsbedingungen gegenüber den Käufern der Ware Arbeitskraft, den konkurrierenden Kapitalien, erheblich verbessern.

Die Hauptursachen dafür, daß der Kindeswunsch einen so zufälligen und heiklen Charakter bekommen hat, liegen nicht etwa in der Erfindung neuer Verhütungsmittel (welche ja nur die Planbarkeit vorhandener oder nicht vorhandener Kindeswünsche steigern könnte), sondern sie liegen im ökonomischen «Basisverlust» der Familie, zumindest bei der Masse der lohnabhängigen Bevölkerung, und in den fragwürdig gewordenen gesellschaftlichen Zukunftsperspektiven. Ein gemeinsam zu bewirschaftendes Eigentum an Produktionsmitteln fehlt inzwischen den meisten Familien. Die Kinder sind nicht die späteren Erben, die die Kontinuität der eigenen Arbeit sichern, wie das früher bei den Bauern- und Handwerkerfamilien der Fall war (und auch heute noch bei den wenigen Familienunternehmen und Unternehmerfamilien der Fall ist).[6] Wenn die Kinder heranwachsen, gibt es, abgesehen von kleinen Haushaltsverrichtungen, mit ihnen keine gegenständlichen Kooperationsmöglichkeiten mehr. Ebensowenig sind sie unter Lohnarbeitsbedingungen in der Lage, den Eltern als ökonomisch bedeutsame «Stützen ihres Alters» zu dienen. Die Bereitschaft zu wechselseitiger Hilfe ist zwar insbesondere bei Arbeiterfamilien noch immer eine stark ausgeprägte Verpflichtung, aber sie beschränkt sich auf Ausnahmesituationen, Notfälle und einen gewissermaßen kostenlosen zwischenmenschlichen Kontakt. Ebenso wie die grundlegende kooperative Arbeitstätigkeit der Eltern in die fernliegende kapitalistische Produktionssphäre hinein verlagert ist, so ist die grundlegende Unterstützungtätigkeit im Krankheits- und Altersfalle längst vom Sozial- und Rentenversicherungswesen übernommen. Die Kinder spielen also als Kooperationspartner in einem gegenständlich-bedeutsamen Sinne so gut wie keine Rolle mehr.

Die Perspektivenverschränkung, das Verstehen zwischen Eltern und Kindern kann sich nicht mehr auf direkte oder auf ferner vor Augen liegende Arbeitspläne und praktische Zukunftsperspektiven beziehen. Das sind Bedingungen, unter denen der Wunsch, ein Kind zu haben, und die nachfolgend an das Kind gerichteten Erwartungen sich zu zufälligen, willkürlichen und nur noch psychologisch motivierten Konstruktionen verdünnen. Als Folge der objektiven Abgetrenntheit oder Abstraktheit der privaten Sozialbeziehungen gegenüber der Produktionstätigkeit nimmt die Zuneigung der Eltern zu ihrem Kind notwendig einen sehr abstrakten und gewissermaßen entmaterialisierten Charakter an. Freiwillige Eltern und Erzieher sind jetzt nur noch als selbstlose und gefühlsbetonte Idealisten denkbar – und gerade die sind in einer Ökonomie, welche den unmittelbaren Egoismus prämiiert, nicht leicht zu bekommen. Es kommen natürlich trotzdem nach wie vor Kinder auf die Welt. Etwa die Hälfte davon, sagt die Statistik, auf Grund ungewollter Schwangerschaften, die trotz Pille und anderer Verhütungsmittel besonders in den unteren Schichten noch ziemlich häufig sind.[7] Viele von ihnen bedeuten für ihre lohnabhängigen Eltern unter den herrschenden Bedingungen vor allem einen teuren, nervenverschleißenden Ballast. Die Pflege und Erziehung von Kindern ist wahrscheinlich immer schon ein ziemlich anstrengendes Geschäft gewesen, aber unter vorkapitalistischen Bedingungen, wo die Kinder als zunehmend tatkräftigere Kooperationspartner und als Altersversicherung wahrgenommen wurden, muß diese Anstrengung den Eltern sehr viel sinnvoller erschienen sein, weil sie durch praktische Gegenseitigkeiterwartungen und Zukunftsperspektiven ausgeglichen wurde.

Die von der Psychoanalyse aufgedecke sogenannte Ambivalenz der Gefühlsbindung zwischen Eltern und Kindern, das heißt das weitgehend unbewußte und widersprüchliche Nebeneinander von Liebe und Zärtlichkeiterwartungen einerseits und Haß beziehungsweise Abschaffungsimpulsen andererseits, dürfte unter den Bedingungen der kapitalistischen Lohnarbeiterexistenz eine geschichtlich neuartige und oftmals unerträgliche Gestalt angenommen haben.

Allerdings ist die offene Vernachlässigung und Gleichgültigkeit der Lohnarbeiter gegenüber ihren funktionslos gewordenen und belastenden Kindern zwar irgendwie eine ökonomisch-logische, aber doch ziemlich seltene Erscheinung. Es läßt sich eigentlich nur sagen, daß die Eltern und

Erzieher an einem Kind in einem ökonomischen und praktisch bedeutsamen Sinne, am Kind als potentiellem Kooperationspartner, *nicht* interessiert sein können. Jenseits dieser Negativbestimmung gibt es eine Vielzahl von Funktionen, die ein Kind für die Eltern und ihr wechselseitiges Verhalten im Reproduktions- und Konsumtionsbereich übernehmen kann. Die Funktionen sind von Familie zu Familie sehr unterschiedlich und bringen eine Vielzahl unterschiedlicher Erziehungsschicksale hervor. Im Gegensatz zu einer in der modernen Sozialisationstheorie verbreiteten Auffassung ist es wahrscheinlich gerade das *Fehlen* von allgemein verbindlichen und einheitlichen elterlichen Erwartungen, welches eine grundlegende Besonderheit der kapitalistischen Familienerziehung ausmacht.[8] Man könnte bestimmte typische Rollen unterscheiden, die den Kindern vor dem Hintergrund ihrer ökonomisch-praktischen Bedeutungslosigkeit noch übrigbleiben. Eine erste und sozusagen die primitivste und einfachste Rolle wäre etwa die des überflüssigen, vernachlässigten und offen angefeindeten Ballastes, die sicher für viele ungewollte Kinder zutrifft, aber auch für solche, die zunächst gewünscht, dann aber lästig geworden sind. Eine andere Rolle, die sich unter den Bedingungen der ökonomisch-praktischen Bedeutungslosigkeit geradezu anbietet, ist die des psychologischen Ersatzgegenstandes für eine gemeinsame Perspektivenverschränkung und für ein gesichertes Einverständnis zwischen den Eltern. Diese Rolle als Ersatzgegenstand kann dem Kind mehr bewußt oder auch mehr unbewußt[9] zugeschoben werden. Sie kann eine mehr negative Färbung haben, etwa, wenn die Eltern es als Sündenbock brauchen, um ihre aufgestauten Aggressionen in einer Weise, die für ihre eigene wechselseitige Bindung ungefährlich ist, loszuwerden, und um ihre eigenen Versagens- und Zukunftsängste durch Projektion zu bekämpfen. Sie kann aber auch eine mehr positive Färbung haben, wenn das Kind nämlich als umsorgtes und mit Ansprüchen überladenes Engelchen auftritt, dessen persönliche Zukunft und Entwicklung gleichsam eine direkte Verlängerung der unbefriedigten elterlichen Selbstverwirklichungswünsche darstellt und wenn seine Existenz die wenigen Reste einer planvoll-gemeinsamen Perspektivenverschränkung zwischen den Eltern ermöglichen und garantieren soll. Diese positiven Rollen können für die kindliche Persönlichkeitsentwicklung ebenso belastend sein wie die Rolle des Sündenbocks. Was die sogenannten Wunschkinder angeht, so kann man die Rolle, die sie oftmals für die elterlichen Gemeinsamkeits- und Planungsbedürfnisse spielen, etwas boshaft mit der Rolle der für das kapitalistische Familienleben so kennzeichnenden teuren, aber praktisch nutzlosen Haustiere vergleichen. Daß die Hunde unter spätkapitalistischen Bedingungen in ihrer Rolle als Ersatzgegenstände zu einer ernsthaften Konkurrenz für die Kinder werden können, hatten wir schon erwähnt, und so hat es umgekehrt seinen guten polemischen Sinn, von der «Haustierrolle des Kindes» zu sprechen. Ein Unterschied besteht freilich darin, daß man auf Grund der viel stärkeren moralischen Verpflichtungsgefühle und auf Grund der gesetzlichen Unterhaltspflicht ein aus irgendwelchen Gründen lästig oder langweilig gewordenes Kind dann nicht wieder so leicht in ein Heim abschieben kann wie einen Hund.

Die genannten unterschiedlichen Rollen können natürlich sehr stark ineinander übergehen, sich abwechseln und sich auch noch in widersprüchlicher Weise auf die beiden Teile des Elternpaares verteilen. Welche psychologische Stellung und welche Rolle dem Kind nun im Einzelfall im Rahmen seiner gegenständlich-praktischen Bedeutungslosigkeit und im Rahmen des abgetrennt-privaten Familienmilieus zugeschrieben wird, hängt vor allem von dem jeweiligen prekären Gleichgewicht ab, auf welches sich die Elternbeziehung unter dem Druck der eigenen ökonomischen Belastungen eingependelt hat; deshalb ist die Rolle des Kindes im höchsten Grade *zufällig*. Die Zufälligkeit des kindlichen Erziehungsschicksals in der Familie (an welcher trotz ihrer ständigen Verfeinerung die Sozialisationsforschung und Erziehungsstilforschung sich verfranst und scheitert) ist nur die Kehrseite seiner fehlenden Einbettung in ein verbindliches, gegenständlich-bedeutsames Kooperationsgeschehen. Jedes Kind ist einem anderen Elternpaar ausgeliefert, das seine ökonomischen Probleme und zwischenmenschlichen Kompensationsbedürfnisse abgelöst von einem gemeinsamen Produktionsprozeß und zurückgeworfen auf ein privates Familiengehäuse in einer isolierten und ziemlich einzigartigen Weise löst bzw. dem Kind aufbürdet. Die Isolation und Zufälligkeit des familiären Erziehungsverlaufs wird durch die spätkapitalistische Normenrelativierung, die in jeder Familie zu einer ganz anderen Stufe und Art des Zusammenbruchs der überlieferten patriarchalischen Normen und des Kompromisses führt, sicher noch verstärkt. Es ist zu vermuten, daß auf diese Weise bereits in der Familie entscheidende Grundlagen für die spätere zwischenmenschliche Isolation und das Unverständnis gegenüber den besonderen Konflikten und der Persönlichkeit des anderen gelegt werden, welche die Solidarisierung der Erwachsenen im Kapitalismus so erschweren. Es hat, so läßt sich hier resümierend festhalten, seinen guten Sinn, von einer Lohnarbeitergleichgültigkeit der Eltern gegenüber ihren Kindern zu sprechen. Man muß aber hinzufügen, daß dies noch eine ziemlich vage Bestimmung ist, die sich zwingend nur auf die Kinder als mögliche Kooperationspartner (oder Erben) in einem gegenständlichen Produktionsprozeß bezieht. Sie erfährt eine vielfältige und bei den einzelnen Eltern sehr unterschiedliche Brechung und Kompensation.[10] Wir werden allerdings sehen, daß das Problem der fehlenden gemeinsamen Zukunftsperspektiven zwischen Kindern und Erwachsenen auch die Zwischenmenschlichkeit in den auf die Familie folgenden Erziehungsinstitutionen – Kindergarten und Schule – schwer belastet und daß hier der Lohnarbeiter-Egoismus und die Gleichgültigkeit der Erziehungspersonen noch viel schärfer zutage treten.

2. Gegenständliche und zwischenmenschliche Lernbedingungen

Wir wollen jetzt voraussetzen, daß das Kind gewollt oder ungewollt in die Welt und in eine der zufälligen Rollen, die innerhalb des ökonomisch vorgegebenen Rahmens des kapitalistischen Familienlebens ihm zufallen können, hineingeboren ist.

Welches sind dann die grundlegenden gegenständlichen Bedingungen und zwischenmenschlichen Beziehungen, mit denen sich die Kinder bei ihrer Persönlichkeitsentwicklung herumschlagen müssen und welche sie sich in diesem Prozeß tätig aneignen müssen? Und wie verhalten sich diese Bedingungen und Beziehungen zu ihrem späteren Eintritt in das kapitalistische Erwachsenen-Alltagsleben?

Hinsichtlich der Aneignung der gegenständlichen Welt bedeutet die Abtrennung der privaten Konsumtionseinheit Familie gegenüber der Arbeitswelt und den gesamtgesellschaftlichen Prozessen, einschließlich eines funktionierenden Gemeindelebens, schon eine schwerwiegende Einengung. Das kindliche Neugierverhalten und der fast unersättliche Erkundungsdrang des Kindes kommen kaum über die Familienwohnung hinaus und stoßen beständig an die Grenzen des Privateigentums. Die Gegenstände in der Wohnung sind, sofern der Zugriff auf sie überhaupt erlaubt ist, schon nach kurzer Zeit gründlich bekannt und langweilig; dasselbe gilt für das von den gestreßten Eltern vor allem zu Ablenkungszwecken immer wieder neugekaufte Spielzeug. Da das Kind kaum in die lockende gegenständliche Welt und ihre Lernanreize *hinaus* kann, muß die Welt in Spielzeug- und Miniaturgestalt eben in den Privathaushalt *hinein*getragen werden. Die unter dem Profitprinzip anarchisch-fortschreitende spätkapitalistische Verstädterung mit ihrer Isolation der Familienwohnungen, den wenigen und langweiligen Kinderspielplätzen, den lebensgefährlichen autobefahrenen Straßen und den Verbotsschildern auf den Rasenflächen tut hier ein übriges. Bearbeitete oder unbearbeitete Natur, die die Kinder erkunden und in die hinein sie sich durch Buddeln, Burgenbauen und so weiter gefahrlos vergegenständlichen könnten, gibt es kaum noch. Täglich verschwinden in der BRD 110 Hektar Boden unter einer Betondecke.[11] Die Kinder der Lohnabhängigen, die noch nie ein Schaf oder eine Kuh gesehen haben, sind schon fast sprichwörtlich. Ebensowenig bekommen sie aber jemals die Werkbank, an der tagtäglich der Vater oder das Fließband, an dem die Mutter steht, zu Gesicht. Die Folgen der belastenden gegenständlichen Tätigkeit der Eltern bekommen sie zu spüren, ohne sie zu begreifen.

In den engen und gegenständlich verarmten Stadtwohnungen bietet sich das Fernsehen als Ersatzgegenstand und Ventil für das kindliche Neugierverhalten geradezu an. Auf dem Bildschirm passiert laufend etwas Neues, die Bilder wechseln, wenn auch in einer dem Kind weitgehend unverständlich bleibenden Folge, von Sekunde zu Sekunde; und so kommt wenigstens in einer passiven und sinnlosen Form der kindliche Reizhunger auf seine Kosten. Nur vor dem Hintergrund der drängenden und unbefriedigenden Erkundungs- und Aneignungsbedürfnisse läßt sich die faszinierende Wirkung des Fernsehens erklären. Die Lohnarbeiterbequemlichkeit vieler Eltern zeigt sich bekanntlich darin, daß sie die faszinierende Wirkung des Fernsehens zum stundenlangen Stillstellen der sie bedrohenden kleinen Nervensägen und als pädagogisch besonders wirksames Belohnungs- und Bestrafungsmittel einsetzen. Das Fernsehen ist, wie auch Bronfenbrenner hervorhebt, eine der wichtigsten «Sozialisationsinstanzen» geworden;[12] seine zerstörerischen Auswirkungen auf ein aktives kindliches Lernverhalten sind zwar kaum erforscht, aber mit Sicherheit sehr schwerwiegend.

Sachbezogene Intelligenz bildet sich nur heraus, wenn Kinder schon vom frühen Vorschulalter an eine Vielzahl von praktisch-gegenständlichen Operationen mit ihren eigenen Händen und Sinnen vollziehen können; Vorschulmappen, Lernspielzeug und so weiter sind hierfür nur ein kläglicher Ersatz. Kooperationsfähigkeit und die Fähigkeit, sich angemessen und zuverlässig in die Perspektive eines anderen hineinversetzen zu können, bilden sich nur heraus, wenn Kinder genügend gegenständlich-praktische Operationen *gemeinsam* vollziehen können, bei welchen die kontrollierte Berücksichtigung der Perspektive und des Beitrags des anderen zum sachbezogenen Handlungsvollzug ebenso wie das Durchsichtig-Machen des eigenen Beitrags notwendig und sinnvoll sind. Die Bedingungen für die Herausbildung von Intelligenz und Kooperationsfähigkeit, welche sich beim Kind in einem engen Wechselwirkungsverhältnis entwickeln[13], sind in den isolierten und gegenständlich verarmten privaten Familienhaushalten der kapitalistischen Gesellschaft alles andere als günstig. Sachliche und soziale Lerndefizite, über welche dann in den Kindergärten und Schulen geklagt wird, sind schon fast eine notwendige Folge dieser geschichtlich einzigartigen Weise der Kinderaufzucht.

Die Einengung des kindlichen Erkundungsdrangs, die Behinderung einer sich entwickelnden Welt- und Selbsterfahrung in dem teils ernsthaften, teils spielerischen kindlichen Wechselspiel von Vergegenständlichung und Aneignung – diese Einengung ist jedoch nur eine Seite. Sie wird ergänzt durch eine merkwürdig entfremdete Art, in der die Eltern den Kindern im Rahmen des privaten Konsumentenhaushalts die Einhaltung gesellschaftlicher Normen und Sitten nahebringen müssen. Der konfliktreiche Einigungsprozeß auf bestimmten Normen des zwischenmenschlichen Zusammenlebens entzündet sich nämlich nicht mehr an Notwendigkeiten der gemeinsamen gegenständlichen Kooperation, die dem Kind momentan oder auch erst später einsichtig und plausibel gemacht werden können, sondern vor allem an den Notwendigkeiten der Reproduktion und Wiederherstellung der strapazierten elterlichen Arbeitskraft.

Die sinnvollsten Normen sind immer noch die einfachen *Kooperationsnormen* jeder menschlichen Gesellschaft – und nicht etwa die abgelösten Normen der «verständigen Rede», die in der Habermas'schen Interaktionstheorie zu höchsten moralischen Würden erhoben werden. Es ist zum Beispiel ziemlich unmittelbar einsichtig, daß man beim gemeinsamen Tragen einer zerbrechlichen oder gefährlichen Last nicht vor sich hinträumen darf, sondern ganz genau auf sich und den anderen aufpassen muß. Es ist ebenso einsichtig, daß man jemanden bei der Konzentration auf eine wichtige Arbeit nicht dauernd mit Lappalien stört, daß man im Rahmen geplanter Arbeitsprozesse Zusagen einhält und so weiter. Unter den Lernbedingungen des abgetrennt-privaten Familienhaushalts der kapitalistischen Gesellschaft jedoch können die Normen nicht mehr oder nur noch ahnungsweise als Kooperationsnormen gelernt werden. Wenn Vater abends aus einer unbekannten Welt abgespannt oder auch launisch und gereizt nach Hause kommt, dann müssen die Kinder eben einfach ruhig sein und sich vorsehen, daß sie nichts Falsches machen. Wenn die Normen des Nicht-Störens dann etwa mit dem Satz «Vater ist müde, deshalb muß du ruhig sein (darfst beim Fernsehen keine Fragen stellen)» begründet werden, so ist das etwas grundlegend anderes als wenn das Kind die Welt und die Arbeitsprozesse, die den Vater müde gemacht haben, aus der Berührung mit seinem eigenen Tätigkeitsfeld oder zumindest aus der Anschauung selbst kennt. Der Konflikt der spontanen Lernbedürfnisse des Kindes und seines oftmals eigenwilligen gegenständlichen Erkundungsdrangs mit den Normen und Zeitplänen der im Arbeitsleben stehenden Erwachsenen ist sicher älter als die kapitalistische Gesellschaft, und man sollte sich hüten, die idyllisierende Behauptung zu verbreiten, daß er im Sozialismus völlig verschwunden sei. Die persönlichkeitsprägenden Normenkonflikte bekommen aber unter den Bedingungen der kapitalistischen Familie etwas besonders Willkürliches und Sinnloses durch die Tatsache «daß viele Erwartungen, mit denen Eltern ihre Kinder konfrontieren, ‹abstrakt› sind. Sie ergeben sich nicht aus Problemen, die im Zusammenhang inhaltlich bestimmter Aufgaben des gemeinsamen Lebens entstehen, sondern ragen als etwas Fremdes in diese Lebenswelt hinein, sie müssen aber dennoch, um den Preis einer befriedigenden Bildung zum Erwachsenenstatus hin, dem Kind vermittelt werden».[14] Wie in diesem Zitat angedeutet, sind es, nachdem plausible Kooperationsnormen erst einmal weitgehend aus dem Erziehungsfeld verschwunden sind, neben den von der Arbeit mitgebrachten Erholungs- und Kompensationsbedürfnissen der Eltern vor allem noch die eigenen *Statusängste*, welche die Eltern zum frühzeitigen Einpflanzen oder auch Einbleuen eines bestimmten Normengefüges in die Kinderseele motivieren. Das Dazugehörenwollen zu den «besseren Ständen» mit reputierlichem Benehmen und höherer

Bildung, wie es für viele Mittelschichtfamilien besonders typisch ist, und die bei Arbeitern sehr verbreitete Angst vor dem Abstieg in die Gruppe der «Asozialen» werden zu entscheidenden Triebkräften des normenorientierten Erziehungshandelns der Eltern.

Die Auseinandersetzung mit den elterlich gesetzten und vom Kooperationszusammenhang abgelösten Normen vollzieht sich in einer extremen zwischenmenschlichen Enge und Intimität. Der amerikanische Sozialpsychologe Riesman hat zu recht davon gesprochen, daß die Kinder zu den «sozialen Gefangenen» ihrer Eltern werden, Eltern und Kinder sitzen sich mit ihren zwischenmenschlichen Zuneigungen und Konflikten gewissermaßen gegenüber wie das Kaninchen und die Schlange. Außerhalb der Kleinfamilie stehende Bezugspersonen, die bei der Lösung des Banns helfen könnten, sind erstens kaum vorhanden und werden zweitens ängstlich abgewehrt, weil sie das privat eingependelte und für die kurzfristige Wiederherstellung der elterlichen Arbeitskraft notwendig gewordene Gleichgewicht stören könnten. In vorkapitalistischen Gesellschaften war das mit Sicherheit anders. Margaret Mead berichtet über die Familienerziehung in Samoa, einer zwar patriarchalischen, aber doch weitgehend kooperativ organisierten Bauern- und Fischergesellschaft, daß sich die heranwachsenden Mädchen und Jungen einen größeren Streit mit ihrem Vater oder dem Haushaltsvorstand der Großfamilie durchaus leisten konnten, weil sie die Möglichkeit hatten, auch einmal vorübergehend – solange bis der Zorn abgeklungen oder eine Lösung des Problems in Sicht war – in den Haushalt von Verwandten oder Nachbarn hinüberzuwechseln und dort zu wohnen.[15] In bezug auf die persönlichkeitsformenden Identifizierungsprozesse gab es hier also wichtige Ausweich-, Ergänzungs- und Entwicklungsmöglichkeiten, die in der heutigen Kleinfamilie fehlen.

Das Aneinander-Ausgeliefertsein der Eltern und Kinder in unserer gegenwärtigen Kleinfamilie fördert nicht nur kreislaufförmige, konfliktverleugnende und klebrig-unproduktive Formen der wechselseitigen Perspektivenverschränkung nach dem Muster der für die Erwachsenen schon ausführlich diskutierten «Pseudo-Gemeinschaft», sondern ist auch für die Entwicklung der kindlichen Zärtlichkeits- und Sexualbindung von verhängnisvoller Wirkung. Die «soziale Gefangenschaft» der Kinder in der Familie konkretisiert sich unter anderem darin, daß sie zu einem «Gefängnis der Liebe» (Ariès) wird.

Es ist ein Verdienst der Psychoanalyse, nachgewiesen zu haben, daß zwischen den Kindern und ihren elterlichen (oder auch nicht elterlichen) Pflegepersonen sehr enge und in ihrem leiblich-drängenden Charakter oftmals verleugnete Zärtlichkeitsbindungen mit einer durchaus sexuellen Komponente entstehen. Das ist auch schon in vorkapitalistischen Gesellschaften der Fall, und ein Verbot des Inzests, also genitaler Sexualbetätigung zwischen Eltern und Kindern ebenso wie zwischen erwachsenen Geschwistern, ist (mit einigen seltenen rituellen Ausnahmen) in allen bisher bekannten menschlichen Gesellschaften anzutreffen. Der sogenannte Ödipus-Komplex, bei dem sich (vom Jungen aus gesehen) die verdrängten, auf die Mutter gerichteten Sexualimpulse mit heftigen Eifersuchts- und Haßgefühlen auf den übermächtigen väterlichen Rivalen paaren, mit welchem sich der Junge letztlich auch noch für den Aufbau seiner Geschlechtsrollenidentität identifizieren muß – dieser Ödipus-Komplex scheint, wie zum Beispiel die Forschungen des Völkerkundlers Malinowski bei den matriarchalischen Trobriandern zeigen[16], auf die patriarchalische Familienkonstellation beschränkt zu sein. Aber auch hier muß man noch einmal zwischen einem vorkapitalistischen Patriarchalismus wie auf Samoa, wo es identifikatorische Ausweichmöglichkeiten und außerfamiliäre Hilfestellungen für das Kind gibt, und dem Patriarchalismus in der privaten Enge der bürgerlichen Kleinfamilie unterscheiden. Hier ist die Fixierung auf innerfamiliale Sexualobjekte und der Haß auf den väterlichen Rivalen sehr viel unausweichlicher und hartnäckiger. Der Ablösungsprozeß von den Eltern muß vom einzelnen Kind ganz individuell durchgekämpft werden und hinterläßt dementsprechend sehr viel tiefere seelische Narben und unbewältigte Aggressionen. Der materielle Basisverlust der väterlichen Autorität im Verlauf der kapitalistischen Entwicklung, der sich von Familie zu Familie ganz anders auswirkt, verstärkt die Individualisierung der kindlichen Sexualkonflikte noch eher, als daß er sie auflösen könnte.[17] In vielen vorkapitalistisch-kooperativen Gesellschaften dagegen werden die inzestuösen und ödipalen Konfliktlagen der Heranwachsenden in kulturell-einheitlichen und ziemlich offenen Formen thematisiert und – etwa in den Initiationsriten – kollektiv bewältigt.[18] Es wird hier wahrscheinlich sehr viel weniger seelische Energie an die Bearbeitung und Abwehr individueller frühkindlicher Sexualkonflikte gebunden, als das unter den Bedingungen der familialen Isolierung und Vereinzelung im Kapitalismus der Fall ist.

Der Prozeß der Verdrängung und Unbewußtwerdung bestimmter zärtlich-sinnlicher oder aggressiver Impulse beruht wesentlich darauf, daß diese aus der öffentlichen Kommunikation zwischen mir und den anderen und das heißt letztlich aus einer Kommunikation mit mir selbst herausgeschnitten werden, aber trotzdem als sprach- und bewußtloses Drängen in mir noch weiter wirken und mich als ein mir fremd gewordener Teil meiner Selbst (zum Beispiel als neurotisches Symptom) beunruhigen. Solche Prozesse der Ex-Kommunikation verbotener Impulse aus der Sprache und dem Bewußtsein des Kindes müssen sich in der Enge und Ausweglosigkeit der Kleinfamilie, wo das Gesamt der für das Kind bedeutsamen Kommunikationspartner fast deckungsgleich ist mit derjenigen Personengruppe, auf die sich einerseits die verbotenen Regungen beziehen und von denen andererseits die ex-kommunizierenden Verbote ausgehen, mit Zwangsläufigkeit verschärfen.

Freud hat die moderne Neurose einmal als eine «asoziale Bildung» bezeichnet, und er war der Meinung, daß in den traditionellen Gesellschaften die Menschen weniger neurotisch gewesen seien, weil es dort kollektiv-verbindliche Deutungen und Bewältigungsformen der um die familiale Sinnlichkeit herumgruppierten Bedürfnis- und Normenkonflikte gegeben habe, von denen die «kollektive Neurose» der Religion das wichtigste gewesen sei.[19] Damit hat er wahrscheinlich recht. Man muß allerdings festhalten, daß der neuzeitliche Niedergang der Religion nur ein Grund für den «asozialen» und individualistischen Charakter der neurotischen Konflikte sein kann. Ein anderer, wahrscheinlich wichtigerer Grund ist die objektive Ausgrenzung und das objektive «Asozial-Werden» der modernen Kleinfamilie samt ihren zwischenmenschlichen Konfliktlagen gegenüber dem gesamtgesellschaftlichen Kooperationsgeschehen und übergreifenden Gruppenbeziehungen. Die praktische Aufhebung der familialen Isolation und die angemessene Deutung des individualisierten Leidens vor dem Hintergrund der gesamtgesellschaftlich zerstörten Zwischenmenschlichkeit wäre heute eine wichtige Aufgabe einer sozialistischen und kulturrevolutionären Bewegung. Diese mühsame pädagogisch-therapeutische Gemeinschaftsaufgabe ist nicht gleichbedeutend mit dem zwar beliebten, aber abstrakten verbal-radikalen Aufruf zur Zerschlagung jedweder Form des familialen Zusammenlebens.

3. Leistungen der Familienerziehung

Bisher sind in diesem Abschnitt fast nur die ökonomisch bedingten und geförderten zwischenmenschlichen Schwierigkeiten in der privaten Familienbeziehung angesprochen worden. Was ist denn nun aber der positive Beitrag der Familienerziehung für die Erhaltung des gesamtgesellschaftlichen Systems und für das zwischenmenschliche Überleben der Individuen, die sie aus ihrem Schoße entläßt?

Diesen positiven Beitrag gibt es – wenn auch systematisch gebrochen und stark gefährdet durch die aufgezeigten Widersprüche – natürlich nach wie vor. Und auf seine Erhaltung, nicht auf die völlige Ablösung der Familie zielt die gegenwärtige staatliche Politik der Familienergänzung durch die Reform des Jugendrechts, Kindergartenausbau, Tagesmütterprojekte und so weiter.

Hinsichtlich des zwischenmenschlichen Verhaltens besteht der grundlegende positive Beitrag der Familienerziehung wohl darin, daß sie den Kindern ein Minimum an zwischenmenschlicher Geborgenheit sichert, welches sie sozusagen als eine einigermaßen gesicherte Plattform benutzen können, von der aus sie sich die entfremdeten und unerfreulichen Verhaltensweisen aneignen können, die sie für das Überleben und Fortkommen im Dschungel der kapitalistischen Ökonomie und in den vorgelagerten Selektionsinstitutionen der Schule und des Ausbildungswesens brauchen.

In der Soziologie von Parsons findet sich das ungefähr so formuliert[20]: Unsere Gesellschaft ist nach «universalistischen» Prinzipien aufgebaut; das heißt in ihr wird den Individuen eine Orientierung an formalisierten und unpersönlichen Rollen abverlangt, eine wechselseitige gefühlsmäßige Neutralität, man könnte auch sagen: Gleichgültigkeit, weiterhin ein streng arbeitsteiliges Vorgehen, ein individueller Kampf um einen (erworbenen) Status nach abstraktem Leistungsstandard usw. Dagegen muß es in der Familie «partikularistisch» zugehen; die zwischenmenschlichen Beziehungen sind durch eine enge persönliche Bindung, die sich nicht nur auf bestimmte Rollenausschnitte des anderen bezieht, gekennzeichnet; und der Status der Individuen wird nicht durch abstrakte Leistung, sondern durch naturhaft-selbstverständliche Merkmale wie Alter und Geschlecht bestimmt. Man könnte die zu sozialisierenden Individuen niemals gleich in die gefühlskalte und entfremdete Zwischenmenschlichkeit der universalistischen Gesellschaft stoßen. Sie müssen erst durch den altertümlichen Brutkasten der partikularistischen Familiengemeinschaft hindurch. In diesem Schonraum lernen die Kinder dann auch schon Vorformen der späteren Rollentrennungen, vor allem in Gestalt des in den familialen Außengeschäften planvoll tätigen oder «instrumentalistischen» Vaters einerseits und der gefühlsbetonten, vermittelnden, um den inneren Zusammenhalt der Familie bemühten oder «expressiven» Mutter andererseits kennen. Die Reste des vorkapitalistisch gedachten «Partikularismus» verhalten sich ergänzend und komplementär zum «Universalismus» der Gesamtgesellschaft. Wo der Widerspruch zwischen beiden Systemen zu groß ist, müssen sie dann durch weitere dazwischengeschobene Gebilde, etwa die Gruppen der gleichaltrigen Jugendlichen oder Klassenkameraden, in denen es sowohl partikularistisch als auch universalistisch zugeht, miteinander vermittelt werden.[21]

Obwohl das systemtheoretische Schema auf so dürren und ungeschichtlichen Verallgemeinerungen beruht, daß man die zugrundeliegende Wirklichkeit nur noch wie durch eine Milchglasscheibe wahrnimmt, und obwohl in der Begeisterung für das notwendige Funktionieren im Zueinander der Systeme die mindestens ebenso notwendig hervorgebrachten Störungen und Konflikte theoretisch unter den Tisch gekehrt werden, ist an ihm doch eine grundlegende Einsicht festzuhalten. Es läßt sich sagen, daß sich die Individuen, die gleichgültig-unpersönliche Zwischenmenschlichkeit der kapitalistischen Gesellschaft, ihren «Universalismus» nicht aneignen könnten, wenn sie nicht zuvor im geschützten Raum eines gefühlsbetont-persongebundenen Milieus ein einigermaßen enttäuschungsfestes «Urvertrauen» (Erikson) und bestimmte damit verbundene Grundfähigkeiten zwischenmenschlichen Handelns herausgebildet hätten. Dieses Urvertrauen und die Grundfähigkeiten zum Handeln geben gewissermaßen den menschlichen Grundstoff ab, der dann wieder beim Erwachsenwerden Schritt für Schritt in die überlebensnotwendigen entfremdeten Formen des wechselseitigen Verhaltens gepreßt wird.

So ist die Fähigkeit, den anderen zu «verstehen», seine Perspektive angemessen übernehmen und voraussagen zu können, in ihren verschiedenen von uns diskutierten Ausformungen eine unbedingt notwendige Grundvoraussetzung, um später angesichts der Überlistungsversuche der fremden Warenbesitzer, in der Auseinandersetzung mit Konkurrenten oder auch in der gebrochenen Kooperation des kapitalistischen Produktionsprozesses ökonomisch überleben zu können. Man kann den anderen in bösartiger und listiger Absicht, nur bezogen auf einen äußerlichen Teilaspekt seiner Lebensaktivität , liebevoll, freundschaftlich oder auch solidarisch verstehen. Aber um überhaupt erst einmal einen Menschen verstehen zu lernen, braucht das heranwachsende Kind ein Minimum von gefühlsmäßiger Geborgenheit und einen unbezweifelbaren Grundbestand liebevoller Einfühlung seitens der Erwachsenen, innerhalb dessen die verschiedenen Formen des Aufeinander-Eingehens und Sich-Ineinander-Einfühlens im guten wie im bösen erworben und ohne ein wirklich ernstes Risiko durchgespielt werden können.

Diese selbstverständlich-einfühlsame Absicherung ihres Handelns durch die Erwachsenen brauchen Kinder nicht nur hinsichtlich ihres Fortschritts im zwischenmenschlichen Verstehensprozeß, sondern auch für den Erwerb eines aktiven und einigermaßen angstfreien Erkundungsverhaltens, in welchem sich die sachbezogene Intelligenz ausbildet. In beiden Richtungen hat bislang die Familie, wenn auch mehr schlecht als recht und stark behindert durch die Erschwernisse, die aus ihrer gesellschaftlichen Abgetrenntheit, gegenständlichen Leere und zwanghaften sozialen Enge folgen, diese Grundvoraussetzungen für die weiteren Entwicklungs- und Erziehungsprozesse in der kapitalistischen Gesellschaft schaffen können. Im Zusammenhang mit den hier dargestellten elementaren Grundvoraussetzungen menschlichen Handelns, bei denen «eine Art emanzipatives Minimum (. . .) nur um den Preis schwerwiegender Störungen unterschritten werden kann»[22], hat man auch von marxistischer Seite bestimmte Hoffnungen an die Familie geknüpft.

Die Familie in ihrer überlieferten patriarchalischen Form mit ihren biederen Geschlechtsrollenerwartungen des strengen, aber gerechten Vaters einerseits und der treusorgenden, warmherzigen Mutter andererseits befindet sich jedoch, ausgehend von ihrem schon lange anhaltenden ökonomischen Basisverlust und verschärft durch die spätkapitalistische Normenrelativierung gegenwärtig in einer geschichtlich neuartigen Krise, die jene minimale Erziehungsleistung zunehmend bedroht. Über die

Zukunft der Familienerziehung kann man nur spekulieren. Die objektiven Schwierigkeiten und Zwänge jedoch, mit denen sie auf Grund ihrer Einbettung in die kapitalistische Ökonomie zu kämpfen hat, lassen sich einigermaßen deutlich ausmachen und benennen. Das war der Sinn des vorangegangenen Abschnitts.

Anmerkungen

1 U. Bronfenbrenner, Erziehungssysteme, Stuttgart 1972, S. 87.
2 Ein schönes Beispiel hierfür berichtet M. Mead: Bei den Mundugumar auf Neu-Guinea ist man der Meinung, daß begabte Maler daran kenntlich sind, daß sie mit der Nabelschnur um den Hals geboren werden. In der Tat entwickeln dann fast alle Kinder, die zufällig auf diese Weise geboren werden, auch eine extreme malerische Begabung, so daß kein Mundugumar auf die Idee kommen könnte, daß seine Theorie falsch ist: M. Mead, Jugend und Sexualität in primitiven Gesellschaften, Bd. 3, München 1970.
3 Vgl. K. Mollenhauer u. a., Die Familienerziehung, München 1975, S. 11 ff.
4 Vgl. ausführlich das Material bei G. Heinsohn/R. Knieper, Theorie des Familienrechts, Frankfurt/M. 1974.
5 In der Zeit nach dem «schwarzen Tod» im 13. Jahrhundert, als eine Verknappung der bäuerlichen Bevölkerung eingetreten war und die Feudalherren um siedlungswillige Bauern werben und mit der Flucht von übermäßig Ausgebeuteten in günstigere Herrschaftsverhältnisse rechnen mußten, kam es vorübergehend zu einer deutlichen Verbesserung der Bauern-Situation: Mottek, Wirtschaftsgeschichte Deutschlands Bd. 1, Berlin 1973. Ähnliches ließe sich für die chinesische und indische Agrargeschichte zeigen.
6 Für Unternehmer hat die Anschaffung eines Kindes auch die Funktion, der – an sich sinnlosen – rastlosen Kapitalverwertung, der man sein Leben verschrieben hat, einen sekundären Ersatz-Sinn zu geben.
7 K. Oeter, Psychosoziale Bedingungen der Schwangerschaftsverhütung, in: Kölner Zeitschrift für Soziologie und Sozialpsychologie Heft 2/1975, S. 224 ff.
8 Deshalb ist es auch unmöglich, in den kapitalistischen Gesellschaften einen einheitlichen «Sozialcharakter» zu finden, wie er von der Kulturanthropologie für zahlreiche «primitive» und traditionale Gesellschaften konstruiert worden ist.
9 Vgl. zu solchen unbewußten Rollenzuschreibungen: H. E. Richter, Eltern, Kind und Neurose, Reinbek bei Hamburg 1969.
10 Ein Gesichtspunkt, der bei Heinsohn/Knieper, a. a. O., sträflich vernachlässigt wird.
11 Nach H. D. Bamberg/M. Bosch (Hg.), Politisches Lesebuch, Starnberg 1973, S. 368.
12 Bronfenbrenner, a. a. O., S. 102 f; vgl. auch H. T. Himmelweit u. a., Fernsehen im Kindesalter, in: L. v. Friedeburg (Hg.), Jugend in der modernen Gesellschaft, Köln/Berlin 1965.
13 Vgl. J. Piaget, Psychologie der Intelligenz, Olten 1971, Kap. VI.
14 K. Mollenhauer u. a., Die Familienerziehung, a. a. O., S. 100.

15 M. Mead, Kindheit und Jugend in Samoa, München 1970.

16 B. Malinowski, Geschlecht und Verdrängung in primitiven Gesellschaften, Reinbek bei Hamburg 1962.

17 Darauf wird u. a. hingewiesen bei A. Mitscherlich, Auf dem Weg zur vaterlosen Gesellschaft, München 1963.

18 Vgl. zum Beispiel das Material bei Ad. E. Jensen, Beschneidung und Reifezeremonien bei den Naturvölkern, Neudruck New York 1968; und V. Popp (Hg.), Initiation, Frankfurt/M. 1969, insbes. S. 63 ff.

19 Vgl. u. a. S. Freud, Totem und Tabu, in: Ges. Werke Bd. IX.

20 Vgl. etwa ders., Beiträge zur soziologischen Theorie, Neuwied/Berlin 1964, S. 65–135.

21 Parsons, Die Schulklasse als soziales System, in: C. F. Graumann/H. Heckhausen (Hg.), Pädagogische Psychologie. Grundlagentexte, Frankfurt/M. 1973.

22 O. Negt/A. Kluge, Öffentlichkeit und Erfahrung, Frankfurt/M. 1973.

IX. Kindergartenerziehung

1. Die Institution

Die meisten Kinder, zur Zeit etwa zwei Drittel und in Zukunft noch mehr, gehen, nachdem sie drei oder vier Jahre alt geworden sind, heutzutage in den Kindergarten. Sein zwischenmenschliches Milieu wirkt sich dann zusätzlich zu dem Familienmilieu auf ihre soziale Entwicklung und Persönlichkeitsbildung aus. Um diese formende Wirkung zu begreifen, muß man sich zunächst vor Augen halten, daß die Kindergärten als Masseninstitution nicht etwa so zustande gekommen sind, daß eine vernünftige pädagogische Konzeption von einem bestimmten Tage an auf Grund allgemeiner Einsicht in die gesellschaftliche Praxis und den planvollen Aufbau einer neuen Erziehungseinrichtung umgesetzt worden ist (eine Vorstellung, die dem gängigen idealistischen Verständnis der bürgerlichen Pädagogik entspräche), sondern daß die Kindergärten als kaum geplante Zwangsreaktion auf die grundlegenden Erziehungswidersprüche der kapitalistischen Produktionsweise zur Masseneinrichtung geworden sind.[1] In dem Maße, in welchem die Familie zur bloßen, von der Produktion abgetrennten Konsumtionseinheit wurde, in welchem auch die Frauen ihre Arbeitskraft als Lohnarbeiter verkaufen mußten und infolge der Schrumpfung der Familie Großmütter oder andere Verwandte für die Kinderbetreuung nur noch in seltenen Ausnahmen zur Verfügung standen, – im selben Maße mußte der Staat in die gesellschaftlichen Funktionen der Erziehung und das heißt vor allem der Herstellung künftiger Arbeitskräfte einspringen. Er tat das mehr schlecht als recht, die Kindergärten waren und sind in den meisten Fällen, trotz bester Absichten der überlasteten Erzieher, kaum mehr als bloße Aufbewahrungsanstalten, Abstellplätze für die Kinder, welche die Lohnarbeiterexistenz belasten; und sie schleppen auf neuer Ebene die alten Widersprüche der kapitalistischen Kindererziehung – zusammen mit einigen neuen – in sich weiter. Trotzdem kann es kein Zurück zur bloßen Familienerziehung mehr geben; und trotz der im folgenden aufgezeigten Schwierigkeiten und zwischenmenschlichen Sinnlosigkeiten in der Kindergartenerziehung bedeutet ein fortschrittliches politisches Engagement in diesem Zusammenhang niemals ein Eintreten für die Abschaffung des Kindergartens, sondern immer nur den Kampf für den Ausbau des schon erreichten widersprüchlichen und gefährdeten *höheren Vergesellschaftungsgrades* der Kindererziehung gegenüber der unbefriedigend-isolierten bloßen Familienerziehung.[2] Auf dieser Stufe läßt sich auch die *gesamtgesellschaftliche* Bedeutung der Zerstörung sinnvoller kindlicher Entwicklung, welche der Kapitalismus mit Notwendigkeit betreibt, viel leichter aufzeigen und bekämpfen.

Bevor wir die Auswirkungen der Kindergartenerziehung auf das kindliche Sozialverhalten diskutieren, sollen zunächst einige Grundmerkmale der Institution und der Situation der dort erzieherisch Tätigen, mit denen die Kinder ja wesentlich umgehen, umrissen werden.

Die Kindergärten stellen eine staatliche Veranstaltung dar. Allerdings bedient sich der Staat in vielen Fällen (das gilt für Westberlin weniger als für Westdeutschland) in diesem Bereich der Vermittlung von Vereinen und vor allem der Kirchen, um seine gesellschaftlichen Funktionen wahrzunehmen. Aber auch die Kirchen leben ja von Steuern, die der Staat gefälligkeitshalber für sie einsammelt; sie weichen von der staatlichen Auffassung allenfalls im konservativen Sinne ab; sie sind wie der Staat hierarchisch-bürokratisch aufgebaut, erhalten direkte staatliche Kostenzuschüsse und unterstehen bei der Wahrnehmung ihrer Erziehungsaufgaben zudem einer formalen Kontrolle durch den Staat. Die teilweise Übernahme der Staatsfunktionen im Erziehungsbereich haben sich die Kirchen mit Hilfe der Ideologie des sogenannten Subsidiaritätsprinzips erworben, beziehungsweise aus der mittelalterlichen Sozialhilfetradition erhalten. Damit ist die Vorherrschaft reaktionär-konservativer Weltbilder in diesem Bereich gesichert – und zwar so stark, daß das sogar den modernen technokratischen Staatsplanern neuerdings manchmal mulmig wird und einer Effektivierung im Sinne des Kapitals entgegensteht. Trotzdem leben auch im Koalitionsentwurf für ein neues Jugendhilfegesetz Elemente des Subsidiaritätsprinzips unter der Formel der «vertrauensvollen Absprache» durchaus weiter.[3]

2. Probleme der Erziehersituation

Alle Aktivitäten der im Kindergarten Arbeitenden und von ihm Betroffenen unterliegen also einer bürokratischen Regelung und Leitung durch übergeordnete staatliche und kirchliche Ämter. Die wesentlichen Erziehungsvorschriften, die Verkündigung der weltanschaulichen oder erziehungswissenschaftlichen Konzeptionen, die Entscheidungen über Einstellungen und Entlassungen und so weiter gehen von dort aus. Als Vermittlung zwischen dem Amt und dem Kindergarten tritt die «Leiterin» auf. Sie ist wahrscheinlich zu ähnlich gebrochenen Formen der Zwischenmenschlichkeit, der Balance zwischen Amtspflicht und Kollegenkooperation, dem Wechsel von Distanzierung und Identifizierung gegenüber ihrer objektiven Funktion gezwungen, wie wir sie für die unteren Leitungsposten im kapitalistischen Betrieb (Meister) beschrieben haben. Sie wird, trotz meistens gleicher Ausbildung, dann auch besser bezahlt, als die Kolleginnen. Und diese werden dann ja, ob sie Vorschulpädagoginnen, Kindergärtnerinnen (Erzieherinnen), Kinderpflegerinnen oder nur Praktikantinnen sind, auch noch einmal unterschiedlich bezahlt. Ganz außerhalb steht schließlich das hauswirtschaftliche Personal. Die Hierarchisierung[4], die aus der unterschiedlichen Ausbildungsdauer hergeleitet wird, ist zwar pädagogisch nicht begründbar, entspricht aber ganz dem kapitalistisch-bürokratischen Verwaltungsverstand, der nach dem erfolgreichen Motto des «Teile-und-herrsche» regiert.

Als staatlich-bürokratische Veranstaltung ist der Erziehungsprozeß im Kindergarten von den wirklichen Problemen des kapitalistischen Arbeitslebens, welche für die soziale Grundsituation der Familien, aus denen die Kinder kommen, prägend sind, abgetrennt, ihnen gegenüber weitgehend verselbständigt und gleichgültig. Schon die kapitalistische Familienerziehung ist durch die Trennung von gesellschaftlichem Arbeitsleben und Erziehung gekennzeichnet. Diese Trennung setzt sich aber im Kindergarten auf einer neuen Ebene und in einem institutionell verfestigten Rahmen fort.

Das Arbeitsklima wird nicht nur durch die hierarchisch-bürokratische Einbindung des Kindergartens, sondern auch und vor allem durch den chronischen Geldmangel belastet, der für diese Erziehungseinrichtung (wie übrigens auch für andere) im Kapitalismus kennzeichnend ist. Die staatlichen Ausgaben für die Kindererziehung stellen für das Kapital «tote Kosten» dar, deren gewinnbringender Charakter etwa im Gegensatz zu den staatlichen Rüstungsausgaben, im Sinne der Kapitalverwertung sehr unsicher und langfristig ist. Der Staat, der für die langfristige gesamtgesellschaftliche Qualifikation der künftigen Arbeitskräfte Verantwortung tragen muß, kann deshalb dem Kapital nur mühsam das Geld für diesen Bereich aus der Nase ziehen. Dabei werden die Ausgaben für Baumittel, welche ja auch immer neue Absatzmärkte für die Kapitale erschließen, sehr viel leichter bewilligt, als zusätzliche Personalausgaben. In Zeiten stockender Kapitalverwertung, in der ökonomischen Krise, wo das Kapital direkte Staatssubventionen beansprucht, verschärft sich dann auch sofort die Mittelknappheit im Erziehungsbereich. So gibt es zur Zeit trotz einer pädagogisch gesehen immer noch überhöhten Kindergruppengröße viele Erzieherinnen, die vergeblich Arbeit suchen. Statt den Geburtenrückgang zu nutzen, um endlich eine pädagogisch sinnvolle kleinere Gruppengröße ohne zusätzliche Kosten zu erhalten, nutzt ihn der Staat zur Kostensparung durch Stellenstreichung. Die Gruppen sind zu groß, die Spielmaterialien unzureichend, die durchschnittliche Raumgröße liegt zum Beispiel in Westberlin um mehr als die Hälfte noch unter den staatlichen Mindestvorschriften, die ihrerseits unter pädagogischen Gesichtspunkten durchaus bescheiden bemessen sind.[5]

Die Arbeitszeit der Erzieherinnen ist zum Dauerstreß ausgedehnt, der ein persönlich interessiertes Eingehen auf die Probleme der Kinder und ein Einfühlen in ihre Situation sehr schwer macht. In Westberlin können sich nur weniger als ein Viertel der Erzieherinnen während der Arbeitszeit vorbereiten.[6] So ist es kein Wunder, daß die Kinder meistens zu solchen Spielen und Beschäftigungen angeleitet werden, die den Erzieherinnen routinemäßig geläufig sind und die den geringsten Verschleiß ihrer strapazierten Arbeitskraft bedeuten. Unter solchen Bedingungen bleiben auch die modernen und progressiven erziehungswissenschaftlichen Konzeptionen, die neuerdings – ausgearbeitet durch wissenschaftliche Experten – von oben verordnet werden, ein wohltönendes Wortgeklingel, das eher nur noch weitere Verunsicherung als eine konkrete Handlungsorientierung unter die Erzieher bringt.[7]

Das Hauptproblem der Kindergartenerziehung liegt wohl in folgendem: Die Erzieherinnen sind Lohnarbeiter, und die Gleichgültigkeit der Lohnarbeiter, die ihre Arbeitskraft in der Konkurrenz ganz individuell zu möglichst günstigen Bedingungen verkaufen und ihren Verschleiß in möglichst engen Grenzen halten müssen, – diese Gleichgültigkeit prägt ihre Kooperation und die zwischenmenschlichen Beziehungen zu den Kollegen wie zu ihren eigentlichen Arbeitsgegenständen, den Kindern, ganz grundlegend. Diese Gemeinsamkeit mit der Situation der Lohnarbeiter in der kapitalistischen Industrie ist merkwürdigerweise erst in letzter Zeit in aller Schärfe von wissenschaftlicher Seite hervorgehoben worden[8] und dürfte in der Tat einen großen Teil der Motivationslosigkeit von Erzieherinnen und die Vergeblichkeit aller neuen pädagogisch-idealistischen Anreizversuche erklären.

Was im Prinzip schon für die Familienerziehung gilt, gilt unter kapitalistischen Verhältnissen für die Lohnerziehung im Kindergarten noch verschärft: Das Schicksal der erzieherischen Arbeitsgegenstände, der Kinder, hat überhaupt keinen Zusammenhang mehr mit der Zukunftsperspektive der Erzieher. Sie können – solange die Erziehung nicht bewußt politisch betrieben wird – nicht als mögliche spätere Kooperationspartner beim gemeinsamen Aufbau verbesserter Lebensbedingungen und einer sinnvollen Gesellschaft wahrgenommen werden; nicht als Subjekte, die ich für die Durchsetzung und Erhaltung meiner materiellen Lebensinteressen brauche ebenso wie sie mich brauchen, sondern primär nur als kleine Nervensägen, die mit ihren Ansprüchen meine Arbeitskraft und seelische Gesundheit zu zerrütten drohen.

Dieser Mißstand ist erst mit dem Zerfall der christlichen und caritativen Leitbilder, welche bis vor einigen Jahren in diesem Bereich noch manche Erzieher mit idealistischem Opfermut hervorbrachten, offen zutage getreten. Auch hier sind es – wie in der Familie – im Grunde *vorkapitalistische* Normen und Leitbilder gewesen, die lange Zeit die zwischenmenschlichen Widersprüche in der kapitalistischen Erziehung noch einigermaßen unter der Oberfläche gehalten haben. Es ist klar, daß die Lohnarbeitergleichgültigkeit sich nicht nur in der zwischenmenschlichen Beziehung zu den Arbeitsgegenständen, zu den Kindern auswirkt, sondern auch in der Kooperationsbeziehung zwischen den Erzieherinnen, die tagtäglich am Arbeitsplatz miteinander umgehen. Auch hier sorgen die Hierarchisierung und die Konkurrenz – die sich mit der wachsenden Stellenknappheit noch verschärfen – dafür, daß der andere primär als Bedrohung meiner selbst wahrgenommen wird.[9] Die Planstellen sind den Gruppen, weil es das billigste ist, jeweils einzeln zugeordnet, und der größere Erziehungserfolg des anderen, und sei es auch nur das etwas geringere Chaos in seiner Gruppe, stellt unter diesen Bedingungen einen mehr oder weniger stillen Vorwurf an meine Adresse dar. Die seltenen Dienst- und Teambesprechungen, die zum Teil auch noch auf Kosten der Freizeit gehen, können den zahlreichen zwischenmenschlichen Ängsten und Mißverständnissen, die unter diesen Bedingungen notwendig aufkommen müssen, kaum Abhilfe schaffen.

Die Betonung der Lohnarbeitergleichgültigkeit mit ihren Konsequenzen für die Arbeitseinstellung und zwischenmenschliche Wahrnehmung ist zwar wichtig. Man darf diese Seite der sozialen Situation im Kindergarten aber nicht verabsolutieren.[10] Wie wir gesehen haben, hat ja auch im industriellen Produktionsprozeß die Seite des konkreten Arbeits- und Kooperationsprozesses immer noch eine gewisse Eigenständigkeit.[11] Und es gibt hinsichtlich des konkreten Arbeits-, das heißt Erziehungsresultats, immer noch unterdrückte, aber wichtige Bedürfnisse der Menschen nach *sinnvoller Vergegenständlichung*, über welche sich durchaus noch eine solidarische und sich entwickelnde Perspektivenverschränkung mit den Kollegen, aber auch mit den Kindern selbst herstellen läßt. Ohne ein solches Gefühl der sinnvollen Vergegenständlichung läßt sich vor allem dann kaum leben, wenn die Arbeitsgegenstände kleine Kinder und lebende Menschen sind. Auch die oben erwähnten opferwillig-christlichen Erzieher haben ja, wenn auch auf völlig verquere Weise, ihrer täglichen Arbeit über die bloße Erhaltung der Lohnarbeiterexistenz hinaus einen weitergehenden Sinn zu geben versucht[12] – und sei es auch nur als Rettung der kleinen Seelen für ein besseres «Leben in Gott». Die Arbeit am lebenden Menschen erschwert eine zynisch-gleichgültige Einstellung zum Arbeitsgegenstand. Die meisten Erzieherinnen laufen auch heute noch mit beträchtlichen moralischen Ansprüchen umher, die zum Teil – etwa als Verpflichtung zur unbedingten Mütterlichkeit oder zur verantwortlichen Herstellung von schulischer Chancengleichheit – der herrschenden Erziehungsideologie entstammen, die aber auch sehr berechtigt und wichtig sind. Der Arbeitsstreß, unter dem Lohnerzieher stehen, wirkt wahrscheinlich gar nicht so sehr direkt über die physische und sozusagen meßbare nervliche Belastung am Arbeitsplatz, über die Arbeitsdauer, den Lärmpegel, sondern er wirkt vielmehr *indirekt* über die

Wahrnehmung der Perspektive und Bedürfnisse der Erziehungsobjekte, denen ich mich irgendwie verpflichtet fühle, die ich aber notgedrungen und sehenden Auges doch vernachlässigen muß.

Die moralische Bindung an den Arbeitsgegenstand unterscheidet die Lohnerziehersituation von der Industriearbeitersituation ganz grundlegend. Sie bringt eine besondere Art der Arbeitsbelastung – das permanent schlechte Gewissen – hervor und bietet aber auch wichtige Anknüpfungspunkte für einen offensiven Kampf um verbesserte Kooperationsbedingungen der Lohnerzieher. Unter den Bedingungen des politisch unbegriffenen Alltagstrotts bewältigen viele Erzieher diesen Druck des schlechten Gewissens entweder ganz individuell dadurch, daß sie ihre Ansprüche auf eine Erziehung im Sinne der Emanzipation und Selbstentfaltung zwar beibehalten, die Schuld am Scheitern der Ansprüche aber immer nur den Kollegen, deren persönlichem Versagen und verantwortungsloser «Job»-Einstellung zur Arbeit anlasten.[13] Wenn der andere erst zum unentbehrlichen Projektionsschirm für die eigenen Selbstvorwürfe geworden ist, dann ist die Vergiftung der zwischenmenschlichen Atmosphäre am Arbeitsplatz kaum noch rückgängig zu machen. Eine andere Form, den Widerspruch zwischen Lohnarbeitergleichgültigkeit und moralischem Anspruch zu bewältigen, ist etwa die Aufspaltung der Kinder in interessante «Lieblinge» und die Mehrheit der «hoffnungslosen Fälle». Die angedeuteten Bewältigungsversuche der Balance zwischen Gleichgültigkeit und zwischenmenschlichem Engagement gilt es aus ihrer individualistischen Beschränkung zu befreien und auf ihre wirklichen Ursachen, die objektiven Widersprüche der Lohnerziehung im Kapitalismus, zurückzuführen. Man sollte auch nicht übersehen, daß der Spielraum für neue und selbstbewußte Formen der Kooperation im Vorschulbereich doch etwas anders und wahrscheinlich größer ist als für die industriellen Lohnarbeiter. Die Lohnerzieher sind ja nicht direkt dem Kapital untergeordnet; sie werden vielmehr aus dem staatlichen Steueraufkommen oder Teilen der elterlichen Lohnsumme finanziert und stellen unproduktive Arbeit im Sinne der Kapitalverwertung dar. Das heißt, sie schaffen keinen direkt meßbaren Tauschwert; und ihr Arbeitserfolg ist auch so nicht direkt am Gesichtspunkt der Kostenminimierung ablesbar wie etwa bei einer Putzfrau im Staatsdienst. Sie schaffen bestimmte sehr komplizierte Gebrauchswerte, bestimmte Eigenschaften und Qualitäten der menschlichen Arbeitskräfte – welche dann erst eine *Voraussetzung* für die Kapitalverwertung abgeben. Das bedeutet unter anderem, daß der *Maßstab*, welche Art von kooperativer Erziehungstätigkeit und welche Art von Flexibilität, Intelligenz, Kooperativität auf seiten der Kinder eigentlich dem Kapital nützt und welche nicht, sehr schwer zu finden und anzulegen ist.[14] Die Kapitale verstehen auch ziemlich wenig von Kinderpädagogik. In diesem «Kriterienvakuum», das auch für andere Bereiche unseres Bildungswesens gilt, liegt eine Chance,

die man nicht durch eine voreilige und resignative Verabsolutie-
rung der Lohnarbeitergleichgültigkeit ungenutzt verstreichen lassen
sollte.

3. Soziale Lernbedingungen der Kinder

Was bedeutet nun der umrissene institutionelle Rahmen für das Sozialverhalten der Kinder? Wie wirken sich die Abgetrenntheit von der
Produktion, der hierarchisch-bürokratische Aufbau der Institution, die
Mittelknappheit, die zwischenmenschliche Konkurrenz und Gleichgültigkeit auf seiten der Lohnerzieher auf die zwischenmenschliche Einstellung der hier erzogenen Kinder aus?

Ein Hauptproblem liegt schon in der Abgetrenntheit der Kindergarten-
welt vom gesellschaftlichen Produktionsgeschehen und anderen wichti-
gen gesellschaftlichen Tätigkeiten. Die Kinder lernen hier eine Art der
zwischenmenschlichen Perspektivenverschränkung, des wechselseitigen
Verstehens, die nicht nach der gesellschaftlichen Wichtigkeit der gegenständlichen Tätigkeit, welche einen zusammenhält, des «gemeinsamen
Dritten» fragt. Man versteht sich eben oder versteht sich eben nicht.
Peter ist eben doof, weil er doof ist, und Susanne ist nett, weil sie nett ist.
Hier begegnet man wieder der Abstraktheit des zwischenmenschlichen
Bezugs, wie wir sie schon für die Privatbeziehungen in der Familie betont
haben. Nur ist sie hier noch mit der Tendenz zur Lohnarbeitergleichgültigkeit bei den Erziehern und mit dem Zwang zur Massenabfertigung der
kindlichen Lernansprüche verbunden. Interessant ist übrigens in diesem
Zusammenhang, daß viele Erzieher die Erlaubnis zur Teilhabe an den
direkten gegenständlich-lebenswichtigen Verrichtungen des Kindergartens, wie Abräumen, Essenholen, Kochen als besonders wirksames Be-
lohnungsmittel einsetzen.[15] Das heißt, die Kinder fühlen die Leere der
ihnen aufoktroyierten, angeblich kindgemäßen, bloß spielerischen Tätigkeit, welche für den wirklichen Lebensprozeß der anderen ganz unwichtig ist. Sie wollen über ihren Beitrag an den notwendigen Erwachsenen-
verrichtungen, über ihren, wenn auch noch unvollkommenen Beitrag
zum gegenständlichen Lebensprozeß Einfluß und Bedeutung für andere
haben. Nur so, und nicht über die bloße Einhaltung von irgendwelchen
willkürlich festgelegten Spielregeln, läßt sich ja auch so etwas wie Solidarität lernen. In diesem Zusammenhang bedeutet die Arbeitsteilung zwischen erzieherischem und technisch-hauswirtschaftlichem Personal und
die Verbannung der letzteren auf die Hinterbühne des Erziehungsge-
schehens einen zusätzlichen Unfug. Der Erziehungsprozeß kommt auf
einen bloß pädagogischen Bezug herunter, der von allen gesellschaftlich
bedeutsamen Gegenständen entleert ist, in dem die gemeinsamen Gegen-

stände nur noch als verkleinerte Abbilder und gesellschaftlich unbedeutende Spielmaterialien vorkommen, welche die Kinder bekanntlich sehr schnell langweilen.

Spielen ist sicher eine für die kindliche Entwicklung kennzeichnende und wichtige Tätigkeit. Es ist ihre bevorzugte Art, sich ihre gegenständliche und zwischenmenschliche Umwelt, einschließlich der in ihr vorkommenden und oftmals unbewältigbar erscheinenden Konfliktsituationen und Ohnmachtserlebnisse dadurch aktiv anzueignen, daß sie mit Hilfe von Phantasievorstellungen neu aufgebaut und der eigenen Lebenstätigkeit schöpferisch einverleibt werden. Der Aspekt der phantasiegeleiteten Konflikt- und Ohnmachtsverarbeitung im Spiel ist vor allem von der psychoanalytischen Spieltheorie untersucht worden [16]; die Seite der zunehmenden Aneignung der gegenständlichen und sozialen Umwelt und die Einübung in die Erwachsenenkooperation wird zum Beispiel von der sowjetischen Psychologie stark betont. (Spiel als «Kind der Arbeit»).[17] Beide Seiten gehören zusammen und stellen nur scheinbar eine Alternative dar. Aber welcher Spieltheorie man auch anhängt, es läßt sich sagen, daß unter allen Umständen die institutionelle Abtrennung und die aus Lohnarbeiterbequemlichkeit stattfindende Verbannung der Kinder in eine eigene Welt, in der sie mit ihren zahlreichen Ansprüchen und Konflikten die Erwachsenen möglichst wenig stören sollen, eine produktive Konfliktbewältigung und eine schöpferische Aneignung der gegenständlichen und zwischenmenschlichen Umwelt durch die Kinder verhindert. Wenn die Kinder die Erwachsenen immer nur abgelöst von den notwendigen gegenständlichen Lebensverrichtungen und Problemen des Erwachsenenalltags kennenlernen, als Personen, die einfach immer nur da sind und deren persönliches Interesse am Kind eigentlich unbegreifbar ist, dann lernen sie über die Erwachsenenwelt fast nichts. Die pädagogische Beziehung als bloß pädagogische Beziehung droht immer eine kreislaufartige, ebenso gegenstands- wie entwicklungslose Angelegenheit zu werden.

Die Entleertheit der zwischenmenschlichen Beziehungen, der Spielprozesse im Kindergarten vom gemeinsamen gegenständlichen Bezug, von einem bedeutsamen «Dritten» ist denn auch in letzter Zeit als ein Haupthindernis für produktives Lernen von der Erziehungswissenschaft entdeckt worden. Auch hier bedurfte es wieder langer Umwege und Mühen, bis die Wissenschaft auf den eigentlich ziemlich schlichten Sachverhalt stieß, daß Kinder nur in Lebenssituationen lernen, die für sie selbst und die Erwachsenen von praktischer Bedeutung sind. Man spricht deshalb vom «Situationsansatz».[18] In dieser neuen erziehungswissenschaftlichen Konzeption wird versucht, die unter kapitalistischen Bedingungen zwangsläufig abgetrennte Lebenswirklichkeit der Erwachsenen-Alltagswelt gewissermaßen künstlich in den Kindergarten zurückzuholen: dadurch, daß man Exkursionen nach draußen macht, Fabriken und

Krankenhäuser besichtigt und die Erwachsenenwelt samt den von ihr produzierten kindlichen Konflikten in Rollenspielen simuliert und diskutiert. Diese theoretische Neuorientierung ist sicher ein Fortschritt gegenüber der bloßen Beschäftigungstherapie, die heute in den meisten Kindergärten betrieben wird. Bloß sind die objektiven Bedingungen für ihre Durchsetzung unter den herrschenden ökonomischen Bedingungen äußerst schlecht. Denn 1. ändert sich durch eine bloße theoretische Konzeption an der realen Abtrennung der gesamtgesellschaftlichen und produktiven Lebenspraxis gegenüber der Kindergartenerziehung überhaupt nichts. Und 2. erfordert die beständige Durchführung von Exkursionen und angeleiteten Rollenspielen äußerst engagierte und motivierte Erzieher. Und gerade die sind unter den Bedingungen der Hierarchisierung, Konkurrenz, Lohnarbeitergleichgültigkeit und beständigen zeitlichen Arbeitsüberlastungen mit Notwendigkeit Mangelware. Deswegen und wegen der sich verschärfenden finanziellen Mittelknappheit wird es wahrscheinlich auch hier ein weiteres Mal bei einem mehr oder weniger friedlichen Nebeneinander von wohlklingend-anspruchsvollen Zielvorstellungen und schlechter Alltagswirklichkeit bleiben.

So wie die Dinge zur Zeit liegen, lernen die Kinder im Kindergarten eine Art der Perspektivenverschränkung, des zwischenmenschlichen Verstehens, des «Sich-nett-Findens» oder des «Sich-nicht-Mögens», die mit der gemeinsamen Bewältigung praktisch gegenständlicher Probleme und der eigenen Lebenssituation wenig oder gar nichts zu tun hat und in welcher zudem der andere oftmals primär als Konkurrent um die knappe Gunst der gestreßten Erzieherin auftaucht. Das soziale Lernen und die Aneignung der Erwachsenenwelt kann sich dann fast nur noch als ein vom Gegenstandsbezug abgetrenntes Vorbildlernen, über eine unbefragte, abstrakte Identifizierung mit den vorgegebenen Erziehungspersonen abspielen, für welche Kinder ohnehin schon ziemlich anfällig sind.[19] Die zwischenmenschlichen Verhaltensweisen und Verstehensprozesse dieser Vorbilder sind nun aber ihrerseits durch die Hierarchisierung und Konkurrenz, das Fehlen eines wirklichen Engagements, eines gemeinsamen gegenständlichen Bezugs und einer funktionierenden Kooperation gekennzeichnet. Es findet also sowohl in der Beziehung der Kinder untereinander, als auch in ihrer Beziehung zu den Lohnerziehern bereits eine Einübung in den zufälligen und von den Problemen der eigenen praktischen Lebenssituation weitgehend abgelösten Charakter der kapitalistischen Zwischenmenschlichkeit und Perspektivenverschränkung statt.

Außerdem üben die Kinder schon durch den Kindergarten ein weiteres wichtiges Charakteristikum der kapitalistischen Zwischenmenschlichkeit ein: das Kind lernt nämlich notgedrungen, verschiedene Weisen der Perspektivenverschränkung auseinanderzuhalten, sein zwischenmenschliches Verstehen in zwei voneinander getrennte Bestandteile aufzuspalten und *ein Leben* in *zwei* unterschiedlichen sozialen Welten zu leben, die miteinander nichts oder fast nichts zu tun haben: einerseits die individuell-vertraute Familie, andererseits der nach allgemeinen Regeln organisierte und oftmals von Massenbetrieb anonymisierte Kindergarten. Das Kind lernt, widersprüchliche Verhaltensanforderungen zu ertragen, von einer übernommenen Perspektive rasch in die nächste überzuwechseln, und damit erwirbt es die verlangte Wendigkeit und Flexibilität, um die Widersprüchlichkeit und Zerrissenheit der zwischenmenschlichen Lebenswelten im kapitalistischen Produktions-, Zirkulations- und Konsumtionsbereich in ein einheitliches Verhalten integrieren zu können.

Anmerkungen

1 Vgl. hierzu ausführlich G. Heinsohn/B. Knieper, Theorie des Kindergartens und der Spielpädagogik, Frankfurt/M. 1975, und diess., Das Desinteresse lohnabhängiger Pädagogen als zentrales Problem der Erziehung, in: K. J. Bruder u. a., Kritik der Pädagogischen Psychologie, Reinbek bei Hamburg 1976, S. 20 ff.

2 Eine Stoßrichtung, die bei Heinsohn/Knieper zugunsten eines resignativen Einerseits–Andrerseits unter den Tisch fällt. Vgl. zur Kritik der Resignationstendenzen u. a., K. Bader, S. Goldner u. a. Professionalisierung der Erzieherinnen oder Professorenerziehung, in: Päd. Extra 5/76.

3 Vgl. F. Barabas/Chr. Sachße, Funktion und Grenzen der Reform des Jugendhilferechts, in: Kritische Justiz, Heft 1, 1974.

4 Zu den Problemen der Hierarchisierung und Konkurrenz im Erzieherverhalten vgl. die wichtige Arbeit von M. Kogigei, Kooperation zwischen Erzieherinnen, Berlin (Kinderzentrum) 1975, S. 41 ff.

5 Vgl. Kogigei, a. a. O., S. 109.

6 Kogigei, a. a. O., S. 107.

7 Zum desorientierenden Charakter auch und gerade der «verwissenschaftlichten» Erzieherinnenausbildung vgl. C. Schütte/A. Busse, Tendenzen in der Erzieherausbildung an Fachschulen für Sozialpädagogik, Diplomarbeit (Sozialpädagogik) an der Universität Bremen, unveröffentlicht.

8 Das ist ein Verdienst von Heinsohn und Knieper, a. a. O.

9 Vgl. Kogigei, a. a. O., S. 56 ff, D. Eckensberger, Sozialisationsbedingungen in der öffentlichen Erziehung, S. 102, Frankfurt/M. 1972.

10 Eine Tendenz, die bei Heinsohn/Knieper vorhanden ist.

11 Darauf weisen zu Recht hin R. Koch/G. Rocholl, Gleichgültigkeit der Lohnerzieher?, in: Demokratische Erziehung, H. 1, 1976.

12 Zu denken wäre hier auch an die ausgezeichnete heilpädagogische Arbeit, die bekanntermaßen in den meisten anthroposophischen Heimen geleistet wird.

13 Zu solchen Projektionsmechanismen im Sinne der Psychoanalyse vgl. Eckensberger, a. a. O., S. 105 ff und Kogigei, a. a. O., S. 78 ff.

14 Vgl. zu diesen Problemen: C. Offe, Strukturprobleme des kapitalistischen Staates, Frankfurt/M. 1972, S. 47 ff.

15 Vgl. Heinsohn/Knieper, a. a. O., S. 198 f.

16 Vgl. die Zusammenfassung bei L. Peller, Modelle des Kinderspiels, in: A. Flitner (Hg.), Das Kinderspiel, München 1973.

17 Vgl. A. N. Leontjew, Psychologische Grundlagen des Spiels im Vorschulalter, in: ders., Probleme der Entwicklung des Psychischen, Frankfurt/M. 1973.

18 Vgl. J. Zimmer, Ein Bezugsrahmen vorschulischer Curriculumentwicklung, in: ders. (Hg.), Curriculumentwicklung im Vorschulbereich, München 1973, Bd. 1. Der «Şituationsansatz» hat Wesentliches übernommen von der DDR-Autorin J. Launer. Persönlichkeitsentwicklung im Vorschulalter bei Spiel und Arbeit, Berlin 1970.

19 Vgl. z. B. A. Bandura u. a., Stellvertretende Bekräftigung und Imitationsler-nen, in: M. Hofer/F. E. Weinert (Hg.), Funkkolleg Pädagogische Psychologie. Grundlagentexte 2, Frankfurt/M. 1973.

X. Schulerziehung

1. Die Institution

Die Vorbereitung der Kinder auf die zwischenmenschliche Entfremdung des Erwachsenen-Alltagslebens, die im Schoße der Familie und im Kindergarten stattfindet, ist zwar schon beträchtlich, aber verglichen mit dem, was in der Schule stattfindet, noch völlig harmlos. Die in letzter Zeit aus aller Munde zu hörende Rede vom «Schulstreß» und die bange Frage «Macht die Schule unsere Kinder krank?», derer sich zur Bundestagswahl alle Parteien mit Heilungsversprechen angenommen haben, bezeichnen nur die Spitze eines Eisbergs. Die Probleme der Apathie, des individuellen Versagens, der Leistungsangst und der zwischenmenschlichen Konkurrenz in der Schule mögen sich in letzter Zeit, unter dem Druck der verschlechterten Wirtschafts- und Arbeitsmarktlage und vor allem auf Grund der erhöhten technischen Anforderungen des Produktionsprozesses, zugespitzt haben; sie sind aber im Grunde nicht neu und überhaupt kein Ausnahmezustand, den man durch guten Willen und durch die Klärung einiger Mißverständnisse in nächster Zeit beseitigen könnte. Sie sind vielmehr mit der objektiven Funktion und dem grundlegenden organisatorischen Aufbau des Schulsystems in der kapitalistischen Gesellschaft immer schon verbunden gewesen.

Die Hauptfunktion des Schulsystems im Rahmen der kapitalistischen Produktionsweise ist die regelmäßige Lieferung und Auslese von neuen Arbeitskräften in Gestalt von jungen «Ersatzmännern», die man im privatkapitalistischen Produktionsprozeß reibungslos verwerten kann, ohne daß sie durch eine allzu große Unbildung, mangelnde Leistungsbereitschaft oder gar offene Unbotmäßigkeit Ärger verursachen und Profite vermindern. Die Seite einer beruflichen Mindestqualifikation *aller* Kinder ist erst relativ spät in den Vordergrund getreten und gewinnt heute zunehmend an Wichtigkeit. Auf deutschem Boden überwog noch bis zum Ersten Weltkrieg fast ganz der Aspekt der bloßen Aufbewahrung, moralischen Disziplinierung und politisch-religiösen Indoktrinierung im Sinne der Herrschenden. Die ersten Volksschullehrer waren denn auch im Gegensatz zu den Gymnasial- und Privatlehrern für die Jugend der höheren Stände selber kaum ausgebildet, oftmals Küster oder ehemalige Unteroffiziere, deren Tätigkeit straffen Kontrollen durch die Kirchen unterstand und die die Disziplinierung, die man ihnen in der Kirche und im Militär selbst angetan hatte, an die Kinder weitergaben.[1] Mit der Kirche und dem Militär hat die Schule heute immer noch bestimmte Merkmale gemeinsam, die sich durchaus prägend auf das in ihr stattfindende Sozialverhalten auswirken. Sie ist weitgehend das, was man in der Soziologie eine totale Institution[2] nennt. Totale Institutionen, zu denen auch Irrenhäuser, Gefängnisse, Fürsorgeanstalten und Krankenhäuser gehören, zeichnen sich dadurch aus, daß sie einen vom gesamtgesellschaftlichen Leben scharf abgetrennten – von Mauern oder Zäunen umgebenen – ghettoartigen Raum bilden. Alles, was von der umgebenden Gesellschaft dort hinein kommt, muß kontrolliert, gefiltert und in eine besondere Sprache gebracht werden. Ebenso erfolgt der «Ausstoß» der in der Institution bearbeiteten Produkte oder Menschen in die Gesamtgesellschaft hinein in einer förmlichen und kontrollierten Weise. In der Institution selbst gibt es eine bürokratische Verwaltung, hierarchische soziale Ränge und ein strenges und genaues Regelsystem für das zwischenmenschliche Verhalten. Die Menschen sind hier in zwei genau voneinander getrennte und meistens schon auf den ersten Blick als solche kenntliche Mitgliedsgruppen unterteilt: in den «Stab», dessen Mitglieder in der Institution ihren Beruf und Lebensunterhalt haben, und in die «Insassen», deren Aufbewahrung, Erziehung oder Heilung den offiziellen Zweck der Institution darstellt. Diese letzteren sind mehr oder weniger unfreiwillig hier und unterstehen der Weisungsbefugnis und Sanktionsgewalt des «Stabs». Sie haben einen eingeschränkten rechtlichen Status und nur einen minimalen Selbstverwirklichungsspielraum. Den Insassen werden viele Möglichkeiten zum Ausdruck ihrer persönlichen Identität weggenommen, sie werden tendenziell zu namenlosen «Nummern», die noch in den intimsten Verrichtungen (man denke an das schulische «Austreten») der Kontrolle durch den Stab unterliegen. Beide Mitgliedsgruppen haben ein eigenes zwischenmenschliches Verständigungssystem, dessen Bedeutungen von der jeweiligen Gruppe geheimniskrämerisch verborgen gehalten werden. Und neben den offiziellen oder dienstlichen zwischenmenschlichen Kontakten gibt es in solchen Institutionen – sowohl innerhalb der einzelnen Gruppen, als auch zwischen ihnen – immer noch ein zweites System von inoffiziell-vertraulichen Kontakten und ein ausgedehntes, mehr oder weniger illegales zwischenmenschliches «Unterleben»,[3] das bestimmte tröstende und stabilisierende Funktionen erfüllt.

Das Wort «Anstalt» trifft die Verhältnisse in einer totalen Institution ziemlich genau. Die Schule unserer Gesellschaft ist – so kann man auch unter dem Aufschrei aller idealistischen Pädagogen getrost sagen – eine *staatliche Zwangsanstalt*, in der sich, abgetrennt vom gesellschaftlichen Leben und Produktionsgeschehen und innerhalb eines Wustes von bürokratischen Vorschriften der pädagogische «Stab» und die «Insassen» zum Zwecke einer vorgegebenen Verrichtung mehr oder weniger mißtrauisch gegenüberstehen. Ihre Kommunikationssysteme sind – etwa durch die Tür des geheimnisvollen Lehrerzimmers – sorgfältig voneinander abgegrenzt und gehen nur auf Schulausflügen oder Klassenfesten eine vorübergehende Mischung ein. Der Zwangscharakter, den der Aufenthalt der Zöglinge hat, ist zwar dadurch etwas abgemildert, daß sie nur für einen Teil des Tages hier und ansonsten bei den Eltern oder auf der Straße sind. Der Zwangscharakter ist aber durchaus vorhanden. Bei uns herrscht *Schulpflicht*. Wer ihr nicht nachkommt, muß damit rechnen, von der Polizei abgeholt und vorgeführt zu werden. Die Eltern eines solchen Kindes müssen mit einer strafrechtlichen Verfolgung rechnen und ihre Familie ist vom Stempel der Asozialität bedroht.

Rechtlich spiegelt sich der Anstalts- und Zwangscharakter der Schule in einem sogenannten «besonderen Gewaltverhältnis», welches auf eine Einschränkung der Grundrechte hinausläuft: «Das besondere Gewaltverhältnis unterscheidet sich vom allgemeinen Gewaltverhältnis dadurch, daß sich nicht mehr Bürger und Staat als Rechtssubjekte in klar umschriebenen Rechtspositionen gegenüberstehen, sondern daß der Staat eine faktische, nahezu bedingungslose Überlegenheit gegenüber dem Gewaltunterworfenen besitzt. Es ist ein ‹tatsächliches Verhältnis› gegeben und nicht ein ‹Rechtsverhältnis›, in welchem die Beziehungen zwischen Staat und Bürger durch Gesetze geregelt sind, die gleichermaßen für die Verwaltung wie für den Bürger bindende Wirkung haben. Mit anderen Worten: der rechtsstaatliche Grundsatz von der Gesetzmäßigkeit der Verwaltung gilt hier nicht mehr uneingeschränkt.»[4]

Es sieht ganz so aus, als könnte der bürgerliche Staat den Menschen nur deshalb so großzügig die formale rechtliche Freiheit zu einer Lebensführung nach eigenem Belieben zugestehen, weil er das gesamte Gebäude der Gesellschaft und ganz besonders das Erziehungswesen mit den rechtlichen Ausnahmen des «besonderen Gewaltverhältnisses» durchsetzt hat, vermittels derer die Individuen eingeschüchtert und gegenüber der Kapitalherrschaft loyal gemacht werden. Der demütigende und gewaltsame Ausnahmezustand wird von allen Individuen zunächst in der Schule erfahren; und die Angst, wieder in diesen Ausnahmezustand, in Gefängnisse, Irrenhäuser, Besserungs- oder Heilanstalten zurückgestoßen zu werden, wird sie auch in ihrem Leben als «doppelt freie Erwachsene» nicht verlassen, sondern ihnen als zuverlässiges Disziplinierungsmittel in den Knochen sitzen bleiben. Mitbestimmung und Demokratisierung in der Schule müssen deshalb auch den Unternehmerverbänden als schlechterdings abwegig erscheinen.

2. Die Lehrersituation

Ebenso feudalistisch wie das «besondere Gewaltverhältnis» mutet die Rolle der Lehrer an, die mit ihrer Berufstätigkeit die Institution Schule tragen. Als Beamte unterliegen sie einer Einschränkung der bürgerlichen

Grundrechte: sie dürfen zum Beispiel ihre Interessen nicht durch Streik vertreten. Ferner sind sie per Gesetz zu einem vorbildlichen Lebenswandel aufgerufen und unterliegen der Treuepflicht gegenüber der Verfassung, welche im Zweifelsfalle immer durch ihre Dienstherren und das Handeln der Staatsorgane repräsentiert wird. Sie müssen mit allseitigen Kontrollen durch vorgesetzte Autoritäten rechnen, von denen die überfallartigen und demütigenden Schulratsbesuche, welche die Schüler oftmals so schadenfroh genießen, nur das hervorragendste Beispiel sind.

Als Beleg für die Behauptung, daß die Lehrer einer handfesten Grundrechtseinschränkung unterliegen, sei hier ein längerer Zeitungsartikel zitiert, der durchaus keine Ausnahme, sondern einen sehr typischen Fall schildert:

«2 200 DM Geldbuße für drei Meinungsäußerungen. Disziplinarmaßnahmen gegen Studiendirektor Behr im Fall Brenzel. Mit der Verhängung einer Geldbuße von 2 200 DM hat das Bezirksamt Steglitz jetzt nach mehr als einem Jahr sein Disziplinarverfahren gegen den Studiendirektor Reinhard Behr vom Beethovengymnasium zu einem Ende gebracht. Behr hatte mehrfach, auch im Tagesspiegel, öffentlich zu dem Fall der aus politischen Gründen abgelehnten Lehrerin Rotraud Brenzel Stellung genommen und damit bewußt gegen das beamtenrechtliche Äußerungsverbot des Bezirksamtes in dieser Sache verstoßen. Da der Studiendirektor nunmehr 2 200 DM für seine Meinungsäußerungen bezahlen soll, rechnet man auch in Kreisen jener Lehrer mit Geldbußen, die in Anzeigen im Tagesspiegel ebenfalls öffentliche Erklärungen abgegeben hatten. Die gegen sie gerichteten disziplinarischen Vorermittlungen ruhten bisher.

Der Fall Brenzel zeitigt damit immer noch Folgen, obwohl die Urheberin selbst inzwischen ihre begehrte Einstellung in den Schuldienst durchgesetzt hat. Der Unterrichtsauftrag der nebenamtlichen Lehrerin am Beethovengymnasium war im Frühjahr vorigen Jahres, wie mehrfach berichtet, wegen politischer Bedenken nicht verlängert worden. Ein Arbeitsgerichtsverfahren brachte aber keine begründeten Zweifel an ihrer Verfassungstreue ans Tageslicht. Trotzdem lehnte das mehrheitlich von der CDU gestellte Steglitzer Bezirksamt ihre Weiterbeschäftigung ab, obwohl sich inzwischen der Lehrerpersonalrat und Volksbildungsstadtrat Schrödter (SPD) für eine Übernahme in das Beamtenverhältnis ausgesprochen hat. Schließlich stellte Schulsenator Rasch (FDP) die Lehrerin nach einem Senatsbeschluß über eine Aufnahmeregelung selber ein.

Zu den Anfängen des Falles Brenzel hatte Studiendirektor Behr seinerzeit einen kritischen Offenen Brief an Volksbildungsstadtrat Schrödter und später einen Leserbrief an den Tagesspiegel geschrieben, sowie eine Anzeige von Lehrern im Tagesspiegel mit unterzeichnet. Das Bezirksamt andererseits hatte zuvor unter Hinweis auf das schwebende arbeitsgerichtliche Verfahren den Beethovenlehrern ein öffentliches Äußerungsverbot zum Problem Brenzel erteilt. Der Verstoß hiergegen ist nun als Dienstvergehen geahndet worden. Die Geldbuße ist auch vom ‹Strafrahmen› her nicht gering. Sie kann sich gesetzlich bis zu den einmonatigen (Brutto-)Dienstbezügen erstrecken. Bei Behr kassiert das Bezirksamt rund zwei Drittel des Netto-Gehalts. Der Studiendirektor will Widerspruch beim Schulsenator einlegen.»[5]

Die anpassungsfördernde Verhaltensunsicherheit des Lehrers in der ihm vorgegebenen Rolle und sein Ausgeliefertsein an willkürliche Autoritäten wird noch dadurch gefördert, daß wegen der «unzureichend ausgearbeiteten und lückenhaften Struktur des Schulrechts der Handlungsspielraum der Lehrer rechtlich nicht genügend klar und präzise formuliert ist und beständig durch Interpretationen und Entscheidungen der vorgesetzten Dienstbehörde ergänzt werden kann und muß.»[6]

Die beständige Angst vor «Grenzüberschreitungen» und die Einbindung des Lehrerhandelns in ein bürokratisches Kontrollgefüge wirkt sich auf die pädagogische Arbeit, das angeblich vorrangige Ziel der Schule, natürlich verheerend aus. Die Lehrer, die das in diesem Rahmen notwendige Scheitern ihres pädagogischen Idealismus mitansehen müssen, verarbeiten dies oftmals entweder als ihre persönliche Schuld, was sie noch tiefer in die Resignation stößt, oder schieben die Schuld auf die «unverbesserlichen» Erziehungsobjekte. Den entlastenden Stempel des Unverbesserlichen kann man den Kindern übrigens mit den Ergebnissen der neueren Sozialisationsforschung, nach welcher die den Kindern angetanen Zwänge und Lernstörungen vor allem Arbeiterkinder schon im Alter von sechs oder sieben Jahren endgültig ruiniert haben sollen, genausogut und vielleicht noch ein bißchen eleganter aufdrücken, als das mit den alten Theorien von der erblichen Belastung der Fall war. Viele Lehrer werden von Neid auf ihre scheinbar erfolgreicheren Kollegen geplagt, die zum Teil auch nur zur Bewältigung der eigenen Selbstzweifel beständig mit pädagogischen Erfolgsgeschichten aufwarten. Unter Bedingungen, in denen eine Kooperation der Kollegen im tagtäglichen Arbeitsprozeß und eine wechselseitig-produktive Korrektur so gut wie unmöglich ist, und unter Bedingungen, wo eine offene kollektive Interessendurchsetzung beständig am Rande des rechtlich Zulässigen manövrieren muß, da wird die uns inzwischen schon gut bekannte Art der zwischenmenschlichen Perspektivenverschränkung systematisch gefördert, in welcher ich die größere Leistungsfähigkeit des anderen zwar genau zur Kenntnis nehme, sie aber nur als Bedrohung meiner selbst und nicht als Beitrag zu einer gemeinsamen Arbeitstätigkeit würdigen kann.

Die formalen und verunsichernden Zwänge der Lehrerrolle, das Bedrohtsein durch die Schüler, die Unkenntnis dessen, was der andere eigentlich wirklich tut, und die Versagens- und Konkurrenzängste, – all das mündet in eine tiefe Doppelbödigkeit des zwischenmenschlichen Verhaltens, welches sich gewissermaßen in eine Vorderbühne und eine

Hinterbühne spaltet. Die Entstehung eines kompensatorischen und irrationalen zwischenmenschlichen «Unterlebens» ist für alle totalen Institutionen kennzeichnend und ein deutlicher Hinweis auf die allgemeine Entfremdung. Während der Ort dieses Unterlebens für die Schüler in bestimmten unkontrollierten Ecken des Schulhofs, unter den Bänken und auf den Toiletten zu suchen ist, befindet er sich für den «Stab» im sogenannten «Lehrerzimmer»: «Wer mit Menschen wie Dingen umgeht, darf mit ihnen buchstäblich nicht in Berührung kommen, ihnen nicht in die Augen sehen müssen. Eine Organisationsform dieser Berührungsangst in der Schule ist zum Beispiel das Lehrerzimmer als ‹Allerheiligstes›, als Sakristei der Zeremonienmeister. Hier können die Lehrer die Masken fallen lassen. Hier können sie ‹Mensch› sein, bei Butterbrot, Kaffee und Zigaretten. Mitunter ist es eine Stätte der Infantilität; selten ist es eine Stätte der gemeinsamen Arbeit mit den Lernenden. Hier werden Aggressionen zum Klatsch, Schüler zu Teufeln; hier wird der Unterricht zum Schlachtfeld, hier werden Strategie und Taktik festgelegt.»[7]

Und mit ganz ähnlichen Sätzen macht ein sonst eher nüchterner Erziehungssoziologe auf den extrem unkooperativen Charakter der zwischenmenschlichen Verständigung und auf den kompensatorischen Charakter der erzielten Perspektivenübereinstimmung unter Lehrern aufmerksam: «Die Anwendung des klassischen Bürokratiemodells führt darüber hinaus zu Isolierung und Kontaktarmut der Lehrerkollegen untereinander, was eine sinnvoll aufeinander bezogene sachliche Kommunikation verhindert, die direkte berufliche Probleme zum Thema hätte. Es kommt vielmehr in der Regel zu emotionalisierten Kontakten, die als Ausgleich zur beruflichen Belastung empfunden werden und bestenfalls Folgeprobleme der eigentlichen Unterrichtstätigkeit zum Gegenstand nehmen: Man schimpft über die als mangelhaft empfundene Motivation der Schüler, klatscht über abwesende Kollegen und Vorgesetzte. Sowohl die informalen Kommunikationen zwischen den Kollegen, wie die formalen Kommunikationen in den Konferenzen sind deshalb weit davon entfernt, den Charakter von Beziehungen zwischen gleichberechtigten und autonom handelnden Experten anzunehmen, die sich in fachlichen und beruflichen Problemen konsultieren und beraten.»[8]

Man kann also unter den herrschenden Bedingungen den Schülern nur wünschen, daß sie sich, jedenfalls hinsichtlich der beobachtbaren Kooperationsfähigkeit, ihre Lehrer möglichst nicht zum vielzitierten Vorbild lernen aussuchen. Die Lohnabhängigengleichgültigkeit, die als entscheidender Einflußfaktor schon die Erziehungstätigkeit der Kindergärtnerinnen und indirekt auch der Eltern bestimmt, gilt auch für die Lehrer. Die damit verbundene Tendenz zur zwischenmenschlichen Isolation wird allerdings durch den Beamtenstatus, die Bürokratisierung der Schule und die dompteurartigen Auftrittszwänge, unter denen der einzelne Lehrer vor seiner Klasse steht, noch verschärft. In der Lehrer-Schüler-Beziehung wirkt sich die *Abgetrenntheit* des Lerngeschehens von der praktischen Welt und dem gegenständlichen Produktionsprozeß, welche für die Erziehung in der kapitalistischen Gesellschaft überhaupt kennzeichnend ist, besonders schwerwiegend aus. Es entsteht eine Art der zwischenmenschlichen Perspektivenverschränkung, die fast nur Worte und Symbole, Schriftzeichen und Zahlen zum gemeinsamen Gegenstand hat. Die vom Lehrer bei den Schülern durchgesetzte Aneignung der Welt vollzieht sich wesentlich als eine symbolisch-verbale Aneignung, die ebenso anstrengend wie letztlich uneinsichtig für die Kinder ist.[9] Der treibende Lernanreiz unter kapitalistischen Bedingungen, wo die Einheit von Erziehung und kooperativer Produktion oder eine polytechnische Bildung prinzipiell nicht zu verwirklichen ist, wird so gut wie ausschließlich über den abstrakten Zensurendruck hergestellt. Das gilt zum Entsetzen vieler fortschrittlicher Lehrer auch noch für sozialkritische Themen, die sich direkt auf die Lebenssituation der Kinder beziehen. Die Organisation erschlägt die Inhalte.

Der fehlende Bezug der Lehrertätigkeit auf ein handfestes und einsichtiges «Drittes», einen wahrnehmbaren gegenständlichen Produktionsprozeß zwischen Lehrern und Kindern, schlägt sich im öffentlichen Lehrerbild unter anderm so nieder, daß die Arbeit des Lehrers eigentlich gar nicht als eine ernsthafte und eines erwachsenen Menschen würdige Arbeit anerkannt wird. Das Bild des schwächlich-sonderbaren Paukers oder Steißtrommlers[10], der in jedem anderen Beruf versagen würde, wie es auch durch viele persönliche Erinnerungen und Romane geistert, – dieses Lehrerbild mag durch die Besserbezahlung der Lehrer und die Verwissenschaftlichung ihrer Ausbildung im Verlauf der letzten Jahrzehnte zwar etwas verblaßt sein, ist aber durchaus nicht verschwunden. Die von der öffentlichen Spiegelung ausgehenden Selbstzweifel und Statusängste fallen vor allem bei den Volksschullehrern auf fruchtbaren Boden, weil dieser Beruf, was die Männer angeht, ein typischer Aufsteigerberuf für ehrgeizige Mitglieder der unteren Sozialschichten ist und bei vielen Frauen (auch «höheren Töchtern») als eine Art Abstellgleis und Beschäftigungstherapie vor dem Geheiratetwerden gilt.[11]

Der von jedem gesellschaftlichen Produktionsgeschehen abgelöste, abstrakte und verbal-verdünnte Charakter der zwischenmenschlichen Prozesse zwischen Lehrern und Schülern und die mit der Lehrerrolle verbundenen Statusängste fördern zusammen mit der alljährlichen und langsam immer stumpfsinniger werdenden Wiederholung des Lernstoffs auf seiten des Lehrers die Tendenz zu einem unkontrollierten und kompensatorischen Sich-Ausleben gegenüber den Schülern – bis hin zu den vertrauten, oft minutenlangen Schreiausbrüchen, die für viele Lehrer zur normalen Berufstätigkeit gehören, in fast jedem anderen Beruf jedoch völlig unmöglich wären. In die Handhabung der förmlichen Rituale, die das Rückgrat des zwischenmenschlichen Handelns im Klassenzimmer ausmachen – in das Abfragen des Lernstoffs, die Rückgabe der Klassenarbeiten, das Nachsehen der Hausaufgaben, die Begrüßungszeremonien und die offiziellen Strafaktionen –, können die Lehrer fast völlig ungefährdet ihre persönlichen Marotten, versteckten Sadismen und Eitelkeiten einfließen lassen. Die Anlehnung an das Ritual schützt vor der Selbstkritik. Es ist denn auch von der Seite der Psychoanalyse[12] darauf aufmerksam gemacht worden, daß der unkritische Umgang mit den eigenen zwischenmenschlichen Gefühlen, der für die Lehrerrolle kennzeichnend ist, noch am ehesten mit dem Gefühlsleben eines unfertigen Kindes vergleichbar ist, dessen kontrollierter Anleitung jene Pädagogentätigkeit eigentlich dienen sollte.

Zwar muß im Grunde jeder Kindererzieher, wie Siegfried Bernfeld[13] gesagt hat, mit zwei Kindern fertig werden: zum einen mit dem Kind, das momentan mit seinen besonderen Problemen und Gefühlen vor ihm steht, und zum anderen mit dem Kind, das er selbst einmal war, das früher auch heftige Bedürfnisse und Gefühlsausbrüche hatte, die man es unterdrücken und mehr oder weniger gut zu verdrängen lehrte. Die Gefahr, das wirkliche, äußere Kind zum Sündenbock und Ventil für die eigenen unbewältigten Kindheitskonflikte zu nehmen, welche im pädagogischen Kontakt aus der Verdrängung wieder herauskommen, besteht für jeden Erzieher. Aber unter den Bedingungen der Lehrertätigkeit, wo der Lehrer selbst in einer autoritären Verunsicherung durch Schulräte und Direktoren steht, vereinzelt und ohne kontrollierte Kritik von unten arbeiten muß, werden solche Versuche zur Selbststabilisierung nach dem Sündenbock- oder Radfahrer-Modell systematisch gefördert. Man sollte das auf keinen Fall den Lehrern persönlich anlasten. In allen Situationen, in denen Menschen einander längere Zeit abstrakt, abgelöst von ernsthaften und spürbaren Kooperationsmöglichkeiten gegenüberstehen, zeigen sie die Neigung zur Verkindlichung ihres Verhaltens und zur kreislaufartigen Wiederholung ihrer unbewältigten Aggressionen, Ängste und Phantasien. Die unkontrollierte Erotisierung der Lehrer-Schüler-Beziehung ist eine besonders heikle Seite dieser abstrakten Zwischenmenschlichkeit.[14] Über der Möglichkeit des sexuellen Kontakts zwischen Erziehern und Kindern liegt eines der schwersten gesellschaftlichen Tabus, das ein Abkömmling des zwischen Eltern und Kindern herrschenden Inzestverbots ist. In dem Maße, in welchem die Handelnden die Möglichkeit zur produktiven Aneignung einer gegenständlichen Welt und zum Spüren der fremden wie der eigenen Leiblichkeit in diesem Aneignungsprozeß genommen ist, im selben Maße drängt sich mit einer gewissen Zwangsläufigkeit die Tendenz zur unmittelbar-leiblichen Aneignung des anderen als die einzig verbleibende Möglichkeit, zwischen mir und ihm einen spürbaren Zusammenhang herzustellen, in den Vordergrund. Die solcherart hervorgebrachte verklemmte Erotisierung der Lehrer-Schüler-Beziehung zeigt sich zum Beispiel an der (jedenfalls bis vor kurzem) allgemein anzutreffenden wahnhaften Abwehr und Verfolgung der Schülersexualität durch die Lehrerschaft – bis hin zu den widerlichsten Formen der Toilettenkontrolle und Nachschnüffelei.

Das abstrakte Einander-Gegenübertreten der Parteien im Klassenraum führt zu Formen des Ringens um Liebe und Anerkennung, die manchmal geradezu tragikomisch wirken. Der Lehrer ist für die Erhaltung seines bedrohten Selbstgefühls auf die Zuneigungsbekundungen der von ihm abhängigen Schüler angewiesen, kann und darf dies im allgemeinen aber weder vor den Schülern, noch vor sich selbst zugeben. Diese zwischenmenschliche Spannung kann man zu bewältigen versuchen, indem man über zwanghaftes Witzemachen eine punktuell-einhellige Zuneigung der Schüler zu erheischen versucht, wobei diese Witze oftmals auf dem Rücken der «Klassentrottel» oder «Versager» ausgetragen werden, oder aber gar nicht mehr komisch sind, weil sie sich laufend wiederholen. Man kann auch weiterhin unbewußt um diese dringend benötigte Zuneigung buhlen, indem man sich mit heroischer Geste in die Rolle des strengen Lehrers begibt, der von seinen Schutzbefohlenen «nicht geliebt, aber geachtet» werden will. Diese verschiedenen, den meisten Lesern wahrscheinlich gut bekannten Strategien der zwischenmenschlichen Spannungslösung in der Lehrerrolle zeigen die im Rahmen der unwirklich-abgehobenen Schulwelt mit Notwendigkeit auftretenden Schwierigkeiten, das Bemühen um die Zuneigung der Handlungspartner in produktiv-handfeste Formen der gemeinsamen Umweltbewältigung einzubringen. Dieses Bemühen, das es anders herum natürlich auch von seiten der Schüler gibt, führt ein verselbständigtes Leben und bringt beständig überspannte Hoffnungen, tiefe Enttäuschungen, Wut und schließlich Resignation und lebenslange Verbitterung hervor. Die akademische Lehre vom sogenannten «pädagogischen Bezug» und der «echten Begegnung» im Bereich einer von allen egoistisch-instrumentellen Verunreinigungen befreiten «Ich-Du-Beziehung» (oder wie es neuerdings heißt, einer «unverstellten intersubjektiven Kommunikation») – diese theoretische Formulierung ist dann nur noch die ideologische Verklärung und Überhöhung der gegenstandslosen und einseitig-sprachlichen Weise des zwischenmenschlichen Austauschs.

3. Die Schülersituation

Von den Schicksalen der Schüler, die durch die merkwürdige Institution Schule geschleust und durch die dort herrschenden bürokratischen Bedingungen und das Lehrerverhalten in ihrer Persönlichkeitsentwicklung geformt werden, ist bisher noch kaum die Rede gewesen. Diesem Schülerschicksal wollen wir uns jetzt zuwenden. Der Eintritt in die Schule ist für das Kind ein folgenschweres und ziemlich bitteres Ereignis. Deshalb versucht man es ihm auch durch das bekannte Zuckertüten-Ritual zu versüßen. Die in der Schule herrschenden Anforderungen an das kindliche Verhalten bedeuten einen scharfen Bruch mit dem vertrauten sozialen Milieu der bisher fast ausschließlich bestimmenden Familien- und Freundschaftsbeziehungen, in denen sich die ersten Ansätze eines kindlichen Selbstgefühls und Selbstbewußtseins herausgebildet hatten. Derselbe Bruch betrifft auch die Art und Weise der kindlichen Gegenstandsaneignung und des Erkundungsverhaltens. Während dies bisher eng mit spontanen körperlichen Bewegungsabläufen, Herumtoben, Klettern, Wandern und einer direkten und mehr oder weniger spielerischen Handhabung der Lerngegenstände verbunden war, findet Lernen nun abgelöst vom direkten Kontakt mit den Gegenständen und in einer Weise statt, daß der Körper samt seinem Betätigungsdrang erst einmal auf einem Stuhl stillgestellt werden muß.

Der Schüler muß seine persönliche Lebens- und Herkunftsgeschichte weitgehend vor der Schulpforte lassen, und er lernt, in zwei verschiedenen zwischenmenschlichen Welten zu leben. Die Anforderungen der Schule sind unpersönlich, leistungsbezogen und unerbittlich – wer nicht mitkommt, dem droht die soziale Ausstoßung in die Sonderschule und der Status des Asozialen; hierin ist die Schule durchaus schon eine Vorbereitung auf die Härte des kapitalistischen Erwerbslebens. Die Anforderungen der Familie, von der das Schulkind morgens aufbricht und in die es nach der Schule zurückkehrt, bleiben eine enge, zwischenmenschlich-persönliche und vergleichsweise erholsame Welt, die dem Kind vertraut ist. Diese Welt ist zwar, wie wir im Abschnitt über die Familienerziehung gesehen haben, ebenfalls von der kapitalistischen Entfremdung bedroht und alles andere als eine zwischenmenschliche Idylle, aber sie gibt im allgemeinen den Kindern doch noch immer wieder die Art und Menge an selbstverständlicher Zuwendung und Anerkennung, die sie brauchen, um die Kraft zum tagtäglichen mühsamen Schulbesuch immer wieder neu aufbringen zu können. Ein krisenhaftes und zusammengebrochenes Familienmilieu schlägt sich, wie man etwa an den Schwierigkeiten der Heimkinder sehen kann, im allgemeinen direkt auf die Schulleistungen nieder.

Das Problem für die Kinder ist, daß zwar die Welt der persönlichen Herkunft der entscheidende Bereich ist, aus denen sie ihre Kräfte und Fähigkeiten zum schulischen Lernen schöpfen, daß aber ihren schulischen Handlungspartnern, den meisten Klassenkameraden und vor allem den Lehrern diese besondere und persönlich wichtige Welt so gut wie gar nicht bekannt ist und sie sich in ihrem Verhalten über die mit ihr verbundenen Probleme gleichgültig hinwegsetzen. Das heißt, das Kind erkennt seine persönliche Identität, die ihm über Jahre hinweg zugeschrieben wurde und vertraut geworden ist, im Rahmen der anstaltsartigen Schulinstitution zunächst überhaupt nicht wieder, kann sie in diese neuen Beziehungen nicht einbringen und wird stark verunsichert.[15] Mit der Zeit lernt es notgedrungen, sich in ein privates «eigentliches Ich» mit zwar oftmals quälenden, aber kaum noch mitteilbaren Problemen einerseits und die äußerliche Rolle des beständig lernenden und routinemäßig tätigen Schülers andererseits aufzuspalten. Wo allerdings der Riß zwischen beiden Teilen der kindlichen Identität zu groß wird, bricht das Gebäude zusammen und es kommt zu offenen Lern- und Verhaltensstörungen, etwa nach dem Muster der sich häufenden Schulphobien. Die Ausgrenzung der familienbedingten Probleme, Ängste und Hoffnungen ist im Sozialverhalten zwischen Schülern und Lehrern am stärksten; in der Schüler-Schüler-Beziehung unter den Klassenkameraden ist sie zwar auch vorhanden, aber etwas schwächer. Das hier entstehende zwischenmenschliche Milieu, das teils distanziert, teils vertraulich ist, das teilweise in einer Übernahme der schulischen Leistungsideologie besteht, teilweise aber auch als subversiver Protest gegen diese Ideologie zu verstehen ist, – dieses zwischenmenschliche Milieu steht, um die Terminologie von T. Parsons zu benutzen, sozusagen auf halbem Wege zwischen dem «Partikularismus» der Familie und dem «Universalismus» der Schule und trägt so zum Ausgleich der widersprüchlichen Verhaltensanforderungen der beiden zerrissenen Lebenswelten bei.[16]

Der kindliche «Identitätsbruch» zwischen der gleichförmig-leistungsbezogenen Schulwelt einerseits und der persönlichen Herkunfts- und Lebensgeschichte andererseits ist nun eine Erfahrung, die für Arbeiterkinder und Kinder aus den Familien der «einfachen Leute» viel schwieriger zu bewältigen ist, als für Kinder aus Bürger- und Mittelstandsfamilien. Und so richtet sich die im Schulsystem angelegte Auslese der Leistungsschwächeren im Verlauf des Schulbesuchs immer stärker gegen die Kinder aus den unteren Schichten. Das zeigen die Statistiken zum Schulerfolg von Kindern aus den verschiedenen Berufsgruppen ganz eindeutig. «So konnte etwa für Baden-Württemberg bei einer Stichprobe von 86 000 Schülern beim Übergang vom Schuljahr 66/67 in das Schuljahr 67/68 folgender Sachverhalt festgestellt werden: Setzte sich die Schülerschaft in der 4. Klasse Grundschule aus 6 Prozent Beamten-, 23 Prozent Angestellten- und 46 Prozent Arbeiterkindern zusammen, so sind es in der 5. Klasse Gymnasium 15 Prozent Kinder aus Beamten-, 39 Prozent aus Angestellten- und 18 Prozent aus Arbeiterfamilien. Der Anteil an Arbeiterkindern sinkt dann im Verlauf der Gymnasialzeit permanent ab und beträgt in der 13. Klasse 9 Prozent; dem gegenüber nimmt der Anteil der Kinder aus Beamtenfamilien von Schuljahr zu Schuljahr zu.»[17]

Die hier zugrunde liegenden Sachverhalte sind durch die umfangreichen Untersuchungen zur sogenannten schichtenspezifischen Sozialisation ausführlich untersucht worden.[18] Die geringere Fähigkeit der Arbeiterkinder, sich durch die schulischen Leistungsanforderungen hindurchzukämpfen, liegt nach der Auskunft dieser Forschungsrichtung ungefähr in folgendem: Die komplizierte, distanzierte und von gemeinsamer praktischer Situationsbewältigung abgelöste Sprache der Schule ist eine ganz andere als diejenige, die in der ziemlich handfesten und direkten zwischenmenschlichen Verständigung der Arbeiterfamilie vorherrschte und mit deren Hilfe das Arbeiterkind sich bisher durchgesetzt und sein Selbstbewußtsein aufgebaut hat. Die Mittelschichtkinder werden von ihren Eltern schon sehr viel früher in solche distanzierten und komplizierten Sprechweisen eingeführt, wie sie dann in den abgehobenen und gegenständlich entleerten Lernprozessen der Schule jedem Kind gleichermaßen abverlangt werden. Dazu kommt, daß die erzieherische Einflußnahme der Arbeitereltern auf ihre Kinder in geringerem Maße Wert auf eine dauerhafte innere Selbstkontrolle und ein starkes persönliches und sich abgrenzendes Selbstvertrauen legt. Arbeiterkinder bekommen auch kaum die Grundfähigkeit zu einem distanzierten Rollenhandeln mit auf den Weg, welches sie instand setzt, in flexibler Weise und ohne allzu große Beschädigungen ihrer Identität durch die extrem widersprüchlichen zwischenmenschlichen Anforderungen der kapitalistischen Gesellschaft und die mit dem Schulbesuch beginnende Zerrissenheit der sozialen Lebenswelten hindurchzuschlüpfen. Schließlich sind Arbeitereltern nicht in der Lage, den Kindern rechtzeitig eine so ausgeprägte Bereitschaft zur gleichförmig-abstrakten Leistung und zur ehrgeizig-individualistischen Zukunftsplanung zu vermitteln, wie das bei den aufstiegs- und statusbewußten Mittelschichteltern meistens der Fall ist.[19] Vor allem diese zuletzt genannten Tugenden der «Flexibilität» und der individuell-abstrakten Leistungsbereitschaft braucht man aber dringend, um in der schulischen Zensurenkonkurrenz zu überleben und, wenn möglich, sogar noch aufzusteigen.

Der Identitätsbruch, der mit dem Unpersönlichwerden und dem Abstraktwerden des eigenen sozialen Handelns im Gefolge der Schulanforderungen eintritt, ist zwar offensichtlich für Arbeiterkinder schwerer zu verkraften als für Mittelschicht-Kinder, aber letztlich betrifft er alle Kinder gleichermaßen. Das ist ein Gesichtspunkt, der in der Sozialisationsforschung der letzten Zeit etwas in den Hintergrund geraten ist. Das hat den Glauben genährt, man könne durch eine ausreichende Förderung und Kompensation der «Minderbemittelten» schon die schulische Entfremdung als solche beseitigen. Diese Entfremdung kann man aber ebensowenig beseitigen wie die objektiv-unerbittliche Auslesefunktion, die das Schulsystem in der kapitalistischen Gesellschaft hat und haben muß. Selbst wenn es gelänge, einem Großteil der Arbeiterkinder die vielzitierte Chancengleichheit zu verschaffen, wäre das in unserer Gesellschaft ein

Erfolg, der dann notwendig auf die verstärkte Aussonderung und den sozialen Abstieg zum Beispiel von Angestelltenkindern hinausliefe. In einer Gesellschaft, die auf der Trennung der Produzenten von den Produktionsmitteln beruht und in der der Produktionsprozeß streng hierarchisch gegliedert ist, gibt es eben nur eine sehr begrenzte Zahl einträglicher Kommandoposten. Der Soziologe Schumpeter hat einmal die herrschende Klasse im Kapitalismus mit einem herumfahrenden Omnibus verglichen, aus dem an jeder Haltestelle durchaus Gruppen aussteigen und in den neue Gruppen hineinsteigen können, dessen Fassungsvermögen aber trotzdem ganz klar begrenzt ist. Die Schule ist gewissermaßen der getreue Schalterbeamte, der nach abstrakter Leistungsfähigkeit und Unterordnungsbereitschaft gestaffelte Berechtigungsscheine für die Busfahrt an die Bevölkerung ausgibt. Wenn sie bestimmten vorher besonders benachteiligten Bevölkerungsgruppen einmal einen größeren Anteil an den Berechtigungsscheinen zukommen läßt, oder selbst, wenn sie überhaupt mehr Berechtigungsscheine austeilt, als es Plätze gibt (wie das bei der gegenwärtigen Entwicklung des Abiturs der Fall zu sein scheint), so ändert sich dadurch am objektiven Klassencharakter dieses Zuteilungswesens und am menschenfeindlichen Charakter der innerschulischen Auslese überhaupt nichts.

Wie sieht nun die von der Schule hervorgebrachte und mit der Familie kontrastierende zwischenmenschliche Erfahrungswelt aus der Sicht der Schüler im einzelnen aus?

Das Fehlen eines einsichtigen und einheitlichen Sachbezugs in der gemeinsamen Lerntätigkeit und wechselseitigen Perspektivenverschränkung hatten wir schon erwähnt. Dieser Mangel rührt nicht einfach aus einer falschen oder unzureichenden didaktischen Konzeption her und er ist auch nicht mit didaktischen Tricks – wie Methodenwechsel oder Einführung audio-visueller Lehrformen – zu beseitigen. Er hängt vielmehr wesentlich mit der objektiven Abtrennung der Schule gegenüber der gesellschaftlichen Arbeit und dem gesellschaftlichen Leben zusammen. Deshalb war die zentrale Bildungsforderung der Arbeiterbewegung immer die Forderung nach der größtmöglichen Einheit von Erziehung und Produktion und nach einer möglichst früh einsetzenden polytechnischen Erziehung. Daß diese Einheit unter andern gesellschaftlichen Bedingungen herstellbar ist und dazu noch eine Effektivierung des Bildungswesens mit sich bringt, zeigt sich etwa an der gegenwärtigen Erziehungswirklichkeit in der VR China.

Das Fehlen eines wirklichen Sachbezugs für die gemeinsame Lerntätigkeit hat zur Folge, daß die schulischen Lerngegenstände nur noch in symbolisch-abziehbildartiger Form gegenübertreten. Das begünstigt, wie erwähnt, die Kinder, denen schon in der Familie eine abgehobene und ausgearbeitete Symbolwelt vermittelt wurde. Aber auch diese symbolisch vorgestellten gemeinsamen Lerngegenstände werden durch das von staatlichen Lehrplänen kontrollierte Prinzip des Fachunterrichts noch einmal aufgesplittert und damit entwirklicht.[20] So taucht etwa ein eigentlich so interessantes Thema wie das Leben der Menschen in der englischen Gesellschaft einmal ganz verdünnt und vereinseitigt im englischen Sprachunterricht auf, dann noch einmal im Geschichtsunterricht, wo englische Königshäuser auswendig gelernt werden müssen, im Geographie-Unterricht, wo die Beziehungen der Menschen zur Natur und ihre Siedlungsformen ganz abgelöst von der Geschichte und vom Sozialleben behandelt werden, und vielleicht noch einmal im Sozialkundeunterricht. Wenn die Schüler in diesen Fächern auch noch von verschiedenen Lehrern unterrichtet werden, was anzunehmen ist, so wird es ihnen wahrscheinlich endgültig unmöglich gemacht, einen sinnvollen Zusammenhang zwischen den verschiedenen Teilaspekten herzustellen.

Trotz der besten pädagogischen Absichten vieler Lehrer ist es so, daß in der Schule diejenigen Schüler am erfolgreichsten überleben und aufsteigen, die es sich rechtzeitig angewöhnen, einen zusammenhanglosen und für ihre praktische Lebensbewältigung sinnlosen Lernstoff in sich hineinzufressen. Daß die Motivation für solche Lebensaktivität nur über merkwürdige Umwege zu beschaffen ist, liegt auf der Hand. Die Motivationskrise bei den Schülern, welche neuerlich so häufig beschworen wird, ist eigentlich so alt wie das kapitalistische Schulsystem selbst. Nur sind die Lernanforderungen auf Grund der Technisierung und Spezialisierung im kapitalistischen Produktionsprozeß heute so gestiegen und ist die Familienerziehung inzwischen in eine solche Krise geraten, daß die alten Antreibermethoden einschließlich der Prügelstrafe sich als vollends unzureichend erwiesen haben und die Motivationskrise für alle sichtbar hervortritt.

Einer der neuen Versuche zur künstlichen Wiederbeschaffung der Lernmotivation bei den Schülern ist, neben dem (begrüßenswerten) Projektunterricht, die Spielpädagogik.[21] Sie basiert auf der Beobachtung, daß Kinder, bevor sie in die Schule gepreßt werden, hauptsächlich mit handgreiflichen Gegenständen ihrer Umgebung und anderen Kindern spielend lernen und dies offensichtlich gerne, «motiviert», tun. Also liegt nichts näher als der Schluß, doch einfach das schulische Lernen nach dem Muster des Spiels ablaufen zu lassen, wobei die Kinder dann auch noch so emanzipatorische soziale Fähigkeiten wie Normenübernahme, Rollenflexibilität, Kommunikations- oder auch Kritikfähigkeit herausbilden sollen, die sich aber um Himmels willen nicht zum Beispiel als Kritik am Direktor oder als Schulstreik bei überfüllten Klassenzimmern gegen die Schulwirklichkeit selbst wenden dürfen.

Das faktische Unberührtlassen der objektiven schulischen Rahmenbedingungen, welche die unsinnige und unwirkliche Lernsituation und damit das Fach der Didaktik samt seinen verschiedenen Motivationstricks hervorgebracht haben, scheint zum Wesen der Didaktik zu gehören.

Bezeichnenderweise sind gerade die Fächer, in denen es noch eine minimale Verbindung von Produktions- und Lerntätigkeit gibt, nämlich Werken und Kunst, mit den wenigsten Motivationsstörungen behaftet und Lieblingsfächer der meisten Schüler. Sie werden jedoch von unserer offiziellen Schulwirklichkeit in eine isolierte Ecke mit dem Hauch des Unseriösen und Unwichtigen abgedrängt. Kooperative Projekte mit einem gesellschaftlich nützlichen Resultat werden aber auch im Werk- und Kunstunterricht nur äußerst selten verwirklicht.

Das Hauptmittel, um in der unwirklichen, gegenständlich verarmten, zersplitterten und ritualisierten Schulwelt dennoch die dringend benötigte Lernmotivation zu beschaffen, sind und bleiben die Zensuren. Daran ändert auch die von der pädagogischen Psychologie und vom Deutschen Bildungsrat immer wieder vorgetragene Vorstellung nichts, daß eine pädagogisch sinnvolle Lernmotivation nur «intrinsisch» sein kann, das heißt, aus einem Interesse an der Sache selbst von innen heraus kommend, und auf keinen Fall «extrinsisch» sein soll, das heißt, nur über eine äußere Belohnung mit dem Lerngegenstand verbunden. Die Berücksichtigung dieses von der Wissenschaft wie vom gesunden Menschenverstand erhärteten Prinzips ist unter den gegenwärtigen objektiven Rahmenbedingungen der Schule mit ihrer Funktion der Auslese und Vorbereitung der Arbeitskräfte auf die kapitalistische Arbeitswelt nicht möglich.

Unter dem Zensurendruck, der auch noch im Kurssystem der seltenen Gesamtschulen[22] und selbst dann noch vorhanden ist, wenn wie in den Westberliner Grundschulen der Beginn der offiziellen Zensurengebung auf die 5. Klasse verschoben ist, – unter dem überall vorhandenen Zensurendruck werden die schulischen Lernprozesse zu einer Art symbolisch-verdünntem Abbild des kapitalistischen Produktionsprozesses. Die Arbeitsverausgabung findet nicht um eines sinnvollen und nützlichen Produkts willen statt, sondern sie findet statt, um ein abstraktes, meßbares Resultat – dort die Lohnsumme, hier die Note oder den Notendurchschnitt –, zu erlangen, welches der privat-egoistischen Existenzerhaltung des einzelnen dient.[23] Das Lernen hat so einen *Doppelcharakter*: Es bezieht sich einerseits auf den konkreten Lernstoff: auf bestimmte physikalische, erdkundliche oder sprachliche Probleme, und es bezieht sich andererseits auf die Seite der abstrakten Leistung, die zu erreichende möglichst gute Zensur. Dabei herrscht in der Schülermotivation fast zwangsläufig die zweite, abstrakte Seite über die erste, konkrete. So wird selbst ein vom Lehrer ausgewählter sozialkritischer Stoff noch nach der Art eines «nahezu motivlosen selbstverständlichen Akzeptierens»[24] gelernt, welche von der modernen Systemtheorie überhaupt als überlebensfähigste Motivationsform angepriesen worden ist.

Bei dieser gemeinsamen Lerntätigkeit wird die größere Leistung der anderen nicht als Beitrag zur Bewältigung einer gemeinsamen Aufgabe, sondern primär als Bedrohung meiner selbst in der Konkurrenz um die abstrakte Belohnung und den höheren Rangposten empfunden. Das wird auch durch die von offizieller Seite verbreitete Fiktion sichergestellt, daß die Schulnoten nach dem Muster einer Gaußschen Normalverteilung, mit symmetrischer Streuung um die Mittelwerte herum sich verteilen sollen.[25] Jede Leistungssteigerung der anderen hebt dann, wie beim Akkordsystem, die Durchschnittsnorm an und verschlechtert damit objektiv meine Situation. Der feindlich-egoistische Charakter der Perspektivenverschränkung, welche man den Schülern aufzwingt, wird noch verschärft durch das strenge Verbot der Kooperation gerade bei den wichtigsten schulischen Ritualen, den Klassenarbeiten und dem Abfragen des aufgegebenen Lernstoffs. Das vertraute Bild des strebsamen Schülers, der während der Klassenarbeit um seinen Platz herum eine Sichtbarriere aus Büchern und Taschen aufbaut, ist ein typisches Produkt dieser zwischenmenschlichen Situation. Daß Lernen im Gegensatz dazu auch in einer prinzipiell solidarischen Perspektivenverschränkung stattfinden kann, zeigt unter anderem das chinesische Beispiel, wo die Kinder gerade zur Kooperation bei allen Schulaufgaben und zur Hilfe bei den Leistungsschwächeren verpflichtet sind. Die bescheidenen Versuche zum Gruppenunterricht bei uns sind dagegen eine sehr halbherzige Angelegenheit, bei der die Gruppensolidarität durch den objektiven Zensurendruck, der sich in letzter Zeit noch verschärft hat, systematisch unterhöhlt wird.

Die soziale Wirklichkeit der Schule ist natürlich nicht völlig mit der des kapitalistischen Produktionslebens gleichzusetzen. Es wäre schon unsinnig, weil ja gerade die künstliche Abgetrenntheit von diesem Arbeitsleben und seinen realen Problemen eins seiner Hauptmerkmale ist. Aber gerade in dieser Abgetrenntheit und in der insgesamt doch noch etwas persönlicheren Entfremdung des Schulmilieus werden die Kinder dennoch in ein soziales Produktionsverhalten eingeübt, dessen oberstes Steuerungsprinzip das egoistische Ringen um die individuelle Belohnung einer abstrakten Leistung ist. Und sie werden in eine zwischenmenschliche Isolation und eine wechselseitige Wahrnehmung eingeübt, in welcher sie das fremde Handeln mit Mißtrauen und Konkurrenzangst verfolgen. Das sind die zwischenmenschlichen Formen, die man sich angeeignet haben muß, um als egoistischer Privateigentümer der Ware Arbeitskraft (oder auch anderer Waren) im späteren kapitalistischen Erwerbsleben, in den Zwängen des Marktes und der Produktion zu überleben.

Die offiziellen Lernziele und Lerninhalte, die hinsichtlich des sozialen Lernens und der sozialen Verantwortlichkeit der Schüler aufgestellt werden, nehmen sich angesichts der tatsächlichen Isolations- und Konkurrenzzwänge ziemlich nichtssagend und lächerlich aus. So heißt es zum Beispiel im «Gesetz zur Ordnung des Schulwesens im Lande Nordrhein-Westfalen»:

«Ehrfurcht vor Gott, Achtung vor der Würde des Menschen und Bereitschaft zum sozialen Handeln zu wecken ist vornehmstes Ziel der Erziehung. Die Jugend soll erzogen werden im Geiste der Menschlichkeit, der Demokratie und der Freiheit, zur Duldsamkeit und zur Achtung vor der Überzeugung des anderen, in Liebe zu Volk und Heimat, zu Völkergemeinschaft und Friedensgesinnung. Die Schule hat die Aufgabe, die Jugend auf der Grundlage des abendländischen Kulturgutes und deutschen Bildungserbes in lebendiger Beziehung zu der wirtschaftlichen und sozialen Wirklichkeit sittlich, geistig und körperlich zu bilden und ihr das für Leben und Arbeit erforderliche Wissen und Können zu vermitteln.»[26]

Der Gegensatz zu den faktischen zwischenmenschlichen Verhaltenszwängen in der Schule, die auf die Persönlichkeitsentwicklung einwirken, ist so groß, daß man auch in der Erziehungswissenschaft seit einiger Zeit von einem «heimlichen Lehrplan» im Unterschied zu dem offiziell verkündeten spricht. Erstaunlich ist auch hier wieder, daß in der Wissenschaft offensichtlich jahrzehntelang an ziemlich offen auf der Hand liegenden Grundbedingungen der kapitalistischen Schulorganisation einfach vorbeigedacht worden ist und diese nun als neue «Entdeckung» zum Brennpunkt der Aufmerksamkeit werden.

Die Kooperation der Schüler ist in ähnlicher Weise veräußerlicht wie die Kooperation der Produzenten in der kapitalistischen Arbeitswelt. In der kapitalistischen Produktion finden sich einzelne Lohnarbeiter zum Zwecke einer objektiv-sozialen Produktionstätigkeit zusammengefügt, aber es ist primär das Kapital, über seine «Unteroffiziere», das ihren Zusammenhalt organisiert. Auch die Schüler finden sich, herausgerissen aus ihren je individuellen Herkunftsmilieus und individualisiert durch den Notendruck, zwar in einer objektiv sozialen und gemeinsamen Situation, aber diese Gemeinsamkeit des Handelns und der Lernprozesse wird fast ausschließlich über die ihnen (mehr oder weniger frontal) gegenüberstehende Einzelperson des Lehrers und über seine Kommandogewalt hergestellt.

Aber die Veräußerlichung des gesellschaftlichen Zusammenhalts in der Schulklasse stellt – wiederum ähnlich der betrieblichen Situation – nur eine Seite des sozialen Geschehens dar. Unterhalb und zwischen den offiziellen und ritualisierten Verhaltensweisen gibt es noch eine Fülle von zufällig-persönlichen, informellen Freundschafts- und Gruppenbeziehungen. In der totalen Institution Schule haben nicht nur die Lehrer, sondern auch die Schüler ihr eigenes, abgeschirmtes «Unterleben» in den Ecken und Winkeln des offiziellen Regelsystems. Es findet unter den Bänken, in bestimmten anrüchigen Ecken des Schulhofes, als Grimassenschneiden hinter dem Lehrerrücken, in Gestalt von ironischen Distanzierungsgesten oder auch als aggressives Dampfablassen im Gefolge des

Leistungsdrucks statt. Es gibt ganze Rangreihen der persönlichen Beliebtheit, die sich nur zum Teil mit denen des eigentlichen Schulerfolgs decken; und ebenso Cliquenbildungen mit Außenseitern, Sündenböcken und kleinen Führergestalten, die der Lehrer kaum unter Kontrolle hat und die ihm schwer zu schaffen machen können. Diese spontan sich bildenden Gruppen sind eine wesentliche Quelle des gemeinsamen Widerstands gegen die schulischen Isolierungs- und Leistungszwänge. Ohne die beständigen kleinen Mogeleien, Streiche, Disziplinverstöße, kollektiven Täuschungsmanöver und Witzeleien dem Lehrer gegenüber wäre das seelische Überleben im Lernalltag der Schule wohl kaum möglich.[27] Eine direkte Vorbereitung auf das Überleben in den zwischenmenschlichen Pespektiveverschränkungen, wie sie später der kapitalistische Produktions- und Ausbeutungsprozeß hervorbringt, ist vor allem die mehr oder weniger abgesprochene betrügerische Einfühlung in die Perspektive des Lehrers. Ganz ähnlich wie später einem Zeitnehmer gegenüber lernen die Schüler frühzeitig, sich gegenüber dem mißtrauischen Lehrer zu verstellen. Wenn dieser etwa während einer Klassenarbeit Täuschungsversuche erwartet und die Schüler dies wissen, werden sie es bald lernen, sich möglichst überzeugende Masken des harmlosen liebenswürdigen Scheins oder auch des «Pokerface» zuzulegen, unter denen man sich dann um so ungenierter Zettel zustecken und Abschreibehilfen geben kann. Solche Abgebrühtheit, über die sich viele Lehrer beklagen, ist, bezogen auf das spätere Erwerbsleben, durchaus überlebensfördernd.

Die zwischenmenschliche Doppelbödigkeit der «Klassengemeinschaft» bereitet die Schüler sehr gut vor auf das, was wir die gebrochene Solidarität der Produzenten im kapitalistischen Produktionsprozeß genannt hatten. Auch im Zusammenhang mit dem kapitalistischen Produktionsprozeß hatten wir festgestellt, daß ohne die informellen Gruppenbeziehungen und das beständige Unterlaufen der offiziellen und veräußerlichten Anweisungs- und Kooperationspläne die Produktion schnell zusammenbrechen würde. Die informelle Seite in der doppelbödigen Zwischenmenschlichkeit des Klassenraums trägt im allgemeinen zur Stabilisierung der förmlichen, offiziellen Seite bei. Sie kann sogar zu einem Milieu entarten, das von einer sadistisch gefärbten Wiederholung und Weitergabe der förmlichen Unterdrückung beherrscht ist, wie es etwa Robert Musil in der Geschichte des «jungen Törless» anschaulich geschildert hat. Es sind jedoch auch Bedingungen denkbar, unter denen die Formen des heimlichen, verdrückten und nur halb bewußten Widerstands gegen die schulischen Isolierungszwänge in eine solidarische Perspektivenverschränkung und einen offenen Kampf um menschenwürdige Lernverhältnisse übergehen können. Eine Aufgabe fortschrittlicher Lehrer ist es somit, den Widerstand der Schüler aus seinen alltäglichen verdrückten Formen herauszuholen und in seinen Ursachen bewußt zu machen.

Man wird dabei auf das Problem stoßen, daß die Schüler zu Recht gegenüber allen Versuchen der Anbiederei und Vertrauenserschleichung empfindlich reagieren. Besteht doch eine besonders erfolgreiche Herrschaftstechnik von Lehrern darin, sich neben der förmlichen Seite des Schülerlebens auch noch in die informelle Seite einzuschmuggeln, sich dort von seiner formellen Rolle zu distanzieren, anzubiedern und so den Widerstand der Schüler zu brechen. Typische Beispiele für solche Selbstdistanzierungen und Anbiedereien lassen sich auf Klassenausflügen beobachten, wo die Lehrer augenzwinkernd mit den Schülern zusammen das Alkohol- oder Rauchverbot durchbrechen; oder auf Schulfesten, wo sich viele Gelegenheiten bieten, vor den Schülern einmal als richtiger Mensch mit ganz persönlichen Gefühlen und Problemen aufzutreten. Was wir schon über die Leistungspositionen im kapitalistischen Produktionsbereich gesagt hatten, gilt auch hier: die folgenlose Selbstdistanzierung – etwa bei der von oben aufgezwungenen Zensurenvergabe – hilft, die unmenschlichen Verhältnisse auf die Dauer zu befestigen. Insofern ist es höchst bedenklich, wenn in den neuesten erziehungswissenschaftlichen Theorien die Fähigkeit der Rollendistanz bei Lehrern und Schülern immer stärker zu einem selbständigen emanzipatorischen Erziehungsziel erklärt wird.[28]

Auch eine ernstgemeinte Selbstdistanzierung und eine rastlose verständnisvolle Kommunikation der Lehrer mit ihren Schülern nützen nichts, wenn nicht der Mut und die Entschlossenheit hinzutreten, die Schulorganisation auch praktisch zu verändern. Für einen Lehrer allein ist dieses Ziel natürlich undurchführbar. Deshalb ist die gewerkschaftliche und politische Solidarisierung mit den Lehrerkollegen hierfür unbedingt erforderlich. Wer für eine Schule eintritt, in der das Lernen sinnvolles und solidarisches Handeln ist, muß gleichzeitig für eine Gesellschaft kämpfen, für die zu lernen es sich lohnt.

Anmerkungen

1 Vgl. C. Hagemann-Whyte/R. Wolff, Lebensumstände und Erziehung, Frankfurt/M. 1975. S. 312 ff.
2 Vgl. ausführlich: E. Goffman, Asyle. Über die soziale Situation psychiatrischer Patienten und anderer Insassen, Frankfurt/M. 1972.
3 Vgl. Goffman, a. a. O., S. 169 ff.
4 In J. Beck/L. Schmidt, Schulreform oder der sogenannte Fortschritt, Frankfurt/M. 1970, zitiert nach J. Beck, Lernen in der Klassenschule, Reinbek bei Hamburg 1974, S. 69.
5 Berliner Tagesspiegel vom 30. 9. 1976.
6 K. Hurrelmann, Erziehungssystem und Gesellschaft, Reinbek bei Hamburg 1975, S. 151.
7 J. Beck, Lernen in der Klassenschule, a. a. O., S. 70/71.

8 K. Hurrelmann, a. a. O., S. 152.

9 Vgl. H. Hartwig, Ein Vormittag in der Hauptschule. Schulische Lern- und Aneignungsformen und die Planungsrationalität didaktischer Modelle, in: Ästhetik und Kommunikation H. 20/1975.

10 Vgl. Th. W. Adorno, Tabus über den Lehrerberuf. In: Neue Sammlung 65, S. 487–498.

11 A. Combe, Kritik der Lehrerrolle, München 1971, S. 57 f.

12 P. Fürstenau, Zur Psychoanalyse der Schule als Institution, in: Das Argument, Heft 2, Berlin 1964, S. 65–78; als neuere Kritik und Ergänzung zu Fürstenau vgl. G. Vinnai, Psychoanalyse der Schule, in: K. J. Bruder u. a., Kritik der pädagogischen Psychologie, Reinbek bei Hamburg, 1976.

13 S. Bernfeld, Sysiphos oder die Grenzen der Erziehung, Frankfurt/M. 1967.

14 Vgl. Th. W. Adorno, a. a. O.; A. Combe, a. a. O., S. 96 ff.

15 Diese Ausgrenzung der persönlichen Identität wird sehr stark betont bei: F. Wellendorf, Schulische Sozialisation und Identität, Weinheim/Basel 1973.

16 Vgl. Wellendorf, a. a. O., S. 239 ff.

17 K. Hurrelmann, a. a. O., S. 129.

18 Vgl. die Überblicke bei: D. Lawton, Soziale Klasse, Sprache und Erziehung, Düsseldorf 1970; K. J. Huch, Einübung in die Klassengesellschaft, Frankfurt/M. 1972; b:e Redaktion (Hg.), Familienerziehung, Sozialschicht und Schulerfolg, Weinheim 1972.

19 Vgl. H. Heckenhausen, Förderung der Lernmotivierung und der intellektuellen Tüchtigkeiten, in: H. Roth (Hg.), Begabung und Lernen, Stuttgart 1969; zur Kritik am ideologischen Charakter der Leistungsmotivationsforschung vgl. A. Wacker, Was leistet die Leistungsmotivationsforschung, in: K. J. Bruder u. a., Kritik der pädagogischen Psychologie, a. a. O.

20 Vgl. zum Fachprinzip, Beck, a. a. O., S. 150 ff.

21 Vgl. etwa: Schul-Management Heft 4, 1975 «In der Schule spielen?» und hier insbesondere den kritischen Beitrag von G. Ulmann. Als ausführliche Kritik an der Spielpädagogik sei verwiesen auf: F. Haug, Rollenspiel zwischen Emanzipation und Manipulation (unveröff. Manuskript) voraussichtlich Frankfurt 1977.

22 Vgl. Bernfeld, a. a. O., und die selbstkritischen Ansätze bei: H. Blankertz, Theorien und Modelle der Didaktik, München 1972, S. 11 ff, ebenso Beck, a. a. O., S. 105 ff.

23 Vgl. Beck, a. a. O., S. 81 ff, und vor allem K. Holzkamp, Sinnliche Erkenntnis, Frankfurt/M. 1973, S. 258 ff.

24 N. Luhmann, Soziologische Aufklärung Bd. 1, Köln/Opladen 1970, S. 159.

25 Vgl. Wellendorf, a. a. O., S. 124 f; Hurrelmann, a. a. O., S. 159.

26 zitiert nach Hurrelmann, a. a. O., S. 147.

27 Darauf weist Wellendorf, a. a. O., zu Recht hin.

28 Vgl. Wellendorf, a. a. O.; K. Mollenhauer, Theorien zum Erziehungsprozeß, München 1972.

XI. Eintritt in das Erwachsenenalltagsleben, Enwicklungshemmung und Altern

Die heranwachsenden Individuen, welche die Erziehungseinrichtungen der Familie, des Kindergartens und vor allem der Schule durchlaufen, lernen dort in zunehmendem Maße: eine Weise der gleichgültigen, oft sogar feindlich-listigen Perspektivenverschränkung, eine abstrakte Leistungs- und Unterordnungsbereitschaft ebenso wie die wichtige Fähigkeit zur «flexiblen» Aufspaltung ihrer Zwischenmenschlichkeit in versachlichte, förmliche und entfremdete Beziehungen einerseits und kompensatorisch-private Freundschafts- und Intimbeziehungen andererseits. Insbesondere mit dem Schuleintritt werden Leistungsstreß und Auslesedruck schon ziemlich hart. Sonderschule und Erziehungsheim begleiten den durchschnittlichen Erziehungsverlauf als «flankierende Maßnahmen». Wer in der Entwicklung seiner abstrakten Leistungsfähigkeit und Unterordnungsbereitschaft nicht mitkommt, wird dorthin ausgesondert und erhält den kaum noch abwaschbaren und gefürchteten Stempel der Asozialität. Die Drohung mit sozialer Ausstoßung hält schon das Gros der Heranwachsenden bei der Stange und zwingt sie, die ökonomischen überlebensförderlichen Formen der entfremdeten und privat-egoistischen Zwischenmenschlichkeit einzuüben.

Trotz der frühzeitigen Vorwegnahme und Einbeziehung der widersprüchlichen kapitalistischen Verhaltensanforderungen in die Erziehungs- und Ausbildungseinrichtungen bringt der Eintritt in das Arbeitsleben der Erwachsenen doch noch einmal eine beträchtliche Schock-Erfahrung mit sich, angesichts derer der Erziehungsbereich noch wie ein relativer Schonraum wirkt. Dabei ist die Ausprägung dieses Schocks und vor allem die Zeitdauer, die zu seiner Bewältigung zur Verfügung steht, je nach dem erreichten Bildungsabschluß und dem zugewiesenen Ausbildungsgang sehr unterschiedlich. Für viele Arbeiter ist das Jugendalter samt seinen vagen Hoffnungen und Selbstverwirklichungsplänen schon mit 16 oder 17 Jahren abgeschlossen und gewissermaßen beerdigt. Gymnasiasten und Studenten dagegen, die erst 5, 6 oder 10 Jahre später definitiv in die Härte des Berufslebens eintreten, haben da einen sehr viel größeren Spielraum zum Ausprobieren verschiedener Formen der Anpassung an die Verhältnisse und der persönlichen Identitätsfindung. Sie haben das Privileg einer künstlich verlängerten Jugendphase. Die abgestufte Vergabe dieses Privilegs ist ein wichtiges Mittel, die Persönlichkeitsentwicklung und die zwischenmenschlichen Verhaltensstile der verschiedenen lohnabhängigen Individuen auf der Oberfläche zu differenzieren, sie gegeneinander abzutrennen und den Betroffenen wechselseitig unverständlich zu machen.

Bezeichnenderweise sind die sozialpsychologischen Auswirkungen des «Praxisschocks», der mit endgültigem Eintritt in das Alltagsleben des berufstätigen Erwachsenen verbunden ist, für besser und länger ausgebildete Berufsgruppen, wie Lehrer und Sozialarbeiter, von der Wissenschaft sehr viel gründlicher diskutiert worden, als für die Masse der lohnabhängigen Bevölkerung. Besonders zerstörerisch auf die Entwicklung von Zukunftsperspektiven, welche sozusagen den roten Faden für den Aufbau einer handlungsfähigen Erwachsenenpersönlichkeit abgeben, wirkt es sich natürlich aus, wenn der auf die Ausbildung folgende Praxisschock die Form der Arbeitslosigkeit annimmt und gerade im *Ausbleiben* jeder gegenständlichen und sozial anerkannten Praxis besteht. Das ist für immer mehr Jugendliche heutzutage der Fall.[1] Die Zerstörung persönlicher Zukunftsperspektiven gerade in dem Zeitraum, in dem sie für den Aufbau einer handlungsfähigen Erwachsenenpersönlichkeit am dringendsten gebraucht wird, ist eine der unmenschlichsten Seiten der kapitalistischen Tauschwert-Ökonomie.

Der vergleichsweise noch größere Spielraum, der im Ausbildungsbereich für das Eingehen von freiwillig-verständnisvollen zwischenmenschlichen Beziehungen, für die Herausbildung von Hoffnungen auf eine sinnvolle Persönlichkeitsentwicklung und auf eine Anwendung der erworbenen Qualifikationen bleibt, – dieser Spielraum erfährt mit dem Eintritt in das Berufsleben beziehungsweise den Hausfrauenalltag und den absoluten Ernstcharakter seiner einseitigen Leistungszwänge und Isolierungen eine jähe Einengung. Kritische Industriesoziologen haben davon gesprochen, daß «der Widerspruch zwischen den in der Ausbildungssituation entwickelten Wertmustern und den Bedingungen der Arbeitsrealität» die jungen Arbeiter zunächst zu einer ziemlich kämpferischen und leicht mobilisierbaren Gruppe macht.[2] Es scheint hier – übrigens auch bei anderen Berufsgruppen – eine kritische Übergangszeit zu geben, in der die einzelnen zwischen Anpassung, Flucht und Widerstand hin- und herschwanken und sich mit den neuen Formen, in die ihre Persönlichkeitsentwicklung nun gepreßt werden soll, noch nicht abgefunden haben. Wenn diese kritische Phase ungenutzt verstreicht und durch gewerkschaftliche und politische Arbeit nicht aufgegriffen wird, macht der Prozeß der Anpassung, Resignation und Vergleichgültigung ziemlich rasche Fortschritte, die kaum noch umkehrbar sind.

Mit ihren zerstörten und in den Bereich des unverbindlich-privaten Konsumbereichs abgedrängten Hoffnungen tauchen dann die Individuen ein in den kreislaufförmigen Alltagstrott der Erwachsenen. Die Grundbeschaffenheit dieses Alltagstrotts, dieses beständig wiederholten Durchlaufs durch den Bereich der kapitalistischen Markt-, Arbeits- und Konsumwelt haben wir unter besonderer Konzentration auf die von der kapitalistischen Ökonomie erzwungenen zwischenmenschlichen Beziehungen in den Kapiteln III bis V ausführlich dargelegt und diskutiert. Das soll hier nicht wiederholt werden. Im Argumentationsaufbau dieses Buches, wie er am Ende des II. Kapitels dargelegt worden ist, sind wir nun an dem Punkt angelangt, wo die «senkrechte» Achse, der entlang sich der Lebenslauf oder die biographische Entwicklung der Individuen von ihrer Geburt an vollzieht, auf die «waagerechte» Achse stößt, entlang der die beständige und gewissermaßen zeitlose Wiederkehr des immer gleichen Erwachsenenalltags der Individuen sich vollzieht.

Ein bekannter bürgerlicher Entwicklungspsychologe hat die Zeit des Erwachsenenalters als eine Zeit geschildert, in der die Selbstverwirklichung des Individuums nach dem Muster der «Generativität» abläuft, oder ablaufen sollte [3]; das heißt, als Erzeugen von eigenen Produkten sowohl in Gestalt von brauchbaren und neuen gegenständlichen Schöpfungen, als auch in Gestalt von Kindern, die es in die Welt setzt. Es ist in diesem Zusammenhang sogar von der Notwendigkeit gemeinsamer Arbeit die Rede. Hier wird zwar richtig geahnt, daß sich die Entwicklung der erwachsenen menschlichen Persönlichkeit wesentlich auf dem Wege einer ernsthaften, produktiven und gemeinsamen Dialektik von Vergegenständlichung und Aneignung vollzieht; es wird aber unterschlagen, daß für die Masse der lohnabhängigen Bevölkerung im kapitalistischen Alltag die Möglichkeiten einer sinnvollen und gemeinsamen Vergegenständlichung und damit zur Weiterentwicklung ihrer Persönlichkeit systematisch zerstört, und eingeengt werden auf die schmalen Bereiche der informellen Kooperation, des privaten Hobbys, der Verrichtungen und Besorgungen im isolierten Familienhaushalt. Wenn die Chance der «Generativität» verfehlt wird, so heißt es in der genannten entwicklungspsychologischen Theorie, droht mehr oder weniger zwangsläufig der Zustand der «Selbstabsorption». Das soll in etwa heißen: Die Menschen kommen herunter auf eine egoistische und verengte Lebensperspektive, werden auf ihre persönlichen Probleme zurückgeworfen und erstarren zunehmend in den alltäglichen kleinen Routineangelegenheiten und -verpflichtungen.

Die damit angesprochene extreme Entwicklungshemmung der meisten Erwachsenen ist in ihren Ursachen alles andere als ein bloß psychologisches Problem. Sie ist kein Resultat freiwilliger Entscheidung für die eine oder andere Form der Lebensführung oder von mehr oder weniger zufälligen zwischenmenschlichen Milieueinflüssen. Diese Entwicklungshemmung oder auch vorzeitige Vergreisung der Menschen wird vielmehr vom «stummen Zwang der ökonomischen Verhältnisse», der auf eine extreme Vereinseitigung der Produzenten, die Zerstörung jeder weiterführenden Selbsterfahrung im gemeinsamen Produktionsprozeß hinausläuft, mit Notwendigkeit hervorgebracht.[4] Auch die von einer solchen Entwicklungshemmung gezeichneten Individuen tragen zwar *objektiv* durch ihre tagtägliche Arbeit weiterhin zum Aufbau der Gesellschaft und zur geschichtlichen Entwicklung bei. Dieser Umstand taucht in ihrem subjektiven Horizont aber gar nicht mehr auf. Die Hoffnung auf einen kontrollierten Beitrag zur gesellschaftlichen Entwicklung haben sie fahrengelassen. Ihre Beziehung zur Welt wird die eines bornierten Besorgens und Manipulierens in einem verbleibenden winzigen Ausschnitt.[5] Das einer solchen verengten und entwicklungsgehemmten gesellschaftlichen Praxis entsprechende Lebensgefühl ist das einer schleichenden und sich oftmals nur hinter einer kurzatmig-hektischen Betriebsamkeit verbergenden *Langeweile*. Die diffuse Symptomatik der Langeweile, die kaum noch benennbare Identitätsdiffusion im Selbstgefühl der Individuen scheint heute zunehmend an die Stelle der klassischen seelischen Krankheitssymptome zu treten und ist deshalb zu Recht als typisch für unsere gegenwärtige Gesellschaftsform bezeichnet worden.[6]

Nun könnte ein zynischer Verteidiger der kapitalistischen Verhältnisse einwenden, die Herleitung der Entwicklungshemmung der Persönlichkeit aus dem vereinseitigten und routinisierten ökonomischen Alltagsleben unserer Gesellschaft sei überhaupt nicht schlüssig, denn Veränderungen, Wandlungen und Neuanpassungen seien ja auch und gerade von den modernen technischen und verwissenschaftlichten Produktionsabläufen dauernd gefordert; und Selbstveränderung im Gefolge der von Unternehmerseite geforderten größeren beruflichen und sozialen Mobilität der Arbeitnehmer sei doch durchaus nötig und möglich.

Dieser Einwand läßt sich entkräften. Denn ein sich entwickelndes Selbstgefühl und Selbstbewußtsein (eine sich entwickelnde Identität) der Individuen würde zweierlei erfordern: *erstens* die Möglichkeit, sich selbst in gewandelten Betätigungsweisen und zwischenmenschlichen Beziehungen immer wieder als etwas Neues zu erfahren, auch im Erwachsenenalter noch immer wieder neue Seiten und Fähigkeiten an sich selbst zu entdecken; und *zweitens* die Möglichkeit, sich selbst *in diesem Wandel* gleichzeitig noch als ein mit sich selbst identisches Wesen, als ein Wesen mit *kontinuierlichen* Sozialbeziehungen, Lernerfahrungen, Hoffnungen und Erwartungen zu erfahren. Diese wechselseitige Angewiesenheit, die grundlegende Verschränkung von Identität und Nicht-Identität in einer produktiven Selbsterfahrung ist schon von dem Philosophen Hegel entdeckt worden und sie findet sich – freilich abgehoben von ihrer wirklichen Basis in der gegenständlichen Tätigkeit der Menschen – noch einmal formuliert in der modernen sozialpsychologischen Theorie der Ich-Identität. Man kann nun sagen, daß die vom Kapitalismus hervorgetriebenen Wandlungsprozesse in der Persönlichkeit gerade so beschaffen sind, daß die Möglichkeit einer kontinuierlichen Selbsterfahrung zerstört und abgeschnitten wird. Statt einer entwicklungsfördernden Verschränkung der beiden Seiten, der Identität und der Nicht-Identität, stehen sich zwei kaum vermittelbare Alternativen gegenüber: entweder das Leben ändert sich gar nicht oder aber es ändert sich so, daß die Vergangenheit in den neuen Lebensplan kaum noch eingebracht und produktiv erinnert werden kann. Die Wandlungen vollziehen sich auf Grund der Eigengesetzlichkeit der kapitalistischen Ökonomie in einer anarchischen und unplanbaren Weise: als plötzlicher Arbeitsplatzverlust, als überraschendes Unbrauchbarwerden lebensgeschichtlich erworbener beruflicher Qualifikationen, die zur Entwertung ganzer Abschnitte der bisherigen Persönlichkeitsentwicklung führt; als erzwungene horizontale Mobilität, also als unfreiwilliger Umzug in neue Städte und andere Wohngegenden; und als unvermittelter Bruch mit dem bisherigen privaten und beruflichen Vorleben, in welchem der einzelne vielleicht gerade erst Ansätze eines gesicherten Selbstgefühls und Selbstbewußtseins hat herausbilden können. Solche «Identitätsbrüche» als Folge plötzlicher sozialer Umtopfungen hat man zusammen mit schwerwiegenden Apathie- und Trauerreaktionen zum Beispiel im Bereich der modernen städtebaulichen Zerstörung von alten Wohn- und Nachbarschaftsbeziehungen festgestellt. Die von der kapitalistischen Ökonomie bewirkten bruchartigen Formen des Wandels und der Mobilität sind also in keiner Weise geeignet, die Entwicklungshemmungen, die aus der Verengung, Vereinseitigung und kleinlichen Routinisierung des kapitalistischen Erwachsenenalltags folgen, auszugleichen und zu kompensieren. Sie tragen über die von ihnen ausgehende Verunsicherung eher zu Verschärfung und Stabilisierung der Entwicklungshemmung bei.

Entwicklungshemmung, Routinisierung und Langeweile sind jedoch nur eine Seite des kapitalistischen Erwachsenenalltags. Die Hoffnungen der Massen auf Selbstverwirklichung und auf einen neuen, vielseitigen Charakter ihrer zwischenmenschlichen Beziehungen lassen sich so schnell nicht totschlagen. Sie führen vielmehr, wenn sie erst einmal abgelöst sind vom verändernden Eingriff in die alltäglich-praktische Lebenswelt, ein unkontrolliertes, weitgehend folgenloses und diffuses Eigenleben in den Köpfen der angepaßten Individuen. Die Hoffnung ist zur abstrakten Hoffnung geworden; die tröstlichen oder erregenden Bilder, die sie sich malt, sind nur noch *zufällig* mit der gegenständlichen Alltagspraxis verbunden.[7] Ein kennzeichnendes Beispiel hierfür sind die Hoffnungen, die mit dem Lottospielen verbunden sind, welches nicht umsonst zu einer festen Institution der kapitalistischen Öffentlichkeit geworden ist. Die Suche nach dem Neuen wird zum diffusen Streben nach dem «ganz anderen», zum blinden Hunger nach kontrastierenden Reizen. Nur so ist auch der Erfolg des durchkommerzialisierten Massentourismus in möglichst entfernte und exotische Gesellschaften, einschließlich des thailändischen Bordells, zu verstehen. Die Fernreise des Touristen oder auch der modische Südasien-Trip junger Leute werden ebenso folgenlos konsumiert wie ein Kulturfilm; die in die Alltagspraxis periodisch eingeschobene Ortsveränderung bietet sich als bequemer Ersatz für eine wirkliche Selbstveränderung in eben dieser Alltagspraxis an. Ebenso bezeichnend für die entwicklungshemmenden Verhältnisse des kapitalistischen Alltagslebens ist die schwärmerische und redselige Art und Weise, in der manche älteren Männer mit ihren Erinnerungen an den Krieg umgehen. Sie erinnern den Krieg als das «ganz andere» ihrer ereignislosen Gegenwart und schöpfen noch nach Jahrzehnten ihr brüchiges Selbstgefühl aus dem Abenteuer des Kampfes und der Ahnung von zwischenmenschlicher Solidarität, die auf verkehrte und eingeengte Weise unter den Frontkameraden entsteht. Der Krieg als Kontrast zum kapitalistischen Alltagsleben erlaubt auch das ansonsten unmöglich gewordene Gefühl, wenigstens einmal «dabeigewesen» und persönlich am Machen von Geschichte beteiligt gewesen zu sein.[8] Die Kriegsbegeisterung und die verbreitete Anfälligkeit für ähnliche Formen des irrationalen Engagements sind in beträchtlichem Maße Ausdruck der kapitalistischen Entwicklungshemmung und der durch diese Entwicklungshemmung abgedrängten, abgespaltenen und außer Kontrolle geratenen menschlichen Bedürfnisse nach Selbstverwirklichung in erneuerten und vielseitigen sozialen Lebensformen.

Man könnte an dieser Stelle noch eine ganze Reihe weiterer Formen des gegenständlichen und sozialen Reizhungers, welcher sich von der Alltagswirklichkeit der Menschen abgelöst hat und ihre Entwicklungshemmung, ihre Resignation wie ein Schatten begleitet, aufzählen und diskutieren. Es gibt eher stille Formen wie die Fernseh- und Freßsucht oder die abstrakte Hoffnung auf die große Liebe, das Erscheinen eines Märchenprinzen, mit dem dann alles anders werden soll. Und es gibt eher ausbruchartige Formen wie die jüngst durch die Presse geisternde «midlife-crisis» von Männern und Frauen, die sich im besten Alter befinden und sich einen solchen Neubeginn finanziell leisten können. Diese verschiedenen Formen können aus Raumgründen hier nicht weiter diskutiert werden; es sei nur noch darauf hingewiesen, daß der solcherart abgespaltene Reizhunger und die Ausbruchsphantasien das wichtigste Material für die spätkapitalistische Werbe- und Unterhaltungsindustrie abgeben.

Es ist auf den letzten Seiten zuerst vom Eintritt in den Alltagstrott der erwerbstätigen Erwachsenen und dann vom entwicklungshemmenden Aufbau dieses Alltagstrotts selbst die Rede gewesen. Um die gesellschaftliche Formung des menschlichen Lebenslaufs im Kapitalismus ganz zu verstehen, ist es noch notwendig, das Problem des Älterwerdens und des unausweichlich herannahenden Todes kurz zu umreißen.

Daß viele Menschen in der sozialen Isolation und Entwicklungshemmung ihres Alltagslebens bereits im frühen oder mittleren Erwachsenenalter, zu einer Zeit, wo es vom körperlichen Zustand her überhaupt nicht nötig wäre, vergreisen und erstarren, war schon kritisch festgehalten worden. Die Folgen des körperlichen Älterwerdens haben darüber hinaus aber unter kapitalistischen Bedingungen eine zusätzliche persönlichkeitszerstörende Wirkung. Für die meisten Lohnarbeiter bedeutet der Alterungsprozeß eine direkte Existenzbedrohung, weil er die abstrakte Leistungsfähigkeit, die Fähigkeit zur stetig-angespannten Verausgabung von Nerv, Hirn und Muskel, an welcher das Kapital allein interessiert ist, herabsetzt. In manchen Produktionszweigen sind Akkordarbeiter mit über 30 oder 40 Jahren für ihre Arbeit schon völlig unbrauchbar. Etwas besser, aber nicht grundlegend anders, ist das in einigen Angestelltenpositionen, in welchen die lebensgeschichtliche Anhäufung von Verwaltungserfahrung die leistungsmindernden Folgen des körperlichen Älterwerdens eine Zeitlang auffangen kann. (Sollte, wie angekündigt, das Leistungsprinzip einschließlich der Rückstufung des Leistungsschwächeren offiziell in die staatliche Verwaltung Einzug halten, gelten die genannten Probleme sogar auch für die Beamten.) Jedenfalls läßt sich sagen, daß die zwischenmenschlichen Probleme und Ängste, die aus dem nun schon öfters erwähnten Umstand folgen, daß unter kapitalistischen Kooperationsbedingungen die Leistungsfähigkeit des anderen nicht als Beitrag zu einer gemeinsamen Sache, sondern primär als Bedrohung der eigenen Existenz wahrgenommen wird, – daß sich diese zwischenmenschlichen Probleme im Verlauf des individuellen Älterwerdens bis ins Unerträgliche verschärfen müssen. Ein weiterer Grund für die unsinnige Verschärfung dieser Probleme ist unter spätkapitalistischen Bedingungen der von der Marktsphäre, von ihrem «liebenswürdigen Schein» und ihren oberflächlich-glatten ästhetischen Arrangements ausgehende verkaufsfördernde Zwang zur Jugendlichkeit und zum jugendlichen Auftreten.

Aber nicht nur bezogen auf die Marktbeziehungen und Arbeitsbeziehungen, sondern auch bezogen auf die privaten Beziehungen des Konsumbereichs verschärfen sich die zwischenmenschlichen Probleme und Ängste mit dem zunehmenden Alter. Besonders kraß tritt dies in der Situation der Frauen in den sogenannten Wechseljahren zutage. Die Wechseljahre fallen in etwa mit dem endgültigen Weggang der heranwachsenden Kinder aus der Familie zusammen, das heißt mit dem Verlust fast des einzigen bedeutsamen gegenständlichen «Dritten», über welches sich im Konsumbereich noch eine längerfristig-planvolle und sich entwickelnde Perspektivenverschränkung zwischen den Handlungspartnern herstellen ließ. Der Verlust dieses gemeinsamen «Dritten» verbindet sich mit den hormonalen Umwandlungsprozessen und dem – übrigens weitgehend eingebildeten beziehungsweise suggerierten – Verlust der Sexualbetätigung, welche im Kapitalismus hinsichtlich des Bedürfnisses, vom anderen gebraucht zu werden, ja wichtige Ersatzfunktionen übernommen hat. Die beiden wichtigsten sozialen Bindemittel, die vor dem Hintergrund einer fehlenden gemeinsamen Produktionstätigkeit noch geblieben waren, die Kinder und die Sexualität, drohen nun plötzlich auch noch zu verschwinden. Was zurückbleibt, ist das Gefühl der Nutzlosigkeit und eine Identitätskrise, die mit der Angst, nicht mehr gebraucht zu werden, zusammenhängt. Die solcherart persönlichkeitszerstörende Wirkung der Wechseljahre ist kein Naturmerkmal der menschlichen Existenz, sondern nur aus dem weitgehenden Fehlen sinnvoller und gemeinschaftlicher Vergegenständlichungs- und Entwicklungsmöglichkeiten im kapitalistischen Alltag der privaten Warenbesitzer heraus zu verstehen.

Die kapitalistische Trennung von Familienleben und Produktion, die Tendenz zur isolierten Zwei-Generationen-Familie und die extreme Vereinseitigung der Lohnarbeiter im Gefüge der kapitalistischen Arbeitsteilung führen dazu, daß die Alten, nach ihrer endgültigen Ausgliederung aus dem kapitalistischen Produktionsprozeß, so gut wie überhaupt keine produktiven Funktionen für andere mehr haben, und auch dazu, daß man von ihren Erfahrungen für die eigene Produktionstätigkeit kaum noch etwas lernen kann. Diese Vermittlung von Produktionserfahrungen und aufgehäuftem Wissen war es, welche in vielen vorkapitalistischen traditionalen Gesellschaften den Alten trotz ihres körperlichen Leistungsverfalls noch eine geachtete Stellung verschafft hat. Die gegenwärtige Art und Weise der Beziehungen zwischen den Generationen ist ziemlich pervers. In Deutschland ist die Möglichkeit, von den älteren Menschen zu lernen, noch zusätzlich dadurch zerstört, daß viele von ihnen während der faschistischen Ära politisch und menschlich versagt haben und als Vorbilder für soziales Lernen ziemlich unbrauchbar geworden sind. Im sozialistischen China der Gegenwart zum Beispiel ist dagegen die Stellung der Alten eine völlig andere. Sie sind als lebendige Träger der Erinnerung an den jahrzehntelangen solidarischen und opfermütigen Kampf gegen die alte Ausbeuterordnung und den japanischen Imperialismus und als Träger der ersten sozialistischen Aufbauleistung immer noch sehr angesehen. In dieser Funktion und auch ganz handfest-praktisch – als Organisatoren der nachbarschaftlichen Kleinkinderbetreuung – werden sie in die Lernprozesse der Kinder mit einbezogen.

Unter spätkapitalistischen Lebensbedingungen vollzieht sich immer mehr ein Prozeß der unerbittlichen und ghettoartigen Ausgrenzung der Alten, die im Sinne des Kapitalverwertungsprozesses und des abstrakten Leistungsprinzips für arbeitsunfähig erklärt worden sind. Die nach Schichtzugehörigkeit gestaffelten staatlichen und privaten Altersheime werden immer mehr zur zentralen Aufbewahrungseinrichtung für die vorzeitig nutzlos gewordenen alten Menschen. Die zahlreichen Altersheimskandale, von der versteckten Ausbeutung bis zur direkten sadistischen Quälerei, sind nur die Spitze eines Eisbergs. Ein wohlmeinender, aber etwas naiver Altersforscher stellt fest: «Wenn man die Aufzeichnungen über Gespräche mit Altersheimbewohnern liest, in denen berichtet wird, wie schmerzlich es ist, daß nicht ein geliebtes Möbelstück, nicht einmal der Sessel, in dem man viele Jahre lang gesessen hat, in das Heim mitgebracht werden darf, wenn berichtet wird, daß keine Suppe serviert wird, sofern man ein paar Minuten zu spät kommt, und man dafür eine ‹Rüge› erhält, daß man abends keine Freunde, ja Verwandte in der Nachbarschaft besuchen kann, weil es keinen Hausschlüssel gibt, so wundert man sich nicht, warum es nach wie vor so viele Vorurteile gegenüber dem Altenheim gibt.»[9]

Die Verpflanzung des einzelnen in das Altenheim bedeutet ein Herausgerissenwerden aus den bisher selbstverständlichen gegenständlichen und sozialen Beziehungen, in denen sich das Selbstgefühl und Selbstbewußtsein des alternden Menschen noch einigermaßen hatte erhalten können. Dies ist der letzte der folgenreichen Identitätsbrüche, die die kapitalistische Gesellschaft den Individuen antut. Auch das Altenheim hat weitgehend die Merkmale einer totalen Institution, wie wir sie im Abschnitt über die Schule aufgezählt haben. Die Individuen werden auf die «doppelte Freiheit» des erwachsenen Lohnarbeiters in einem «besonderen Gewaltverhältnis» der Anstalt Schule vorbereitet und sie wechseln, wenn sie am Ende ihrer abstrakten Leistungsfähigkeit angekommen sind, aus dieser Freiheit dann wieder über in das faktische Gewaltverhältnis der Anstalten, die man zum Zwecke der Altenaufbewahrung und -pflege errichtet hat. Die spätkapitalistische Tendenz, vor, hinter und neben der «doppelten Freiheit» der erwachsenen Lohnarbeiter ein System von totalen Institutionen zu schaffen, als Schulen, Heilanstalten, Gefängnisse, Altenheime, – diese Tendenz stellt zwar eine objektive Vergesellschaftung der Lebensvorsorge dar, aber eine Vergesellschaftung, die dem Individuum in einer extrem entfremdeten, bürokratischen und von sinnvoller gegenständlicher Praxis entleerten Gestalt gegenübertritt. Das Zusammenwohnen der im Altenheim aus den verschiedensten Milieus zusammengewürfelten alten Menschen allein und ihre bloße Konzentration an einem Ort vermag noch keine Solidarität zu schaffen. Das Neue kann in diese Welt nur noch in Form von abgelösten Kaffeefahrten, Vorträgen, Klatschkontakten, wesentlich als passiver und zusammenhangloser Konsum eintreten. Auf die chronische finanzielle Unterversorgung auch des Altenpflegebereiches, der ja nur tote Kosten für die private Kapitalverwertung mit sich bringt, braucht man wohl kaum noch ausdrücklich hinzuweisen. Es gibt zwar neuerdings eine Menge Versuche, mit Hilfe von liebenswürdig angebotenen speziellen «Seniorenreisen», «Seniorengedecken» und so weiter die seelische Mangelsituation dieser Randgruppe auch kapitalistisch auszubeuten. Dem sind aber durch die schmalen Finanzmittel der meisten Alten enge Grenzen gesetzt.

Menschen haben im Gegensatz zu den Tieren die Fähigkeit, ihren Tod in Gedanken vorwegzunehmen und sich auf ihn vorzubereiten. Und sie fragen sich angesichts des nahenden Todes, ob das Leben, das sie gelebt haben, sich eigentlich gelohnt hat. In der oben erwähnten entwicklungs-psychologischen Theorie wird denn auch gesagt, daß die alten Menschen beim Aufbau und der Erhaltung ihrer Identität vor der Aufgabe der Herstellung von «Integrität» stünden. Damit ist gemeint eine Haltung der Reife und ein rückblickendes Akzeptieren der eigenen sozialen Lebenslage und des persönlichen Lebenslaufes unter den vorgefundenen Gegebenheiten. Wo dieser Versuch, das zurückliegende Leben als sinnvoll zu interpretieren nicht gelingt, drohen Verzweiflung, Überdruß und starke Todesfurcht als Grundhaltung des alternden Menschen. Offensichtlich ist die Forderung nach Integrität im Alter unter den herrschenden gesellschaftlichen Bedingungen nicht, oder nur für eine winzige privilegierte Minderheit zu verwirklichen. Wer aus einer künstlich ausgesonderten, gegenständlich und zwischenmenschlich entleerten Welt Rückschau halten muß auf ein Leben, in dem dieselbe Leere, wenn auch in unterschiedlichen Formen, eigentlich immer auf der eigenen Tätigkeit gelastet hat, der kann sehr leicht das Gefühl bekommen, daß das Leben in dieser Gesellschaft ein menschenunwürdiges und im Grunde ein ungelebtes Leben war.

Anmerkungen

1 Vgl. das aktuelle Material bei: S. Laturner/B. Schön (Hg.), Jugendarbeitslosigkeit, Reinbek bei Hamburg 1975.
2 H. Kern/M. Schumann, Zum politischen Verhaltenspotential der Arbeiterklasse, in Meschkat/Negt (Hg.), Gesellschaftsstrukturen, Frankfurt/M. 1973, S. 157.
3 E. H. Erikson, Ich-Identität und Lebenszyklus, Frankfurt/M. 1966.
4 Vgl. zur Entwicklungshemmung in diesem Sinne L. Sêve, Marxismus und Theorie der Pesönlichkeit, Frankfurt/M. 1972, S. 201 ff.
5 Vgl. K. Kosik, Die Dialektik des Konkreten. Eine Studie zur Problematik des Menschen und der Welt, Frankfurt/M. 1967, S. 61 ff.
6 E. Fromm, Anatomie der menschlichen Destruktivität, Stuttgart 1974, S. 219 ff.
7 Wichtig ist hier die Unterscheidung zwischen konkreter, das heißt realitätsbezogener und eingreifender Utopie und abstrakter Utopie bei Ernst Bloch, Das antizipierende Bewußtsein (Prinzip Hoffnung Teil II), Frankfurt/M. 1972.
8 Vgl. A. Heller, Alltag und Geschichte, Neuwied/Berlin 1970.
9 Arbeitsgruppe Altersforschung Bonn, Altern – psychologisch gesehen, Braunschweig 1971, S. 116.

XII. Schlußbemerkungen und Perspektiven

1. Zusammenfassung

Wir sind nun am Ende unseres Durchgangs durch das widersprüchliche und doch zusammenhängende Gebäude der kapitalistischen Zwischenmenschlichkeit angelangt. Ganz zu Anfang war die Grundbeschaffenheit der produktiven und sozialen Lebenspraxis von Menschen herausgearbeitet worden, wie sie sich naturgeschichtlich herausgebildet hat und unter aller Ausbeutung und Entfremdung immer noch fortexistiert. Es folgte ein Aufriß der kapitalistischen Vergesellschaftung und der grundlegenden ökonomischen Mechanismen, die mit den Begriffen Ware, Geld, Kapital verbunden sind. Damit hatten wir die Voraussetzungen geschaffen, um uns genauer den zwischenmenschlichen Abläufen im kreislaufförmigen Erwachsenenalter zuzuwenden. Bei der Betrachtung der kapitalistischen Zwischenmenschlichkeit im Marktbereich ging es wesentlich um die Probleme des «liebenswürdigen Scheins» auf der Grundlage von Gleichgültigkeit, die extrem mißtrauische und letztlich selbstzerstörerische Perspektivenverschränkung zwischen den Handlungspartnern, die Zwänge der Konkurrenz und schließlich die spätkapitalistische Ausprägung dieser Zwischenmenschlichkeit samt ihren verunsichernden und desorientierenden Folgen. Danach ging es um die Zwischenmenschlichkeit im kapitalistischen Produktionsprozeß, die zunächst durch die kapitalistische Veräußerlichung der menschlichen Kooperationstätigkeit, dann aber auch durch die noch verbleibende «gebrochene Solidarität» der Kooperationspartner gekennzeichnet ist. Außerdem wurden hier die zwischenmenschlichen Herrschaftstechniken der Vorgesetzten, das Problem der oberflächlichen Vervielfältigung der Kooperationserfahrungen im Spätkapitalismus und schließlich die schwerwiegenden sozialpsychologischen Auswirkungen der Arbeitslosigkeit im Kapitalismus diskutiert. Nach dem Produktionsbereich wurde dann der kapitalistische Freizeit- und Konsumbereich unter dem Gesichtspunkt der in ihm stattfindenden zwischenmenschlichen Beziehungen untersucht. Dabei wurde deutlich, daß diese vor allem durch die Probleme der Abgelöstheit und Entleertheit von einer gegenständlichen und solidarischen Produktionstätigkeit und durch den zwischenmenschlichen Kompensationszwang (Geborgenheit um jeden Preis) gekennzeichnet sind. In diesem Kapitel folgten dann noch eine kurze geschichtliche Erörterung der Familie und eine Diskussion der besonderen spätkapitalistischen

Ausprägung der zwischenmenschlichen Beziehungen im Konsumbereich. Hierbei wurden vor allem die Aufrichtung vielfältiger Ersatzgegenstände für die zwischenmenschliche Perspektivenverschränkung und die fortschreitende Auflösung der überlieferten Formen des zwischenmenschlichen und sexuellen Zusammenlebens hervorgehoben. Die Zwischenmenschlichkeit im kapitalistischen Erwachsenenalltag, so wurde im nun folgenden Kapitel deutlich, ist nur zu verstehen, wenn man die Formen des kapitalistischen Staates und des Rechts mitberücksichtigt, welche dafür sorgen, daß sich der zwischenmenschliche Umgang im Rahmen einer gleichgültig-entfremdeten Selbst- und Fremdinstrumentalisierung der Menschen und eines förmlich-indirekten gesellschaftlichen Zusammenhalts bewegt. Ebenso wurde deutlich, daß die beständige Hervorbringung und öffentliche Verfolgung von abweichendem oder kriminellem Verhalten als eines «direkten Aneignungsverhaltens» über die Abschreckungswirkung rückwirkend wieder den Zusammenhalt der Menschen in einer gleichgültig-instrumentellen Form verstärkt und absichert.

Nachdem die Art und Weise der Zwischenmenschlichkeit und des Zusammenhalts der Individuen im Erwachsenenleben einigermaßen deutlich vor Augen stand, wandte sich die Betrachtung zur lebensgeschichtlichen Entwicklung und Formung der Menschen auf den kreisförmigen Erwachsenen-Alltag hin und durch ihn hindurch. Dabei wurde zunächst die Schwierigkeit betont, unter den Bedingungen einer extrem widersprüchlichen, zerrissenen und gegenständlich entleerten Zwischenmenschlichkeit der erwachsenen Individuen überhaupt sinnvolle soziale Lernziele zu formulieren, und es wurde vorab festgestellt, daß die zentralen sozialen Lernziele oder Grundqualifikationen des sozialen Handelns im Widerspruch zu den guten Absichten der Beteiligten angeeignet werden – durch die Einpassung in die objektiven Zwänge der Erziehungsinstitutionen selbst. Als erste Erziehungsinstitution wurde die Familie diskutiert. Dabei standen vor allem zur Debatte: Die Fragen des materiellen Bedeutungsverlustes der Kinder als Erben und/oder Kooperationspartner, die Folgen der Enge und Gegenstandslosigkeit der kapitalistischen Kleinfamilie für die kindliche Entwicklung, aber auch ihre Funktion als gefühlsmäßiger Schonraum oder Brutkasten, ohne welchen der schrittweise Aufbau einer gleichgültig-entfremdeten Zwischenmenschlichkeit der Kinder und Jugendlichen wahrscheinlich nicht gelingen würde. Der Kindergarten, um den es im nachfolgenden Kapitel ging, ist im wesentlichen eine Reaktion auf die Mängel und Schwierigkeiten der kapitalistischen Familienerziehung, vermag sie aber unter den herrschenden Bedingungen auch nicht zu lösen. Das in seinem Rahmen stattfindende zwischenmenschliche Verhalten ist überschattet vom bürokratisch-hierarchischen Verwaltungsaufbau, seiner Abgetrenntheit vom produktiv-gesellschaftlichen Lebenszusammenhang, von der Lohnarbeitergleichgültigkeit und den Konkurrenzproblemen der Erzieher. Dabei wurde festgehalten, daß die Lohnarbeitergleichgültigkeit der Erzieher gegenüber den Kindern zwar ein großes Problem darstellt, daß man sie aber nicht absolut setzen darf – unter anderem deswegen, weil es drängende menschliche Bedürfnisse nach einer *sinnvollen* und verantwortlichen Arbeit auch und gerade bei Erziehern gibt. Die brüchige und gewissermaßen zufällige Motivation der meisten Erzieher, die Abgetrenntheit von jeglicher Produktionserfahrung und das Fehlen einer bedeutsamen gegenständlichen Erfahrungswelt stellen den bedrückenden Rahmen für die kindliche Lern- und Aneignungstätigkeit dar. Das bedeutet, daß das soziale Lernen der Kinder kaum als Erlernen von gegenständlicher Kooperationstätigkeit abläuft, sondern vielmehr als sachentbundene Identifizierung mit bestimmten Spielkameraden und ihren Erziehern, deren Vorbildcharakter gerade hinsichtlich der menschlichen Kooperationsfähigkeit äußerst eingeengt und brüchig ist. Dazu müssen die Kinder schon erste Formen der Flexibilität lernen, um mit den widersprüchlichen Sozialwelten von Familie und Kindergarten und ihren Identitätsbrüchen in diesem Spannungsfeld fertig zu werden. Die Identitätsbrüche verschärfen sich in der nächsten Erziehungsinstitution, der Schule, noch ganz erheblich. Die Schule hatten wir als eine vom gesellschaftlichen Produktionsgeschehen abgetrennte und durchorganisierte Anstalt mit einem «besonderen Gewaltverhältnis» und vielen Merkmalen einer totalen Institution geschildert. Auch hier stellt die gegenständliche Sachentbundenheit des Handelns das Hauptproblem für das Lernen und insbesondere die Lernmotivation dar. Diese Schwierigkeiten waren zunächst für die Lehrerrolle und schließlich aus der Sicht der Schüler diskutiert worden. Für die Schüler hatten wir festgestellt, daß sie – auf eine symbolisch verdünnte Weise – in wesentliche Merkmale des kapitalistischen Sozialverhaltens eingeübt werden: in eine abstrakte Leistungsorientierung und privat-egoistische Instrumentalisierung ihrer eigenen Lebenstätigkeit, welche vom Zensurenkampf erzwungen wird, die ängstlich-aggressive Perspektivenverschränkung des Konkurrenzverhaltens, die Trennung von offiziellen Sozialbeziehungen innerhalb der Institution und informellem zwischenmenschlichen «Unterleben» und schließlich in die Zerrissenheit zwischen anstaltsöffentlicher und familiär-privater sozialer Lebenswelt. Das anstrengende Sozialleben der Schüler ist aber, so hatten wir festgehalten, noch harmlos, verglichen mit dem, was sich an den Menschen vollzieht, nachdem sie mehr oder weniger schockartig in die Alltagswelt der erwerbstätigen Erwachsenen gestoßen worden sind. Der kreislaufförmige und fremdbestimmte zwischenmenschliche Alltag der isolierten Privateigentümer durch die widersprüchlichen sozialen Anforderungen des Marktbereichs, des Arbeits- und Konsumbereichs hindurch, – dieser kreislaufförmige Alltag prägt unter den herrschenden Bedingungen der Persönlichkeitsentwicklung der Erwachsenen den

Stempel der Entwicklungslosigkeit und der Hoffnungslosigkeit auf. Die endgültige Ausgrenzung aus gesellschaftlich bedeutsamen Kooperationszusammenhängen und die Tendenz zur Asylierung, die sich mit dem Übergang ins Alter bruchartig einstellt, verschärft noch einmal die gegenständliche und zwischenmenschliche Entleertheit der individuellen Lebenssituation. Eine tröstende Rückschau auf das eigene Leben angesichts des herannahenden Todes dürfte unter diesen Bedingungen nur sehr wenigen Menschen möglich sein.

Man kann nun am Ende dieses Durchgangs durch das Sozialleben der Menschen im Kapitalismus zwei Fragen stellen: erstens die Frage nach dem Stellenwert der konkreten Persönlichkeit der wirklichen Individuen mit ihrer einmaligen Lebensgeschichte innerhalb des skizzierten Gefüges der zwischenmenschlichen Anforderungen und Zwänge. Und zweitens die Frage, woher denn in all dieser zwischenmenschlichen Entfremdung noch die Hoffnung auf eine solidarische Gemeinschaft der «assoziierten Produzenten» genommen werden kann, in der «die Entfaltung eines jeden die Bedingung für die freie Entwicklung aller ist». Ich möchte zunächst zur ersten Frage und dann zur zweiten kurz etwas sagen.

2. Probleme der Persönlichkeit

Es ist gerade von marxistischer Seite unbestritten, daß die Persönlichkeit des Einzelmenschen in den gesellschaftlichen Bedingungen und Zwängen, unter denen er sein Leben führt, nicht aufgeht, sondern durchaus etwas Einzigartiges und Selbständiges in diesen Bedingungen und Zwängen darstellt. Das folgt schon daraus, daß die Lebensgeschichte jedes Individuums innerhalb dieser Gesellschaft und ihrer Institutionen immer einen je einmaligen und unwiederholbaren Ablauf nimmt. Aber wenn man von der Einzigartigkeit und Selbständigkeit des einzelnen spricht, muß man angeben, worauf sich diese Einzigartigkeit und Selbständigkeit *bezieht*, an welchen objektiven Bedingungen und in welchem gesellschaftlichen Bezugssystem sie sich *erweist*.[1] In philosophischer Sprache würde man sagen: Die Einzigartigkeit und Selbständigkeit der Persönlichkeit verwirklicht sich immer nur in einer bestimmten Negation der realen Abhängigkeiten, in denen sie steht. Die Persönlichkeit des Individuums entwickelt sich, indem sie sich die gegenständlichen und die zwischenmenschlichen Lebensbedingungen, die die Gesellschaft in ihrer geschichtlichen Gewordenheit hervorgebracht hat, und die sie als Anforderung vorfindet, in einer jeweils einzigartigen Weise *tätig aneignet* und in einem einheitlichen Handlungsplan *integriert*. Zur tätigen Aneignung der Lebensbedingungen gehört auch die menschliche Fähigkeit, sie denkend zu durchdringen, das eigene entfremdete Alltagshandeln kritisch zu hinterfragen, sich andere Verhältnisse vorzustellen, auf Grund von eigenen Ideen Überlegungen anzustellen, Entscheidungen zu treffen und schließlich die Lebensbedingungen gemeinsam mit anderen zu verändern. Bloß ist der gesellschaftliche Rahmen für solche Art schöpferischer Aneignung eben kein beliebiger.

In diesem Buch ging es noch nicht um eine Theorie der Persönlichkeit. Aber der systematische Durchgang durch die verschiedenen zwischenmenschlichen und gegenständlichen Anforderungen der kapitalistischen Gesellschaft in ihren unterschiedlichen und zusammenhängenden Lebensbereichen verbunden mit dem Nachzeichnen einiger typischer Bewältigungsformen kann zum Begreifen der konkreten Persönlichkeit erheblich beitragen.

Wenn man einerseits entlang der skizzierten waagerechten Achse des gegenwärtigen Alltagskreislaufs und andererseits entlang der senkrechten Achse des Entwicklungsprozesses für die einzelnen Bereiche die Frage verfolgt, auf welche besondere Art und Weise der einzelne mit den widersprüchlichen gegenständlichen und zwischenmenschlichen Verhaltensanforderungen, welche ihm diese Gesellschaft präsentiert, fertig wird und fertig geworden ist, wie er sie für sich verarbeitet und bewältigt, – wenn man diese Frage systematisch und kritisch verfolgt, dann wird man dem Begreifen seiner Persönlichkeit in ihrer Konkretheit und Einzigartigkeit ein ganzes Stück näher kommen. Der Leser möge sich einmal einen Menschen, möglichst einen erwerbstätigen Erwachsenen, den er gut kennt, oder auch sich selbst vorstellen, und bezogen auf diesen Menschen ernsthaft und kritisch folgende Fragen durchdenken:

Zunächst muß man fragen: Welche Möglichkeit zu sinnvoller Arbeit hat der Betreffende? In welchen Kooperationsbeziehungen steht dieser Mensch? Wie schlägt sich der Doppelcharakter, die Gebrochenheit der kapitalistischen Kooperation an seinem Arbeitsplatz nieder? Wie ist seine Stellung in der betrieblichen Hierarchie und welches Selbstbewußtsein zieht er aus dieser Stellung? Wie bewältigt er das Problem der Fremdbestimmtheit seiner Kooperationstätigkeit und die ökonomische Ausbeutungsproblematik? Wehrt er sich gegen die Anforderungen individuell zum Beispiel durch versteckte Aggressionen oder Krankwerden? Oder wehrt er sich gemeinsam mit Kollegen?

Wie wird der Betreffende mit den Zwängen und Anforderungen des Marktgeschehens fertig? Wie bewältigt er den «liebenswürdigen Schein», die Gleichgültigkeit und das Mißtrauen im Verhalten der Warenbesitzer? Und wie wird er mit dem Verkauf seiner eigenen Ware Arbeitskraft und den Konkurrenzbeziehungen fertig, welche einschließlich der damit verbundenen Ängste, Aggressionen und Verdrängungen auf ihm lasten?

Und weiter: Wie steht es mit seinen Privatbeziehungen in Familie und Freundeskreis? Wie bewältigt er dort die drängenden zwischenmenschlichen Kompensationsbedürfnisse? Wie wird er mit dem Problem der Enge und Gegenstandslosigkeit der Familie und der Privatbeziehungen fertig? Welche Ausbruchs- und Fluchttendenzen lassen sich hier feststellen? Wieweit sind diese Tendenzen bewußt? Welche Ersatzgegenstände (Hobbies, Freizeitinteressen) sind es, auf die er sich geworfen hat und über die er versucht, gemeinsame Perspektiven mit anderen Menschen herzustellen? Was bedeuten ihm seine Kinder, sofern er welche hat? Und wie wird er mit den sexuellen Leistungszwängen, den Verlassenheitsängsten, der Eifersuchtsproblematik und schließlich mit seiner Geschlechtsrolle als Mann oder als Frau fertig?

Darauf könnte man folgende Fragen angehen: Wie steht der Betroffene zu den rechtlichen Normen der kapitalistischen Gesellschaft? Hält er sich an die rechtlich vorgesehenen äußerlichen Formen der Selbst- und Fremdinstrumentalisierung oder versucht er, diese Formen zu unterlaufen? Hat er Angst vor dem Zerbrechen dieser Formen? Und wie sehen in ihm selbst die Versuchungen zu abweichendem Verhalten in Gestalt von Kriminalität oder auch anderen Weisen des Herausspringens aus dem kapitalistischen Warenbesitzeralltag aus? Braucht er Sündenböcke, über die er seine Zugehörigkeit zur bürgerlichen Gesellschaft stabilisiert?

Schließlich muß man unbedingt in die Lebensgeschichte zurückgehen und fragen: Wie sahen die elterlichen und familialen Erwartungen aus, in denen der Betreffende die ersten Ansätze einer persönlichen Identität ausgebildet hat? Und wie steht er heute zu diesen Erwartungen? Sind sie ihm bewußt, oder versucht er sie zu verdrängen? Wie waren die frühen Lernbedingungen und Vergegenständlichungsmöglichkeiten? Welche Probleme, insbesondere sexueller Natur, waren in der Familienatmosphäre besonders belastet und tabuiert und welche wurden möglicherweise verdrängt? Wie ist der Betreffende mit dem außerhäuslichen Milieu des Kindergartens fertig geworden? Welche Stellung innerhalb von Bekanntschafts- und Freundesgruppen hatte er inne. Wie ist er dann mit den schulischen Leistungsanforderungen fertig geworden? Und wie mit dem Widerspruch zwischen häuslichem und schulischem Milieu? Welche unterirdischen sozialen Überlebensstrategien hat er in der Schule, in der Berufsausbildung ausgebildet? Hatte er besondere Bindungen und Hoffnungen in bezug auf bestimmte Schulkameraden und Lehrer und wie sahen diese aus?

Danach wäre zu fragen, wie sich der Eintritt in das Berufsleben vollzog und wie er verarbeitet wurde. Und besonders wichtig ist die Frage: Wie verhält sich der Betreffende zum Problem seiner Entwicklungshemmung im gegenwärtigen Alltagskreislauf des kapitalistischen Erwerbslebens? Was ist aus seinen Selbstverwirklichungsbedürfnissen und Hoffnungen geworden? Wohin hat er sie abgespalten? Wie bewältigt er die Probleme seines Älterwerdens? Wie sehen seine Zukunftsperspektiven aus? Und inwieweit ist er in der Lage, die Zukunftsperspektiven planvoll und gemeinsam mit anderen in seinem Gegenwartshandeln zu berücksichtigen?

Dieser Raster von Fragen ist unvollständig, und er müßte für bestimmte Alters-, Geschlechts- und Berufsgruppen noch abgeändert und ausgearbeitet werden. Aber ich hoffe, es wird deutlich, daß sich ein überschaubarer Sinnzusammenhang ergibt, wenn man diese Fragen bezogen auf bestimmte Individuen zueinander in Beziehung setzt. Man darf, wenn man einen Menschen in seiner gesellschaftlichen Bedingtheit und in seiner einzigartigen Gewordenheit verstehen will, keinen der angesprochenen Lebensbereiche vergessen. Es ist klar, daß man die richtigen Antworten nicht ohne weiteres erhält. Es kann sein, daß ein lohnabhängiger Erwachsener behauptet, er habe überhaupt keine Konkurrenzprobleme. Dann kann man in dieser Gesellschaft ziemlich sicher sein, daß sich dahinter nur eine ganz bestimmte und wenig bewußte Weise verbirgt, mit den Konkurrenzproblemen fertig zu werden. Man muß dann versuchen, diese Bewältigungsformen in kritischer Klärung ans Tageslicht zu bringen. Dasselbe gilt für viele Probleme der zwischenmenschlichen Privatbeziehungen und vor allem für die sexuelle Geschlechtsrollenproblematik. Aus dem angedeuteten Raster von systematischen Fragen ließen sich wichtige Gesichtspunkte für eine psychologische oder pädagogische Beratungspraxis gewinnen, die den anderen nicht nur ausschnittartig betrachtet, sondern als eine konkrete Gesamtpersönlichkeit begreifen will: in seiner augenblicklichen gesellschaftlichen Bedingtheit, seiner lebensgeschichtlichen Gewordenheit und in seiner Gerichtetheit auf die Zukunft.

Ich hoffe, gezeigt zu haben, daß der Stellenwert der menschlichen Einzelpersönlichkeit in den Überlegungen dieses Buches durchaus Platz hat und daß die Überlegungen in diese Richtung weiter entwickelt werden können. Jetzt soll auch die zweite Frage, die Frage nach den Hoffnungen oder auch nach der Hoffnungslosigkeit in den gegenwärtigen Verhältnissen angegangen werden.

3. Schwierigkeiten und Notwendigkeiten der Solidarität

In der Tat kann man zunächst in seiner Hoffnung auf eine Umwälzung unserer gegenwärtigen spätkapitalistischen Gesellschaft in Richtung auf eine Gemeinschaft der «assoziierten Produzenten» entmutigt werden, wenn man sich vor Augen führt, wann und wo es bisher überhaupt dauerhafte antikapitalistische Massenbewegungen mit sozialistischem oder auch nur konsequent demokratischem Charakter gegeben hat. Man kommt nämlich sehr schnell zu dem Ergebnis, daß es bisher nur dort eine erfolgreiche antikapitalistische Massensolidarität gegeben hat, wo einerseits die Bedrückungen durch die sich entwickelnde kapitalistische Ökonomie groß, andererseits aber auch noch überlieferte Erinnerungen an die Möglichkeit einer nicht-kapitalistischen Vergesellschaftung gegenwärtig waren. Das gilt für die radikale Phase der englischen Arbeiterbewegung in der ersten Hälfte des 19. Jahrhunderts, in welcher die Erinnerung an eine ländlich-solidarische «community» den verschiedensten Sozialutopien Nahrung gab[2]. Das gilt für den entscheidenden Augenblick der russischen Revolution, bei der die tragenden Massen ja nur zu einem winzigen Prozentsatz Industriearbeiter und ansonsten kriegsmüde und landhungrige Bauern, mit durchaus noch lebendigen Hoffnungen auf kollektive Formen der Umverteilung und Bearbeitung von Boden waren. Das gilt für die chinesische Revolution, in der es die bäuerlichen Massen unter Anleitung der KP Chinas waren, die während eines Jahrzehnte währenden Kampfes die nationale Unabhängigkeit und eine egalitäre Agrarverfassung erlangten, die durchaus Verbindungslinien zu den sozialutopischen Agrarprogrammen der traditionellen chinesischen Bauernaufstände aufweist.[3] Das gilt für die vietnamesische Revolution, in der sich die traditionelle vietnamesische Dorfgemeinschaft als eine zähe Quelle für den demokratischen und antiimperialistischen Widerstand erwiesen hat.[4] Und das gilt für fast alle Revolutionen und Befreiungsbewegungen in der gegenwärtigen dritten Welt.[5] Hier, wie etwa auch im baskischen Widerstand gegen den spanischen Faschismus, sind es Volksgruppen mit einer überlieferten gemeinsamen Tradition und vergleichsweise noch kollektiven Lebensformen, die unter *sozialistischer Anleitung* die Kraft haben, der Unterwerfung unter die zwischenmenschliche Gleichgültigkeit und Brutalität des kapitalistischen Vergesellschaftungsprinzips zu widerstehen. Auch die große Kampfbereitschaft der norditalienischen Arbeiter scheint etwas mit der Erinnerung an ländliche Vergesellschaftungsformen und der abrupten Umstellungserfahrung zu tun zu haben, welche die süditalienischen Auswanderergruppen mit in die Fließbandwirklichkeit der großen Städte hineinbrachten.[6]

In den entwickelten kapitalistischen Gesellschaften hat es eine erfolgreiche und dauerhafte Revolution der breiten Massen bisher nicht gegeben. Weder die Herrschenden noch die Arbeiterbevölkerung haben eine neue, eigenständige Kultur mit verbindlichen und sinnvollen Lebensformen entwickeln können. So gut wie alle bedeutsamen Kulturelemente zehren von der Erinnerung an vergangene, nichtkapitalistische Formen des Lebens und der zwischenmenschlichen Beziehungen. Das gilt für die patriarchalische Familienkultur, die wir ja ausführlich diskutiert haben, ebenso wie für die Reste eines religiösen Bewußtseins. Die gegenwärtige populäre Popmusik zum Beispiel hat ihre Quellen einerseits vermittelt über den Jazz ganz wesentlich in der musikalischen Tradition der nach Nordamerika verschleppten Schwarzafrikaner, andererseits in den Resten der europäischen Volksmusik, die sich noch durch die kapitalistische Industrialisierung hindurchgerettet haben. Das kommerzialisierte und anarchische Kulturgeschehen der kapitalistischen Gesellschaften vollzieht sich als ein fortschreitender Zersetzungs- und Verdauungsprozeß dieser vorkapitalistischen Elemente. Damit werden die arbeitenden Massen wichtiger Ausdrucksmittel beraubt. In Deutschland ist dieser Mangel besonders schlimm, weil hier während des Faschismus die Volkskultur in derart widerlicher und perverser Weise für den kapitalistischen Herrschaftszweck aufgegriffen und aufgebläht worden ist, daß ein Rückgriff auf ihre Ausdrucksmöglichkeiten heutzutage kaum noch möglich ist. In den südeuropäischen Ländern, etwa in Portugal oder Griechenland, ist das offensichtlich anders. Der revolutionäre Solidarisierungsprozeß mit demokratischen und sozialistischen Inhalten kann sich hier auf die Erinnerung an nichtkapitalistische Lebensformen stützen. Gerade in den entwickeltesten kapitalistischen Gesellschaften, wie in der BRD, aber scheint das vorkapitalistische Sinn- und Kulturmaterial, mit dessen Hilfe das Gebäude der widersprüchlich-kapitalistischen Zwischenmenschlichkeit bisher noch einigermaßen zusammengekittet wurde, inzwischen endgültig aufgebraucht zu sein, und die Hohlheit, Gleichgültigkeit und Zufälligkeit der kapitalistischen Zwischenmenschlichkeit tritt immer offener ans Tageslicht.

Das ist kein sehr tröstliches Bild. Trotzdem haben die Menschen nicht aufgehört, in eingeengten Alltagsbereichen, Reste einer gegenständlichen und solidarischen Praxis zu verwirklichen. Diese Reste sind allerdings zersplittert und verschoben auf die wenigen Gegenstände, über welche eine gemeinschaftliche Kontrolle des menschlichen Lebensprozesses noch möglich ist. Sie sind abgeschoben in die gebrochene und widersprüchliche Alltagskooperation unter den fremdgesetzten Zwängen des kapitalistischen Produktionsprozesses, in die unterirdischen und oftmals nur halb bewußten Widerstandsnester am Arbeitsplatz. Ihre offenen Ausdrucksformen bleiben gegenwärtig weitgehend auf den ökonomischen Lohnkampf beschränkt. Sie existieren aber auch noch als Beziehungen der wechselseitigen Hilfe im Freizeit- und Privatbereich und im Interesse an der Zukunft der Kinder, die immer auch mehr als bloße Ersatzgegenstände sind. Es ist eine schwierige, aber lebenswichtige Aufgabe, diese Ansätze zu einer bewußten, solidarischen und gegenstandsbezogenen Praxis aus ihrer Einengung zu befreien, an den offenen gewerkschaftlichen und politischen Kampf für verbesserte Lebensbedingungen anzubinden und in neue zwischenmenschliche Lebensformen, die zugleich befreiend und verbindlich sind, zu überführen. Es ist heute wichtiger denn je, den gewerkschaftlichen und politischen Kampf zusammen mit dem Kampf um neue Lebensformen, ein sinnvolles Gefüge zwischenmenschlicher Normen und Werte, zu führen. Den zentralen Bestandteil einer solchen neuen Moral können nicht etwa die inhaltsleeren Grundnormen der «vollständigen Rede» abgeben, wie es der Soziologe Habermas vorschlägt, sondern nur die *Kooperationsnormen*, die im Kern so alt sind wie die Menschheit selbst und auf den technisch-wissenschaftlichen Stand des gegenwärtigen Produktionsprozesses hin gefüllt und entwickelt werden müßten.

Es gibt heute eine besondere Art von handfest-materiellen Problemen, an denen ziemlich einleuchtend die Notwendigkeit von gegenstandsbezogenen solidarischen Massenaktionen deutlich wird. Das ist die zunehmende Zerstörung der natürlichen und räumlichen Lebensbedingungen der Erdbevölkerung durch die anarchische kapitalistische Ökonomie. Die daten und Prognosen zur fortschreitenden Umweltzerstörung und Umweltvergiftung sind bekannt. Der japanische Minimata-Skandal, die Unglücke von Seveso und Manfredonia und die rücksichtslose Energiepolitik der westdeutschen Industrie, die auf der Suche nach neuen Investitionsfeldern ist, zeigen ebenso wie viele andere Beispiele, daß die Logik der Kapitalakkumulation derjenigen einer gemeinschaftlichen und planvollen Kontrolle der menschlichen Lebensbedingungen zutiefst widerspricht. Marx hatte vorausgesagt, daß das Kapital seine eigenen Grundlagen, den arbeitenden Menschen und die Erde, im Zuge seiner rastlosen Akkumulation zerstört. Die Zerstörung der menschlichen Grundlagen haben wir unter dem Gesichtspunkt der zwischenmenschlichen Beziehungen in diesem Buch ausführlich behandelt. Der Kampf gegen die Zerstörung der elementaren gegenständlichen und natürlichen Lebensbedingungen könnte zum Bezugspunkt werden, über den sich eine gemeinsame und planvolle Perspektive der gegeneinander isolierten Menschen wiederherstellen könnte.

Die Berichte über den Kampf der Bevölkerung gegen die Kernkraftwerke in Wyhl und Brokdorf, über den Kampf gegen die Umweltzerstörung im französischen Larzac, ebenso wie die Berichte über den Kampf gegen die rücksichtslose Zerstörung von Arbeitsplätzen im Gefolge der ökonomischen Krise in Erwitte und anderswo lassen spüren, daß im Zuge solcher Auseinandersetzungen sich immer wieder kollektives Selbstbewußtsein, Solidarität und wechselseitiges Vertrauen herstellen, durch die die Privateigentümer-Isolation und Entwicklungshemmung des kapitalistischen Alltags aufbrechen und den Beteiligten die Veränderbarkeit der Gesellschaft deutlich wird. Die Veränderung der ausbeuterischen und demütigenden Verhältnisse ist untrennbar mit einer Selbstveränderung der Menschen in Richtung auf ein menschenwürdiges Leben verbunden. Im gemeinsamen Kampf um eine Gesellschaft der «assoziierten Produzenten», welche ihre gegenständliche Umwelt und ihre sozialen Beziehungen planvoll und solidarisch unter Kontrolle nimmt, stellt sich schon ahnungsweise und vorwegnehmend etwas von der Erfahrung einer solchen Gesellschaft ein. Wer den Preis der zunehmenden Zerstörung sinnvoller Lebensperspektiven, seiner Resignation und Vereinsamung im egoistisch-privaten Alltagstrott nicht zahlen will, für den muß der erste Schritt überall der sein, in seinem unmittelbaren Arbeits- und Lebensbereich den gemeinsamen gewerkschaftlichen und politischen Kampf gegen die Herrschaft des Kapitals aufzunehmen.

Anmerkungen

1 Vgl. A. Schaff, Marxismus und das menschliche Individuum, Reinbek bei Hamburg 1970, S. 102 ff.
2 Vgl. hierzu die umfangreiche psychologisch-sozialgeschichtliche Studie von M. Vester, Die Entstehung des Proletariats als Lernprozeß, Frankfurt/M. 1970.
3 Vgl. E. R. Wolf, Peasant Wars of the Twentieth Century, New York/London 1968, S. 103–158; W. Franke, Das Jahrhundert der chinesischen Revolution, München 1958; C. Sigrist/T. Amano, Strukturdifferenzen der Agrarrevolution in Rußland und China, in: P. Hennicke (Hg.), Probleme des Sozialismus und der Übergangsgesellschaften, Frankfurt/M. 1973.
4 Vgl. G. Chaliand, The Peasants of North Vietnam, Harmondsworth 1969; J. Chesnaux, Vietnam, Frankfurt/M. 1968.
5 Vgl. etwa die differenzierte Analyse bei: Amilcar Cabral, Die Revolution der Verdammten. Der Befreiungskampf in Guinea-Bissao, Berlin 1974, insbes. S. 16 ff.
6 H. Kern/M. Schumann, Zum politischen Verhaltenspotential der Arbeiterklasse, in: Negt/Meschkat (Hg.), Gesellschaftsstrukturen, Frankfurt/M. 1973, S. 145 ff.

Der Einzelne und die Gesellschaft –
Konflikte und Konzepte

Phyllis Chesler
Frauen – das verrückte
Geschlecht?
Ob in der Partnerschaft oder Politik, in der Familie oder im Beruf:
noch immer leiden Frauen unter
dem Autoritätsanspruch des Mannes . . . 384 Seiten und 16 Tafeln
mit 18 Abb. Brosch.

Christopher Jencks
Chancengleichheit. 400 S. Brosch.

Stanley Milgram
Das Milgram-Experiment
Zur Aufdeckung der Gehorsams-
bereitschaft gegenüber Autorität
260 Seiten mit 25 Abb. im Text
und auf 4 Tafeln. Brosch.

Paul Moor
Die Freiheit zum Tode
Ein Plädoyer für das Recht auf
menschenwürdiges Sterben.
Euthanasie und Ethik
320 Seiten. Brosch.

Colin Murray Parkes
Vereinsamung
Die Lebenskrise bei
Partnerverlust
Psychologisch-soziologische
Untersuchung
des Trauerverhaltens
256 Seiten. Geb.

Stefan Wieser
Isolation
Vom schwierigen Menschen zum
hoffnungslosen Fall. Die soziale
Karriere des psychisch Kranken
224 Seiten. Brosch.

Prof. Dr. med. Dr. phil.
Horst-Eberhard Richter
Patient Familie
Entstehung, Struktur und Thera-
pie von Konflikten in Ehe und Fa-
milie. 256 Seiten. Geb.

Die Gruppe
Hoffnung auf einen neuen Weg,
sich selbst und andere zu befreien. Psychoanalyse in Kooperation mit Gruppeninitiativen
352 Seiten. Brosch.

Lernziel Solidarität
320 Seiten. Brosch.

Flüchten oder Standhalten
320 Seiten. Geb.

Horst E. Richter/Hans Strotzka/
Jürg Willi (Hg.)
Familie und seelische Krankheit
Eine neue Perspektive der psychologischen Medizin und der So-
zialtherapie
380 Seiten. Brosch.

Morton Schatzman
Die Angst vor dem Vater
Langzeitwirkung
einer Erziehungsmethode.
Eine Analyse am Fall Schreber
240 Seiten mit 8 Abb. im Text.
Brosch.

Jürg Willi
Die Zweierbeziehung
Spannungsursachen/Störungs-
muster/Klärungsprozesse/
Lösungsmodelle.
Analyse des unbewußten Zusam-
menspiels in Partnerwahl und
Paarkonflikt: Das Kollusions-
Konzept
288 Seiten. Brosch.

Rowohlt

**Der neue Griff
nach der Weltmacht – die wachsende
Ohnmacht der Demokratie**

Richard J. Barnet/Ronald E. Müller

Die Multinationalen
und die Verwandlung
des Kapitalismus

In den Chefetagen von New York, Paris und Düsseldorf ist
das Ende der Nationalstaaten und der Beginn der globalen
Machtübernahme durch die Konzerne eine ausgemachte Sache. Der Spiegel urteilte über dieses Buch: «Die mit Abstand
bestinformierte und fesselndste Studie über die Multis und
ihre Bedeutung.» 440 Seiten. Geb.

Rowohlt

Wirtschafts- krise und multinationale Konzerne

Charles Levinson

sachbuch ro ro ro

„Der Kapitalbedarf der giganti- schen Weltfirmen steigt kontinu- ierlich um jährlich 10 bis 25 %. Die Konzerne werden die Ver- knappung der Energie zum An- laß nehmen, um enorme Preis- erhöhungen durchzusetzen und damit ihre Möglichkeiten für Investitionen zu erweitern — nicht nur in der Mineralöl- wirtschaft, sondern auch in der Chemie und an- deren Sektoren."

Die Hintergründe der Energiepanik

rororo sachbuch 6880